전쟁 국가의 탄생

DRIFT - THE UNMOORING OF AMERICAN MILITARY POWER

전쟁 국가의
탄생

베트남 전쟁부터 아프가니스탄 전쟁까지,
고삐 풀린 미국의 전쟁사

레이첼 매도 지음
박중서 옮김

갈라파고스

추천의 말

"미국 군대의 오지랖과 삽질에 관한 머리 어질한 이야기들이 가득하다. (…) 매도는 다른 어떤 것보다도 더 들을 필요가 있는 경고를 이 나라에 보낸다."

캐서린 러츠, 《샌프란시스코 크로니클》

"발랄하지만 진지하다. (…) 저자의 쾌활하면서도 성마른 목소리는 한 눈에 알아챌 수 있고 (…) 생각을 환기시키고 시기적절한 책이다."

《뉴욕 타임스 북 리뷰》

"재치 넘치고, 읽을 만한 가치가 있다."

《밀리터리 타임스》

"철저하게 조사하고 (…) 특유의 방송 스타일로 저술했다. 즉 도발적이고, 풍자적이고, 거의 분노에 가까워질 정도로 열정적이다. (…) 그녀의 쇼를 시청하는 진보 팬들은 이미 무엇을 기대해야 할지 알고 있다. 그런데도 이 책은 여전히 놀랍기만 하다."

조지프 윌리엄스, 《미니애폴리스 스타 트리뷴》

"이 책에는 매도의 예리한 재치와 방대한 정치적 지식이 깃들어 있다. 우리가 도대체 어쩌다가 다른 모든 국가들의 지출액을 더 합친 것보다 더 많은 지출액을 군사주의에 소비하는 나라가 되었는지를 솜씨 좋게 밝혀준다. (…) '오늘 현충일에는 미국의 건망증으로 가는 길을 상기할 만할 가치가 있다.' 톰 엥겔하트의 말이다. 만약 여러분도 각자의 기억을 상기하고 싶다면, 기억을 촉구하는 매도의 영리한 증언 속으로 뛰어들어 보라고 제안하고 싶다."

나탈리 윌슨, 〈미즈매거진닷컴〉

"일독을 권한다. (…) 이 책에는 좀 더 많은 관심을 받아 마땅한 무척이나 진지한 주장이 담겨 있다."

케빈 드럼, 〈마더존스닷컴〉

"매도의 고찰은 예리하고, 미국인이 꼭 들을 필요가 있는 내용이다. 특히 미군이 이라크와 아프가니스탄에서 전쟁이 사라진 다음에도 가뜩이나 많은 예산을 계속 유지하려고 대대적으로 선전을 펼치는 지금 같은 상황에서는 더욱 그렇다."

댄 심슨, 《피츠버그 포스트가제트》

"이 강력한 데뷔작에서 MSNBC의 진행자 매도는 미국이 국방 정책의 통제권을 잃게 된 과정을 검토한다. (…) 유머와 활기가 깃든 책이다."

《커커스 리뷰》서평

"군사적 경계가 민주주의의 이상에 청구하는 비용에 관한 통찰력 있는 고찰."

《북리스트》서평

"매도는 자신의 전문성을 가볍게 구사하고, 정확한 세부사항과 발랄한 표현을 뒤섞어서 서술에 활기를 부여한다. (…) 오늘날의 세계에 대해서, 그리고 우리가 여기까지 오게 된 과정에 대해서 관심 있는 독자들에게 적극 추천한다."

《라이브러리 저널》서평

"레이첼 매도는 자신의 열정, 재치, 냉정한 상식, 지적 포격을 총동원해, 미국이 과도한 예산을 지닌 고삐 풀린 국가 안보 국가로 쇠락하게 된 과정에 대한 서사 시적이고 어둡지만 익살맞은 이야기를 펼쳐 보인다. (…) 이보다 더 시의적절할 수는 없다."

프랭크 리치,《뉴욕》지의 비상임 필자.

"레이첼 매도가 자유주의자와 중도주의자 모두에게 사랑받는 이유인 (아울러 신보수주의자와 복음주의자와 일부 티파티 동조자로부터 분노를 사는 이유인) 특유의 번쩍이는 풍자의 재능으로 집필된 이 책은 재미있고, 풍부하고, 올바른 책이다. 하지만 책을 덮고 나면 독자는 불편함을 느끼게 될 것이다. 우리는 공화국을 잃어버리고 있으며, 매도는 독자에게 그 이유를 말해주기 때문이다."

로렌스 윌커슨, 윌리엄앤드메리 칼리지 정부와 공공정책
담당 교수 겸 전직 콜린 파월 국무장관 보좌관

"놀라우리만치 통찰력 있고 훌륭하게 저술했으며 (…) 지금 정부가 실제로 하는 일에 관한 미국인의 이해를 변모시킬 수 있는 보기 드문 정치 서적 중 하나다."

글렌 그린월드, 『스노든 게이트』의 저자

"이 책은 전쟁이 필요할 수도 있다는 주장을 결코 하지 않는다. 만약 우리가 9·11에 대해 소극적인 자세를 취했다면 미국은 극적으로 약해졌을 것이다. 하지만 레이첼 매도는 이 나라가 의문의 여지 있는 전쟁을 향해 표류해 왔으며, 우리의 자원을 충분한 투입과 시간 없이 허비한다는 타당한 주장을 내놓는다. 레이첼을 좋아하는 사람이라면 이 책도 좋아할 것이다. 그녀를 좋아하지 않는 사람이라면 오히려 화를 낼 것이지만, 격렬한 토론은 미국을 위해서도 좋은 일이다. 읽을 만한 가치가 있는 책이다."

로저 에일스, 폭스 뉴스 회장 겸 CEO

"매도는 과격하게도 구닥다리인 아이디어를 회생시킨다. 즉 전쟁 수행은 한 나라에 무척이나 힘든 일이 되어야 마땅한데, 왜냐하면 그로 인해서 불필요한 전투를 방지할 수 있을 것이기 때문이라는 것이다. 이 용감한 책은 전쟁의 목적에 관해 국가적 토론을 촉발할 만한 가치가 있다."

나오미 클라인, 『쇼크 독트린』의 저자

"이 책은 진지하고도 신중하게 고안된 탐사 보도 작품으로, 대개는 여러 저명한 언론인이 차마 논의하지 못하는 잘못으로 인해 미국인 대부분이 꿈에도 모르고 있었던 (이른바 우리 사회의 방대하고도 대부분 비밀인 군사화라는) 주제를 조명하고 있다. (…) 저자가 텔레비전 방송에서 보여 주었던 것과 똑같은 명석하고, 명료하고, 적극적인 필체로 집필되었다."

매트 타이비, 『오 마이 갓뎀 아메리카』의 저자

"레이첼 매도의 이 책은 우리의 국가 안보 시스템에 깃든 남용과 과도와 한 마디로 어리석은 요소들에 관한 뒤늦고도 도발적인 검토이다. 여기 나온 쟁점들은 우리의 관심을 받을 만한 가치가 있다."

톰 브로코, NBC 뉴스 특파원 겸 베스트셀러 『위대한 세대』의 저자

전직 부통령 딕 체니에게 이 책을 바친다.

아, 제발, 저랑 인터뷰 좀 하시자니까요.

공공의 자유에 대한 모든 적 중에서도 가장 두려워할 만한 적은 전쟁이 아닐까 싶다. 전쟁이야말로 다른 모든 병균을 구성하고 발전시키는 것이기 때문이다. 전쟁은 군대를 낳는다. 이로부터 채무와 세금이 초래된다. 그리고 군대와 채무와 세금이야말로 소수가 다수를 지배할 수 있게 하는 익히 알려진 수단이다. 행정부의 판단력은 전쟁에서도 역시나 연장된다. 관직과 상훈과 봉급을 다루는 과정에서 행정부의 영향력은 곱절로 늘어난다. 그리고 인민의 힘을 억제하는 그 모든 수단에 덧붙여, 이제는 정신을 유혹하는 모든 수단이 동원된다. 공화주의에서 이와 똑같이 악의적인 측면들은 전쟁 상태에서 자라난 재산의 불평등과 협잡의 기회에서, 그리고 이런 양쪽 기회 모두로 인해 위태해진 예의와 사기의 퇴보에서 유래했다고 할 수 있을 것이다. 그 어떤 국가도 지속적인 전쟁의 와중에 그 자유를 보전할 수는 없다.

이런 진실들은 익히 확인된 바이다. 덜 독단적이었다가 더 독단적으로 발전한 정부에 관한 기록이라든지, 또는 대중 정부에서 귀족정이나 군주정으로의 이행에 관한 기록에서는 매 쪽마다 그런 내용을 읽을 수 있다.

— 제임스 매디슨, 「정치적 고찰」, 1795년 4월 20일

※일러두기
· 신문 및 잡지는 《 》, 영화나 방송은 〈 〉, 책은 『 』, 논문, 기사, 노래는 「 」로 표시했다.
· 인용문에서 [ ] 기호 안의 구절은 원문에 없는 저자의 첨언이나 설명이다.
· 군사 관련 용어는 가급적 기존 용례를 따랐지만 문맥상 필요한 경우에는 원문을 직역하
였다.

미국은 언제부터 표류하기 시작했을까?

내가 사는 매사추세츠주 햄프셔 카운티의 작은 마을에서, 한때 어색한 1960년대 분위기의 소방서가 있던 곳에서 모퉁이를 돌아서 가다 보면, 이른바 "공공 안전 복합 건물Public Safety Complex"이라는 것이 있다. 조지 W. 부시 행정부의 첫 번째 임기 때 9·11이 발생한 직후, 국토안보부의 자금이 폭포수처럼 쏟아졌는데, 우리 마을은 이때 얻은 약탈품의 일부로 신형 소방차를 구입했다. 그런데 알고 보니, 그놈의 물건은 구형 소방차를 넣어 두던 우리 마을의 차고보다 몇 피트나 더 길었다. 그리하여 우리는 국토안보부의 자금 가운데 일부를 좀 더 가져다가 신형 소방차를 넣을 만큼 충분히 큰 차고를 지었다. 그 자금의 원래 출처를 기념하기 위해, 우리 동네 자동차 외장관리사가 신형 소방차의 양 옆구리에 애국주의적인 문양을 그려 넣었다. 휘날리는 국기 모양의 현수막, 진짜로 커다란 흰머리 독수리, 그리고 불타는 세계무역센터의 모습이었다.

우리 마을의 안보에 관한 미국 납세자들의 투자는 새로운 안전 복합 건물을 짓는 데에만 그치지 않았다. 우리 이웃집의 뒷담 바로 너머로도 국토안보부의 자금이 낳은 그 이상의 성과를 볼 수 있다. 우리 마을의 주민 대부분이 지하수에 의존해 살아가는 반면, 지난 10여 년 사이에 몇 집은 지역 상수도를 몰래 끌어다 사용하고 있었다. 여기서 내가 "몇"이라고 말한 건, 정말로 몇을 의미한다. 내 생각에는 지역 상수도를 사용하는 곳이 일곱 가구쯤이었던 것 같다. 그러다가 우리가 놀라우리만치 거대한 신형 소방차를 갖게 되었을 즈음, 우리 마을의 상수도 시스템도 진지하게 보안이 업그레이드되었다. 이곳의 작은 펌프장은 원래 공중전화 부스 두 개 크기였고, 우리 이웃집의 뒤뜰 너머로 난 흙길을 지나서 접근이 가능했다. 아니, 최소한 예전에는 접근이 가능했다. 지금 그 펌프장 주위로는 반에이커 부지를 에워싼 높이 8피트의 철책 울타리가 서 있고, 울타리 위에는 철조망이 얹혀 있으며, 동작을 감지해 전기로 조종되는 자동문이 설치되어 있다. 우리 마을 사람들은 그곳을 "리틀 관타나모"라고 부른다. 평소에는 재미있게 여길 뿐이지만, 매년 여름마다 저 리틀 관타나모가 얼마나 눈에 거슬리는지, 이웃으로서 약간 당혹스러울 때도 없지 않다. 마을 소유 부지인데도 불구하고, 잔디를 깎고 갈퀴질을 해 주며 돈 버는 사람들의 보안 취급 허가로는 리틀 관타나모에 접근할 수 없는 모양이다. 저 울타리를 마주한 우리 이웃집의 부지에는 모든 것이 깔끔하게 정돈되어 있지만, 저 울타리 안의 부지에는 잡초가 사람 눈높이까지 자라 있는 것을 보면 말이다. 그 안은 야생 상태인 셈이다.

9·11 이후 국토안보부의 지출 내역 가운데 어딘가 그 임무에서 벗어난 듯 보이는 사례는 앞에서 이야기한 것처럼 작은 것뿐만이 아니다.

큰 것도 사정은 마찬가지다. 그런데 아무도 미국 국민들에게 그렇다고 알려주지 않았다. 예를 들어 우리가 아프가니스탄에서 해야 할 일, 우리가 오사마 빈 라덴을 상대해야 하는 방법, 즉 그 멀리 떨어진 나라에서 미국의 목표를 극대화하기 위해서 국민의 세금을 써 버리는 방법은 그 나라의 수도에 로코코 나르코시크narco-chic 양식의 맥맨션McMansion*과 지붕에 거대한 독수리 조각이 달린 아파트·사무용 건물을 짓는 것이라고 알려주지는 않았다. 완전히 새롭게 건설된 그 동네의 보도에는 술에 취한 경비병들이 탄띠와 부츠 차림으로 어슬렁거린다. 어느 누구도 이것이 9·11에 대응하여 미국이 구축해야 할 결과물이라고는 주장하지 않았다. 하지만 우리는 실제로 그런 것을 만들었다. 무려 10년에 걸쳐서 매달 50억 달러에 가까운 평균 지출액이 (총액이 얼마인지 계산해 보시라) 카불에서 뒤틀린 전쟁 경제를 만들어 냈다. 아프가니스탄은 여전히 지구상에서 가장 가난한 4개국 가운데 하나다. 하지만 지구상에서 가장 가난한 4개국 가운데 하나인 그곳의 수도에는 마치 1930년대와 1940년대의 뉴저지주를 연상시키는 (그 시대에는 뉴어크의 조직폭력배들이 화려하게 치장한 저택을 지어 놓고, 마당에는 장식 인형이며 수작업으로 칠한 신新신고전주의 양식의 대리석 조각을 세워 놓았기 때문이다) 동네가 하나 있는 것이다.

와지르 아크바르 칸이라는 이름(1842년에 영국군을 참패시킨 아프가니스탄 군대를 지휘한 장군의 이름을 따서 지었다)을 가진, 지르콘이 박혀 있는 이 동네를 거닐다 보면 아주 기묘한 것을 하나 알게 된다. 바로 이곳

---

* 교외 지역에 낮은 품질의 재료를 써서 획일적으로 대량생산된 주택. 대량으로 생산되는 패스트푸드인 맥도날드에서 이름을 따 왔다.

의 도로와 하수도와 쓰레기 상황이 카불의 다른 동네 상당수의 상황보다 확연히 더 나쁘다는 점이다. 심지어 엔진 출력을 높인 강철 프레임 SUV 도 이곳의 황량한 거리 가운데 일부를 지나가려면 애를 먹는다. 와지르 아크바르 칸에서 회피 위주의 운전 기술이 발달한 것은 총격보다는 오히려 도로에 난 구멍과 더 많은 관계가 있다. 이 동네에서 비교적 큰 교차로 가운데 한 곳은 임시 쓰레기 투기장이다. 거리의 아이들이 온종일 그곳에 머물면서 가장 최근에 들어온 쓰레기 더미에서 음식을, 또는 건지거나 팔아치울 만한 물건을 뒤진다.

단순히 가난한 나라에 있는 부유해 보이는 동네라면 굳이 주목할 부분이 전혀 없을 것이다. 여기서 주목할 부분은 오히려 이 부유한 아프가니스탄 동네에 부유한 아프가니스탄 사람이 살지 않는다는 점이다. 이 거대한 주택들의 소유주들이 차마 운전하고 다닐 수 없는 거리며, 쓰레기 더미며, 그 주택들의 방어벽 바로 앞 보도를 따라 흘러가는 하수를 그들이 묵인하는지 마는지는 알 수 없다. 그러나 애초에 그들은 여기서 살면서 그런 모습을 보고 있지도 않다. 그들은 이미 두바이로, 또는 미국으로, 또는 자기 자신과 자기 돈에 (또는 '우리의' 돈에) 더 안전한 다른 어딘가로 떠나 버렸기 때문이다. 와지르 아크바르 칸에 있는 이 멋진 부동산 대부분은 아프가니스탄의 엘리트가 지금으로부터 10년 전에 대부분 미국의 전쟁 유입과 더불어 이루어진 국제적인 현금 유입으로부터 얻은 수익을 가지고 건축한 것들이다. 즉 자신의 지위를 과시하기 위해서, 또는 수도에서 머물 만한 적절한 장소가 필요했던 서양의 원조 기관, 언론인, 정치인, 외교관, 민간 도급업체로부터 더 많은 전쟁 달러를 거둬들이기 위해서 건축한 것들이다. 크고 작은 동요는 와지르 아크바르 칸의 부동산 재벌들에게 좋은 기회가 되었다. 심지어 주거용 부동산의 가치는 2008년 한 해 동안 무려 75퍼센트나 올랐다는 이야기도 나왔다. 오늘날 카불의 "저택" 임대 목록을 살펴보면, 월세 7천 달러부터 2만 5천 달러까지에 이르는 주택에 다음과 같은 세부 내역이 나와 있다. 총 4층, 방 12개, 화장실 9개, 대형 주방 3개, 20명 취침 가능.

와지르 아크바르 칸의 이런 모습이 지금껏 아프가니스탄에서 소비된 수천억 달러어치 세금의 의도적 결과 가운데 하나라는 주장을 납득할 미국인은 아무도 없을 것이다. 하지만 바로 이것이야말로 우리가 아프가니스탄 그라운드 제로에 지은 결과물이다. 우리가 무엇을 의도했든지 간에, 바로 이것이야말로 가시적인 결과물이다.

이라크의 안바르주 소재 팔루자에 있는 수억 달러짜리 신규 하수 처리장의 사례도 생각해 보자. 그런데 정작 그 도시 주민들은 아주 드문드문 하수 처리 서비스를 받는다. 2004년에 미군은 이라크 전쟁에서 가장 치열했던 시가전 끝에 팔루자를 사실상 초토화시킨 이후, 팔루자 전체를 위한 하수도 시스템을 만들기로 결정했다. 가뜩이나 반항적인 순니 삼각지대*의 주민이 알카에다에 등을 돌리고 갓 태어난 이라크 정부를 받아들이도록 하는 방법은 그것뿐이라고 생각했기 때문이다. 사우스캐롤라이나주의 한 회사가 최초의 3,300만 달러짜리 도급을 따냈을 무렵에도, 그 도시에서는 여전히 연기가 모락모락 피어오르고 있었다. 허비할 시간이 없었다. 부시 행정부의 이라크재건관리국에서는 이 하수도 시스템이

---

* 이라크 바그다드 북서쪽의 순니파 무슬림 지역을 말한다.

야말로 "국가적 화해를 위한 핵심 쟁점"이라고 말했다. 목표는 2006년 초까지 시설을 완성해서 가동하는 것이었다.

그런데 완공 기한으로부터 거의 5년이 흐른 뒤에도, 심지어 최초 예산의 3배가 들어간 다음에도, 정작 주택은 단 한 채도 하수도 시스템과 연결되지 않은 상태였다. 급기야 이 계획은 "축소되어" (즉 '규모가 줄어') 전체 도시의 3분의 1에게만 봉사하기로 조정되었다. 하지만 무려 3배의 돈으로 겨우 3분의 1을 위한 작업을 하던 도중에, 심지어 그 3분의 1에 해당하는 팔루자의 주택도 하수 처리 시설과 연결되지 않은 상황에서, 사우스캐롤라이나의 도급업체가 이 프로젝트를 포기하겠다는 이야기가 나왔다. 결국 우리는 오물을 처리하지도 못하는 오물 처리 시설을 건설한 셈이 되었다.

상황은 더 악화되었다. 이라크 재건 특별 감찰반의 2008년 보고서에 따르면, 팔루자 프로젝트를 위해 이라크의 도급업체에 지불한 돈의 약 10퍼센트가 결국 "테러리스트 조직"의 손에 들어갔다. 역시나 이 보고서에 따르면, 두 군데 특정 펌프장 인근의 주민들은 정작 시스템이 연결되더라도 "점점 분노할" 가능성이 있는데, 왜냐하면 "자금 조달 제약" 때문에 "악취 조절 시설"을 사실상 건립할 수 없게 되었기 때문이다. 심지어 이 시스템에 속하지 않는 가구들조차도, 그 지역의 이라크인 단체장 및 공공 토목 공사가 "대단한 악취"라고 조심스럽게 지칭하는 현상에 여전히 노출될 예정이었다. 80쪽에 달하는 이 보고서의 무미건조한 결말에서는 다음과 같은 사실도 지적했다. "이 프로젝트의 서류철을 보면, 애초에 이라크 임시 정부가 이 프로젝트를 원했음을 보여 주는 문건조차 없다."

　그러다가 이 프로젝트가 시작된 지 7년째이며, 무려 1억 800만 달러의 비용을 들인 상태에서, 2011년 말에 마침내 팔루자의 주택 가운데 4분의 1이 그 시스템에 연결되었다. 그러나 이 부분적 성취조차도 요란한 만세 소리를 이끌어 내지는 못했다. "결과적으로 이 프로젝트가 이 도시를 안정시키는 데에 도움이 되리라고, 정부에 대한 이 지역 시민의 믿음을 향상시키리라고, 이 지역의 서비스 역량을 구축하리라고, 민심을 얻으리라고, 또는 경제를 자극하리라고 결론을 내릴 수 있을지 의심스럽다." 2011년에 특수 감찰반은 이렇게 말했다. "이 프로젝트가 투자한 만큼의 가치가 있다고 결론 내리기도 어렵다." 미국의 자금 수억 달러를 들여 (그것도 부분적으로는 미군과 싸우는 집단에게 유용되는 우여곡절 끝에) 거대하고도 아무도 바라지 않는 하수 처리장을 (그나마도 엉성하게) 건설했는데, 그 결과물이라고는 도시의 4분의 3이 "대단한 악취"에 시달리는 것뿐인 셈이다. 어느 누구도 이를 가리켜 미국의 세금을 잘 사용한 사례라고 주장하지는 못할 것이다. 하지만 이것이야말로 실제로 우리가 얻은 결과물이다.

　《워싱턴 포스트》의 철저하고도 인상적인 2년간의 조사에 따르면, 여기 미국에서는 세금을 가지고 '전 세계 테러와의 전쟁'을 하면서 미국 연방 의사당 22개가 들어설 만한 규모의 초고도 보안 사무 공간을 건설했다.(이른바 '민감성 구획화 정보 시설Sensitive Compartmentalized Information Facilities', 관료제 특유의 약자 명칭으로는 SCIF.) 24시간 내내 전력이 공급되며 넉넉한 자금이 지원되는 멋진 신형 복합 건물 23채. 면적만 1,700만 제곱피트인 이 사무실에서는 100명 가까운 미국인 전문가가 전 세계와 자국을 염탐하고 있다. 마치 디트로이트와 밀워키의 전체 근로 인구를 고도 보안 절차가 필요한 스파이와 분석가로 바꿔 놓기라도 한 셈이다.

스파이 붐이야말로 건축가, 건설 회사, IT 전문가, 그리고 (다른 누구보다도) 방위 도급업체에게는 횡재가 아닐 수 없었다. 그리하여 수도외곽순환도로the Capital Beltway* 인근 수천 개의 사기업과 수십 군데 지역 경제가 부유해졌다. 이 모든 SCIF며 나머지 정부 도급자의 손쉬운 돈벌이 덕분에, 미국에서 가장 부유한 카운티 열 군데 가운데 여섯 군데가 워싱턴 DC의 교외 지역에 몰려 있게 되었다. 버지니아주의 폴스 처치, 라우던 카운티, 페어팩스 카운티가 1위부터 3위까지를 싹쓸이했다. 심지어 부자 동네로 유명한 뉴욕주 나소 카운티도 앞질렀다. 아울러 나소 카운티의 핵심 지역인 오이스터 베이까지 앞질러 버렸다.

이처럼 제멋대로 뻗어 나가는 정보도시intelligopolis의 정점에 해당하는 곳이 워싱턴 DC 교외의 버지니아주 리버티 크로싱이다. 면적 85만 제곱피트의 (그리고 여전히 늘어나고 있는) 복합 건물 한 채에 미국 대테러 센터가 입주해 있다. 이 기관은 2004년에 창설되어 자금 지원을 받았다. 왜냐하면 9·11 이전까지 정보 분야에 매년 300억 달러가 투입되었는데도 미국 내 다양한 스파이 기관들이 서로 의사소통을 하지 않았다는 사실이 문제로 지적되었기 때문이었다. 그리하여 매년 300억 달러였던 정보 예산은 무려 250퍼센트나 늘어났고, 그 덕분에 깨끗하고, 조명이 환

---

* 미국의 수도인 워싱턴 DC 주위로 순환하며 메릴랜드와 버지니아주를 연결하는 고속도로.

한 거대한 건물이 지어졌다. GPS 방해 전파와 불투명 유리로 은닉된 이 건물 안에서는 1,271개의 정부 기관과 1,931개 사기업이 수집한 정보에 대한 조정 업무를 하는 것으로 알려져 있다.

이것이야말로 거대한, 정말 거대한 발상이며, 어쩌면 필수적인 조치일지도 모른다. 이 사업을 위한 재정 지원만 보아도, 최소한 우리가 실제로 그렇게 생각하고 있음을 암시하고 있으니 말이다. 하지만 알고 보니 리버티 크로싱은 거대한 관료주의적 짚더미였다. 이제 훨씬 더 거대해진 정보계는 각자 갖고 있는 가장 반짝이는 바늘들을 그 안에 던져 놓을 뿐이었다. 한 번은 어떤 사업가가 나이지리아 주재 CIA 요원들에게 접촉해서, 자기 아들이 테러리스트에게 설복되어 예맨으로 떠났다고, 어쩌면 훈련을 받으려는 목적일 수도 있다고 알렸다. 하지만 곧바로 보고된 이 바늘은 매년 5만 건씩 작성되는 보고서의 짚더미 속에 푹 파묻혀 버렸다. 그리고 암스테르담에서 디트로이트로 가는 노스웨스트 항공사의 여객기에 탑승한 우마르 파루크 압둘무탈라브가 팬티 속에 숨겨 놓은 폭탄을 터트리려 시도한 사건 '뒤에야' 비로소 발견되었다. "이 시스템의 복잡성은 차마 설명이 불가능할 정도다." 정보 전문가인 한 퇴역 육군 중장은 《워싱턴 포스트》의 기자에게 이렇게 말했다. "과연 이 시스템이 우리를 더 안전하게 만들어 주고 있는지 여부를 효과적으로 판정할 수조차 없는 것이다."

과연 그 시스템이 우리를 더 안전하게 만들어 주고 있는지 여부를 아는 사람이 아무도 없다고 치면, 도대체 우리는 그걸 왜 만들어 놓은 것일까? 우리는 왜 지금도 여전히 그걸 만들고 있으며, 심지어 무서운 속도로 만들고 있는 것일까? 앞으로 10년 뒤면 리버티 크로싱의 규모는 무려 2배로 늘어날 것이다. 과연 그런 일을 할 만한 가치가 있는지 여부를 놓고 의회에서 벌어진 격렬한 토론을 혹시 기억하시는가? 모르겠다고? 나 역시 모르겠다. 하지만 우리는 계속해서 그걸 만들고 있다. 우리는 계속해서 달려 나가고 있다.

국가 안보는 미국의 (사실상 모든 나라의) 진정한 필수 요소다. 하지만 그 필수 요소와 지금 우리가 그와 관련해 하고 있는 일의 관계는, 마치 8월 무더위의 우리 동네 펌프장만큼이나 곰팡내가 진동한다. 우리의 국가 안보 정책은 더 이상 그 명시된 정당화와 별로 관계없는 것이 되고 말았다. 국방과 정보 정책이 어떠해야 마땅한지에 관해 우리가 제아무리 논쟁하고 토론한다 하더라도, 그런 토론이 (즉 우리의 정치적 과정이) 우리가 하는 일을 실제로 결정하지는 않는다. 우리는 더 이상 정책의 방향을 정할 수 없는 것이다. 오히려 정책이 그 나름대로의 경로를 따라갈 뿐이다. 이는 결국 우리가 사실상 하나의 국가로서 우리 자신의 커다란 일부분에 대한 통제력을 잃고 있다는 뜻이다. 그리하여 우리는 미국의 건국자들이 후손에게 남긴 최고의 조언 가운데 일부에 대한 믿음을 저버리고 말았다.

우리의 헌법적 유산은 우리에게 이쪽 방향을 가리키지 않았다. 만약 북아메리카 식민지인이 영국의 군사주의와 군대를 유지하기 위해 필요했던 대규모 재정적 부담을 거부하지 않았다면 어찌 되었겠는가. 오늘날의 미국은 존재하지 않았을 것이다. 제헌 의회에서는 미국이 상비군을 가져야 마땅한지 여부를 놓고 토론이 벌어졌다. 미국의 건국자들은 상비군을 유지할 경우, 18세기 영국 군대를 유지하기 위해 식민지가 부담을 받았던 것처럼 우리의 자원이 유출될 것이라 우려했다. 그들은 우리의 새로운 국가에서 강력한 군대가 민간 정부와 권력 경쟁을 벌일 수 있다고 우려했으며, 아울러 상비군을 두고 있으면 그걸 사용하고 싶은 유혹이 너무 커질 것이라고도 우려했다. 전쟁에 불가피하게 유인될 것을 우려하여 미국 헌법의 핵심은 정부의 분권을 이루어 냈다. 이로써 새로운 국가의 구조에는 의도적이고 평화로운 치우침이 섞여 들어가게 되었다.

하지만 지난 한두 세대 동안, 우리는 이런 역사적 경로에서 표류해 왔다. 운전대가 흔들거리고, 브레이크가 고장 났다. 이것은 음모론이 아니다. 어떤 사악한 집단이 우리를 충동질해서 국가 이익을 해치고 자기네 이익을 챙기는 일 따위는 없다는 뜻이다. 다만 이것은 그보다 더 흥미진진하고 더 얼빠진 일일 뿐이다.

그나마 좋은 소식이 있다면, 냉전 이후 미국의 힘에 대해 급진적이고 새로운 전망이 필요한 것까지는 아니라는 점이다. 우리에게는 다만 우리의 헌법적 뿌리로의 (지금 정치권에서 사용하는 의미가 아니라, 어디까지나 사전적 의미 그대로의) 보수적 회귀가 필요하다. 즉 경로를 수정할 필요가 있다. 이 책은 지금까지 우리가 표류해 온 과정과 이유를 설명하려는 것이다. 이런 상황은 불가피한 것이 아니다. 따라서 이런 상황은 고칠수 있다.

차례

1장

G. I. 조, 베트남 전쟁
그리고 미국식 싸움의 기술

토머스 제퍼슨은 평생 습관적인 걱정꾼이었다. 가축 사료, 독한 술, 국교國教, 국가 채무, 노예해방론자, 적대적인 노예, 선출되지 않은 연방 판사, 양키 정치인, 양키 대학 교수, 그리고 양키 전반에 대해 노심초사했다. 하지만 그가 가장 생생하게 걱정했던 것은 바로 권력이 중앙으로 집중되고 합병되는 것이었다. 거대 은행에서, 폐쇄적인 비밀 결사에서, 그리고 다른 무엇보다도 정부에서 그런 일이 일어나고 있었다. 이것이야말로 내부의 적이었다. "국가의 권리에 무척이나 위험한 도구인데도 불구하고, 통치자의 재량에 완전히 맡겨 놓은 도구가 있다. 그 통치자는 (입법적이건 행정적이건 간에) 엄격히 정해진 경우를 제외하면 그런 도구를 사용하지 못하게 규제되어야 마땅하다." 제퍼슨은 미국 헌법이 논의되고 있던 시기에 이렇게 썼다. "그 도구란 바로 상비군이다."

그의 이런 생각은 시간이 흘러도 크게 변하지 않았다. 1792년에 그는 자기가 "좋아하는 생각" 가운데 하나는 "불필요한 군인을 절대로 두지 말라"는 것이었다고 썼다. 1799년에 정계의 친구에게 쓴 편지에서는 자기가 "평화시에 상비군을 지지하지 않는데, 이는 어쩌면 대중의 정서를 거스를지도 모르겠다"고 썼다.

고전 애호가였던 제퍼슨은 초창기 서양사에서 가져온 사례를 (비록 엄밀하게 정확하지는 않더라도) 잘 손질해서 자신의 주장을 뒷받침하는 경향이 있었다. "그리스인과 로마인은 상비군을 전혀 두지 않았는데도 스스로를 방위할 수 있었다. (…) 이들의 체제는 모든 남성을 병사로 만든 다음, 자국의 깃발이 휘날릴 때는 거기에 충성할 의무를 부여하는 것이었다. 이것 때문에 그들은 천하무적이 되었다. 똑같은 방법이 우리를 역시 천하무적으로 만들어 줄 것이다."

그의 설명은 아무리 좋게 말해도 그리스와 로마의 군사軍史를 느슨하게 설명한 것에 불과하다. 왜냐하면 그리스인과 로마인도 때로는 상비군에 의존했기 때문이다. 하지만 제퍼슨이 저 역사적 사실을 가지고 어떤 주장을 펼치려는 의도인지는 쉽게 알아볼 수 있다. 제퍼슨은 1801년에 대통령이 되자마자, 그토록 애지중지하던 "불필요한 군인"과 관련된 발상을 실현하기 위해 행동에 나섰다. 즉 상비군 인원을 3분의 1로 줄이고, 외국의 침공에 대비하는 방위 임무는 대부분 여러 주와 지역의 통제를 받는 "잘 규제되는 민병대"에게 맡겼다. 그런 다음 국유화된 대규모의 현직 군대를 요구하는 사람들을 호들갑쟁이와 냉소주의자로 치부하며 꿈쩍도 하지 않았다. "전쟁의 기미가 우리 수평선에 보일 때마다 군대를 육성해야 한다고 치면, 우리에게는 군대가 결코 없을 수 없었을 것입니다." 그는 의회에 보낸 제6차 대통령 교서에서 이렇게 말했다. "급기야 우리의 자원은 실제로 일어나는 일을 대비해 보전되는 것이 아니라, 오히려 실제로는 결코 일어나지도 않은 일 때문에 탕진되었을 것입니다.”

제퍼슨의 신중한 태도는 이후 한 세기 반 동안 미국에서 지배적이었다. 직업적 군대는 제한적인 범위와 권력을 지닌 제도였다. 평화시에 정규군은 방위 업무를 담당하고 항구와 교량을 건설하며 바쁘게 보냈다. 우리가 대규모로 전쟁에 나갈 경우에는 시민 병사를 동원해서 전쟁에 나갔다. 현역 군대로 이루어진 작은 중핵에 민병대, 예비군, 주 방위군, 징병 대상자가 더해지는 식이었다. 결국 미국이 전쟁에 나갈 때에는 미국 전체가 전쟁에 나가는 셈이었다. 다른 어떤 나라의 군대도 싸움이 끝나면 이처럼 대단한 활력과 속도로 동원 해제가 이루어지지는 않았다. 심지어 멕시코-미국 전쟁이 한창인 1847년에도 전장의 자원병이 미군에서 전역하는 것은 전적으로 합법적이었다. 1812년 전쟁, 크리크 전쟁, 남북 전쟁, 스페인-미국 전쟁에서도 마찬가지였다. 소집 나팔이 울리면 시민이 기꺼이 응답하고, 개선 행진이 (싸움 상대를 신중하게 고른 까닭에, 20세기 중반까지 미국의 성적은 대략 9전 9승이었으니까) 벌어지고, 각자 가정이며 벽난로 앞으로 돌아가는 것이었다. 제1차 세계대전이 끝나고 18개월이 되기도 전에 의회는 미국 해외 파견군American Expeditionary Forces을 완전히 해체했고, 현역 사병의 인원을 400만 명에서 전쟁 이전인 30만 명이하로 되돌려 놓았다. 무려 300만 명 이상을 갑자기 실업자로 만들어서 가뜩이나 신통찮은 구직 시장에 던져 놓은 조치였지만, 다행히 국가경제나 국가 분위기에나 전적으로 처참한 결과를 야기하지는 않았으며…… 그 당시에는 어느 누구도 전쟁이 취업 프로그램 가운데 하나로 간주된다고 말하지는 않았다.

이에 비해 제2차 세계대전 당시의 병력 동원은 훨씬 더 규모가 컸고, 따라서 전후의 축소 역시 극적인 수준에 가까웠다. 1945년에는 미군 1,200만 명이 현역으로 근무 중이었다. 그로부터 5년 뒤에는 그 인원이 88퍼센트나 줄어들어서 겨우 150만 명에 불과했다. 하지만 이 놀라운 동원 해제는 몇 가지 부수적인 혼란을 가져오고 말았다. 이걸 '전쟁과 평화 배당금'이라고 부르거나, 또는 '세계 최대의 자극 종합 세트'라고 불러도 그만일 것이다. 본국이 대공황을 겪는 동안 해외에서 추축국과 싸웠던 나라가 일단 전쟁에서 승리하자, 이때까지 전쟁 지원에 들어간 그 막대한 정부 지출을 전환시켜 전례가 없던 민간 경제 붐을 만들어 낸 것이었다. 한때 지프와 군용기와 잠수함 엔진과 탄약을 만들었던 공장에서 이제는 신형 쉐보레 벨에어, 앨리스찰머스 트랙터, 세스나 170 비행기, 프리지데일 아이스박스를 생산했다. 전쟁 중에 독일과 소련에서는 사지 멀쩡한 청년이 다섯 명에 한 명 꼴로 죽어 나갔고, 일본에서도 최소한 열 명에 한 명 꼴로 죽어 나갔지만, 세계 경제에서 미국의 위치는 끄떡없었다. 그리고 일본과 독일의 산업 도시들이 (그리고 서유럽의 상당 부분이) 쑥대밭이 되었지만, 미국의 위치는 끄떡없었다. 1950년에 전 세계에서 제조된 승용차 1,050만 대 가운데, 미국은 무려 800만 대를 만들어서 전 세계에 판매했다.

미국은 귀국한 참전용사에게도 너그러울 만한 여력이 있었으며, 그로부터 무려 60년이 지난 지금까지도 우리는 여전히 그 너그러움의 혜택을 누리고 있다. 제2차 세계대전 이후의 지아이빌GI Bill(제대군인원호

법)은 귀국한 참전용사에게 (일을 하건 말건 간에) 1년치 봉급을 지급하고, 대학 등록금과 생활 수당도 지급했다. 1948년에는 대학 캠퍼스의 남학생 가운데 절반가량이 참전용사였다. 아울러 이들에게는 정부 보증 저이자 대출로 주택을 구입할 수 있게 해 주었다. 주택 건설과 제조업이 붐을 이루었고 GNP 곡선, 가계 수입, 개인 소비가 계속해서 위로만 솟구쳤다.

미국은 튼튼한 국가였으므로 (즉 '부유한 국가'였으므로) 제2차 세계대전 이후 우리는 이런 사실을 반영하는 방식으로 우리의 제도를 재건하고 수정했다. 그렇다. 전후의 병력 동원 해제는 대규모에다 신속했지만, 1950년에 급격히 축소된 미군조차도 제2차 세계대전 이전보다 무려 3배나 많았다. 미군은 거대한 족적을 남기고 있었다. 육군, 해군, 공군, 해병대는 저 모든 소비재와 마찬가지로 이미 미국의 주력 수출품이었다. 미국은 자국 병력을 극동에 15만 명, 서유럽에 12만 5천 명 배치해 두었고, 그 외에도 파나마, 쿠바, 과테말라, 모로코, 에리트레아, 리비아, 사우디아라비아, 사모아, 인도차이나 같은 다양하고도 머나먼 지역에 조금씩 나눠 배치해 두었다. 공산주의의 위협에 대해 전례 없이 걱정하던 (이제는 "전쟁의 기미가 우리 수평선에" 항상 보이고 있었다) 미국은 자국의 권력 구조 내부에서 비롯되는 위협에 대한, 그리고 상비군에 대한 제퍼슨의 집착을 약간 진부하다고 여기게 되었다. 어쨌거나 미국이야말로 민주주의를 위해 지구를 안전하게 지킬 수 있는 역량을 여전히 가지고 있는 유일한 국가였으니 말이다.

제2차 세계대전 이후 15년 동안 미국 국민은 군 통수권자들이 (즉 트루먼, 아이젠하워, 케네디가. 왜냐하면 그들 모두 군 복무 경험이 있었으니까!)

우리의 군사력을 계산적이고 유의미한 방식으로 보호할 것이라 믿었다. 미국은 비범한 핵무기 프로그램을 서서히 향상시키고, 극적인 항공 수송으로 소련의 베를린 봉쇄를 무너트리고, 대만과 태국에서 공산주의자를 무찌르고, 한국에서도 공산주의자와 싸워 휴전을 성사시키고, 한창 쿠바에 미사일을 배치하던 흐루쇼프를 정찰기로 적발해 민망하게 만들었다. 케네디 대통령이 소련을 상대로 우주 개발 경쟁을 벌이기로 작정하자, 미국 최고의 군인 조종사들이 최초의 팀에 선발되었다.

미국 군대는 머리부터 발끝까지 대중에게 타의 추종을 불허하는 존경을 얻은 제도였다. 이 사실은 100가지 서로 다른 방식으로 측정할 수 있다. 예를 들어 장난감이라는 척도를 사용해 보자. 1964년에 미국 시장에서 가장 인기 있었던 신제품 장난감은 인형, 그것도 사내아이를 위한 인형인 'G. I. 조'였다.

군인을 소재로 한 이 장난감에는 평화의 기미가, 즉 장난감 군인들이 조만간 전역해서 민간인이 될 기미가 전혀 없었다. 이 인형은 사교계 무도회에 어울리는 정장을 차려 입은 바비의 남자친구 켄과는 확연히 달랐다. G. I. 조는 군복 차림에, M1 소총을 들고, 스팸 깡통을 휴대하고, 얼굴에는 상처가 나 있는, 그야말로 지저분한 모양새였다. 이 딱딱한 플라스틱 병사들은 (그 원료는 바로 석유였다) 뭔가를 공격하기 위해서 만들어진 것이었다. 1965년 봄, 뉴욕주 레비타운의 지아이빌로 지어진 교외 지역에서부터 캘리포니아주 카스트로밸리에 이르기까지, 미국 전역의 열 살짜리 사내아이들은 작은 참호를 파고, 아빠의 낡은 손수건으로 낙하산을 만들어 G. I. 조를 공수부대로 꾸미고는 했다. 제조업체인 해즈브로

Hasbro는 이 장난감을 발매한 동시에 대박이 났다. G. I. 조는 발매 첫 해에만 2천만 달러어치 가까이 팔려 나갔다. 초기의 지표들은 꾸준한 성장을 가리켰다.

하지만 1960년대 말의 판매 보고서는 해즈브로의 이사회실에서 못마땅하게 여길 만한 수준이었고, 1970년대 초에 이 장난감 회사는 G. I. 조를 판매하기 위해서 일종의 속임수를 써야 하는 처지가 되었다. 즉 ("사실적"이라고 홍보한) 솜털뭉치 머리카락, 제멋대로 자란 턱수염, 다채로운 신형 군복, 움직이는 눈알, (그 즈음 이소룡이 인기를 끈 관계로) "쿵푸 손"* 방식의 격투용 손 등이 추가된 것이었다. 해즈브로는 G. I. 조를 군인이 아니라 "모험이 있는 곳 어디라도 기꺼이 달려가는 (⋯) 모험단"이라고 홍보했다. 다시 말해 이 회사는 군인 인형의 군인다움을 최소화하기 위해서 애썼던 것이다.

1964년의 짜릿했던 첫 몇 달 동안 낙관적으로 전망했다는 이유로 해즈브로의 마케팅 담당자와 판매 전략 분석가를 비난할 수는 없다. 이들은 자기네가 미국 군인에 대한 대중의 호감이라는 물결을 타고 있다고 확신했을 것이다. G. I. 조를 처음 선보였던 저 행복한 봄날에도 이미 그 밑에 놓인 땅이 움직이기 시작했다는 사실을 그들이 어떻게 알 수 있었겠는가?

맨 처음의 구조적 진동은 1965년 초의 몇 달 동안 백악관에서 유래했다. 린든 베인스 존슨 대통령이 베트남에서 벌어지던 자기 나름대로의

---

* 인형 손을 살짝 오므린 모습으로 구현함으로써, 총이나 칼 같은 무기를 손에 들 수 있게 만든 것을 말한다.

치열한 전쟁을 속개하기 시작했기 때문이다. 그는 1964년의 선거 유세에서 이렇게 약속했었다. "우리는 아시아 청년들이 스스로 해야 마땅한 일을 대신 시키려고 미국 청년들을 고향에서 9천 내지 1만 마일 떨어진 곳으로 보내지는 않을 것입니다." 그는 공화당 소속 경쟁자인 배리 골드워터를 가리켜 위험천만한 다혈질의 전쟁광이라고 매도한 바 있었다.(일이 그렇게 된 데에는 골드워터 본인의 패착도 없지 않았다. 1963년의 ABC 인터뷰에서 그는 베트남에 소형 핵폭탄을 떨어트려 보급로를 차단하고 "밀림의 고엽 효과"를 달성하겠다고 제안했기 때문이다. 솔직히 안 될 것이 없지 않은가? 핵폭탄의 여러 가지 놀라운 효과 중에는 탁월한 가지치기 효과도 분명히 들어 있었으니 말이다.)

그랬다. 1961년에 존슨의 전임자인 존 F. 케네디는 취임 연설에서 이렇게 약속했었다. "자유의 생존과 성공을 보장하기 위해서라면, 우리는 그 어떤 대가도 지불할 것이고, 그 어떤 부담도 감당할 것이며, 그 어떤 어려움도 감내할 것이고, 그 어떤 친구도 지지할 것이며, 그 어떤 적에게도 맞설 것입니다." 하지만 존슨의 약속은 케네디의 약속과는 달랐다. 존슨은 해외에서의 전쟁이라는 값비싼 유혹에 저항하겠다고, 그 대신 국내에서 '위대한 사회'를 만들겠다고 약속했다. 그는 베트남 전쟁을 확대하지 않겠다고 약속했다. 그는 미국이 "아시아에서 지상전에 얽매이도록" 하지 않겠다고 약속했다. 하지만 이런 약속에도 불구하고, 그러지 않겠다는 결심에도 불구하고, 존슨은 미국이 베트남에서 싸울 필요가 있다는 결론으로 이끌려 가고 말았다. 그의 마음은 베트남에서 군사력을 이용할 권한을 자기가 가져야 마땅하다며 미국 국민과 의회를 설복하는 쪽으로 옮겨갔다. 존슨은 전쟁을 위해 의회의 인가를 받고자 했는데, 심하게 과장된 1964년의 통킹만 사건이 그 근거가 될 예정이었다. 마치 자기도 진정으로 치르고 싶지는 않은 전쟁이지만 국가도 받아들여야 한다고 납득시키는 척하면서, 존슨은 (부디 미국 국민이 너무 많이 눈치 채지는 않았으면 하는 방식으로) 자기 나름대로의 전쟁을 시작했다. "우리 생각에는 많은 돈을 요구하게 될 것 같지는 않습니다." 존슨은 1965년 여름에 베트남에서 지상군을 8만 명에서 18만 명으로 늘리려고 계획하면서 상원 군사위원회의 위원장인 리처드 러셀에게 이렇게 실토했다. "왜냐하면 이 일을 망치고 싶지는 않으니까요."

린든 존슨은 "저렴하게 전쟁을 치르려고 시도했다." 존슨 행정부의 핵심 정보통이었던 조지 A. 카버는 훗날 이렇게 말했다. "그리고 자기가 전쟁을 한다는 사실을 인정하지 않은 상태에서 전쟁을 하려고 시도했다."

고통에 몸부림치던 이 대통령은 새롭고도 어려운 바늘에 실을 꿰려고 시도하는 셈이었다. 즉 자국 군대를 전쟁에 내보내면서도, 자국 전체를 전쟁에 내보내지는 않으려고 시도하는 것이었다. 그리고 이런 노력의 핵심에는 한 가지 중대한 결심이 있었다. 국방부 장관과 합동참모본부의 조언에도 불구하고, 그리고 미국 육군 참모본부의 전적인 반대에도 불구하고, 존슨은 과거 제퍼슨 시대의 주 민병대에 상응하는 현대의 병력 동원을 한 마디로 거절했던 것이다. 그 병력이란 우리의 이웃에 살고 있는 저 모든 사람들, 즉 미국 육군 예비군과 주 방위군이었다. 주 방위군과 예비군은 미국 역사상 전쟁이 있을 때에는 항상 동원되었지만 (심지어 전쟁 상황까지는 아니었던 1962년의 쿠바 미사일 위기에도 동원되었지만) 베트남에서는 존슨도 머뭇거렸다. 병력을 전면적으로 동원하면 자칫 러시아와 중국이 전쟁에 개입할지도 모른다는 우려 때문이기도 했지만, 그보다는 의회와 나머지 국민 모두가 안달복달하며 자신에게 너무 많은 질문을 던지는 상황을 원치 않았기 때문이었다.

"제 생각에 지금까지는 예비군을 소집할 필요가 없어 보입니다." 존슨은 러셀에게 이렇게 말했다. "너무 극적일 것 같거든요. 제 생각에는 그 조치가 저를 차마 벗어나지 못하는 상황으로 몰아넣을 것 같습니다. 그 조치를 취하면 지금 제가 딱 원하는 것보다 더 깊이 들어가게 할 테니까요. (…) 당신께서도 제가 합동 회의를 열어야 한다고 생각하지는 않으시겠죠, 안 그렇습니까?"

"대통령께서 예비군을 소집하지 않으시는 한, 저 역시 그러지는 않을 겁니다." 러셀은 이렇게 대답했다. 조지아주의 6선 상원의원은 대통령이 처한 곤경에 동정적이었다.("지금까지 내 평생에 이렇게 어려운 일을 해 본 적은 없었습니다." 존슨은 자신의 멘토이자 상원 내에서 옹호자인 사람을 향해 이렇게 불평했다.)

"저라도 돌아 버렸을 겁니다." 러셀은 존슨에게 이렇게 말했다. "지금까지 살면서 만나 본 것 중에 신속한 답변을 내놓지 못한 유일한 문제입니다. 정말 여기에 대해서는 답변을 내놓지 못하겠습니다."

하지만 산전수전 다 겪은 이 상원의원은 예비군을 동원하지 않으면 일종의 신호를 주는 셈이 될 수 있다고 존슨에게 상기시켰다. 즉 소련과 북베트남 공산주의자와 세계 나머지에게 미국의 의지박약을 드러내는 셈이 될 수도 있다는 것이었다. "우리가 거기 머물지 않을 거라는, 거기서 철수할 거라는 호치민의 주장에 힘을 실어 줄 수도 있습니다. (…) 예비군을 소집하면 그들도 말뜻을 이해할 겁니다. 그들은 베를린에서도 이해했었으니까요. 그들은 이해했습니다."

"글쎄요. 제가 만약 징병을 확대한다면, 그리고 제가 만약 1만 명을 파견한다면, 그들도 이해할 겁니다." 존슨은 이렇게 말하며 쿡쿡 웃었지만, 물론 정말로 재미있어서 그런 것은 아니었다. "그러고 나면 저는 징병 명령을 단계적으로 늘릴 겁니다. 2배로요."

징병 제도는 베트남을 위해 새로 생겨난 것도 아니었다. 이것이야말로 1917년 이후로 현역 병력의 공급처 노릇을 해 왔기 때문이다. 너무 많은 소란을 일으키지는 않으면서 베트남의 전투 병력을 구체화시키려 하는 대통령의 입장에서는, 징병을 늘리는 것이 예비군을 소집하는 것보다 더 나은 선택인 것처럼 보였다. 1965년에 주 방위군과 예비군은 병역을 기피하려는 사람들이 슬그머니 선택하는 차선책이었으며, 존슨은 이미 의원들로부터 이와 관련된 이야기를 듣고 있었다. 각 선거구의 유력 인사들은 자기네 아들들이 소속된 주 방위군과 예비군 부대가 동남아시아의 밀림에서 벌어지는 처참한 전쟁에 나가 싸우도록 소집되는 상황을 결코 좌시하지 않으리라는 이야기였다. 급기야 존슨도 그러지 않기로 동의했다! 어쨌거나 이것은 대규모 전쟁도 아니었다. 최소한 후방에 중대한 영향을 끼치는 전쟁까지는 아니었다는 뜻이다. 그리고 자신의 전쟁이 미국의 패배가 되었으면 하는, 즉 병력이 불과 몇 달 사이에 들어갔다 빠졌으면 하는 존슨의 희망도 있었다. '호치민도 이에 버금갈 만한 뭔가를 갖고 있습니까?' 존슨은 휴식 시간 동안에 기자들에게 이렇게 호언장담했다고 전한다.

하지만 전쟁의 2단계, 즉 베트남 전공 역사가 닐 시언의 말마따나 "승리 준비 단계"조차도 2년째와 3년째로 연장되었다. 그 다음에는 이것이 추악한, 사악하게 속개되는, 끝이 보이지 않는, 패배 준비 단계인 것처럼 보이게 되었다. 그럼에도 불구하고 존슨은 예비군 소집을 완강하게 거부했다. 우리가 (즉 우리 모두가) 진짜 전쟁 상태에 있다는 사실을 국민에게 실토하려 하지 않았던 것이다. 그리하여 북베트남에 대한 최초의 지속적인 폭격을 지원하기 위해 1965년 3월 8일에 다낭 인근 해안에 상륙한 최초의 전투 해병대 3,500명부터 시작해서, 존슨의 임기 말에 베트남에 주둔했던 53만 5천 명의 미군 병력 가운데 주 방위군과 예비군은 고작 1퍼센트 남짓이 될 예정이었다. 아시아에서 벌어진 존슨의 지상전에 대한 부담은 현역 병력이 고스란히 떠안았다. 이들은 징병자였고, 그 상황에서 벗어날 수 없었거나 꺼려했던 미국인 청년들 중에서 무작위로 선발된 사람들이었다.

존슨의 결정이 베트남에서 벌어진 전쟁의 결과에 어떤 효과를 발휘했는지 여부는 논란의 여지가 있는 일이며, 궁극적으로는 알 수가 없는 일이다. 하지만 그 결정 때문에 미국 내에서 어마어마한 비용이 들었다는 사실만큼은 확실하다. 즉 그 결정 때문에 나라 한가운데서부터 군대가 산산조각 났고, 역시나 군대 한가운데서부터 나라가 산산조각 났기 때문이다. 소대장 출신의 한 젊은 소설가는 이 불명예스러운 전체에서 무엇이 왜곡되었는지 발견했다. 짐 웹은 베트남에서 비범한 전사임을 입증했다. 퍼플하트 훈장 두 개, 브론즈스타 훈장 두 개, 실버스타 훈장 하나, 그리고 전투 중의 용맹한 행위로 네이비크로스 훈장을 하나 받았다. 하지만 그의 유별난 점은 바로 놀라운 예리함이었다. 칠흑 같은 밀림의 참호에서, 23세의 중위는 어찌어찌 큰 그림을 이해하게 되었다. 그리고 베트남 전쟁을 소재로 한 소설 『전장Fields of Fire』에서 웹은 전투에 이력이 난 직업 군인 하사관과 젊은 중위 사이에 오간 완벽한 대화를 통해 저 국가적 비극의 정수를 뽑아냈다.

"짧은 이야기를 하나 해 드리죠. 어쩌면 이치에 닿을지도 모르니까요. 제가 처음 베트남에서 돌아왔을 때, 이미 말씀드린 것처럼, 저는 예비군 훈련소로 가게 되었죠. 그때에는 이곳 상황도 아직 커지지 않은 상태였어요. 그래도 우리 모두는 상황이 더 커질 것임을 알았고, 그래서 저는 이 예비군을 소집할 거라고 추측했죠. 우리는 '주말 전사들'*에게 각자의 물건을 배낭 하나에 넣어두는 게 좋을 거라고, 왜냐하면 곧 전쟁에 나가게 될 것이기 때문이라고 누누이 말했죠. 한국 전쟁 때처럼요. 그리고 상황이 더 커졌는데, 존슨은 예비군을 소집할 만한 배짱이 없었어요. 예비군은 투표를 할 수 있으니까요. 게다가 예비군은 유나이티드 항공사에서 비행기를 모니까요. 게다가 예비군은 사업체를 운영하니까요. 그래서 존슨은 그 대신 더 크게 징병을 실시했고, 그나마도 헛점투성이로 만든 다음, 특정 집단의 애들만 쫓아다녔죠."

"그 애들이 훌륭했다고 자네가 말하지 않았나."

---

* 미국 예비군의 별명.

"중요한 건 여기에서 벌어진 일이 아니에요. 오히려 저기 후방에서 벌어지고 있는 일이죠. 젠장, 중위님, 사람들은 전쟁이 벌어지고 있다는 것도 잘 모른다니까요. 신문에 보도되고, 대학생 애들이 여학생 팬티 훔치기라든지 혹은 예전에 하던 다른 뻘짓거리들을 하는 대신에 전쟁에 관해 외치면서 돌아다니기는 하지만, 그걸로 끝이라구요. 여객기 조종사는 여전히 여객기를 조종하죠. 사업가는 여전히 사업체를 운영하구요. 대학생 애들도 여전히 대학에 다니구요. 다른 사람들을 제외하면, 마치 아무 일도 일어나지 않은 것 같아요. 우리를 제외하면, 전쟁이 아무도 건드리지 않은 것 같다구요. 그래서 저는 속이 메스꺼워요, 중위님……. 우리는 버림받았어요, 중위님. 망할 놈의 절벽 끝에서 걷어차인 거라구요. 놈들은 어떻게 싸우는지도 모르고, 어떻게 싸움을 중단하는지도 몰라요. 그리고 고국에서는 상황이 워낙 복잡하기 때문에, 사람들은 전쟁에 대해서는 잊어버리고 풋볼 경기를 보며 응원이나 하는 거죠. 하, 씹할 놈들. 목숨 바쳐 지켜 줄 가치도 없는 놈들이라니까요."

자국 시민들을 향한 미군 병사들의 환멸도 사실이었지만, 베트남 전쟁에 대한, 그리고 군대 그 자체에 대한 민간인의 환멸 역시 마찬가지였다. 그리고 이런 환멸은 학생 활동가와 평화 운동가에게만 국한되지 않았다. 이 전쟁에서 최악의 모습은 (즉 유혈과 엽기, 죽음, 허비, 잔혹의 모습은) 미국 전역의 중산층 가정의 거실에까지 방영되었다. 국가에 대한, 그리고 국가가 상징하는 바에 대한 대중의 관념에 청천벽력이 떨어진 셈이었다. 베트남에서 귀국해서 캔자스시티의 징병 사무소로 발령난 현역 중대장은 새로운 이웃들의 전반적인 정서에 충격을 받았다. "이건 끔찍한 전쟁이고, 우리 군대는 거기서 끔찍한 짓들을 하고 있어요." 그들은 입을 모았다. "물론 당신은 그렇지 않았다는 걸 우리도 알지만요, 폴."

"저 역시 그중 한 명입니다. 저야말로 전형적인 군인입니다. 저야말로 해병대의 모습 그대로라니까요" 이 군인은 애써 설득했지만, '당신들은 자랑스러워할 만한 군대를 갖고 있다'는 사실을 민간인 친구들에게 납득시킬 수는 없을 것 같은 기분이 들었다.

어떤 참전용사는 이렇게 말했다. "전쟁에 나간 우리들과 그렇지 않았던 사람들 사이에는 높이 1마일에 두께 50마일의 장벽이 서 있는데, 그 장벽은 결코 무너지지 않을 겁니다."

미국이 베트남에서 전쟁을 치른 방식으로 말하자면 그 이전까지의 방식과는 완전히 달랐고, 그 결과로 말하자면 어느 누구도 좋아하지 않았다. 그리하여 미국은 매번 전쟁이 끝날 때마다 하던 일을 했던 반면 (즉 베트남 주둔 지상군의 인원을 1969년에 51만 54명에서 1971년에 21만 2,925명으로, 그리고 1973년에 265명으로 극적으로 감축한 반면) 이번에는 고위층에서도 뭔가 다르게 하기로 작정했다. 향후에는 존슨이 골랐던 선택지를 대통령이 갖지 못하게 하자는 것이었다. 즉 다음번에 미국이 전쟁을 치르게 된다면, 그때는 군대 혼자서만 전쟁을 치르지는 않을 것이었다. 웹의 소설에 등장하는 하사관의 말마따나, 군대 혼자서만 "망할 놈의 절벽 끝에서 걷어차인" 신세가 되지는 않을 것이었다. 공식적으로 베트남 이후의 군대 재편을 가리키는 공식 명칭은 '총체 전력 정책Total Force Policy'이다. 하지만 비공식적으로는 모두가 '에이브럼스 독트린Abrams

Doctrine'이라고 부른다.

크레이턴 에이브럼스는 1968년부터 1972년까지 베트남에서 미군 총사령관으로 재직했는데, 그 기간 동안 50만 명이 넘던 병력이 5분의 1로 감소했다. 이후 그는 워싱턴으로 돌아왔고, 1972년부터 1974년 사망할 때까지 육군 참모총장으로 재직했다. 참모총장 시절에 에이브럼스는 점점 인기는 없어지고 비용만 높아지는 전쟁을 서서히 마무리했다. 한편으로는 군 통수권자가 전쟁을 벌이기가 더 어렵도록, 또는 최소한 미국 국민의 지지를 먼저 받아 놓지 않은 상태에서는 전쟁을 벌이기가 어렵도록 하는 방향으로 미국 육군을 재편했다.

에이브럼스가 미국의 정치 구조를 개조할 의도로, 또는 미국의 선출직 공무원이 이용할 수 있는 선택지를 막아 버리려는 뚜렷한 목적으로 이런 재편을 시작했다고 보기는 어렵다. 그가 결코 이런 식으로 이야기한 적이 없었음은 분명하다. 그의 최우선 관심사는 자기가 평생을 바친 제도, 즉 미국 육군의 복원이었다. 베트남은 이 제도의 피를 모조리 빨아 먹어 버렸다. 전 세계 각국에서 미군의 전투 즉응력battle readiness*은 크게 감소하고 말았다. 독일 주둔 제7군은 기껏해야 동남아시아를 위한 값비싼 대체 병력 주둔지가 되고 말았다. 주 방위군과 예비군은 휘청거렸고, 기껏해야 병역 기피자의 피난처로 간주되고 있었다. 그리고 에이브럼스는 베트남에서 명예롭고 자랑스럽게 복무했던 병사들조차도 사기가 떨어졌음을 직접 보아서 알고 있었다. 그는 민간인이 가하는 비판의 매서움을 개인적으로 잘 알고 있었다. 존슨의 후임자인 리처드 닉슨은 에이

---

* 즉시·작전에 투입할 수 있는 능력.

브럼스에 대한 경멸을 차마 감출 수 없어 했다. 1971년에 닉슨은 에이브럼스가 베트남에서 군사적 승리를 얻을 "기회를 이미 가졌다"고, 따라서 "더 이상은 기회를 갖지 못할 것"이라고 국무장관 헨리 키신저에게 말했다. 이듬해에 그는 역시나 에이브럼스에 관해 키신저에게 이런 메시지를 보냈다. "지금의 군사 지휘부야말로 이 나라의 자랑스러운 군사軍史에서도 서글픈 한 장章이라네."

그토록 미움받은 전쟁의 현장에서 총사령관 노릇을 했던 에이브럼스는 오히려 점점 더 육군과 그 병사들을 사랑하게 되었다. "변화하는 세계, 변화하는 시대, 변화하는 태도, 그리고 우리나라를 움직이게 만든 다양한 정치적 동기 속에서, 여러분이야말로 저 필수적인 미덕의 지속성을 상징합니다. 바로 겸손, 용기, 헌신, 그리고 희생이라는 미덕입니다." 그는 제1보병사단이 귀국하기 직전에 이렇게 연설했다. "세계는 많이 변했지만, 이 사단은 애초에 했던 것과 마찬가지로 계속해서 봉사할 것입니다. 나는 이것이야말로 우리의 위대한 나라를 뭉치게 만들어 주는 시멘트, 바위, 강철의 일부분이라고 믿고 싶습니다."

베트남 전쟁 말기에 육군 총사령관으로서 에이브럼스는 동원 해제를 진행하면서, 가급적 군대를 보호하는 방향으로 일이 진행되도록 열정을 쏟았다. 심지어 전시 예산이 바닥나고, 육군의 규모가 극적으로 줄어들었으며, 이제는 미움받는 징병 제도가 폐지되었음에도 불구하고, 에이브럼스는 군사 즉응력을 위한 대규모의 국가적 투자를 원했다. 미국이 치른 세 가지 전쟁에 나간 바 있었던 그는, 미비한 국가에서 미비한 군대가 소집되어 싸우게 되면 미국인의 피가 너무 많이 흩뿌려지게 된다는 점을 설명했다. "우리는 그런 미비의 대가로 피와 희생을 치르고, 또 치르고, 또다시 치렀습니다. (…) 저는 전쟁을 원하지 않습니다만, 싸울 준비를 하지 않은 까닭에 우리가 지불해야 했던 인적 희생에 대해서는 몸서리칠 수밖에 없습니다."

그가 제시한 해결책은 그 단순성과 경제적 효율성 면에서 우아하기 짝이 없었다. 에이브럼스의 총체 전력 정책 하에서는 주 방위군과 예비군이 더 이상 현역 복무 회피를 위한 피난처가 되지 못하고, 오히려 자국의 전투 역량에서 필수적인 일부분이 되었다. 이들을 소집하지 않고 전쟁에 나가는 것은 실질적으로 불가능했다. 에이브럼스는 주 방위군과 예비군을 현역 군대의 직조물 안에 편입시켰다. 그는 대규모 군사 작전을 수행하기 위해서 필수적인 기능을 '우리 이웃의 시민 병사들'에게 맡겼다. 그리고 주 방위군과 예비군을 현역 군대에 편입시키는 과정에서, 그는 또한 군대를 다시 국가에 편입시켰다.

이러한 재편 과정 동안 에이브럼스 휘하에서 근무했던 존 베시는 장군의 핵심 의중을 다음과 같이 회고했다. 즉 미국과 같은 종류의 국가를 "그분은 끔찍한 운명이라고 생각하셨고, 우리가 하게 될 일이 무엇이든지 간에 우리는 하나의 국가이므로, 그 일을 제대로 해내야 마땅하다고 결론을 내리셨다. 즉 저 모퉁이 어딘가에 국가와 동떨어진 군대를 만들지는 말자는 것이었다. 군대는 국가의 표현이었다. 군대를 국가적 맥락에서 떼어 내면, 결국 군대를 망치고 말 가능성이 크다. 이것이야말로 그분이 베트남에서 얻은 교훈이었다. 그분은 두 번 다시 군대를 그런 위치에 내버려 두지 않을 작정이었다."

아울러 전쟁에 나서기 위해 거쳐야 하는 정치적 문턱도 높아졌다. 에이브럼스 독트린에서 (즉 총체 전력 정책에서) 미국 정치인은 미국 가정의 일상을 교란하는 방식으로 전쟁을 수행하도록 "설계하는" 위치에 서게 되었다. 베트남 주둔 병력을 대규모로 증강하는 것에 관해 의회와 합동 회의를 개최해야 할지 여부를 궁금해 하던 존슨에게 러셀이 건넨 조언을 기억하라. "대통령께서 예비군을 소집하지 않으시는 한, 저 역시 그러지는 않을 겁니다." 그런데 에이브럼스 독트린이 등장하면서 예비군 소집은 더 이상 선택이 아니라 필수가 되었고, 따라서 대통령의 의회 출석도 마찬가지가 되었다. 대통령의 손이 억지로 움직이는 셈이었다. 만약 미국이 전쟁을 치르려 한다면, "유나이티드 항공사의 여객기 조종사"의 삶은 크게 지장을 받을 수밖에 없을 것이고, 민간인은 각자의 민간 일자리에서 뽑혀 나올 수밖에 없을 것이다. 존슨이 지난번 전쟁에서 "너무 극적일" 것이라며 저항했던 바로 그것이, 다음번 전쟁에서는 정치적 입장료가 될 예정이었다.

1973년 여름과 가을의 가장 요란한 이야기는 아마도 상원이 닉슨 대통령의 목에 걸었던 올가미를 천천히 조여 갔던 것이 아니었을까. 하지만 이와 동시에 의회는 "의회와 대통령의 전쟁 권한에 관한 합동 결의안A Joint Resolution Concerning the War Powers of Congress and the President"을 작성하느라 바빴다. 1973년의 전쟁권한결의안War Powers Resolution은 미국 헌법 제1조 8항에 "미국 헌법의 입안자들의 의도를 이행하여" 의회가 (오로지 의회만이) 전쟁 선포 권한을 가진다고 제시된 특권을 명시적으로 다시 주장하는 것이었다.

입안자들은 미국 헌법 제1조 8항에 대한 옹호에서 각자의 이유를 유창하게 설명했다. "모든 정부의 역사가 예시하듯이, 헌법에서는 전쟁에 대한 관심이 가장 많은 동시에 전쟁을 일으킬 경향이 가장 많은 권력의 분지가 바로 행정부라고 가정한다." 제임스 매디슨의 말이다. "따라서 헌법은 의도적인 신중을 기하여, 전쟁에 대한 질문을 입법부에 귀속시켰다." 심지어 군주제 옹호자로 의심받았던 알렉산더 해밀턴조차도 전쟁 선포 권한을 결정권자 한 명의 손에 맡기지 않는 것이 지혜롭다고 보았다. 매디슨, 해밀턴, 그리고 이들의 동료 입안자들은 자기들이 인간 본성의 더 어두운 측면이라고 간주한 것에 대항하여 구조적 장벽을 구축했다. 전쟁의 유혹은 (개인적 증오, 정치적 영광, 물질적 전리품, 그리고 폭력에 대한 단순한 격세유전적 열광 등은) 너무나도 매력적이기 때문에 차마 한 사람이 저항하지 못할 수도 있었다. 또한 더 나중의 의원 에이브러햄 링컨의 표현처럼 "군사적 영광이라는 과도한 찬란함에, 즉 피의 분수에서 솟아오른 저 매력적인 무지개에, 파괴하라고 유혹하는 뱀의 눈에 대중의 시선을 고정시킴으로써" 전쟁을 고취시키기도 너무나 쉬웠다. 헌법 토론 중에 매디슨이 노트에 적은 바에 따르면, 버지니아주 대의원 조지 메이슨은 "전쟁을 손쉽게 만들기보다 번거롭게 만드는 쪽을 옹호했다. 그리고 평화를 손쉽게 만드는 쪽을 옹호했다."

입안자들은 전쟁을 벌이기로 결정을 내릴 때 공동으로 결정하게 만듦으로써 그 일을 번거롭게 만들었다. 즉 그 결정을 의회에 (다양하고 종종 상충되는 시각으로 이루어진 크고도 느리게 움직이는 심의체에) 귀속시킴으로써, 그 어떤 전쟁에 대한 옹호든지 간에 크고, 잘 논증되고, 명료하게 보이도록 보장했다. 국민의 대표들은 시간을 들이고 주의를 기울이며 그 손익을 저울질할 수밖에 없을 것이었다.

　이런 구조가 젊은 미국을 흔히 말하는 평화주의자로 만들지는 못했다. 우리는 스스로를 이 바다에서 빛나는 바다까지, 높은 이상과 흠 없는 태도로 펼치지는 못했던 것이다. 하지만 전쟁 결정으로 가는 길에 높은 장벽을 세워 놓은 지혜는 미국인의 초기 세대들 동안에 전혀 방해받지 않고 지속되었다. 에이브러햄 링컨은 의회에서의 첫 번째 임기에서, 전쟁이 활기를 띠게 하는 비용을 누가 지불하는지에 대해 비천한 변경민의 관점에서 근본 원칙을 반복하여 말했다. "제가 이해한 바에 따르면, 전쟁 결정의 권한을 의회에 부여한 헌법의 조항은 다음과 같은 이유로 만들어졌습니다. 왕들은 항상 신민을 전쟁에 개입시켜서 가난하게 만들고, 비록 항상까지는 아니지만 대개는 마치 신민의 이익이 전쟁의 목표인 것처럼 가장했기 때문이었습니다. 우리의 대표자들은 이것이야말로 왕이 가하는 모든 압제 중에서도 가장 큰 압제라 이해했습니다. 따라서 이런 압제를 우리에게 부여할 권한을 어떤 한 사람이 가지지 못하도록 헌법을 입안하기로 결의했던 것입니다."

　1973년, 저 변경 출신 의원의 후계자들은 전쟁으로 가는 길의 장벽을 낮추는 것의 위험성에 대한 고통스러운 재교육 과정을 거쳐야 했다. 존슨이 막대한 특권을 행사하도록 허용했기 때문이다. 존슨은 의회와 미국 국민에게 자기 의도를 설명하지도 않은 상태에서 동남아시아에 50만 명 이상의 병력을 파견했다. 그래서 1973년에 미국 의회는 스스로를 재

주장했다. 즉 자기만의 전쟁을 수행하는 대통령을 겨냥해 구조적인 장벽을 높이고 그것을 강화하기 위한 법안을 통과시킨 것이었다. 베트남 이후의 의회는 미래의 그 어떤 대통령도 그런 행위를 저지르고 무사히 빠져나가기를 원치 않았다.(괴짜이고 연로한 대법관 휴고 블랙은 헌법의 권리장전에 들어 있는 형사 소추 방해에 관해 불평하는 사람들에게 이렇게 상기시켰다. "그건 애초부터 일을 더 복잡하게 만들려고 작성된 겁니다!")

1973년의 전쟁권한결의안은 불완전한 법률이었다. 하지만 이를 통과시킴으로써 입법부는 행정부에 통지를 보낸 셈이 되었다. 전쟁과 평화라는 중대한 문제에 대해서만큼은 의회도 더 이상 구경꾼 노릇을 하지 않으리라는 것이었다. 만약 대통령이 군사 작전 실행을 원한다면 (그 '어떤' 군사 작전이라도), 반드시 실행 30일 이내에 그렇게 할 권한을 의회에 청원해야 했다. 만약 의회가 명시적으로 권한을 부여하지 않는다면, 그 작전은 법률에 의해 60일 후에는 반드시 종료되어야 했다. 이제 대통령 집무실에서는 더 이상 무제한적인 전쟁 결정 권한을 갖지 못하게 될 것이었다.

의회의 권한에 대한 주장은 정당 쪽에서 강한 지지를 받았다. 격분한 닉슨 대통령이 전쟁권한결의안에 거부권을 행사하자, 하원과 상원 모두가 이 거부권을 물리치고 표결로 존치시켰다.

입법부는 여기에서 멈추지 않았다. 그 주제가 다시 한 번 베트남인 경우에는 특히나 그러했다. 1975년 4월, 닉슨의 후임자인 제럴드 포드 대통령이 남베트남에 있는 미국의 동맹자, 즉 응우옌 반 티에우의 와해되는 군대를 위해 재정을 지원해 줄 것을 요청했다. 그런데 상원 외교위원회 위원들은 대통령이 이와 관련한 속사정을 전부 설명하지 않았다는 의심을 갖게 되었다. 위원들이 백악관에서 파견된 일련의 증인들로부터 파악한 바에 따르면, 포드 대통령은 다음과 같은 사실을 받아들일 의향이 없었다. 즉 북베트남군이 사이공의 친미 정부를 무너트리기 일보직전이며, 이에 대해서 포드가 할 수 있는 일은 전혀 없다는 사실이었다. 미국의 전투 병력은 그곳을 떠난 지 오래였다.

위원회의 비공개 회의에서 상원의원들은 포드 행정부가 곧 다가올 티에우 정부의 붕괴에 대처할 현실적인 계획을 아직 세우지 못한 것이 아니냐고 큰 목소리로 우려했다. 이들은 실패 중인 남베트남 군대를 대통령이 고집스럽게 지지한 결과, 자칫 미국이 또 전투 병력을 지상에 파견하여 치열한 전쟁으로 다시 끌려 들어가게 되는 것은 아닌지 우려했다. 의회는 존슨과 닉슨에게 무척 많은 기회를 주었지만, 이 대통령들은 값비싼 실수와 오산을 너무 많이 저질렀다. 상원은 포드에게 자유재량권을 부여할 기분이 아니었다. 게임은 이미 끝났다. 포드는 7억 2,200만 달러의 예산을 얻지 못할 것이었다. 대통령은 이 사실을 이해할 필요가 있었다.

그리하여 위원회는 비공개 회의 도중에 전화를 걸어서 전례 없이 대통령과의 대면 논의를 요청했다. 그러고는 결국 다 함께 백악관으로 가서 각료회의실에 들어갔다. "저희의 우려를 대통령께 말씀드리고, 대통령의 우려를 저희가 듣고 싶어서 왔습니다." 포드의 동료인 공화당 소속 상원의원 하워드 베이커가 신임 대통령에게 말했다. "우리가 그렇게 하고 나면, 행정부와 입법부 간의 협상에서 새로운 시대를 수립할 수 있을 것입니다."

포드는 경악했다. 회고록에서 그는 상원 외교위원회가 백악관을 방문해서 면담을 요청한 가장 최근의 사례가 우드로 윌슨 행정부 시절로까지 거슬러 올라간다고 적었다. 마침 하원에서 막 돌아온 참이었던 포드는 입법부의 무례한 행동에 질릴 수밖에 없었다. 그는 이날의 면담이 "극도로 긴장되었다"고 묘사했다.

실제로도 긴장될 수밖에 없었다. 그 시간 동안 상원의원들은 대통령이 가뜩이나 고분고분하지 않고 비현실적인 사이공 주재 대사를 통제해야 한다고, 그리고 미국인 6천 명과 남베트남인 동조자 17만 5천 명을 피난시킬 '실제' 계획을 세워야 한다고, 그리고 대통령의 예산 요청은 3분의 2가 줄어들어서 안전한 피난을 위한 자금에만 국한될 것이라고……그마저도 싫으면 아예 잊어버리라고 주장했다. 남베트남 보병 사단을 추가로 유지시키기 위한 무제한적인 수단은 더 이상 없을 것이었다.

"지원에 대한 암시가 어느 정도는 있어야지, 그렇지 않으면 상황은 급속히 와해되고 말 겁니다."

"피난을 위해서라면 많은 액수를 드리겠습니다." 상원의원 제이콥 재비츠는 대통령에게 단도직입적으로 말했다. "하지만 티에우에게 보내는 군사적 지원에는 땡전 한 푼 못 드립니다."

"우리는 미군 병력을 들여보내기를 원하는 게 아닙니다. 하지만 어느 정도 기간 동안은 우리가 버티려는 계획을 지닌 것처럼 보이는 데에 필요한 자금을 반드시 가져야 한다는 겁니다." 포드는 면담 막바지에 이렇게 말했다. 하지만 상원의원들은 결단코 더 이상의 전투 임무에는 말려들지 않기를 원했으며, 심지어 피난을 위한 노력 중에도 그러지 않기를 원했다.

"이거야말로 우리가 상상해 보지 않았던 수위로 다시 진입하는 것입니다." 유명한 조종사 겸 우주인 출신 상원의원 존 글렌이 대통령에게 말했다. "제 생각에 북베트남은 우리가 이 사람들을 데리고 나오게 순순히 내버려 두지 않을 것이고, 우리 교두보를 공격할 겁니다. 그러면 우리는 아군 경비 병력을 보호하기 위한 추가 병력을 보낼 수밖에 없겠지요. 그렇게 생각하니 두려운 마음뿐이군요." 상원의원이 완강히 버티자 대통령도 할 수 있는 일이 사실상 없었다.

아아, 하지만 1975년에 웨스트윙*의 거주자들은 이때의 일을 두고두고 헐뜯었다. 제럴드 포드의 수석 보좌관은 무려 40년 뒤까지도 "의회의 반발"과 전쟁권한결의안에 관해 여전히 통렬하게 불평했다. "그 결의안은 의문의 여지도 있고 합헌성 여부도 검증되지 않았다. 하지만 그것 때문에 미국이 여전히 가지고 있는 힘을 말썽꾼들에게 납득시키는 대통령의 능력이 축소되고 말았다." 포드도 각료 앞에서 큰 목소리로 불평했다. 의회가 전혀 상관도 없는 일에 불쑥 끼어들어서, 자기를 졸지에 (본인의 말마따나) "끊고 도망치는" 사람으로, 즉 베트남에서 "줄행랑친" 대통령으로 만들어 버렸다는 것이었다. 국무장관 키신저도 공화당 소속 상원의원 몇 사람이 '진짜로' 비열하게 굴었다고 포드에게 말 그대로 하소연했다.

하지만 여기서의 문제는 비열함이 아니었다. 여기서의 문제는 키신

---

* 미 백악관 별관의 별칭.

저도 아니었고, 포드도 아니었고, 결코 어느 한 사람이 아니었다. 오히려 미국의 군사력과 그 사용에 관한 근본적인 질문이 문제였다. 10년간 베트남에서 지속된 미국의 비극 이후에야 (즉 군대의 동원 해제의 와중에, 방향 수정의 와중에, 그리고 뒤이어 나타난 정치적 반박의 와중에) 뭔가 중요한 일이 벌어졌다. 그 따가운 경험으로부터 생성된 새로운 구조물들이 (즉 에이브럼스 독트린, 전쟁권한결의안, 그리고 새로이 강해진 의회가) 진정한, 근본적인, 국가를 변화시키는 힘을 갖게 되었던 것이다. 전체적으로 보자면, 의회는 조지 메이슨 영감이 만세를 불렀을 법한 뭔가 유익한 결과를 얻어냈다. 즉 의회는 자국의 전쟁 결정 기구를 번거롭게 만들어 버렸던 것이다.

우리가 공동의 방위를 제공할 방법에 대한, 제한된 자원을 군대에 배분하는 방법에 대한, 전쟁을 준비하는 방법에 대한, 그리고 전쟁을 벌일지 여부에 대한 질문들은 원래 있던 자리로 돌아갔다. 즉 공개적인 자리에 나와서, 크고도 요란한 정치적 논쟁의 대상이 된 것이다.

하지만 잊지 말아야 할 것은 G. I. 조의 판매가 여전히 부진했다는 점이다. 심지어 '쿵푸 손'이 달려 있었는데도 말이다.

2장

레이건이 숨겨둔 비장의 수

로널드 레이건은 뭔가를 큰 목소리로 말하고 나면 그 이야기를 영원히, 그리고 항상 믿어 버리곤 했다. 1976년에 대통령 선거를 겨냥하고 본격적인 활동에 들어갔을 즈음, 그는 자기 입에서 나오는 모든 말이 정확하다고 확고히 믿는 상태였다. "이런저런 정책이나 이야기에 일단 한 번 정서적으로 헌신하게 되면, 제아무리 반증이 많이 나온다 하더라도 자신의 믿음을 바꾸지 않았다." 레이건에게 가장 동정적인 전기 작가 에드먼드 모리스의 말이다. 사실fact과 반대 증거도 레이건이 하는 훌륭한 이야기의 앞길을 막아서지는 못했다. 특히 청중이 맞다는 듯 고개를 끄덕이게 만드는 훌륭한 이야기라면 더욱 그러했다. 그는 연설 도중에 복지 여왕들이 캐딜락에 올라타고 시카고의 사우스사이드를 운전하고 다닌다고 주장했다. 그중 어떤 사람은 멋모르는 연방 정부를 속여서 매년 15만 달러라는 거금을 '세금도 없이' 타 낸다는 것이었다! 이스트할렘의 공공주택은 졸지에 호화판 주택으로 둔갑하고 말았다. "어떤 아파트에 들어가 보면 천장까지의 높이가 11피트에, 발코니가 20피트에, 수영장에, 세탁실에, 오락실까지 있습니다." 레이건은 예비선거의 첫 번째 주인 뉴햄프셔에서 사람들에게 이런 말을 했다. 즉 연방 정부는 주 정부에서 관리해야 마땅한 복지와 기타 프로그램에 매년 900억 달러를 사용한다는 것이었다. 그러니 계속 그러게 내버려 두자는 것이었다. 그렇게 하면 연방 예산도 균형이 맞으리라는 것이었다. 이 모두가 레이건에게는 적절해 보였고, 그의 유세에 참석한 사람들에게도 역시나 적절해 보였다.

그런데도 기퍼*는 공화당의 1차 후보 경선에서 필수적인 견인력을 얻지 못하는 듯했다. 당시의 (레이건의 지적처럼, 비록 선출된 것은 아니었지만) 현직 대통령인 제럴드 포드가 그 해의 예비선거 처음 여섯 차례에서 전직 주지사를 격파했으며, 심지어 레이건이 태어난 일리노이주에서도 20표 가까이 앞섰다. 초봄이 되자 낸시 레이건은 남편을 설득하여 경선에서 하차시키려 했다. 결과가 워낙 처참하다 보니, 그의 관리자들도 노란색의 (그래서 언론에서는 '큰 바나나'라고 일컬은) 휴즈 에어웨스트 DC-9 전세기를 과연 다음번 유세 장소인 노스캐롤라이나주까지 끌고 갈 연료비를 감당할 수나 있을지 몰라 불안했기 때문이었다. 하지만 레이건은 (의회에도 굴복했고 지난번 전쟁에서도 꽁무니를 뺐던) 대통령을 상대로 자기가 내놓을 카드가 아직 하나 더 있다고, 그리고 이것이야말로 비장의 수일 것이라고 생각했다.

레이건이 보기에 문제는 포드가 단순히 베트남에서 "줄행랑친" 사실이라든지, 또는 대통령이 방위 지출 삭감에 관해 의회와 부정한 거래

---

* 로널드 레이건의 별명. 한때 〈커누트 로크니Kanute Rockne〉(1940)라는 영화에서 "기퍼Gipper"라는 별명으로 통하는 풋볼선수 조지 깁George Gipp으로 열연한 데에서 비롯되었다.

를 했다는 사실만이 아니었다. 그가 보기에 진짜 문제는 국가 방위에 관한 전체 쟁점이었다. 즉 미국이 전 세계의 눈앞에서 약한 모습을 보인 것은 차마 견딜 수 없는 굴욕이었다는 것이다. 이러한 생각은 정치적으로 잠재력을 지니고 있었다. 우리 코앞에서 벌어지고 있는 일을 좀 보시오. 노스캐롤라이나의 청중 앞에서 레이건은 이렇게 말했다. 당신들은 아마 깨닫지 못했겠지만, 사실 포드 대통령은 파나마의 지도자 오마르 토리요스 장군의 은밀한 위협에 굴복하기 일보직전이라고 했다. "우리가 파나마 운하를 포기하기 위해서 진행하고 있는 저 조용한, 거의 비밀이나 다름없는 협상은 도대체 무엇입니까?" 레이건은 청중에게 묻기 시작했다. "파나마 운하 지대는 식민지의 소유가 아닙니다. 그곳은 장기 대여도 아닙니다. 그곳은 마지막 한 뼘까지도 모두 미국의 주권 영토인 것입니다. 알래스카가 그랬고, 루이지애나 매입으로 얻은 모든 주들이 그러하듯이 말입니다. 우리는 협상을 중단하고 그 장군에게 이렇게 말해야 합니다. 우리가 그걸 샀고, 우리가 돈을 냈고, 우리가 그걸 건설했으니, 따라서 '우리가 계속 가질 작정이다!'"

아, 바로 이 대사에 청중은 반응을 보였다. 레이건의 여론조사원들은 노스캐롤라이나주에서 그의 지지도가 올라가는 모습을 지켜보며 눈이 휘둥그레졌고, 계속 이렇게 하자고 재촉하기까지 했다. 파나마라는 나라와 그 운하의 복잡다단한 역사에 관해서라든지, 또는 미국이 거기서 이미 맺은 협상에 관해서라든지, 또는 운하의 실제 작용에 관해서라면 유권자는 사실 쥐뿔도 몰랐다. 하지만 이들은 '놈들이 우리에게서 그걸 빼앗아가지는 못할 겁니다'라고 벌떡 일어나 말하는 정치인을 좋아하는 것이 확실했다. 마침 당시에 새로 나온 영화 〈네트워크Network〉*가 다음과 같은 구호를 가지고 관객의 마음을 사로잡은 것과도 비슷했다. "나는 더럽게 화가 난다! 더 이상은 참지 않을 거다!"

"비록 오도된 주장이기는 하지만, 운하에 대한 레이건의 대외강경론이 일부 유권자들의 마음을 사로잡은 것은 분명하다. 즉 미국이 자기네 반구에서까지 (레이건의 말을 빌리자면) '허풍선이 독재자'에게 괴롭힘을 당해서야 되겠느냐는 베트남 이후의 정서를 자극한 것이다. 레이건은 이렇게 주장한다. '저 라틴아메리카 국가들은 상남자를 존경합니다. 미국이 단호함과 공정함을 토대로 행동한다면, 비록 그들의 사랑을 얻지는 못하더라도 그들의 존경을 얻기는 하리라는 것이 제 생각입니다.'"

레이건은 노스캐롤라이나주에서 승리를 거두었다.

물론 역풍도 있었다. 일찍이 핵무기로 밀림에서 가지치기를 하자고 주장한 초강경파 배리 골드워터가 파나마 운하와 관련된 쟁점에 관해 너무나 부정직하다는 이유를 들며 레이건을 비난했던 것이다. 수많은 언론인도 파나마 운하 지대가 미국의 주권 영토라는 절대적이고 완전한 날조 주장을 내세운 레이건을 맹비난했다. 하지만 레이건은 물러서지 않았다. 마치 미국 광고계의 인상적인 표어로 무장한 훌륭한 대변인처럼, 그는 점점 더 크게, 더 자주 이야기할 뿐이었다. "우리가 그걸 샀고, 우리가 돈을 냈고, 우리가 그걸 건설했으니, 따라서 '우리가 계속 가질 작정이다!'" 심지어 어느 면으로 보나 그는 이런 주장을 진짜로 믿었다. 정말 진심으

---

* 시드니 루멧 감독의 1976년 작으로 시청률에 집착하는 현대 방송사를 신랄하게 풍자한다. 시청률 저하로 퇴출 예정인 뉴스 앵커가 방송 중 막말로 도리어 시청률을 끌어올리자, 방송사에서는 "나는 더럽게 화가 난다" 운운 하는 캐치프레이즈를 내건 쇼 프로그램을 만들어 그를 진행자로 등장시킨다.

로 믿어 의심치 않았다.

노스캐롤라이나주에서 승리를 거둔 다음 주에 레이건은 황금시간대의 텔레비전 방송 시간을 30분간 구매했고 (수요일 밤 9시 30분이었다) 이를 이용해서 가상의 위협의 강도를 더 높였다. "반드시 해결해야만 하는 문제가 하나 있습니다. 그것을 해결하지 않는다면 만사가 무의미해질 것입니다. 저는 우리의 국방 문제를 이야기하는 겁니다. 우리나라는 위험에 처해 있으며, 이 위험은 하루가 지날수록 더 커지고 있습니다." 포드 정부가 운전대를 잡은 채로 잠들어 버린 사이, 쿠바의 공산주의 독재자 피델 카스트로가 푸에르토리코와 앙골라, 그리고 그 사이의 수십 개국에 계속해서 "혁명을 수출하고" 있다는 것이 레이건의 주장이었다. 우리는 민주주의 대만을 공산주의 중국에 희생시키고 말았다고 했다. 그리고 이제는 파나마를 빼앗길 처지가 되었다고 했다. 그중에서도 최악은 전쟁 수행 역량 면에서 소련이 우리를 압도하게 되었다는 점이라고 했다. "우리 병력은 소련군에 2대 1로 열세이고, 예비군에서는 무려 4대 1로 열세입니다. 무기에 쓰는 돈도 소련이 우리보다 50퍼센트나 더 많습니다. 해군 전함과 잠수함도 우리는 소련에 2대 1로 열세입니다. 대포는 3대 1로 우리가 열세이며, 탱크도 4대 1로 우리가 열세입니다. 소련의 전략적 핵미사일은 우리 것보다 더 크고, 더 강력하고, 더 많습니다."

소련의 군사적 우월성에 관한 이 노골적이고 무시무시한 "사실들" 가운데 어느 것도 사실은 아니었지만, 레이건이 보기에 이런 지적은 요점을 벗어나는 셈이었다. "우리가 세계에서 2등임을 보여주는 증거가 쌓여 있습니다. 이 세계에서 차석을 한다는 것은 비록 치명적이지는 않아도 무척이나 위험천만한 일입니다." 그는 "여느 사람과 마찬가지로" 평화를 신봉한다고 단언했다. "하지만 나약함이나 후퇴에서 평화를 이룩할 수는 없습니다. 평화는 미국의 군사적 우월성이 회복될 때 이룩할 수 있는 것입니다."

노스캐롤라이나주 이후의 반전은 정말 극적이었다. 예비선거 시즌 시작 때에만 해도 6대 0으로 완패했던 레이건이 이후의 여섯 차례 예비선거에서는 네 번이나 승리해서 텍사스, 앨라배마, 조지아주의 선거인단을 싹쓸이했고, 그해 여름의 전당대회까지 경선을 이어 나갔다. 전당대회에서는 마지못해 제럴드 포드에게 양보했지만, 로널드 레이건은 이후 단 한 번도 백악관을 향한 시선을 딴 곳으로 돌리지 않았다. 그는 정치 지도에서 존재감을 뚜렷이 드러냈으며, 자기가 그 일을 어떻게 해냈는지를 정확히 알고 있었다. 뭔가가 자기에게 유리하다 싶으면, 레이건은 그 뭔가를 고수했다. 따라서 포드를 물리친 민주당 소속의 신임 대통령 지미 카터가 포드의 정책을 승계해서 파나마와 전략적 우호 조약을 협상하고, 그 비준을 위한 3분의 2 찬성표를 얻기 위해 상원의 민주당과 공화당 주류가 힘을 합치고, 우파의 대주교 윌리엄 F. 버클리와 미국이 사랑하는 상남자 존 웨인조차도 (맞다, 바로 '그' 영화배우다) 카터의 조약 비준을 지지하는 캠페인에 나서자, 레이건은 복수심을 품고 선동에 나섰다. "파나마 운하를 상실하는 것은 미국이 적대국의 해군력에 포위되는 일에 기여할 것이고, 따라서 우리의 생존 능력을 위협할 것입니다." 레이건은 자신의 주례 라디오 연설 가운데 하나에서 이렇게 말했다.

심지어 존 웨인이 레이건에게 사적이고 개인적인 편지를 보내서,

"그 조약에서 자네가 사람들을 오도하고 있는 대목을 우라지게 하나하나" 입증하겠다고 제안하고, 또 지금이야말로 기퍼가 그 주둥이를 닫아야 할 때라며 정당한 충고를 ("자네가 계속해서 이런 잘못된 발언을 한다면, 누군가가 자네의 편지를 공개해서, 자네는 이 조약을 검토하는 데에서도 본인 말처럼 철저하지 못했을 뿐만 아니라, 심지어 영어를 읽는 것에도 더럽게 우둔하다는 사실을 입증하게 될 걸세"라고) 건네었는데도 불구하고, 로널드 레이건은 오히려 더 끈질겨졌다. 그는 전직 "방위 정보" 전문가인 대니얼 O. 그레이엄 장군의 말을 (콕 집어서) 인용했는데, 이 전문가는 카스트로의 공산주의 앞잡이들이 파나마에서 활동하고 있다는 소문에 대한 "상당히 확실한 증거"가 있다고 말한 바 있었다. 아울러 그는 전직 합참의장의 말도 다음과 같이 인용했다. 즉 그는 "쿠바와 동맹을 맺은 좌파 지향 정부에게 운하를 넘겨주는 것에 대해 무엇보다 큰 우려를 표명했다. 자칫 소련의 힘과 영향력이 그 대행자를 통해 운하에 만연해질 수 있으므로, 이런 이득을 건네주는 것이 얼마나 위험한지 설명했다. 그는 '서반구 전체의 경제적 구명줄이 위험에 처하게 된다'고 말했다."

1978년, 레이건은 텔레비전을 통해 전국으로 방영된 〈파이어링라인Firing Line〉 토론에 출연해서 친한 친구인 빌 버클리와 파나마 관련 쟁점을 놓고 맞붙었다. 하지만 그 직전에 버클리에게 보낸 개인적인 편지에서는 좀 더 융통성 있는 견해를 밝혔는데, 그 내용은 운하의 운영을 국제 관리 하에 두자는 제안과 관련이 있었다. 하지만 정작 텔레비전에 나와서는 청중을 즐겁게 해 주었던 강경 노선을 고수했다. "우리가 그걸 샀고, 우리가 돈을 냈고, 우리가 그걸 건설했으니, 따라서 '우리가 계속 가질 작정이다!'" 이것은 모호한 태도를 유도하는 구호가 아니었다. "비합리적인 요구에 굴복하게 되면 우리는 웃음거리가 될 것이고, 그렇게 함으로써 우리는 나약함을 미덕인 척 위장하는 것밖에 되지 않는다는 것이 제 생각입니다." 레이건은 〈파이어링라인〉 토론을 마무리하면서 이런 발언을 남겼다. "저는 전 세계가 이를 보면서, 엉클 샘*이 또다시 곤란에 맞서기보다는 오히려 꼬리를 감추고 슬금슬금 도망쳤다고 여길 것이라고 생각합니다."

조약을 옹호했다는 점에서 버클리는 역사에서 옳은 편에 선 셈이었다. 파나마의 이후 운하 통제는 "서반구 전체의 경제적 구명줄"에 대한 위협은 고사하고, 미국에 대한 다른 어떤 위협도 만들어 내지는 않았다. 그나마 생긴 것도 대개는 기술관료적으로 사소한 문제일 뿐이었다. 하지만 현대 보수주의 운동의 지적 아버지는 레이건이 캐낸 매우 보람 있는 정치적 금맥에 대해서 여전히 놀라워했다. "이 조약의 이유가 인기 없는 이유는 우리가 괴롭힘당하는 데에 지쳤기 때문이라고 말했을 때, 내 생각에 레이건 지사는 정곡을 찌른 셈이었다."

운하 조약이 비준을 위해 상원에 도착했을 즈음, 레이건의 안면 근육은 마치 어뢰처럼 튀어 나갈 지경이 되었다. 보수주의 이익 단체인 컨서버티브코커스Conservative Caucus에서는 열화 같은 청원 편지 세례가 날아왔고, 미국 보수주의 연합(ACU)의 "파나마 운하는 없다. 단지 미국 운하가 파나마에 있을 뿐이다"라는 자가패러디적 제목이 붙은 "다큐멘터리"

---

* 미국을 의인화한 것. 보통 흰 머리에 턱수염을 하고 미국의 국기를 연상시키는 복장을 한 나이든 남자로 그려진다.

도 나왔다. "이것이야말로 여러분이 지금까지 보았던 것 중에 가장 중요한 텔레비전 프로그램일 것이다." ACU의 대변인은 방송 전날 이렇게 말했다. 그리하여 손쉬운 비준이 되었어야 마땅했을 것이 졸지에 상원에게는 정치적 용기를 드러내는 행위가 되고 말았다. 레이건과 그의 늘어나는 우익 "진실" 기계들은 대중 여론을 어마어마하게 열광시켰다. 그래서 상원 소수당 원내대표인 하워드 베이커는 자칫 이 조약에 어떤 표를 던지느냐에 따라서 1980년의 공화당 대통령 후보로 지명될 기회를 박탈당할 수도 있다는 경고를 받기까지 했다. 찬성 표결을 하러 상원으로 가는 길에, 인기 있는 중도 성향 뉴햄프셔주 민주당 상원의원은 "당신도 같이 가서 내가 의석 잃어버리는 걸 구경하라"고 아내에게 권하기도 했다.

조약은 단 한 표 차이로 아슬아슬하게 비준되었지만, 이로써 레이건과 공화당 우익은 두고두고 우려먹을 한 가지 쟁점을 얻게 되었다. 다음 두 번의 선거는 민주당 상원의원들에게 대학살이나 마찬가지였다. 앞서 언급한 뉴햄프셔주 상원의원은 결국 의석을 잃고 말았다. 조약을 비준하려 한 현장 책임자였던 4선 상원의원 프랭크 처치도 막판에 가서 미국 보수주의 정치행동위원회National Conservative Politcal Action Committee의 자금을 지원받은 보수주의 광고 공세를 극복하지는 못했다. "이제 모든 고함이 끝났으니, 미국인의 피와 돈으로 지은 파나마 운하를 기억하시기 바랍니다. 프랭크 처치는 그걸 내버리는 쪽에 표결했습니다." 인디애나주의 버치 베이도 풋내기 경량급 공화당 후보 댄 퀘일에게 패했고, 1972년 대통령 후보였던 사우스다코타주의 조지 맥거번도 58대 39로 부끄러울 만큼 압도적인 패배를 당하고 말았다.

하지만 레이건의 공격은 소속과 무관하게 이루어졌다. 조약을 지지했던 온건 공화당원 가운데 다수는 나약하다는 이유로 밀려났다. 예를 들어 캔자스주의 제임스 B. 피어슨은 "충분히 공화당원답지" 못하다는 이유로 야유 속에 은퇴했다. 클리포드 케이스와 제이콥 재비츠 같은 노장들도 마찬가지였다. 특히 재비츠는 예비선거에서 롱아일랜드 출신의 카운티 운영위원 알폰스 다마토에게 굴욕적으로 패배했다. 1980년 11월에 공화당이 1954년 말 이후 처음으로 상원을 장악하게 되었을 때, 그 정당은 우리의 아버지들이 알고 있던 공화당과는 사뭇 달라져 있었다. 상원의 초선 위원들은 기세등등하고, 교조주의적이고, 현실의 사실에도 아랑곳하지 않았으며, 미국의 강대함을 다시 한 번 증명할 수 있게 싸울 준비가 되어 있었다. 그리고 이 행렬의 맨 앞에는 신임 대통령 당선자 로널드 윌슨 레이건이 있었다.

로널드 레이건이 미국 제40대 대통령에 취임하기 몇 달 전에, 백악관 군사실의 전직 실장이 전 세계에서 가장 무시무시한 손가방인 미국의 "핵가방"에 들어 있는 내용물을 폭로하는 책을 썼다. 거기에는 핵전쟁 상황에서 대통령이 이용할 수 있는 안전 및 편의 시설을 열거한 8~10쪽가량의 목록, 수시로 업데이트되는 보복 방법의 메뉴가 (예를 들어 "레어," "미디엄," "웰던"으로 구분되어) 만화 비슷한 삽화와 함께 잔뜩 들어 있는 흑서黑書, 그리고 대통령이 미국의 치명적인 분노를 표출해야 할 때 필요한 확인 암호가 적혀 있는 가로 3인치, 세로 5인치의 레시피 카드가 있었다.

핵가방 관련 규약은 레이건이 백악관에 들어설 무렵에 잘 정립되어 있었다. 당일에 제로할리버튼 서류가방을 들고 다닐 군사보좌관의 임무는 대통령 옆에 딱 붙어 다니는 것이다. 그렇게 하는 첫 번째 이유는 군사 작전 때문이다. 미국의 군 통수권자는 만일을 위해 핵가방을 언제든지 사용할 준비가 되어 있어야 하며, 그러기 위해 확인 암호도 손쉽게 찾아볼 수 있도록 준비해야 한다. 더 나중에 핵가방 담당 보좌관을 역임한 인사의 말을 빌리자면, "전술 핵무기 가운데 하나를 발사하라"는 지시에서부터 "철저한 아마겟돈에 이르기까지," 대통령은 정말 순식간에 무슨 일이든지 전화로 지시할 수 있다. 그리고 핵가방이 대통령 옆에 붙어 있어야 하는 두 번째 이유는 오히려 홍보의 영역에 가깝다. 사진기자들이 항상 대통령의 모습을 찍기 때문에, 소련에서도 미국의 핵 버튼이 항상 대통령의 손이 닿는 범위 안에 있음을 계속해서 상기할 수밖에 없는 것이다. 따라서 백악관 군사보좌관은 대통령을 워낙 자주 만나기 때문에, 어쩌면 어느 정도의 친밀감을 갖게 될 수도 있다. 왜 로널드 레이건이 상궤에서 벗어난 일을 하는지 모르겠다며 군사보좌관 가운데 한 명인 존 클라인이 목소리를 높인 것도 그래서일지 모른다. 클라인은 자기 상사가 번번이 군인들에게 먼저 '경례한다'는 사실을 깨달았다. 원래는 대통령이 군인에게 먼저 경례하는 것이 아니라, 오히려 군인이 먼저 대통령에게 경례하도록 되어 있었다. 현대의 그 어떤 대통령도 (심지어 저 역전의 아이젠하워 장군조차도) 군인에게 먼저 경례한 적은 없었다. 따라서 이것은 뭔가 좀 부적절한 처신일 수 있었다. 이런 지적에 레이건은 어쩐지 실망한 것처럼 보였다. 클라인은 이 문제에 관해서 미국 해병대 사령관과 상담하고 조언을 얻어 보라고 제안했는데, 정작 사령관이 내놓은 조언은 대략 '그까짓 것, 대통령께서 경례를 하고 싶다는데 누가 뭐라 하겠습니까. 그냥 하시면 되는 거죠' 정도의 뜻이었다. 그리하여 로널드 레이건은 계속해서 군인에게 경례를 해댔으며, 심지어 부통령 겸 후임자인 조지 H. W. 부시에게도 똑같이 하도록 독려했다. 그리하여 이후 모든 대통령이 이를 답습하게 되었다.

로널드 레이건은 군대를 좋아했다. 대통령 임기가 끝난 지 한참 후에도 그는 여전히 군사적 효율성의 미덕을 극찬했고, 정부의 비대한 관료제 중심의 공무원 체제와 비교하곤 했다. 군대를 향해 경례를 했을 때, 레이건은 진심으로 그렇게 했던 것이다. 그가 때때로 사람들에게 상기시킨 바에 따르면, 그 역시 한때는 군인이었다. 그것도 대위 계급이었고, 제법 높은 기밀 취급 권한도 갖고 있었다. 시간을 거슬러 1937년으로 가 보자. 당시의 레이건은 애국적인 일을 해냈으니, 바로 미국 육군 기병대의 예비군 장교로 등록한 것이었다. 심각한 근시 때문에 예비군에서는 레이건이 오로지 "제한적인 임무"만 수행할 수 있다고 판단했다. 하지만 진주만 직후였고, 그의 배우 경력이 마침내 떠오르는 것처럼 보였기 때문에, 기병대에서는 워너브라더스의 주급 5천 달러짜리 전속 연기자였던 그를 샌프란시스코의 보급 창고로 보내서 오스트레일리아로 향하는 선박에 짐을 싣게 했다. 레이건 중위는 전혀 불평하지 않았다. 조국이 전쟁 중이었고, 이것은 자기가 부여받은 임무였으니까.

그가 여러 권의 자서전 가운데 하나에서 설명한 것처럼, 군대의 신체검사도 레이건의 자존심을 그리 높여 주지는 않았다. "신체검사를 주

관하던 의사 가운데 한 명이 내 눈을 검사해 보더니, 만약 상부에서 나를 해외로 파견하면 결국 아군 장성을 총으로 쏘는 대형 사고를 치게 될 거라고 말했다. 그러자 옆에 있던 다른 의사가 말했다. '맞아. 하지만 눈이 나빠서 그나마도 제대로 명중은 못 시키겠지.' 내 보고서에는 이렇게 적혀 있었다. '국내 임무 한정. 군단 지역 근무지원사령부나 그 위의 전쟁부 근무가 바람직함.'" 다시 말하자면 서류 나르는 데에는 유용하겠지만, 그 외에는 쓸모없다는 뜻이었다.

그런데 공교롭게도 마침 레이건이 소속된 영화사의 상사인 잭 워너가 중령 계급으로 (그리고 레이건 중위와는 달리 여전히 민간인 봉급을 계속 받으면서) 육군에 입대한 상태였다. 워너는 육군 항공대 내부의 영화 제작반을 설립하라는 명령을 받았다. 정식 명칭은 제1영화반First Motion Picture Unit, 군대 특유의 약자로는 일명 '펌푸Fum-Poo'였다. 이곳에서는 폭격 과정을 촬영한 전투 기록 사진에서부터 노골적인 사기 진작용 영화나 심지어 조종사와 승무원을 위한 교육 영화에 이르기까지 항공대의 셀룰로이드 결과물 일체를 책임지고 있었다. 예를 들어 〈비행기 목재 수리법: 제1부-제4부〉, 〈선더볼트 비행기 개봉과 조립〉, 〈유류 화재: 그 방지와 진화〉, 그리고 〈정글 추락 시 생존법〉과 그 후속작인 〈사막 추락 시 생존법〉과 〈북극 생존법〉 등이 있었다.

워너에게는 영화 제작에 친숙한 사람이 필요했다. 그리하여 레이건은 샌프란시스코 항구로 온 지 두 달 만에 전출 명령을 받게 되었다. 컬버시티 소재 할 로치 스튜디오로 가서 펌푸의 인사장교라는 새로운 직책으로 근무하되, 필요하다면 거기서 제작한 영화의 배우 겸 해설자로 부업도 할 수 있다는 것이었다. 샌프란시스코에서 그의 상관이었던 버지니아 군사 학교 출신의 직업 군인은 레이건의 새로운 임무를 보고 깜짝 놀랐다. 미국 육군은 항상 인물과 직업의 짝을 잘 맞추지 못하는 유구한 역사를 지니고 있었는데, 레이건을 육군 내 영화 제작소로 발령한 것이야말로 정교한 논리와 철저한 양식에서 비롯된 멋진 한 수였기 때문이다. "지금까지 34년간 복무했지만, 미국 육군이 이치에 맞는 행동을 하는 건 이번에 처음 봤네." 레이건의 상관이었던 대령은 이렇게 말했다. "이거야말로 안성맞춤이로군." 비록 병사로서는 대단한 잠재력을 갖고 있지 못했던 레이건이었지만, 영혼을 뒤흔들 그럴싸한 병사 역할을 연기하는 데에서라면 그보다 더 나은 사람을 찾기 힘들 것이었다.

레이건은 포트 로치Fort Roach에서의 상황을 보면서 재미있어 했을 수도 있다. "완전히 비공식적인 직함이었고, 내 생각에는 치하를 의도한 것도 아니었다." 그는 자서전에서 이렇게 썼다. 이곳을 방문한 육군 대령이 장군 의상을 갖춰 입은 이병 계급의 배우에게 깍듯이 경례하는 모습을 보면 항상 웃음을 터트렸다. 하지만 펌푸에서의 임무는 레이건에게 결코 장난이 아니었다. 제아무리 단순한 교육 영화라 하더라도, 제작 과정에서는 한편으로 영화 제작 기법에 통달한 동시에, 또 한편으로 미국에서 가장 값비싼 신형 무기를 (예를 들어 고성능 고고도 폭격기라든지, 곡예비행용 전투기 등을) 조종하고 관리하는 기술적 노하우에 통달할 필요가 있었기 때문이다.

하지만 진짜 할리우드의 마법은 진주만 직후의 어두웠던 시절에 '큰 홍보'를 위해 아직 남아 있었다. 전쟁이 시작된 당시에 육군 비행단장 해프 아널드는 자기 휘하에 5만 명의 조종사와 아마도 그 3배쯤 되는 승무원이 필요하다고 추산했다. 따라서 장군에게는 모집 도구가 필요했다. 그리하여 "완전히 영감을 불어넣는, 포효하는 엔진의 장관이 펼쳐지는," 또는 "구름 속을 지나가는 질서정연한 폭격기 편대가 등장하는" 것처럼 가슴 뛰게 만드는 장면들이 가득한 영화를 만들어서 고등학교와 대학교처럼 표적이 풍부한 환경에 배포했다. 그 결과 조종사가 떼 지어 지원했다. 훗날 레이건의 부통령이 된 사람도 고등학교를 졸업하자마자 아버지의 반대에도 불구하고 자원입대했다. 하지만 육군 비행대에서도 가장 위험한 보직으로 악명이 높았던 후미사수에 지원하는 자원입대자의 수가 부족하자, 아널드는 그 보직에 "뭔가 낭만적인 매력"을 부여할 수 있도록 도와달라고 잭 워너와 펌푸에게 부탁했다.

그 결과 나온 것이 〈후미사수Rear Gunner〉라는 제목의 26분짜리 단편 영화였다. 버지스 메러디스가 캔자스주 농촌 출신의 나약한 청년 피위 윌리엄스로 출연하고, 로널드 레이건이 눈썰미 예리한 중위로 출연해서 피위 이병에게는 비행기 정비보다 뭔가 더 큰 재능이 잠재되어 있다고 생각한다. "피위, 자네 사수 학교에 가보는 게 어떻겠나?" 결국 피위는 냉철한 정신과 예리한 눈매를 지닌 전사, 즉 "항공대에서 가장 강인한 대원 가운데 하나 (…) 사수 중의 갤러해드"*로 다시 태어나서, 앞서 조언을 해 주었던 눈썰미 예리한 중위가 이끄는 비행조에 합류하기 위해 태평양으로 향한다. 영화의 결말에서 피위는 무공훈장을 받게 되고, 잠재적인 지원자들은 "자네가 쏘는 총알은 바로 자유의 총알"이라는 사실을 상기

---

* 원탁의 기사 가운데 한 명으로 탁월한 무공의 소유자.

하게 된다.

〈후미사수〉는 다양한 층위에서 작용했다. 미국 관객은 레이건이 실제 비행에 공포를 느낀다는 사실까지는 전혀 몰랐지만, 〈비밀경호국 항공 작전Secret Service of the Air〉, 〈국제 비행대International Squadron〉, 〈필사적인 여정Desperate Journey〉 등의 영화에서 영웅 조종사로 출연한 그의 과거 모습을 지켜본 바 있었다. 〈후미사수〉를 홍보할 때에는 메러디스와 레이건 모두가 현역 중위라는 사실이 부각되었다. "아마도 이들은 이 영화에서 각자의 배역을 연기하는 것 이상이었을 것이다. 아마도 이들은 그 배역을 살아가고 있었을 것이다."

사실 레이건이야 전투원 배역을 연기하는 것 이상의 일을 한 적이 한 번도 없었다. 전쟁 내내 컬버시티의 야외 촬영소에서 할리우드의 과거 및 미래 스타들, 감독들, 제작자들과 함께 머물렀고, 1,200명으로 이루어진 영화반이 훈련, 모병, 후원 영화를 무려 400편 이상 만들어 내도록 도왔다. 그는 클라크 게이블이나 지미 스튜어트처럼 전투 임무 비행에 나선 적이 없었다. 친구인 배우 에디 알버트처럼 일본군과 싸울 기회를 얻은 적도 없었다. 하지만 레이건은 자기가 주어진 일을 해냈다는 사실에 대해서 자부심을 가졌고, 펌푸의 핵심 임무 가운데 하나를 진심으로 받아들였다. 그건 바로 아돌프 히틀러의 (그리고 그의 동맹국 일본의) 광적인 세계 지배 계획으로부터 우리의 자유를 지켜 주는 장벽이 곧 미국과 그 군사력임을 본국의 국민에게 계속해서 상기시키는 임무였다. 40년 가까이 지난 뒤에도 그는 소련의 (그리고 서반구에서 그 정력적이고 무자비한 대리인 노릇을 하는 피델 카스트로의) 세계 지배 계획으로부터 우리의 자유를 지켜 주는 장벽이 곧 미국의 군사력임을 본국의 국민에게 상기시킴으로써 백악관에 입성하게 되었다.

대통령이 되었을 무렵, 레이건은 훌륭한 적들이 (심지어 복지 여왕과 허풍선이 독재자조차도) 훌륭한 정치를 만든다는 사실을 이미 오래 전에 터득한 상태였다. 대통령 집무실의 이전 거주자 두 명은 전쟁의 은유를 이용해 뭔가 기회를 만들었지만, 정작 적절하게 위협적이거나 구체적인 적을 만들지는 못했다. 제럴드 포드는 높은 생활비를 상대로 전쟁을 선포했지만 ("이제 인플레이션에 채찍질을 하자!") 결국 대통령직을 잃고 말았다. 그의 후계자 지미 카터도 자국의 수입 석유 의존성을 상대로 전쟁을 선포했다. 그의 유명한 1979년 "불안감 연설malaise speech"은 실제 내용 그대로 기억되는 경우가 드물다. 사실 그는 "불안감"이라는 단어를 전혀 입에 올리지 않았고, 그 내용은 단지 자국의 위험한 에너지 미래를 바꾸기 위해 참전하라는 호소에 불과했다. "지금 이 시간 부로, 우리나라는 1977년에 사용했던 양 이상의 외국 석유를 절대 사용하지 않을 것입니다. 절대로." 카터 대통령은 텔레비전을 통해 전국으로 방영된 대국민 연설에서 이렇게 말했다. "한 세대 내내 성장세였던 외국 석유에 대한 우리의 의존성은 지금 이 시간부로 성장이 중지될 것이며, 우리가 1980년대를 지나는 동안 오히려 역행할 것입니다. 왜냐하면 오늘 밤 저는 다음 10년 사이에 외국 석유에 대한 우리의 의존도를 절반으로 줄이겠다는 추가 목표를 세웠기 때문입니다." 카터는 자기가 사용할 수 있는 모든 무기를 이용하려 했다. 수입 쿼터, 석탄과 태양열 발전과 대안 연료에 대한 공적 투자, 그리고 (기대하시라, '두두두두') "대담한 보존 프로그램"이 있었다. 여기서는 "모든 에너지 보존이 (…) 단순히 상식 이상의 것"이라면서, "장담컨대, 그것이야말로 애국 행위"라고 대통령은 단언했다. 그는 이 모두를 최대한 군사적인 느낌이 들게끔 만들려고 노력했다. "합성 고무 회사들이 우리의 제2차 세계대전 승리에 일조한 것처럼, 우리는 에너지 전쟁에서 승리하기 위해 미국인의 결의와 역량을 동원할 것이며 (…) 에너지 문제는 반드시 전쟁과 대등하다고 여기고 대처해야 합니다. (…) 도덕적으로도 전쟁에 버금간다고 (…) 미국 민주주의에 근본적인 위협이 된다고 (…) 위협이며 (…) 재난이며 (…) 미국의 사회적이고 정치적인 직조물을 파괴하려 위협하는 (…) 우리나라에 닥친 명백하고 당면한 위협이라고 말입니다." 지금까지의 세계 전쟁을 하나하나 열거하면서, 카터는 이렇게 선언했다. "에너지야말로 (…) 우리가 집결하는 표준이 될 수 있습니다!"

하지만 어째서인지 카터의 "에너지 전장戰場"에는 열띤 미국인 전투원이 가득 들어차지는 않았다. 왜냐하면 단순히 대중교통을 이용하거나, 카풀을 하거나, 난방기를 끄고 카디건을 걸친다고 해서 영예를 얻을 것처럼 보이지는 않았기 때문이다.

카터 대통령이 잔뜩 동원한 전쟁 은유에는 바로 그날 밤에 일종의 표제가 되었어야 마땅했을 한 문장이 숨어 있었다. 즉 미국은 "오늘 밤 세계 어디에서나 평화를 누리는 국가"라는 것이었다. 하지만 지미 카터는 이 문장을 굳이 내세우려 하지 않았다. 대신 그는 에너지 위기를 상대로 "전쟁"을 선포했고…… 결국 대통령직을 잃고 말았다.

군사적 자만을 각별히 경계했던 미국의 건국자들은 분명히 뭔가를 알고 있었던 셈이다. 전쟁이 지닌 정치적 잠재력에 버금갈 만한 것은 사실 이 세상에 없기 때문이다. 카터는 자신의 실패를 통해 이런 사실을 입증했다. 그는 다음과 같이 허공에 소리를 질렀다. 실제로 전쟁이 아닌 뭔가가 있다 하더라도, 그 뭔가를 전쟁이라고 '일컬을' 수만 있다면, 그 뭔가는 "우리의 단결심을, 그리고 미래에 대한 우리의 확신을 재점화하고, 우리나라와 우리 모두에게 저마다 새로운 목적의식을 부여할 것"이라면서 말이다. 하지만 그런 일은 일어날 수 없다. 적어도 그 당시에는 그런 일이 일어나지도 않았고 말이다.

미국이 한 세대 넘게 평화를 누리는 시기였던 1895년, 당시 55세의 매사추세츠주 법관 올리버 웬델 홈스 2세가 "군인의 믿음"이라는 제목으로 내놓은 현충일 연설에서 (그 이전과 이후의 비슷한 연설과 마찬가지로) 미국이 전쟁에 어떻게 매료되는지를 설명했다. 즉 한 나라가 평화가능한 상태를 지속하기 어려운 까닭은 단순히 왕들이 실수해서가 아니었다. 심지어 '국민의, 국민을 위한, 국민에 의한' 정부에서도, 사람들에게는 전쟁을 향한 충분히 이해할 만하고 정서적인 경향이 있다는 것이다.

"전쟁이란, 여러분도 막상 해 보면 아시겠지만, 무시무시하면서도 지루합니다. 시간이 지나고 나서야 여러분은 그 메시지가 신성하다는 사실을 깨닫게 되는데 (…) 이 아늑하고 과도하게 안전한 세계의 한구석에서, 우리는 편안한 우리의 일상이 결코 사물의 영원한 필연까지는 아니며, 단지 폭풍 같고 길들여지지 않은 세계의 급류 속에 있는 작은 고요의 공간에 불과하다는 사실을 깨달을 필요가 있습니다. 그러기 위해서 우리는 위험에 맞설 준비가 되어 있어야 합니다." 홈스의 현충일 연설을 듣기 위해 수천 명의 시민이 그 자리에 모였지만, 이 판사가 주로 이야기하는 대상은 바로 그날 군중 속에 섞여 있던 허리 굽고 머리 희끗한 노병들이었다.

그로부터 30년도 더 전에 홈스는 남북전쟁에 참전했고, 그중에서도 무려 오늘날까지도 미국에서 가장 무시무시하고 희생이 컸던 전투에서 싸운 바 있었다. 그는 앤티텀에서 목에 총을 맞고 쓰러져 죽을 뻔했는데, 바로 그곳에서 그날 하루 사이에 그의 동포 2만 명 가까이가 죽거나 부상당한 바 있었다. 그로부터 2년 가까이 지났을 무렵, 회복한 홈스는 여전히 참전 중이었다. 윌더니스Wilderness 전역戰役에서 그는 포탄 파편에 한 남자의 팔다리가 곧바로 떨어져 나가는 모습을 보았으며, 블러디앵글 Bloody Angle에서의 살육전에 관해서 자기 일기에 이렇게 기록했다. "양측의 사망자가 깊이 5~6피트의 참호 속에 쌓여 있었다. 종종 부상자가 사망자 밑에 깔려서 몸부림치곤 했다." 23세 2개월의 홈스는 그제서야 마침내 피에 질려 버렸다. 그는 결판이 나기도 전에 복무 기간이 만료되어 전쟁에서 벗어났으며, 어느 쪽이 이기거나 지거나에는 거의 관심이 없었다. "가끔은 이것이 의무라고는 더 이상 믿지 않게 된 것 같은 기분이 듭니다." 그는 1864년 5월에 부모님께 보낸 편지에서 이렇게 말했다.

하지만 그로부터 30년 뒤에 "군인의 믿음"이라는 제목의 연설을 내놓을 때의 올리버 웬델 홈스는 고의적이고 낭만적으로 기억상실을 일으킨 상태였다. "군인이 부상에 관해서 너무 많이 생각하는 것은 좋지 않습니다." 그는 이날 이렇게 말했다. "우리는 조만간 쓰러질 것입니다. 하지만 그때가 오기 전까지 우리는 진격할 목표를 향해 시선을 고정하고, 할 수만 있다면 거기에 도달해야 합니다." 전쟁의 목적에 회의를 느끼고 자기가 참전한 전쟁에서 물러났던 홈스였지만, 그로부터 수십 년 뒤에는 전쟁 그 자체를 그 목적으로 만들었다. 즉 전쟁이란 그 이유가 무엇이든지 간에 그 자체가 보상이자 숭고한 미덕이고, 인간으로서의 삶의 불가피한 결과이며, 서로를 필요로 하는 이유에 대한 인간의 필요라는 것이었다. 그는 계속해서 말했다.

인간이 지구에 거주하는 한, 인간의 운명은 전투입니다. 저는 어떤 게 진실인지 모르겠습니다. 저는 우주의 의미도 모르겠습니다. 하지만 의심의 한가운데서, 신조가 붕괴되는 가운데, 제가 차마 의심하지 않는 것이 하나 있습니다. 우리 대부분과 함께 똑같은 세계에 살고 있는 그 어떤 인간도 차마 의심할 수 없는 그것은 바로, 군인이 자기 생명을 내던지게 만드는 믿음이야말로 진실하고도 존경할 만하다는 것입니다. 맹목적으로 받아들인 의무를 위해서, 자기가 제대로 이해하지도 못한 대의를 위해서, 자기로선 전혀 생각도 못하는 전역 계획을 위해서, 자기로선 그 용도를 알 수도 없는 전술 하에서 (⋯)

오늘날 우리가 배운 것을, 그리고 우리가 여전히 믿고 있는 것을 새로운 세대에게 이야기하는 것도 아주 헛되지는 않을지 모르겠습니다. 삶의 기쁨이란 곧 살아가는 것이며, 곧 한 사람의 힘을 최대한 발휘하는 것이라고 말입니다. 힘의 척도는 곧 극복해야 할 장애물이라고 말입니다. 자기 앞에 놓인 것이 울타리이건 적이건 간에 담대하게 올라타라고 말입니다. 위로를 위해서가 아니라 전투를 위해서 기도하라고 말입니다. 전투에 관한 모든 걱정보다 더 괴롭고 극복하기 어려운 일인 민간인으로서의 삶의 의심에 반대하여 군인의 믿음을 지키라고 말입니다. 그리고 그 의무는 사악한 날에 입증될 것이 아니라, 의문 없이 순종해야 하는 것임을 기억하라고 말입니다. 안락함에 탐닉하려는 유혹보다 영광을 더 사랑하라고 말입니다. (…)

우리는 전쟁이라는 차마 의사소통이 불가능한 경험을 공유했습니다. 삶의 격정이 그 꼭대기에 도달한 것을 우리는 과거에도 느꼈고, 지금도 느끼고 있습니다.

80년이란 세월이 흐르면서 군인 노릇에 대한 홈스의 송시가 일종의 지침을 제공한 까닭인지, 미국인은 평화에 대한 그의 의심과 아울러 전투야말로 실존적 의미와 개인적 고양의 원천이 될 수 있다는 그의 확신을 공유하게 되었다. 이 나라는 전쟁에 대한 흥미를 심각하게 발전시키고 만 것이다. 심지어 안경잡이 책벌레인 프린스턴대학 교수 우드로 윌슨조차도 다음과 같이 응원했다. "고국의 동부 도시에 있는 한 포목점 계산대 뒤에서 여생을 보내는 대신 필리핀의 참호 속에서 죽기를 선호한 청년들이 있다. 나 역시 그쪽을 선택해야 마땅하다고 생각한다." 우리는 전쟁에 나가는 버릇을 들이게 되었다. 어떤 경제적 재난에 대항하는 전쟁이 아니라, 진짜 적에 대항하는 진짜 전쟁 말이다. 대전大戰, 소전小戰, 열전熱戰, 냉전冷戰, 공중전, 해상전, 지상전 등등. 때로는 적이 우리를 공격했고, 또 때로는 우리가 적을 찾아 나섰다. 급기야 "차마 비할 데 없는 경제력과 군사력을 지니고, 세계 어디에서나 평화를 누리는 국가"가 되는 것은 경시되며, 잃어버린 정치적 메시지로 여겨지는 상황에까지 이르렀다. 마치 평화를 누리는 것이, 즉 "아늑하고 과도하게 안전한 세계의 한구석"에 있는 것이 우리를 안절부절못하게 만드는 것처럼 되었다. 마치 우리는 무장 충돌이 일어나지 않는 상황에서는 우리의 가장 훌륭한 모습을 보이는 방법을 더 이상 알지 못하는 것처럼 되었다.

3장

과장된 안보 위기와 군사주의

존 트라볼타가 육군 공익 광고에 등장한 것은 (이 광고의 생산가치는 초기 대중 이용 케이블 텔레비전에 비견할 만했다) 기묘하게도 안심이 되는 1970년대의 유물이었으며, 자국 군대에 대한 미국인의 사고방식을 로널드 레이건이 얼마나 깊이 바꿔 놓았는지를 보여 주는 유용한 표지였다. 여기에는 아직 유명해지기 전이었던 10대 시절의 트라볼타가 나온다. 앳된 얼굴에 약간은 혼란스러운 표정인 이 신병은 자기가 다니던 뉴저지의 고등학교 복도를 떠난 지 그리 오래 되지 않았다. 입술이 두툼하고, 머리는 요상하게 깎고, 무기도 없이, 육군에서 내준 국방색 옷에 미래의 스타 역량을 깔끔하게 쑤셔 넣고, 그를 환영하는 예쁘장한 아시아계 미국인 여성으로부터 기념 화환과 볼 뽀뽀를 받는다. 그는 육군이 자기에게 제공하는 각종 혜택 앞에서 줄곧 싱글벙글이다. 공짜 주택, 30일간의 (어쩌면 하와이에서 이루어질 수도 있는!) 유급 휴가, 초봉 288달러부터 (무려 "매월") 지급되는 월급, 그리고 그만큼 많은 월급을 받는 까닭에 승용차를 새로 구입할 만큼 현금이 충분히 남아돌기까지 한다.

베트남의 재난을 겪은 정치인들은 이제 징병제를 종식시킬 시간이 왔다고 확신하게 되었다. 그러자 군대의 마케팅 담당자들은 판매 전략을 바꾸기 시작했다. 군 고위층은 사람들이 군 복무에 '자원하도록' 만들어야만 했다. 따라서 한쪽으로 기울어진 대중적 이미지를 끌어올리는 한편, 잠재적인 지원자들에게 입대의 가장 매력적인 특징을 (해프 아널드의 말마따나 "뭔가 낭만적인 매력"을) 드러내는 방법을 새로이 고안해야 하는 과제를 떠맡게 되었다. 좋은 소식이 있다면 더 이상은 모병관이 고등학교와 대학교를 순회하며 영화를 상영하지 않아도 된다는 점이었다. 대신 이제는 거실에 앉아 〈웃어봅시다Laugh-In〉, 〈보난자Bonanza〉, 〈매닉스Mannix〉, ("판사님 입장하십니다! 판사님 입장하십니다!"라는 대사로 유명한) 〈플립 윌슨 쇼The Flip Wilson Show〉 등을 즐겨 시청하는 소년들에게 직접 메시지를 전달할 수 있었다.

"자발적 접근이라는 목표를 달성하기 위해서는, 특히 주된 표적 시청자인 젊은이들을 상대로, 우리의 광고 전달의 범위와 빈도를 크게 증대시키는 것이 필수적이다." 육군 홍보 및 정보 실장의 고백이다. "우리는 면도날, 면도크림, 자동차 같은 제품들의 선호도를 뒤따라야 하고, 우리가 다가가야 하는 시청자에게 전달되기에 필요한 방영 시간을 구매해야만 한다." 모병 전문가들은 육군의 연간 예산 가운데 1천만 달러를 가지고 이런 최신 방식으로 홍보를 시작했다. 그리고 민간인에게 이야기하는 방법을 잘 알고 있다며 장군들을 설득한 저 존경받고 유서 깊은 광고 대행사 N. W. 에이어 앤드 선N. W. Ayer & Son과 거래를 텄다. 하지만 광고업자들이 "오늘의 육군은 당신이 함께 하기를 원한다"라는 구호를 제안하자, 담당 장교들은 썩 달가워하지 않았다.

"그걸 꼭 저런 식으로 이야기할 수밖에 없습니까?" 육군 참모총장의 말이었다. 방위인력위원회Defense Manpower Commission를 담당하는 퇴역 장성은 좀 더 퉁명스럽게 표현했다. "세상에, 그냥 토가 나올 것 같군." 하지만 이들은 투덜거리면서도 내용을 승인했다. 심지어 에이어의 광고 회사의 일부 중역들조차도 놀라움을 표시할 정도였다.

"오늘의 육군은 당신이 함께 하기를 원한다" 캠페인은 오래된 기풍을 전면에 내세우고 있었다. 여기서의 메시지는 더 이상 당신이 엉클 샘을 위해 무엇을 할 수 있느냐가 아니었다. '명예, 의무, 국가? 자네가 쏘는 총알은 바로 자유의 총알?' 뭐든지 간에. 총포는 더 이상 이러한 권유에서 큰 부분을 차지하지 못했다. 이제 육군은 엉클 샘과 군대가 여러분의 삶을 향상시켜 줄 수 있는 모든 놀라운 방법들을 홍보하고 있었다. 그리고 군대는 심지어 지원자에게 머리를 '그렇게' 짧게 깎게 만들지도 않았다. "우리는 여러분이 머리를 어떻게 깎는지보다 여러분이 어떻게 생각하는지에 더 많은 관심을 쏟습니다." 육군은 잠재적인 지원자를 안심시켰다. 최초의 유료 텔레비전 광고 시험 방송은 성공으로 판명되었지만 (덕분에 이 시기의 입대자 수는 전년 대비 4천 배나 뛰었다) 정작 그 예산을 좌우하는 하원 군사위원회 위원장에게는 도리어 구토를 유발하고 말았다. 급기야 그는 광고 캠페인 예산을 감축시켰고, 육군은 다시 평소의 주요 수단에 (즉 공익 광고와 지면 광고에) 의존하게 되었다.

그래도 그 지면 광고는 세련된 4색 잡지 광고였다. 웃통을 벗은 청년이 바닷가에서 터치 풋볼을 하는 모습을 보여 주면서, 친구들과 같이 입

대해서 기초 훈련을 함께 받을 수 있는 기회를 보장하겠다며 다음과 같이 썼다. "육군은 당신의, 아울러 다른 청년들의 편의를 봐 주기를 원합니다." 장기간의 유럽 휴가라는 이국적인 보수를 내세운 광고도 있었다. 여기서 여러분은 높은 칼라에, 긴 구레나룻에, 초록색 벨벳 재킷을 입고, 예쁘장하게 뜨개질한 베레모를 쓴 아름다운 금발 미녀와(혹시 스웨덴 여성일까?) 함께 파리의 멋진 카페에서 '가까이' 앉아 있다. 여러분이 배치된 부대에서 이런 휴가를 보낼 수도 있었다. 즉 "독일에 주둔한 일곱 군데의 정예 부대 가운데 한 곳에" 배치될 경우, "주말 외출 동안에 손쉽게 다녀올 수 있게끔 이탈리아와 리비에라가 겨우 몇 시간 거리에 불과하고 (…) 만약 여러분이 오로지 관광객만 방문하는 곳에서 살면서 일하고 싶다면, 우리에게 신청서를 보내 주시기 바랍니다."

유럽의 '사교 기술savoir faire'에 덜 현혹되는 10대들, 예를 들어 과거의 G. I. 조 모험단을 지지할 만한 사람들을 위해 아웃도어 전문지인《필드 앤드 스트림Field & Stream》에 실린 ("당신은 성냥개비 12개, 단도 1개, 실 약간을 가지고 사흘 동안 버텨야 한다"는 내용의) 광고에서는 마치 군 복무를 최소한도로 무장한 보이스카우트 부대처럼 보이게, 그리고 마치 군대에 가면 자기만의 특별 훈련 임무를 고안할 수 있는 것처럼 보이게 만들었다. "만약 여러분의 부대장이 동의한다면, 우리는 심지어 장비도 제공할 것이다." 육군은 이렇게 약속했다.

육군의 새로운 제안은 간단했다. 좋은 급여, 좋은 혜택, 통제 가능한 분량의 모험…… 하지만 걱정은 마시라, 요즘은 우리도 싸움을 찾아다니지는 않으니까. 최근의 군사적 해적질을 위해 상당한 비용을 지불한 국가에서, 이런 메시지는 위안이 될 수밖에 없었다. 여전히 미국은 세계에서 가장 크고 가장 기술적으로 진보한 상비군을 가지고 있고, 가장 많은 핵무기를 가지고 있으며, 가장 뛰어나고 가장 강력한 전통적인 무기 체계를 가지고 있고, 가장 큰 해군을 가지고 있다. 이와 동시에 일반적인 입대자가 얻는 약속은 즉각적이고 위험천만한 전투 배치가 아니었다. 오히려 288달러의 (무려 "매월" 나오는) 월급, 훈련, 여행, 경험이었다. 베트남 이후의 군대를 마치 경력 선택처럼 판매한다는 것은, 결국 평화시의 복무에 대한 생각을 판매하는 것이었다. 이는 결국 평화시에 대한 생각을 판매하는 것이었다. 우웩.

그런데 1980년에 로널드 레이건이 당선되면서 이 모두가 삽시간에 뒤바뀌고 말았다. 지금 와서 돌이켜 보면, 불과 한 세대만에 레이건을 숭배하게 된 국가가 한때의 파나마 운하 논쟁을 의도적으로 잊어버렸다는 것은 충분히 웃음을 자아내는 일이었지만, 정작 "레이건은 파나마 운하에 관한 자기 입장이 끼친 영향력을, 특히나 보수주의자 사이에 끼친 영향력을 잊지 않았다." 윌리엄 F. 버클리는 『내가 아는 레이건The Reagan I Knew』에서 이렇게 썼다. 레이건은 미국의 힘과 자부심에 대한 도발이야말로 ("엉클 샘이 또다시 곤란에 맞서기보다는 오히려 꼬리를 감추고 슬금슬금 도망쳤다고") 국방과 관련된 일반적인 논쟁을 손쉽게 압도할 수 있음을 알았다. 대통령 집무실에 들어설 무렵에 그가 깨달은 사실은, 미국이라는 싸움 기계의 공회전 속도를 높이는 일이 아주 훌륭한 정치를 만든다는 점이었다. 그리고 그는 이런 일을 뛰어나게 수행할 수 있는 훈련을 받왔다.

제2차 세계대전 동안 육군 항공대 영화반은 기퍼에게 단순히 홍보
의 중요성을 보여 주었을 뿐만 아니라, 심지어 미국의 군사적 활력을 부
추기는 데에서도 기퍼를 숙련자로 만들어 주었다. 그것이야말로 그가 연
기할 배역이었으며, 그는 이 배역을 자랑스러워했다. 레이건은 펌푸의
훈련용 단편 영화 〈잽 제로Jap Zero〉에서 ("내가 저놈들 가운데 하나를 쓰러
트릴 기회를 얼마나 빨리 얻을 수 있을까?") 주연을 맡았다. 그는 폭격기 승
무원들에 관한 영화 〈타겟 도쿄Target Tokyo〉에서도 해설을 맡아서 이렇게
말했다. "세계를 거의 반 바퀴나 돌아서, 그로부터 3년 전에 진주만을 찾
아왔던 방문에 대한 보답을 해 주려는 것이었다. 이제 진주만은 그들의
머릿속에 있었다. 미국인 2천 명이 죽었다. 히컴 비행장은 불길에 휩싸
였고 (…) 다른 생각들도 그들의 머릿속에 있었다. 조만간 도쿄를 박살낼
초超공중요새superforts의 기나긴 행렬 가운데 첫 번째가, 즉 전위가 된다는
것에 의기양양해졌다." 여기에는 자의식의 기미를 전혀 드러내지 않은
상태에서도 다음과 같은 대사를 거뜬히 내뱉을 수 있는 대변인이 있었
다. "바로 이런 충격이 그들의 축을 쓰러트릴 거야," 또는 "일본인이라고
하면 우리는 그저 작고, 섬세하고, 점잖고, 단지 꽃꽂이와 돌 정원과 누에
치기에만 관심을 가진 사람들이라고만 생각해 왔었지."

1981년의 취임 연설에서 레이건 대통령은 자리에서 일어나, 의무와
군인 노릇에 관한 저 유서 깊은 '시험은 거쳤지만 그리 신뢰할 만하지는
않은' 홈스 식의 선율을 읊어 댔다. 심지어 그는 남성적 전통을 지목하기
까지 했으며, 의사당의 뒤편에서 서쪽을 바라보며 연설함으로써, 그 막

바지에 이르러 국가의 시선을 다음과 같은 한 방향으로 주목시킬 수 있었다.

알링턴 국립묘지의 경사진 언덕에는 소박하고 하얀 묘비가 줄줄이 늘어서 있습니다. (…) 그것들은 우리의 자유를 위해 내놓아야 했던 대가의 극히 작은 일부분일 뿐입니다. 그 묘비 하나하나는 제가 앞서 이야기한 것과 같은 종류의 영웅들에게 바치는 기념비입니다. 그들의 생명은 벨로 숲, 아르곤, 오마하 해변, 살레르노, (…) 과달카날섬, 타라와섬, 폭찹힐, 장진호長津湖 그리고 베트남의 수많은 볏논과 밀림에서 끝나고 말았습니다. 저런 표식 가운데 하나의 밑에는 마틴 트렙토라는 청년이 누워 있습니다. 작은 도시의 이발소에서 일하던 그는 1917년에 저 유명한 레인보우 사단과 함께 프랑스로 갔습니다. 그곳의 서부 전선에서 그는 심한 포격을 당하던 여단 사이를 오가며 연락을 담당하다가 그만 사망하고 말았습니다. 알려진 바에 따르면 그의 시신에서는 일기장이 나왔습니다. 그 면지에는 "나의 맹세"라는 제목 아래 다음과 같이 적혀 있었습니다. "미국은 이 전쟁에서 반드시 이겨야 한다. 따라서 나는 일할 것이고, 나는 구할 것이고, 나는 희생할 것이고, 나는 참을 것이고, 나는 쾌활하게 싸울 것이고 최선을 다할 것이다. 이 모든 투쟁의 문제가 오로지 나 하나에만 달려 있는 것처럼."

그런데 트렙토 이병은 사실 고향인 위스콘신주 블루머로 운구되어 매장되었으며, 레이건의 참모진 가운데 어느 누구도 그 전장 일기의 내용을 검증할 수는 없었다. 대통령은 문제의 여지가 있는 이 사실을 연설 직전에야 비로소 지적받았다. 하지만 그는 사실 확인자들을 물리쳐 버렸다. 이것은 유용한 판매술의 일부분이었다. 그리고 레이건은 그것을 어느 누구도 감히 막아서도록 하지 못하게 할 작정이었다.

우리의 군사 지도자들은 이 새로운 곡조를 듣자마자, 이것이야말로 자기네가 맞춰서 춤을 출 만한 뭔가라는 사실을 즉시 알아차렸다. 그들은 모병 쿼터를 채우지 못하는 것에 대해서 점차 넌더리를 내고 있었으며, 군대에 대한 대중의 찬성도가 (갤럽 여론조사에 따르면) 그 어느 때보다도 낮다는 소식을 접하고 안달복달하고 있었다. 육군 모병을 담당하는 장군은 이미 N. W. 에이어 광고 대행사의 사람들을 크게 질책한 바 있었다. "광고를 지휘하는 사람은 나라는 사실을 그들에게 똑똑히 설명했다." 그는 훗날 이렇게 말했다. "그들이 지휘하는 게 아니라, 내가 하는 거라고 말이다."

1981년부터 육군은 생산 가치도 높고, 남성 호르몬도 높은 액션 광고에 돈을 쓰기 시작했다. 이 광고에는 공수부대의 강하, 공격용 헬리콥터, 레이저 유도 발포 시스템과 최신 컴퓨터로 무장한 탱크, ("뭔가 굶주린 느낌이, 매일같이 커져만 간다"라는) 한 가지 가사로만 이루어진 신나는 음악, ("대부분의 사람들의 하루 일과보다 더 많은 일을, 육군에서는 오전 9시 이전에 모두 해치운다"면서) '하면 된다'를 강조하는 광고 문구, 그리고 당연히 발로 박자를 맞추며 머리에서 차마 떠나지 않는 노래가 등장했다. "당신의 가능성을 모두 실현하라 (…) 우리는 당신이 필요하니까 (…) 바로 이곳 유우우우욱군에서." 육군 홍보 부대가 이 대담하고 전투적인 새로운 방침을 채택한 바로 그 순간, 레이건 정부는 이들에게 아낌없이 예산을 퍼부어 주었다. 레이건의 재임 기간 동안 육군의 광고 예산은 무려 1

억 달러 이상으로 급증했다.

신임 대통령은 말로만 하지 않고 행동으로 옮길 태세가 되어 있었다. 그는 우리의 전쟁 결정 역량을 향상시키는 데에 막대한 국가 자원을 지출하고자 안달했다. 그리고 이것은 처음에만 해도 쉬운 일이었다. 그는 세금을 줄이고, 복지 프로그램을 도려내고, 오히려 군대에는 큰돈을 써 버렸다. 첫 번째 예산안이 표결에 부쳐질 무렵, 로널드 레이건은 높은 대중적 인기를 누리고 있었다. 그 대부분은 자칫 치명적일 뻔한 암살 시도를 모면하고 살아남은 (최소한 백악관 공보실장이 배포한 보도자료에 따르면) 놀라운 은혜 덕분이었다. 미국에서 그의 개인 지지도는 70퍼센트를 넘었다. 그리하여 의회는 (의원들이야말로 여론조사 읽는 법을 알게 마련이니까) 거의 20퍼센트 증액된 레이건의 초기 방위비 요구안을 압도적 찬성으로 통과시켰다. 펜타곤의 예산만큼 막대한 금액에서는 불과 5퍼센트만 증액해도 워싱턴 전체의 책상을 덜덜 떨리게 만들기에 충분하다. 10퍼센트 증액이라면 거의 상상불가능한 지경이다. 20퍼센트 가까운 증액은 정말 환상 속의 이야기였다. 이처럼 1년 사이에 예산이 어마어마하게 폭등한 것은 (적어도 우리 군대가 어딘가의 전장에서 실제로 전투를 치르고 있지 않은 한에는) 유례가 없는 일이었다. 그리고 레이건에게서 날아온 유흥비 요구안에는 더 많은 약속이 딸려 있었다. 즉 행정부가 공언한 전략이란 향후 5년 내에 방위 예산을 '2배로' 늘리겠다는 것이었다.

최초의 거대한 방위비 예산이 (미국 역사상 최대 규모의 세금 감면과 함께) 통과된 직후, 레이건의 예산국장인 데이비드 스톡먼은 벌써부터 대통령에게 새로운 위협을 지목하려고 시도하는 중이었다. 즉 향후 예상

되는 연간 예산 결손액이 620억 달러로 불었으며, (현재의 과세 및 지출 수준으로는) 향후 5년 이내에 1,120억 달러에 도달하리라고 스톡먼은 조언했다. 연간 결손액은 (전후로는 GDP의 2퍼센트 근처를 오르내리는 것이 일반적이었는데) 평화시로는 유례가 없었던 4퍼센트 내지 5퍼센트로 급증하리라는 것이었다. 연간 방위 예산의 예정된 증액을 조금만 감액하더라도 국가의 재정 상황이 유리하게 돌아가리라고 스톡먼이 제안했지만, 레이건은 전혀 귀담아 듣지 않았다. "유세 동안 나는 방위와 결손 사이에서 선택을 내려야 할 때가 되면 어떻게 할 것이냐는 질문을 받았었다네." 레이건은 스톡먼에게 이렇게 설명했다. "나는 항상 국방이 최우선으로 와야 한다고 대답했고, 그러면 사람들은 매번 박수갈채를 보냈지."

레이건은 정치적으로 기민한 참모들을 주위에 풍부하게 두고 있었으며, 이들은 장기적 관점에서 대통령의 개인적 인기에만 의존할 수 없다는 사실을 잘 알고 있었다. 아울러 이들은 폭발적인 예산 결손을 미국인이 영영 몰랐으면 하는 바람에만 의존할 수 없다는 사실도 잘 알고 있었다. 결국 막대한 방위 관련 지출 잔치에 대한 대중의 기대와 용인을 관리하는 것의 핵심은 그 필요성에 대한 대중의 인식을 관리하는 것이었다.

레이건의 대통령 임기 동안의 추진력이란, 미국이야말로 실존적 위협을 받고 있는 국가라는 다소 편집증적인 주장이었다. 레이건이 다른 무엇보다도 더 열심히 강조한 위협은 (즉 '적'은) 다른 모든 것들이 희미해진 이후에도 여전히 대통령의 중요하고도 지속적인 정신적 동료로 남았다. 퇴임한 지 겨우 1년 뒤에, 자신의 전직 각료 가운데 한 명의 연방 형사 재판에 마지못해 출두하여 증언하는 동안, 레이건은 무려 3년 넘게 합참의장으로 자신에게 봉사한 사람의 이름도 더 이상 말하지 못했다.("아, 이런. 이 대목에서 여러분께 도움을 요청해야 하겠군요. 그 사람 이름은 매우 낯익은데요.") 심지어 자기가 "몸과 영혼" 모두를 지원하겠다고 약속했던 니카라과 군사 집단의 지도자 이름도 더 이상 알아보지 못하는 지경이었다. 그는 피고인 존 포인덱스터 제독과 가졌던 한 차례 면담의 구체적인 내역조차도 기억하지 못했는데, 실제로 두 사람은 1년 가까이 매일 일대일로 면담을 나눈 바 있었다. 그는 이란-콘트라 스캔들에서 자칫 자신의 탄핵을 야기할 수도 있었던 대통령 확인서에 서명했던 일에 대해서도 사실상 전혀 기억하지 못했다.

지금 와서 돌이켜 보면, 그것은 단순히 재판상의 전술이 아니었다. 딱하게도 그의 정신을 알츠하이머병이 잠식하기 시작하면서 신체적으로도 그 영향이 드러난 것이었다. 검사들이 대통령 당시의 연설문과 언론 성명의 사본을 건네주자, 레이건은 마치 그것을 난생 처음 발견했다는 듯 기뻐하며 들여다보았다. 하지만 하루 반 동안에 걸쳐 변호사들과 힘겨운, 그리고 (본인의 시인대로) 혼란스러운 밀고 당기기를 하던 와중에, 레이건은 자기가 대통령이었을 때에 대항했던 상대에 관해 자발적으로 떠올려서 젊은 검사들 앞에 내놓았다. "우리는 오로지 그들을 인도하던 레닌의 말을 유념해야 했습니다. 레닌은 소련이 동유럽을 차지할 것이라고, 그리고 아시아에서 큰 무리를 조직할 것이며, 급기야 라틴아메리카로 옮겨갈 것이라고 말했습니다. 그리고 일단 거기까지 해놓고 나면, 자본주의의 마지막 요새인 미국을 굳이 차지할 필요가 없을 것이라고 했습니다. 왜냐하면 그때쯤이면 미국은 무르익은 과실처럼 그들이 내뻗는 손아귀에 떨어질 것이기 때문이라고 했습니다. 음, 역사는 소련이 바로 그 정책을 따르고 있음을 밝혀 줍니다." 이것이야말로 여차 하면 슬프고 처량할 뻔했던 재판에서 유난히 감동적인 순간이었다. 전직 대통령이 자신의 유창하고 짧은 장광설을 내놓으면서 그 옛날 기력의 번뜩임을 보여 주었기 때문이었다. 그는 여전히 자신의 가장 훌륭한 대사를 기억하고 있었다. 그리고 그 대사를 읊어 대기까지 했다.

레닌이 정작 그런 이야기를 말하거나 쓴 적이 없었다는 점은 신경 쓰지 말도록 하자. 레이건은 아마도 1958년경에 간행된 『존 버치 협회 청서The Blue Book of the John Birch Society』에서 그 인용문을 가져왔을 가능성이 크다. 그리고 이 책은 니콜라스 곤차로프Nicholas Goncharoff라는 젊은 러시아인 망명자가 미국 상원에서 증언한 내용에 있었던 인용문을 도용했는데, 그 망명자로 말하면 레닌이 사망했을 당시에 겨우 세 살에 불과했다. 사실 원래의 곤차로프와 버치 협회 회원들이 말한 레닌의 가짜 인용문에는 라틴아메리카도 언급되지 않았지만, 레이건은 서슴지 않고 이 대목에서는 증보를, 저 대목에서는 개정을 가하며 즉흥연기를 펼쳤다. 그의 주장의 핵심은 자기가 대통령 집무실을 향해 걸어가는 동안, 세계 지배를 획책하는 "사악한 제국" 소련은 미국 시민을 노예로 삼으려 든다는 것이었다. 그리고 소련 측에는 바로 이곳에서, 즉 우리 대륙에서 암약하는 공산당 동조자들이 있다는 것이었다. 쿠바 독재자 피델 카스트로와 아울러 점점 늘어나는 마르크스주의 혁명가들의 파견대가 엘살바도르,

온두라스, 코스타리카, 니카라과를 공산주의 위성 국가로 만들기 위해 열심히 일하고 있다는 것이었다. 즉 모든 '바뇨baño'(욕조)마다 볼셰비키가 있다는 것이었다.

　레이건 팀이 군사적 증강을 향한 길을 달려가기 시작했을 때, 제2차 세계대전 이후의 현상인 '상설 국가 안보 매파' 근거지가 이념적이고 유사類似정보적인 뒷받침을 해 주었다. 권력에서 밀려난 자들의 안식처인 이곳에는 전직 군사, 전직 정보, 전직 의회, 방위 산업, 학계, 그리고 자칭 전문가들이 모여서 미국을 향한 위협에 관해, 그리고 그 위협을 (불가피하게) 무시하는 순진한 정부 기관원에 관해 (즉 부지런한 매파인 자기들이 기꺼이 그들을 대체할 수 있다고) 목소리를 높이고 있었다. 상설 국가 안보의 말석을 차지한 싱크탱크와 각종 위원회는 이제 매우 성숙하고 확고해진 까닭에, 어느 누구도 더 이상은 그들이 섬뜩하다고 생각하지 않았다. 심지어 국가 안보 분야의 자유주의자들도 그들을 비판하기보다는 차라리 그들에게 자기네 목소리를 덧붙이는 것이 최선이라고 손쉽게 판정한 다음이었다. 하지만 우리 좌파들이 전적으로 우파인 라디오 정치 프로그램이라는 수십 년 묵은 매체에 자유주의적 네트워크를 덧붙이려 시도하면서 (그리하여 결국 실패하면서) 배우게 된 것처럼, 상설 방위 쇠파리의 세계에서는 자유주의적 날개가 실제로 자라날 수가 없다. 그 분야 자체가 태생적으로 매파적인 산업이기 때문이다. 그런 위협들이 현재 과장된 것만큼 나쁘지는 않다고, 또는 군사력이 남용되고 있다고, 또는 방위 예산을 안전하고도 현명하게 줄일 수 있다고, 어쩌면 이 다음번 전쟁은 굳이 우리를 필요로 하지 않을 것이라고 주장하는 데에 무슨 태생적인 다급함이 있단 말인가? 방위 일거리를 찾는 유일한 청중은 방위 열광자뿐이게 마련이었다. 이들은 그 방위가 과대평가되었다는 이야기를 듣기 위해서 입장료를 내지는 않았다.

심지어 카터 대통령이 "오늘 밤 세계 어디에서나 평화를 누리는 국가"라는 발언으로 국가적 관심을 잃기 이전부터도 '아, 이런, 당신은 방위하지 않는군 주의자들oh-no-you-don't defense-igentsia'이 카터와는 엇갈린 입장을 내놓고 있었다. 이들은 워싱턴의 회원 전용 메트로폴리탄 클럽의 빳빳하고 새하얀 식탁보 위에 차려진 점심식사를 함께 하며 만나곤 했던 여러 학자, 군사 관료, 그리고 (예를 들어 보잉 같은 방위 도급업체의 책임자 같은) 사업가로 이루어졌다. 그들은 현존위험위원회Committee on the Present Danger라는 이름으로 자처했다. 이 위원회의 구성원 중에는 1950년대에 소련이 공격용 핵미사일에서 우위를 달성했다는 섬뜩하지만 부정확한 주장으로 유명한 폴 "미사일 격차Missile Gap" 니츠, 레이건의 파나마 문제에서의 주력 선수 겸 스타워즈 방위 체제*의 대부인 대니얼 O. 그레이엄, 당시 미국의 과민성 초조함에 넌더리가 났음을 능변으로 요란하게 외치던 제임스 R. 슐레진저, 그리고 학계의 좌파 동료들을 비판하기 좋아하는 한편으로 하버드 졸업생이라는 간판을 마치 자신의 지적 증명서라도 되는 듯 써먹었던 역사가 리처드 파이프스 같은 열혈 반공주의자가 포함되어 있었다. 정장 차림 전사들의 혼합체인 그들은 스스로를 현대의 폴

---

* 레이건은 집권 초기 우주에서 적 미사일을 요격하는 전략방위구상Strategic Defense Initiative, 이른바 스타워즈 계획을 세운 적이 있다.

리비어*라고 상상했다. 1976년 봄에 메트로폴리탄 클럽에서, 이들은 러시아인이 오고 있다는, 즉 핵과 전통적 전력의 역량 모두에서 소련이 서구를 '능가해' 버렸다는 무시무시한 경고를 작성하기 시작했다. 즉 러시아인은 전략적인 (즉 공격) 역량을 쌓아올리고 있으며, 이는 단순히 핵전쟁을 시작하려는, 또는 핵전쟁으로 싸우려는 의도가 아니라, 오히려 핵전쟁을 시작한 뒤 싸워서 '이기려는' 의도라는 주장이었다. 그리고 현존위험위원회의 만찬 참석자들과는 달리, 미국 정보기관의 어느 누구도 그 사실을 이해할 만큼 충분히 똑똑하지 못하다는 것이었다.

만약 레이건이 아니었다면, 현존위험위원회는 잊힌 괴짜들의 모임 정도로 그 경력을 끝내고 말았을지도 모른다. 대통령이 이들을 위해서 맨 처음에 한 일은, 그들이 사용하는 것과 같은 종류의 겁주기 전술을 이용해서 진정한 정치적 견인력을 얻을 수 있음을 증명한 것이었다. "우리가 세계에서 2등임을 보여주는 증거가 쌓여 있습니다. 이 세계에서 차석을 한다는 것은 비록 치명적이지는 않아도 무척이나 위험천만한 일입니다." 레이건은 제럴드 포드를 거의 꺾을 뻔했던 예비 선거 유세 과정에서 이렇게 말했다. 레이건이 현직 대통령을 난타하던 그 선거철에, 포드 정부의 신임 CIA 국장은 소련의 군사 및 정치 역량에 대한 미국 정부의 공식 극비 평가에 참여하게 해 달라는 현존위험위원회 만찬 참석자들의 요구를 들어주었다. 입이 거친 우파로부터의 공격에 대응하여 대통령에게 약간의 정치적 엄호를 제공할 수 있다는 판단에서였다. "그들에게 허

---

* 미국 독립전쟁 당시의 애국자로, 영국군의 공격 사실을 주변에 알리기 위해 밤새 말을 달린 것으로 유명하다.

락하라!" 조지 H. W. 부시 국장은 이렇게 썼다. 그리고 (훗날 B팀으로 지칭된) 이 "외부 전문가들"의 무리를 초청해서 자기네 기관의 분석가들의 어깨 너머를 들여다보게 하고, 소련의 위협에 대해 별도의 판정을 내리게 허락했다.

B팀은 애초부터 국가정보평가(NIE)에 참여함으로써 얻을 수 있는 최종 산물 그 자체보다는, 오히려 그로 인한 정치적이고 홍보적인 혜택 쪽에 더 관심이 많았다. B팀이 정보 데이터를 들여다볼 때에는 십중팔구 오독이 일어났으며, 그로 인한 차이는 결코 사소한 수준이 아니었다. B팀은 소련 장거리 초음속 폭격기의 사정거리를 놓고 난리법석을 피우며, 이 무기야말로 미국 동부 연안을 겨냥한 위협이라고 주장했다. 그러나 실제로 확인된 이 무기의 전투 행동 반경은 그들이 주장한 것보다 무려 3천 마일이나 더 짧았다. 향후의 전투기 생산 대수 예상도 100퍼센트 이상 빗나가고 말았다. 소련이 레이저 광선 무기 개발에 박차를 가해서 실전 배치가 임박했다는 그들의 주장도 사실이 아니었다. 미국이 핵 잠수함을 추적할 수 있는 음파 장비를 개발했다는 사실을 토대로, B팀은 소련 역시 그런 장비를 보유하고 있다고 간주했다. 러시아인이 그런 음파 장비를 개발했다는 증거를 전혀 발견하지 못하자, B팀은 소련이 "비非음파" 장비를 갖고 있으리라고 간단히 상상해 버렸다. 전직 국방부 관료 앤 헤싱 칸은 B팀의 대실수에 관해 저술한 서적에서 이렇게 썼다. "그들은 이렇게 말했다. '모두가 예상한 바로 그 방법으로 그놈들이 움직였다는 증거를 우리로선 찾을 수가 없어. 그렇다면 그놈들은 뭔가 다른 방법으로 움직였을 것이 분명해. 그 다른 방법이 뭔지는 우리도 모르지만, 그놈

들이 그렇게 움직였다는 것은 분명해.'"

　이런 식의 황당하고도 공상적인 이야기는 무려 55쪽이나 숨 가쁘게 이어진다. B팀의 보고서는 소련의 군사 지출이 (특히 신형 핵무기 관련 지출이) 꾸준히 상승 곡선을 그린다고 부정확하게 주장했다. B팀은 소련에 대해서 워낙 많이 헛짚었고, 소련의 위협을 부풀리는 데에 워낙 많이 골몰했기에, 급기야 소련은 (거시경제학 강의 첫날부터 모두가 배우게 마련인) '총과 버터의 균형'*이라는 기본 원리에서도 예외라고까지 주장하기에 이르렀다. 즉 B팀의 상상 속에서는 소련이 너무나도 전능하기 때문에, 심지어 무엇에 대해서조차도 균형을 맞출 필요가 없다는 식이었다. "소련의 전략군은 민간 경제 경쟁의 억제 효과를 아직까지는 반영하지 않고 있으며, 예상 가능한 미래에도 그럴 가능성이 없다." B팀은 소련이 원하는 만큼 무한정으로 탱크와 트랙터를 만들어 낼 수 있는 세계를 상상하며 이렇게 주장했다. 이 대목에서 B팀은 소련 정치국이 자국민을 계속 먹여 살리는 것조차 힘겨워한다는 이미 확증된 역사적 사실을 옆으로 제쳐놓았다. "소련이 가관인 까닭은, 불과 몇 년 전에만 해도 허풍스러운 주장과 계획을 내놓았음에도 불구하고, 정작 지금은 서구산 모자를 벗어 든 공손한 모습으로 다가와서 밀을 구입하고 장기 차관을 요청한다는 점이다." 1964년의 CIA 공식 분석에서는 다음과 같이 지적했다. "이런 현상은 단순히 일시적인 어려움도 아니고, 단순한 불운의 결과도 아니다. 그 원천은 더 깊으며, 문제는 금세 사라지지 않을 것이다." 실제로 B팀이 소련의 군사력이 차마 불가능할 정도로 지속적인 상승 곡선을 그리고 있

---

* 군비와 국민 경제를 양립시키는 정책.

다고 상상하는 동안, 소련의 군사 지출은 평소 수준이거나, 심지어 하락세였다.

나아가 B팀은 비록 아무런 증거가 없는 상태에서도, 소련이 미국을 상대로 한 핵전쟁에서 공산주의자가 승리하도록 만들 수 있는 지휘 통제 구조를 "강화했다"고, 그리고 핵전쟁 이후에도 활기찬 나라를 유지할 수 있도록 그 인구 가운데 충분히 많은 수의 생존을 보장하기 위해 민방위 체계를 통해 시민을 훈련시키고 있다고 주장했다. B팀은 소련 민방위에 관한 모스크바 시민들 사이의 다음과 같은 농담을 꿈에도 몰랐던 모양이다.

"핵 공격이 벌어지면 어떻게 해야 합니까?"

"흰 천으로 몸을 감싸고, 공동묘지를 향해 천천히 기어가면 됩니다."

"왜 천천히 가라는 거죠?"

"혹시라도 공황을 야기하지 않기 위해서죠."

굳이 B팀을 위해 변명을 해 보자면, 어쩌면 그 당시에 메트로폴리탄 클럽까지 와서 점심식사를 할 수 있었던 평범한 러시아인이 그리 많지 않았기 때문에 저런 황당무계한 주장을 내놓았던 것인지도 모른다.

B팀이 내놓은 (가장 선동적이었던) 억지 주장은 이전까지의 국가정보 평가가 "소련의 전략 프로그램 배후에 있는 동기를 상당히 잘못 인식했으며, 따라서 소련의 강도와 범위와 암묵적인 위협을 지속적으로 과소평가하는 경향이 있었다"는 것이었다. 소련의 군사 지도자들은 단순히 자기네 영토와 자기네 국민을 방위하려 노력하는 것이 아니었다. 그들은 선제 타격이라는 선택지를 준비하고 있는데, 정작 미국 정보계에서는 이

런 사실을 놓쳐 버렸다는 것이었다. B팀의 주장에 따르면, 위협을 판정하는 과정에서 이런 "중대하고도 위험한 결함"을 낳은 요인은 한편으로 확고한 기술적 사실에 대한 과도한 의존, 그리고 또 한편으로 "방대한 양의 소프트 데이터"를 폄하하는 저 개탄할 만한 경향이었다. B팀의 이념적 지도자였던 리처드 파이프스가 훗날 말한 바에 따르면, 여기서의 "소프트" 데이터에는 "러시아인의 영혼에 관한 그의 깊은 지식"이 포함되어 있었다.

역사가 파이프스는 아직 10대였던 제2차 세계대전 시작 무렵에 가족과 함께 폴란드를 떠난 이래 한 번도 동유럽에서 장기간 거주한 적이 없었으며, 러시아사에서 그의 전문 분야는 1923년 언저리에만 머물러 있었다. 미국의 자칭 크렘린 전문가께서는 실제로 크렘린 내부의 정보에 관한 실제 출처를 한 번도 제시한 적이 없었다. 그럼에도 불구하고 그는 1976년경 소련 지도자들의 "대전략"에 관해서 서슴없이 설명을 내놓았다. 또한 이런 무자격 상태에서도 소련 지도자들의 심성에 관해 서슴없이 분석을 내놓았다. 즉 파이프스에 따르면, 소련은 그 어느 때보다도 더 세계를 지배하기 위해 골몰하고 있다는 것이었다. 서구에 호의를 지닌 과거의 귀족은 오래 전에 전멸당했다. 지금 권력을 좌우하는 이들은 생각 없고 가차 없는 농민의 후손이며, 오늘날에 와서는 쇠스랑 말고도 휘두를 만한 무기를 많이 갖고 있다는 것이었다.

B팀의 보고서는 그 구성원들에게는 유쾌한 연습이었을 수도 있고, 덕분에 CIA 분석가들의 뒤통수를 후려갈기며 엔도르핀이 솟구치는 경험을 하게 해 주었을지도 모른다. 하지만 "현존 위험"에 주목하라고 이

들이 촉구했음에도 불구하고, 국가 전체는 B팀의 경고를 여전히 까맣게 모르는 상태로 남았다. 그들의 결과물 전체는 어디까지나 대통령과 그 휘하의 정보 담당자들에게 보여 주기 위한 것이었다. 파이프스는 국가정보평가(NIE) 보고서에 포함된 B팀의 보유편을 최대한 널리 유포하기 위해서 기밀 해제를 요청했지만 거절당하고 말았다.

하지만 이 문제는 해결할 수 있었다. B팀의 누군가가 자기네들이 발견한 사실을 언론에 흘리기 시작했으며, 급기야 현존위험위원회가 자체적으로 무결한 선언을 내놓았기 때문이다. "우리나라를 향한, 세계 평화를 향한, 그리고 인간 자유라는 대의를 향한 주된 위협은 차마 비할 수조차 없는 군사적 증강에 근거한 소련의 지배 열망이다."

또한 이들은 특히나 기억에 오래 남을 만한 자극적인 표제 하에 논고를 간행했는데, 대표적인 것이 리처드 파이프스의 「왜 소련은 핵전쟁을 치러서 이길 수 있다고 생각하는가Why the Soviet Union Thinks It Could Fight & Win a Nuclear War」였다. 이즈음 파이프스는 최근의 국가정보평가에 참여했다는 이력을 얻은 셈이 되어서, (적어도 그의 독자들에게는) 미국 고위층의 내부 정보를 알고 있으리라고 간주되었다. 현존위험위원회는 결국 자기네 메시지를 세상에 알리게 되었다. 즉 소련이 우리를 쓰러트리려고 적극적으로 시도한다는 것이었다. 그것도 '지금' 말이다. 순진한 사람들이 우리가 평화를 누리고 있다고 생각하는 동안에 말이다!

로널드 레이건은 현존위험위원회 구성원들의 열성 팬이었다. 그들은 훗날 그가 애초부터 자기네 일원이었다고까지 주장했다. 실제로 레이건은 현존위험위원회의 구성원 상당수를 자기 행정부에 채용했다. 심지어 관료주의적 아마추어로서가 아니라 오히려 국가안보보좌관(리처드 앨런)으로, 동유럽 및 소련 담당 실장(리처드 파이프스)으로, 중거리 핵전력 조약Intermidiate Range Nuclear Forces Treaty의 협상 책임자를 거쳐 훗날의 군축 담당 특별 고문(폴 니츠)으로, 중앙정보국장(윌리엄 케이시)으로 채용했다. 특히 케이시는 정말…… 믿기 힘들 만한 직위로의 믿기 힘들 만한 영전을 상징했다. 1950년대에 CIA의 가장 유명하고 가장 존경받는 분석가였으며, 1964년에 베트남 전쟁에서 미국이 이길 수 없음을 존슨 행정부에 경고하려 시도했던 인물인 윌러드 C. 머사이어스는 이 사건을 다음과 같이 요약했다. "케이시가 CIA에 부임하자, 국가 평가에 대한 통제권을 정보계에서도 강경파 반공주의자들의 분파에게 이전하려던 운동도 끝나 버리고 말았다. 소련의 행동을 지속적으로 검토하려 노력하는 합리적 접근법 대신, 이제는 단순히 소련은 전 세계를 노예화하려는 무자비한 불변의 적이라고 간주하는 접근법이 적용되었다. 유일한 문제는 언제, 그리고 어떻게 소련이 그런 시도를 하느냐였다. 여기서의 쟁점은 '예속' 대 '자유'였다."

레이건은 심지어 당선되기 이전부터도 케이시의 '예속 대 자유'의 주장을 스스로 만들어 냈으며, 마침내 그 주장을 진정으로 믿게 되었다. 하지만 자신의 강경파 수사의 논리적이고 실행적인 연장에 해당하는 어떤 것을 누군가가 실제로 제시했을 때에는 때때로 충격을 받기도 했다. 예를 들어 그의 첫 번째 국무장관 알렉산더 헤이그가 미군의 쿠바 공격을 제안했을 때가 그랬다. "말씀만 하십시오." 미국의 외교 수장은 1981

년 3월에 신임 대통령에게 이렇게 말했다. "그러면 제가 그놈의 섬을 싹 쓸어버려서 마치 주차장처럼 만들어 버리겠습니다." 레이건의 가장 충성스럽고 오래된 보좌관 가운데 하나인 마이크 디버가 훗날 내놓은 회고에 따르면, 그 당시 헤이그의 발언을 듣자마자 대통령조차도 움찔했다. 마찬가지로 "혼이 달아나도록 겁이 났던" 디버는 급기야 저 헤이그라는 작자를 두 번 다시 대통령과 한 방에 단둘이 놓아두지 말라고 비서실장 제임스 베이커에게 요청하기까지 했다.

하지만 레이건은 거친 말을 삼가지 않았다. 1981년 3월에 전국에 방송된 텔레비전 인터뷰에서 〈CBS 저녁 뉴스〉의 앵커 월터 크론카이트가 소련 지도자들은 "거짓말쟁이에 도둑놈"이라는 대통령의 발언이 너무 지나치지 않느냐고 지적하자, 레이건은 자신의 주장을 재차 고집했다. 뿐만 아니라 또 하나의 히스테리컬한 버치 협회 특유의 수사를 읊어 대기까지 했다. "그들의 이념에는 하느님이 전무하다는 사실을, 그리고 도덕적 의미에서 우리 같은 도덕에 대한 관념이 전무하다는 사실을 기억하지 않는다면 우리는 너무 순진한 겁니다. 도덕에 관한 그들의 주장에는 자기네 대의를 진작시키지 않는 것은 모두 부도덕하다고 나와 있습니다. 다시 말해 자기네 대의를 진작시킬 수만 있다면 거짓말이나 도둑질이나 속임수나 심지어 살인에도 얼마든지 의존할 수 있다는 겁니다. (…) 우리가 그들을 상대할 때에는 그 사실을 염두에 두어야만 합니다."

같은 달에 레이건 행정부는 『소련의 군사력Soviet Military Power』이라는 새로운 간행물 제작에 들어갔다. 마침 레이건이 MX 미사일과 B-1 폭격기에 대한 추가 자금을 요청하던 시점에 배포된 이 도판 포함 99쪽짜리 소책자는 단순히 정부 내부의 열람만을 위한 위협 평가서가 아니었다. 이것은 뚜렷이 정치적 목적을 지닌 간행물로, 소련군의 2만 5천 톤급 탄도 미사일 탑재 잠수함이며, MiG-22 플로거 대공 제트 전투기며, MIRV 대륙간 미사일 등을 묘사한 특별 주문 제작 삽화가 수십 점이나 들어 있었다. 그 모습은 마치 정신 나간 B팀이 각본을 담당한 〈조니 퀘스트Jonny Quest〉* 한 회의 애니메이션 셀화처럼 보였다. 한쪽에는 소련의 니지니타길 탱크 공장이 워싱턴 DC의 지도 위에 불길하게 겹쳐져 묘사되어 있었다. 이 탱크 공장은 의사당에서부터 링컨 기념관에 이르는 내셔널 몰** 전체를 뒤덮고 있었다. "현재 소련에서 가동 중인 주요 군수 산업 공장은 135개에 달하며, 그 부지 면적은 4천만 제곱마일이 넘고, 1970년 이후로 무려 34퍼센트나 증대한 상황이다." 이 소책자는 독자에게 이렇게 설명했다. 아울러 이 소책자에 따르면, 소련의 첨단 기술 직업학교에서는 매년 수천 명의 용접 기술자를 배출했다. 그들은 "강철과 기타 합금을 정련하는 새로운 방법 두 가지를 완벽히 터득했다. 바로 일렉트로 슬래그 재용해법과 플라즈마 아크 용해법이다." 90만 명의 미치광이 소련 과학자들이 신형 무기 체계를 설계하고 시험하는 연구 중이어서, 추정치에 따르면 21세기 무기 기술에서 소련이 우위를 차지할 것이라고 했다. "소련의 고에너지 레이저 프로그램은 미국이 노력하는 수준의 3배 내지 5배에 달하며 (…) 그들은 가스 다이내믹 레이저, 전기 방전 레이저, 화학 레

---

* 미국 ABC에서 1964-65년에 방영한 SF 애니메이션 시리즈로, 동명의 11세 소년의 우주 모험을 묘사했다.

** 워싱턴 DC 소재 공원으로 그 주위에 국회의사당, 워싱턴 기념탑, 링컨 기념관, 국립 미술관, 국립 자연사 박물관, 국립 항공우주 박물관, 스미소니언 연구소 등의 주요 기관 및 기념물이 늘어서 있다.

이저를 연구해 왔다. (…) [1980년대] 후반기에는 소련이 레이저 무기를 다양한 지상, 선상, 항공 응용에서 선보일 수 있다. (…) 행동 조정, 생물학 전쟁, 유전자 공학 모두가 새롭고도 극도로 효과적인 무기를 개발할 수 있는 잠재력을 갖고 있다."

《타임》지는 『소련의 군사력』이라는 소책자를 가리켜 이렇게 지적했다. "이 책자의 목적은 미국과 그 동맹국에게 소련이 서구를 능가하는 군사적 우위를 달성했다는 적색경보를 울리는 것이다. 자연히 그 타이밍은 새로운 전략 체계에 필요한 막대한 금액을 펜타곤이 정당화할 수 있게 하기 위해 의도되지 않았나 하는 의심이 든다." 레이건의 국방장관 캐스퍼 와인버거는 이런 주장을 부정했다. "매우 실제적이고 증대하는 위협이 있다." 그는 펜타곤의 홍보실이 제작한 소책자를 공개하면서 이렇게 말했다. "이는 겁주기라든지, 다른 종류의 선전이 아니다."

물론 그건 '실제로' 겁주기 겸 선전에 불과했지만, 충분히 '뛰어난' 겁주기 겸 선전이기도 했다. 1981년과 1983년에, 그리고 이후로 매년 예산 시기 즈음마다, 펜타곤은 『소련의 군사력』 최신판을 대중에게 배포했으며, 레이건은 합참의장을 의회에 보내서 헤드라인을 장식했다. 1983년의 전형적인 발표는 이러했다. "소련은 빈틈없이 무장했다. 게다가 그들 혹은 우리의 그 어떤 척도로 보더라도, 정당한 국방의 요구를 훨씬 초과하는 비율로 계속해서 무장하고 있다. 이 문제의 명백한 사실은, 지난 10년 동안 병기에 대한 소련의 군사적 투자만 해도 우리의 사례보다 5천억 달러가량을 넘어섰다는 것이다." 그리하여 매년 연방 예산 가운데 펜타곤의 몫은 점점 더 커져만 갔다. 레이건이 재임한 8년 동안 군사 지출은 매년 약 1,500억 달러에서 3천억 달러로 두 배가 되었으며, 결국 미국의 연간 예산 총액의 30퍼센트 가까이 달하게 되었고, GDP의 6퍼센트를 초과하게 되었다. 현존위험위원회의 꼬마들이 환등기를 가지고 커다란 그림자를 벽에 투영하면 모든 사람들이 이를 뒤쫓는 지경이었다.

방위 도급업자가 아닌 사람들도 이런 1980년대의 정치적 현상으로부터 충분히 돈을 벌 수 있었다. 공인된 지혜를 반영하는 거대한 연못을 가진 할리우드의 영화사들은 베트남 전쟁의 헌 상처를 건드리는 〈디어 헌터Deer Hunter〉와 〈귀향Coming Home〉 같은 내성적인 영화들을 상당히 많이 내놓았다. 이제 그들은 소련을 광인으로 모는 편집증을 기꺼이 충족시킴으로써 박스오피스에서 황금을 만들어 냈다. 〈붉은 새벽Red Dawn〉이라는 영화에서는 크렘린의 지시로 이루어진 선제 핵전쟁으로 미국의 대도시가 대부분 초토화된 직후(맞다, 리처드 파이프스의 주장 그대로다!), 평화로운 콜로라도주의 도시를 침공한 저 화려한 소련과 쿠바와 니카라과 연합군을 상대로 학생인 C. 토마스 하웰, 패트릭 스웨이지, 찰리 신이 게릴라전을 펼친다. 1986년에 가장 돈을 많이 번 영화는 버지스 메러디스와 해프 아널드조차도 얼굴을 붉게 만들 만한 '하늘의 기사' 모험 영화였다. "여러분, 이 학교는 전투에 관한 곳이다." 여기서 우리의 비행 교관은 이렇게 말한다. "따라서 2등은 의미가 없다." 유혹적으로 기름을 바르고, 햇볕에 그을리고, 가죽 재킷을 입고, 오토바이를 몰고, 소울 노래를 부르는 전투기 조종사 청년 톰 크루즈는 (아버지의 베트남 복무 기록에서 비롯된 정신적 흔적인) 자신감 상실과 절친한 친구 겸 항법사의 사망을 ("말 좀 해봐, 구스") 극복하고, 소련의 MiG 제트기와 공중 대결을 펼쳐 유혈 사태 없이 상대를 굴복시키고 여주인공을 품에 안는다. 미국 내 극장에서 무려 5천만 명 가까이가 이 영화 〈탑 건〉을 관람했다.

그렇다면 이런 초군사주의hypermilitarism에 반대하는 사람들도 있지 않았을까? 음, 그건 별로 문제가 되지 않았다. 핵무기 확산에 항의하기 위해 100만 명이 센트럴파크에 모였을 때(이것이야말로 미국사에서 최대 규모의 1회성 시위였다), 처음에만 해도 레이건 팀은 의도는 좋지만 대책 없이 순진하다며 이 시위를 일축했다. 하지만 머지않아 행정부는 시위자들이 소련의 계획의 추종자라고 주장하기 시작했다. "뉴욕과 기타 지역에서 벌어진 대규모 시위 가운데, 일부 조직에서는 그처럼 대규모 운동을 창설하고 유지할 수 있게 선동하고 도와주는 해외 요원들이 있었음에 의문의 여지가 없습니다." 레이건은 시위가 벌어진 지 몇 달 뒤의 기자 회견에서 이렇게 주장했다. 하지만 이 이론을 자세히 설명하기는 거부하면서, "저는 정보 문제를 논의하지는 않기 때문"이라고 둘러댔다. 이런 새로운 미국의 군사화에 가장 적절하고도 일관성 있는 평형추를 제공한 간행물은 보통 할인 가격에 판매하는 동양산 약초, 이불, 조립식 주택, 끈으로 잡아 묶는 편한 바지, 수정水晶 장식품 판매, 그리고 펠든크라이스의 '동작을 통한 자각' 세미나 같은 비주류 산업에 광고 수익을 의존하는 잡지들이었다.

반면 주류 미국 간행물은 레이건의 『소련의 군사력』이 처음 간행된 지 한 달 뒤에 소련 서기장 레오니트 브레즈네프가 내놓은 성명에 충분히 주목하지 않았다. "군비 경쟁에서 서로를 물리치려고, 그리고 핵전쟁에서의 승리에 의존하려고 시도하는 것은 위험천만한 광기다. 나로선 오로지 자살을 감행하기로 작정한 사람만이 자기가 승자로 대두하려는 희망을 품고 핵전쟁을 시작할 수 있으리라고 덧붙이고 싶다. 공격자가 무엇을 보유하고 있건 간에, 어떤 핵전쟁 결정 방법을 갖고 있건 간에, 그 목표를 달성하지는 못할 것이다. 왜냐하면 이에 대해서는 보복이 불가피할 것이기 때문이다." 브레즈네프의 2인자 콘스탄틴 체르넨코도 핵전쟁을 "허락해서는 안 되며 (…) 핵전쟁을 합리적인, 거의 합법적인 정책의 지속으로 간주하는 것은 범죄"라고 발언했지만, 충분히 주목받지 못했다. 브레즈네프의 또 다른 2인자 유리 안드로포프도 "체제 간의 역사적 갈등을 군사적 충돌의 수단으로 해결하려는 그 어떤 시도도 인류에게는 치명적일 것"라고 발언했지만, 충분한 주목을 받지 못하기는 마찬가지였다.

하지만, 어이, 이놈들은 거짓말쟁이였다. 왜냐하면 우리 대통령이 그렇게 말했기 때문이다. 1981년에 레이건은 다음과 같은 어두운 경고를 내놓았다. "우리와는 달리 소련은 핵전쟁이 가능하다고 믿으며, 또한 자기네가 이길 수 있다고 믿는다."

소련은 미국의 배우 출신 대통령과 그의 극우적 선회를 일종의 광기로 파악했다. B팀이 소련의 마음가짐에 관해서 만들어 낸 내용은 미국의 마음가짐이라고 보아도 사실상 맞다고 할 만했다. 소련은 미국의 방위 예산이 매년 10퍼센트씩 증대하는 것을 보았다. 소련은 미국이 점점 더 치명적인 전략 무기를 만들어 내고, 새로운 군사 기술에 투자하는 것을 보았다. 소련은 레이건이 NATO를 설득하여 핵무장 미사일을 서유럽 전역에 배치하는 것을 지켜보며 점점 더 경계하게 되었다. 소련은 레이건이 회의적이지만 확실히 줏대는 없는 의회를 설득하여, 그레이엄 장군이 고안한 방위 체계에 필요한 예산을 지원하도록 만드는 것도 지켜보았다. 소련이 발사한 모든 미사일을 격추하게끔 고안된 이 방위 체계는 유명한 영화 제목을 따서 '스타워즈'라는 이름으로 유명해졌다. 하지만 사실상 그 영화에 나오는 이워크나 광선검과 마찬가지로 그것은 허구의 내용에 불과했다. 그로부터 30년이 지난 지금도 우리는 그놈의 계획을 여전히 만지작거리고 있는데, 알고 보면 실제로 작동하지도 않고 심지어 제대로 이치에 닿지도 않는 계획이다. 하지만 소련은 이 스타워즈가 얼마나 공상과학에 가까운지를 알 길이 전혀 없었다. 상호확증파괴Mutually Assured Destruction*는 무시무시하지만 안정적인 억제책이었다. 소련의 관점에서 볼 때 레이건의 움직임은 이러한 억제책에서 이탈하려는 듯 보였고, 그것은 경계할 만한 일이었다. 소련은 자칫 스타워즈 방어가 실현되는 날에는 미국의 핵폭탄이 소련을 먼저 공격할 것이고, 소련의 보복성 미사일은 심지어 미국 영공에 들어서기도 전에 족족 하늘에서 요격당하리라는 두려움을 품었다. 즉 소련은 이 방위 체계만 있으면 미국이 핵 방아쇠에서 안전장치를 풀게 될 것이라고 두려워했다.

소련은 자국 정보기관에 최대한 주의하도록 지시했고, 미국의 군사 행동에 관한 모든 신호를 주시했다. 그리고 미국 주재 소련 대사 아나톨리 도브리닌은(그로 말하자면 성인 시절을 대부분 워싱턴에서 보낸 미국통이

---

* 적이 핵 공격을 가할 경우 적의 공격 미사일 등이 도달하기 전에 또는 도달한 후 생존해 있는 보복력을 이용해 상대편도 전멸시키는 보복 핵전략.

었다) 레이건이야말로 말과 생각이 일치하는 사람이라고 크렘린의 상관들에게 전달했다. 훗날 도브리닌은 회고록에서 다음과 같이 썼다. "두 초강대국 간의 지속되는 정치적이고 군사적인 경쟁과 긴장 그리고 레이건 같은 모험주의적인 대통령을 고려했을 때, 모스크바에서는 미국의 호전성과 인간의 단순한 오산이 자칫 치명적인 결과를 낳을 수 있다는 걱정이 끊이지 않았다."

1983년에 크렘린의 두려움이 역대 최고에 도달했지만, 레이건 행정부는 이런 사실을 다소간 모르고 있었다. "미국 정보기관도 긴장을 파악하기는 했다. 하지만 소련 지도부가 미국으로부터, 그리고 사건의 경과로부터 어느 정도로까지 점증하는 위협을 느꼈는지는 제대로 파악하지 못했다." CIA 부국장 로버트 게이츠는(맞다, 바로 '그' 로버트 게이츠다) 회고록에서 이렇게 설명했다.

더 나중에 나온 도브리닌의 회고록에 따르면, 크렘린 내부에는 약간의 위안을 제공하는 믿음이 하나 있었다. 그건 바로 미국의 정부 체계에 대한 믿음이었다. 대통령이 미국을 전쟁으로 이끌기 위해서는, 그 이전에 상당히 많은 장애물을 뛰어넘어야 한다는 사실을 소련도 알고 있었던 것이다. 도브리닌은 워싱턴에 머무는 동안 미국 의회가 전쟁권한결의안이라는 이름으로 대통령의 전쟁 결정에 대한 장애물을 설치하는 것을 지켜본 바 있었다. 도브리닌이 서술한 것처럼, 소련에서 레이건에 해당하는 인물들은 (즉 브레즈네프, 체르넨코, 고르바초프는) "미국의 정치 및 사회 구조야말로 이유 없는 공격을 막아 주는 최고의 보장"이라고 믿었다. 하지만 가장 위험한 해였던 1983년에 소련 서기장이었던 유리 안드로포프는 그리 낙관적이지 않았다. "레이건은 예측불허야." 신경이 과민해진 안드로포프는 도브리닌에게 이렇게 털어놓았다. "그 사람이라면 무슨 일이라도 예상할 수 있어야 한다네."

레이건이 임기를 마친 지 2년 뒤인 1991년 소련이 붕괴했다. 수많은 미국인은 소련의 붕괴를 재촉하거나 심지어 야기한 요인이 군비 경쟁으로 인한 경제적이고 심리적인 압박이라고 믿을 것이다. 물론 이런 주장에도 일말의 진실은 들어 있을 터이다. 레이건 위인전 집필자들이 우리에게 내놓는 줄거리가 바로 그런 것이니 말이다. 하지만 소련은 레이건의 임기 시작 무렵부터 이미 비틀거리는 상태였다. 만약 고르바초프가 민주주의로 나아가는 길을 찾아내게끔 돕는 데에 우리의 국가적 역량을 더 많이 사용했더라면, 아울러 세계에서 가장 강력한 대량 살상 무기를 붉은 광장에 겨냥하자며 서유럽 지도자들을 설득하는 데에 우리의 국가적 역량을 더 적게 사용했더라면, 오늘날의 러시아가 과연 어떤 모습이었을까. 나로선 차마 상상이 되지 않는다.

사실과 다른 이야기는 제쳐두고, 여기서 눈에 띄게 명백하고 경험적으로 측정 가능한 것은 바로 레이건의 대통령 재임 기간 동안 막대한 방위비 지출로 인해 미국이 겪어야 했던 피해다. 막상 뚜껑을 열어 보니, 데이비드 스톡먼이 처음 내놓았던 심각한 결손 예상조차도 장밋빛 전망이었던 것으로 판명되었다. 레이건의 연간 예산 결손은 집권 2년 동안에 GDP의 2퍼센트에서 기록적인 6.3퍼센트로 부풀어 올랐고, 우리는 그로부터 20년 가까운 지금까지도 그때 생겨난 국고의 싱크홀에서 아직 벗어나지 못한 상태다. 하지만 연간 예산 부족액이 500억 달러에서 1천억 달러로, 다시 1,500억 달러에서 2,200억 달러로 늘어나는 동안, 레이건 정부는 저 수많은 반핵 시위자들을 일축했던 것처럼 이런 사실마저 일축해 버렸다. 자칭 국고 보수주의자들은 계속해서 더 많은 무기를 위한 더 많은 금액을 요구해서 얻어냈다. 미국의 힘과 자부심에 대한 레이건의 지속적인 호소며, 그의 생생한 감정적 불운 예언은 효과를 발휘했다. 그는 우리의 대의에 걸맞은 적을, 즉 싸워 물리칠 만한 뭔가 커다란 것을 우리가 상상하게끔 만들었다. 그는 그 싸움에 필요한 돈을 마련하기 위해 우리를 설득하여 주머니 깊숙이, 깊숙이, 깊숙이 손을 넣게 만들었다.

"30년 넘도록, 소련의 우월성에 관한 주장이 미국의 '재무장'에 대한 촉구를 만들어 냈다. 1980년대에는 이 촉구가 워낙 철저히 경청되었기 때문에, 미국은 1조 달러의 방위 증강에 착수하게 되었다." 앤 헤싱 칸은 1993년에 이렇게 썼다. "그 결과 이 나라는 학교와 도시와 도로와 교량과 보건 체계에 소홀해지고 말았다. 세계 최대 채권국이었던 미국이 세계 최대 채무국이 되고 말았다. 그 이유는 이미 무너지고 있었던 어떤 나라의 위협에 대응하는 무기를 굳이 마련하기 위해서였다."

중요한 일 여러 가지가 "재무장"으로 나아가는 길을 만들기 위해서 유보되었다. "외국 석유에 대한 우리의 의존성은 지금 이 시간부로 성장이 중지될 것이며, 우리가 1980년대를 지나는 동안 오히려 역행할 것입니다." 카터의 이런 주장 이후로도 미국의 석유 소비는 레이건 재임 기간, 조지 H. W. 부시 재임 기간, 빌 클린턴 재임 기간, 조지 W. 부시 재임 기간 내내 늘어나기만 했다. 미국의 석유 수입은 레이건의 두 번째 임기 동안 급증한 이래 줄곧 증가하고만 있다. 1973년에는 미국이 사용하는 석유 가운데 3분의 1을 수입했지만, 2005년에는 약 60퍼센트를 수입했다.

하지만 다시, 에너지 의존이나 그가 말하지 않은 국가적 불안감에 맞서 싸우기 위해 지미 카터에게 합류하는 것에 누가 흥분했겠는가? 우리의 가장 위협적인 적이 우리의 결여된 신념과 용기이고, 총을 겨냥하는 것을 넘어서는 조건으로 세계와 경쟁하려는 우리의 헌신이라는 이야기를 누가 듣고 싶어 했겠는가? 레이건은 우리가 맞서 싸워야 할 악당들이 가득한 세계가 있음을, 그리고 그들이 단순히 철의 장막 너머에만 있는 것은 아님을 우리에게 납득시켰다. 즉 이 세상에는 훨씬 더 손쉽게 만날 수 있는 악당들이 있다는 것이었다.

4장

엉망진창 그레나다 침공 사건

대서양 상공 어디선가 선두 C-130 공군 수송기의 뒷문이 열린 순간, 해군 SEAL 팀식스Team Six의 낙하산 강하 지휘관은 깜짝 놀랄 수밖에 없었다. 그와 팀원들은 이 극비 임무에 관해서 설명을 잘 받은 상태였다. 이들은 베트남 이후 미국이 경험하는 최초의 중요한 전투 임무에서 선발 침투조가 되어서 (즉 중요한 눈과 귀가 되어서) 자기네가 여기 있다는 사실을 누군가가 알기도 전에 목적지에 들어갔다 나와야만 했다. 16명의 SEAL 팀은 길이 18피트의 보스턴웨일러 순찰 보트 두 척과 함께, 상업용 항로에서 멀리 떨어진 바다 한가운데로 높이 1,200피트의 낙하산 강하를 감행할 예정이었다. 거기서 남서쪽으로 40마일 떨어진 곳에는 불과 며칠 전까지만 해도 몇몇 사람만 지도에서 찾아낼 수 있는 카리브해의 한 섬이 있었고, 그 섬의 가장자리에서는 포인트세일린스 비행장이 아직 건설 중이었다. 바다에 떨어진 잠수공작원들은 일단 보트까지 헤엄쳐 갈 예정이었다. 곧이어 인근의 미국 해군 군함 스프레이그호에서 파견된 공군 공정통제반空挺統制班 소속 요원과 만난 다음, 어둠이 깔리고 나면 보트를 타고 40마일을 달려서 바닷가에 도착할 것이었다. 거기서 SEAL 팀은 비행장의 상황을 정찰하고, 자신들이 발견한 내용을 무전으로 보고할 것이었다. 예를 들어 육군 레인저 2개 여단이 착륙할 수 있을 만큼 활주로가 충분히 완성되었는가? 그곳의 병력이 비행장을 경비하고 있는가? 쿠바에서 온 건설 및 기술 인력의 규모는 어느 정도이며, 그중 무장한 인원은 몇 명인가? 우리가 오는 것을 그들도 알고 있는가?

미국이 수집한 이 비행장 관련 정보는 아무리 좋게 말하려 해도 파편적인 수준이었다. 바로 그렇기 때문에 침공이 시작되기 하루 하고도 반나절을 앞두고 SEAL 팀이 이 섬에 잠입한 것이었다. 심지어 이때까지만 해도 대통령은 전체 작전을 실행할지 말지에 관한 최종 결정조차도 내리지 못한 상태였다.

SEAL 팀식스는 이 정찰 임무에 복잡할 것이 전혀 없다고 들은 상태였다. 따라서 SEAL 팀의 지휘관조차도 이 해상 강하에 굳이 참여하지는 않았고, 대신 또 다른 팀의 작전을 지휘하기 위해서 대기 중이었다. 또 다른 작전이란, 그로부터 36시간 뒤에 이루어질 그 섬의 총독 구출 작전이었다.

SEAL 팀은 예정대로 강하 지점에 도착했다. 일기예보에서는 그 시간에 맑은 하늘, 적은 바람, 잔잔한 바다를 예견했었다. 그런데 수송기 뒷문이 열리고 보니, 서머타임으로 인한 시간차를 작전 계획자들이 까먹었음이 드러났다. 해가 빨리 지는 북위 12도 지역에서는 단 1시간의 오차가 상당히 큰 차이를 만들어 낸다. 이때의 낙하산 강하 지휘관은 여러 해 뒤에 다음과 같이 회고했다. "바깥은 칠흑같이 어두웠다. 우리로선 아무것도 볼 수가 없었다. 나는 비행 요원들이 갖고 있던 손전등을 빼앗아서, 그걸 보트에다 고정시키려고 애를 썼다. (…) 우리에게는 조명 장비가 전혀 없었다. 낮 동안에 강하가 이루어질 것이라고 전해 들었기 때문이었다."

비밀주의. 이것이야말로 1983년 10월 카리브해의 섬나라 그레나다를 침공한 '절박한 분노 작전Operation Urgent Fury'의 계획과 실행을 지배하는 힘이었다. 계획 초기 단계에 SEAL 팀의 지휘관이 제안했던 것처럼, 그 대원들과 보스턴웨일러 보트 모두를 군함 스프레이그호까지 항공 수송하는 것이 가장 쉬운 방법일 터였다. 하지만 그의 제안은 "작전상의 보안"을 이유로 묵살당했다. 공군 공정통제반의 지휘관에게 보낸 서신에 따르면, 계획팀은 "작전 지연에 관한 이야기가 새어 나갈 수도 있다고 우려했다." 스프레이그호까지 항공 수송을 실시하면 너무 많은 사람이 비밀에 관여하게 될 것이었다. 실제로 SEAL 팀을 두 대의 화물기에 태워서 남쪽으로 실어 나른 공군 비행 요원들만 해도, 이 공해상의 강하 작전이 또 한 번의 훈련에 불과하다고 생각할 정도로 보안이 철저했다.

레이건 대통령의 국가안보회의 참모진과 주요 군사 고문들은 이 작전을 가급적 막판까지 비밀에 부칠 작정이었다. 레이건은 이미 발표된 공식 일정을 소화했고, '절박한 분노'와 관련한 중요한 결정 가운데 상당수를 오거스타 내셔널 골프장 소재 아이젠하워 별장에서 주말 동안 골프를 즐기는 동안 내렸다. 작전 개시가 24시간도 남지 않은 상황에서, 핵심 계획 담당자들은 귀중한 시간을 허비해 가면서까지 연례 군인 무도

회에 참석했다. 이 행사에 참가하지 않으면, 뭔가가 진행되고 있다는 암시를 크게 줄 수도 있다는 것이 지휘관들의 생각이었다. 그래도 공군 계획팀의 구성원 가운데 최소한 한 명은 다음과 같이 의심해 보기는 했다. 설마 침공 이전에 그레나다 관련 정보를 국가안전보장국(NSA)에 요청한 사람이 정말 아무도 없었을까? 왜냐하면 NSA는 국제 전화와 무선을 감시하는 곳이었으므로, 그 섬에 대한 "가장 풍부한 정보의 원천"이었기 때문이다. 그런데도 계획자들은 정부 내에서도 가장 비밀주의적인 기관인 NSA의 직원들이 자칫 이 작전에 관한 정보를 외부에 흘릴 수도 있다고 우려했다. 심지어 지휘 계통에 속한 사람 가운데 어느 누구도 국방부 지도제작국에 그레나다의 구체적인 전술 지도를 요청하지 않았다. 결국 계획팀은 무려 1895년에 작성된 지도를 가지고 때때로 작업했으며, 급기야 지상군 지휘관들은 "그레나다 : 향신료의 섬"이라는 제목의 접이식 관광 지도에 의존해야 하는 처지가 되고 말았다.

그레나다는 엄연히 영연방 소속 국가였지만, 정작 레이건 대통령은 '절박한 분노' 작전이 진행되기 전에 영국 총리 마거릿 대처에게 미리 연락하려는 노력조차 하지 않았다. 그렇다면 기자단은? 그들은 '절박한 분노' 작전 근처에도 가지 못했다. 대표 취재단을 현장으로 실어 나르려는 준비 또한 전혀 없었다. 이것이야말로 미국의 전통적인 정책을 현저하게 이탈하는 것이었다. 게다가 레이건 정부 관료들은 단순히 언론을 회피하려는 수준에서 그치지 않았다. 침공 전야에 NBC 기자로부터 그레나다에 임박한 군사 작전에 관해 확인해 달라는 단도직입적인 질문을 받자, 국가안보부보좌관 존 포인덱스터는 한 마디로 거짓말을 내뱉었다. "터무니 없는 주장입니다."

레이건 팀은 또한 의회를 너무 일찍부터 이 계획에 끌어들이는 것은 신중하지 못하다는 실무 결정을 내렸다. 관계 기관에 미리 통보가 되면 정보계의 누군가가 당연히 이야기를 누설할 것이라고, 그리하여 작전 전체를 위험에 빠트릴 것이라고, 대통령과 그의 최측근 고문들은 믿어 의심치 않았다. 백악관이 생각하기에는 너무나도 많은 것이 위험에 처해 있었다. 비밀주의!

보스턴웨일러 보트가 선두 C-130기에서 낙하하자마자, SEAL 대원 8명이 미처 예상 못한 어둠 속으로, 그리고 소나기 속으로 뒤따라 낙하했다. 일기예보에서는 맑은 하늘을 예견했지만, 공수부대원들은 비바람에 두들겨 맞았으며, 예상보다 훨씬 더 빨리 바다에 떨어졌다. 나중의 추산에 따르면, 이들은 계획대로 1,200피트를 낙하한 것이 아니라, 겨우 600피트라는 위험천만하게 낮은 고도에 있던 비행기에서 낙하한 것이었다. 처음 낙하한 SEAL 대원 8명은 어찌나 바다에 세게 떨어졌던지, 물갈퀴와 장비 배낭이 다 찢어졌을 정도였다. 파도도 최대 10피트에 달하고, 바다 위로 부는 바람이 어찌나 강한지 낙하산도 접을 수 없었다.

"파도가 칠 때마다 물속에 있던 나는 낙하산에 끌려갔고, 고개를 아래로 박은 채이다 보니 순식간에 물을 잔뜩 먹어 버렸다." 이들 대원 가운데 한 명은 훗날 이렇게 말했다. "나는 손을 뻗어서 낙하산 줄을 붙잡고 잡아당기기 시작했고, 낙하산을 접으려고 애를 썼지만 (…) 낙하산 줄이 내 몸을 에워싸 버렸고 (…) 하지만 나는 칼을 꺼내서 줄을 자를 여유가 있었고, 줄을 충분히 자르고 났더니 더 이상은 낙하산에 끌려가지 않았다."

역시나 8명으로 이루어진 두 번째 팀도 C-130기에서 낙하했지만, 예정된 낙하 장소에서 상당히 먼 곳에 떨어졌다. 그렇게 흩어진 대원들은 어둡고 폭풍 치는 바다에서 보스턴웨일러 보트를 찾는 데에 애를 먹었다. 위험한 바다에서 한참을 헤맨 끝에, 그중 몇 명은 보트 중 한 척에 도달했지만, 나머지 대원들은 작전을 포기하고 군함 스프레이그호의 불빛이 있는 쪽을 향해 헤엄쳤다. 총 16명 가운데 12명은 그날 밤에 대서양 물 밖으로 나올 수 있었다. 그들은 동료 가운데 한 명이 도움을 간청하며 고함을 지르고 총까지 쏘는 소리를 들을 수 있었다. 몇 시간에 걸친 필사적인 수색 끝에, SEAL 팀은 군함 스프레이그호의 선원들과 공군 병력에게 구조 작전을 양보하고, 자기들은 비행장 근처 바닷가에 상륙하기 위해서 충분한 인원을 다시 모았다. 하지만 이들이 마침내 해안선에 가까워졌을 무렵, 그레나다의 순찰선이 공해상으로 서치라이트를 비추는 바람에, SEAL 팀은 작전을 포기하고 군함 스프레이그호로 돌아오고 말았다.

다음날 아침 일찍 돌아와 보니, 동료 4명은 여전히 실종 상태였다. 이들은 끝내 발견되지 않았으며, 낙하산에 끌려 바닷물에 잠겼을 가능성이 컸다. 동료 4명의 죽음도 팀식스를 저지하지는 못했다. 이들은 기지에 연락해서 보스턴웨일러 보트를 한 척 더 낙하시키라고 요청했다. 그날 저녁에 해가 지면 다시 한 번 더 시도하겠다는 것이었다.

SEAL 팀이 예정대로 상륙하지 못하고 실패했다는 (따라서 그날 밤에 다시 한 번 시도하려는 결의에 차 있다는) 소식이 펜타곤의 계획자들에게 도달하자, 합동참모본부는 이 작전을 24시간 지연시키는 것이 신중하겠다고 제안했다. 하지만 국무부의 연락관은 이 제안을 일언지하에 거절해서 국방부의 고위층마저 깜짝 놀라게 만들었다. 미국의 그레나다 정부 전복을 지원하기로 약속한 카리브해 국가들 간의 제휴가 벌써부터 분열 조짐을 보이고 있다는 것이 국무부 측의 지적이었다. 따라서 앞으로 24시간을 더 버티지 못할 수도 있다는 것이었다. 만약 미군이 이번 일격에서 효과를 거두고 싶다면, 반드시 예정된 시간에 실행해야 한다는 것이었다. 심지어 국무부의 연락관은 군사 지휘관들에게 이렇게 말했다. "게다가 세계 최강의 군사력이 아마도 세계 최약체일 법한 군사력을 상대하는 판에, 어떻게 더 시간이 필요할 수 있다는 겁니까?"

'절박한 분노' 작전이 (불과 72시간 만에 급조로 계획해서) 내세운 '절박함'의 이유는 그레나다섬에 거주하는 미국 시민이 큰 위험에 처해 있다는 것이었다. 따라서 그들을 순식간에 구출해야 한다는 것이었다. 이 섬의 마르크스레닌주의 정부에서 내분이 일어나 총리와 그 지지자 다수가 사망했고, 그 2인자와 경쟁자가 도피 상태였다. 급기야 군사 회의가 권력을 위임받았고, 장군 한 명이 약간은 당황한 듯한 기색으로 무장 병력에 의한 4일간의 통행금지를 선포했다. "어느 누구도 집밖에 나와서는 안 된다." 장군의 말이었다. "통행금지 위반자는 누구든지 현장에서 사살될 것이다."

레이건 정부의 이 지역 담당 외교관은 현직 바베이도스 대사였는데,

그로 말하자면 네브라스카주 고속도로 순찰대장 출신이어서 외교 경험이 전무한 상태였다. 그는 그레나다의 공산주의자들을 무척이나 눈엣가시로 여겨서, 자기 휘하의 외교관들이 그 섬을 방문하거나 그곳 지도자들과 접촉하는 일이 없도록 단속했다. 이 전략의 장점이란 뭔가 거칠어 보인다는 것이었다. 단점도 있었는데, 그레나다 내부에 아무런 연줄도 없다 보니, 미국이 그토록 관심을 두고 있는 이 섬을 실시간으로 관측하는 일이 불가능하다는 것이었다. 레이건의 국가안보회의 참모진이 (현지의 실제 정보는 전혀 없는 상태에서) 내린 최선의 판단에 따르면 그레나다는 법질서가 완전히 무너진 상태여서, 미국인이 소유 및 운영하는 세인트조지스 의과대학에 다니는 500명 이상의 미국 학생들은 각자의 방에서 꼼짝 못하고 있었으며, 여차 하면 인질이 될 가능성도 있었다. 올리버 노스라는 이름의 해병대 중령이 주로 작성한 정부의 초안 결정 기록에서는 "그레나다 거주 미국 시민의 안전 확보"를 최우선으로 놓고 있었지만, 이와 아울러 그레나다에 신생 민주주의 (즉 친미) 정부를 수립하고 그 '바뇨'(욕조)에서 가장 큰 볼셰비키들을 (즉 쿠바인과 그 친구인 소련인을) 제거하는 것도 최우선으로 놓고 있었다. 무력으로 정권을 바꾼다는 (아마도 불법일 듯한) 목표에 대해서 부통령 조지 허버트 워커 부시가 의문을 제기하자, 레이건은 눈도 깜박이지 않고 대꾸했다. "음, 우리가 거기 가려고 한다면, 해야 할 필요가 있는 일은 모두 해야 할 걸세." 결국 그 의대생들은 미국의 거대한 계획에서 중요한 미끼가 된 셈이었다.

1983년 10월, 그러니까 침공 당시에 레이건은 벌써 2년 이상 중앙아메리카의 위기에 관해 변죽을 울리고 있었으며, 의회를 따라오게 만들 수 없다는 사실에 그 어느 때보다 더 짜증을 느끼게 되었다. 1982년 11월에 레이건의 온두라스 주재 대사가 니카라과의 친親마르크스주의 정부를 전복하려는 반란군을 비밀리에 훈련시키고 있다는 언론 보도가 나오자, 하원 정보위원회의 위원장은 향후 국방부나 CIA가 승인받은 예산 가운데 일부를 니카라과 쿠데타 지원 및 조장에 전용하지 못하도록 특별 금지하는 내용의 법안을 제출해서 결국 통과시켰다. 보통은 침착했던 레이건도 이를 의회의 간섭이라고 간주한 나머지 눈에 띄게 분노했다. "산디니스타는 자국에서 공산주의를 공언했고, 중앙아메리카 전체에서 마르크스주의 혁명에 대한 자신들의 지지를 공언했습니다." 그는 민주당 소속 하원의장 토머스 P. "팁" 오닐을 만난 자리에서 이렇게 뚜렷한 과장을 섞어 발언했다. "그들은 사람을 죽이고 고문한다구요! 그런데 지금 의회에서는 그 문제에 대해서 도대체 제가 어떻게 하기를 바라는 겁니까?"

레이건은 자신의 전매특허인 홍보 공세 가운데 하나에 돌입했다. 1983년 3월, 대통령 집무실에서 전국에 방송된 연설에서 대통령은 공산주의에 물렁한 의회 때문에 저 기록적인 방위 예산이 "안전의 한계에 이르도록 잘려 나가" 버렸다고 경고하면서, 건설 중인 비행장을 촬영한 흐릿한 위성사진을 공개했다. "카리브해의 열도 남쪽 끝에 있는 그레나다라는 작은 섬에서, 소련의 자금과 후원을 받은 쿠바인들이 길이 1만 피트의 활주로를 보유한 비행장을 건설 중입니다. 그레나다에는 심지어 공군조차 없습니다. 그렇다면 이건 무슨 의도겠습니까?"

레이건은 이것을 불길한 수사학적 질문으로 의도했지만, 이 질문에는 오히려 덜 불길한 경험적 답변이 있었다. 즉 문제의 비행장과 유사한 크기와 역량의 다른 여러 비행장들은 이미 카리브해 곳곳에 건설되어 있었다. 그레나다 정부가 새로운 현대식 공항을 건설하고자 한 까닭은 관광을 늘리기 위해서였다. 왜냐하면 (향신료인) 육두구와 바나나와 (세인트조지스 의과대학 재학생들을 상대로 하는) 서비스업을 제외하면 관광만이 유일한 수입원이었기 때문이다. 그레나다 정부는 비행장 건설에 필요한 자금을 원조해 달라고 미국에 이미 요청한 바 있었는데, 그래야만 마이애미와 뉴욕과 댈러스에서 커다란 비행기로 관광객을 실어 나를 수 있기 때문이었다. 그렇게만 된다면, 관광객은 이제 더 이상 바베이도스 소재 브리지타운까지 굳이 가서 경비행기를 기다리지 않아도 될 것이었다. 미국은 원조 제안을 거절했지만, 영국과 캐나다는 흔쾌히 돕기로 했다. 심지어 포인트세일린스 비행장 건설을 도맡은 주도급업체는 영국 회사였고, 영국 정부로부터 지원금을 받아서 도급 계약을 한 상태였다. 이 모두는 전혀 비밀이 아니었다. 하지만 레이건의 주장에 따르면, 이보다 훨씬 더 사악한 계획이 진행 중이었다. 대통령은 바로 그날 밤에 텔레비전을 통해 더 많은 것을 미국 국민에게 밝히고 싶지만, 안타깝게도 위험이 너무나도 큰 까닭에 차마 그럴 수 없다고 주장했다. "이 사진은 오로지 이야기의 작은 일부분만을 말해 줄 뿐입니다. 저 역시 우리의 가장 민감한 정보 출처와 방법을 손상시키지 않는 상태에서 여러분께 더 많은 것을 보여 드릴 수만 있으면 좋겠다는 마음뿐입니다."

그가 말할 수 있는 내용은 이런 것뿐이었다. "소련과 쿠바가 진행 중인 그레나다의 군사화는 오로지 그 지역에 대한 세력 투사로 간주할 수밖에 없습니다. 우리는 바로 이 중요한 경제 및 전략 지역에서 쿠바와 니카라과의 지원을 받는 게릴라에 대항하여 민주주의를 지키려고 투쟁하는 엘살바도르, 코스타리카, 온두라스, 그리고 기타 국가 정부를 도우려고 노력하는 중입니다.

제가 오늘 밤에 여러분께 이 말씀을 드리는 이유도 그래서입니다. 우리의 군사적 힘을 계속해서 회복해야 한다는 사실을 여러분도 알고 있다고, 여러분의 지역구 상원의원과 하원의원에게 말씀해 주시도록 촉구하기 위해서입니다. 만약 우리가 중도에서 멈춰 버린다면, 우리는 친구와 적 모두에게 쇠퇴의 신호를, 약화된 의지의 신호를 보내게 될 것입니다."

이렇게 국가적 호소를 했음에도 레이건이 바라마지않던 현금을 입법부에서 얻어내지는 못했다. 그로부터 한 달 후, 대통령은 드물지만 극적인 상하원 합동 회의를 소집했다. 그리고 중앙아메리카에서 공산주의자와 맞서 싸우는 데 필요한 자신의 예산안을 거부하지 말아 달라고 요청했다. "아메리카 대륙 전체의 국가 안보가 중앙아메리카에서 위험에 처해 있습니다. 우리가 그곳에서 스스로를 방어하지 못한다면, 우리는 다른 어디에서도 우세하리라고 기대할 수 없습니다. 우리의 신뢰도는 하락할 것이고, 우리의 동맹도 무너질 것이며, 조국의 안전은 위험에 처할 것입니다."

하지만 의회는 니카라과의 콘트라 반군과 엘살바도르를 위한 예산을 계속해서 깎았다. 상원에서는 친親공산주의 및 친親활주로 성향의 그레나다 정부를 CIA가 적극적으로 잠식하게 (사실상 느린 쿠데타를 실행하게) 해 달라는 구체적인 요구를 차단했다. 하지만 의회가 그레나다에 대해서 거부 의사를 표명하자, 레이건은 간단하게 회피책을 준비했다. 1983년 10월 4일, 대통령은 국가안보정책 결정지시National Security Decision Directive 105호에 서명했다. 그 내용은 우선 (다른 중앙아메리카 국가들 중에서도 유독) 그레나다의 경제 및 제도를 동요시키기 위한 계획을 작성하고, 그곳의 사회주의 정부를 전복하고, 쿠바와 소련의 영향력을 그 섬에서 완전히 몰아내기 위한 계획을 마련하라고 대통령 직속 국가안보회의 참모진에게 명령하는 것이었다. 상원은 엿이나 먹으라는 거였다.

그레나다에서 뭔가가 진행 중이라는 소식이 전해지자 (대통령의 비밀 지시가 실행된 지 9일 뒤의 일이었다) 라틴아메리카 문제 담당 국가안보 보좌관이 곧바로 대통령 앞에 출두해서 그 섬에 살고 있는 미국인들에게 닥칠 수 있는 위험에 대해 설명했다. "위기 속에 기회가 있게 마련입니다." 그는 훗날 이렇게 말했다. "저는 이 위험이 그레나다에서 우리 시민의 안전을 확보하는 한편, 그레나다에 민주주의를 회복할 수 있는 훌륭한 기회를 제공할 것이라고 믿어 의심치 않았습니다." 그리고 이 모두를 이루기 위해서는 (아울러 미국이 돌아왔음을 입증하기 위해서) 군사 작전보다 더 나은 방법이 또 없었다. 그레나다에서의 군사 작전은 레이건 팀에게 최후의 수단이 아니라 최우선의 수단이었다. 이들이 그것 이외의 다른 방법을 많이 시도했을 것 같지는 않다. 심지어 이들은 그레나다에서 실제로 무슨 일이 벌어지고 있는지에 관한 훌륭한 정보를 모으려고 굳이 애쓰지도 않았고, 빈약하게나마 얻은 정보를 검증하려고 굳이 애쓰지도 않았다. 이들은 여전히 과거의 B팀이 내놓은 소련의 군사와 관련된 과대광고의 주문에 사로잡혀 있었다. 즉 러시아인이 그레나다에서 음모를 획책하고 있다는 것이었다.

그리고 솔직히, 이 정권으로 말하자면 "미국이 돌아왔다"고 대통령이 선뜻 말할 수 있는 방식으로 기꺼이 군대를 사용하려고 들었다. 그는 이미 여러 해 동안 군사력이라는 발상을 이용해서 정치적 효과를 거둔 바 있었다. 이제 그는 발상에 그치는 것이 아니라 '실제로' 군사력을 사용할 수 있었다. 그레나다에 관해서 미국 국민에게 내세운 명목상의 정당화는 (즉 미국인 의대생의 구출은) '절박한 분노' 작전의 핵심에서 워낙 멀리 동떨어져 있었기에, 급기야 백악관은 문제의 학생들 모두가 안전해지기 전부터 대통령을 승리 연설에 내보낼 예정이었다.

다음 주 내내 그레나다 정부가 분열을 거듭하는 동안, 레이건 행정부는 그레나다 주재 영국 여왕의 대리인인 (하지만 실권은 없었던 상징적 대표자인 동시에, 미국의 침공 계획에 대해서도 아는 바 없었던) 폴 스쿤 총독을 "구출"하기 위한 계획을 세웠다. 미군의 스쿤 구출조에는 미국 국무부의 대표자도 포함되어 있었는데, 그는 이 총독을 그 섬의 라디오 방송국에 데려가서, 질서와 훌륭한 정부를 회복하기 위해 미국이 공식적으로 초청되었다는 등의 좋은 이야기를 내놓게 시킬 예정이었다. 반면 이 섬에 살고 있는 미국인 학생들의 실제 안전을 확보하기 위한 외교적 조치는 오히려 상당히 부족한 편이었다. 학생들의 거주지에 있는 누군가와 접촉하거나, 세인트조지스 대학의 교수나 직원과 연락하려는 노력은 거의, 또는 전혀 없었다. 오히려 그 대학의 회계원이 직접 그레나다 정부 관리들로부터 다음과 같은 사실들을 확인받았을 뿐이었다. 학생들은 안전할 것이며, 혹시나 그곳을 떠나고 싶다면 안전한 출발을 보장하겠다는 것이었다.(미국 사회보장국의 전직 서기관이었던 그 사람은 SEAL 팀식스가 이 섬에 잠입하려 두 번째로 시도한 바로 그날에 그 섬의 북동쪽에 있는 작은 공항을 통해 출국했다.)

아니, 레이건 행정부 내부의 진짜 에너지는 본격적인 전투 작전을 준비하는 데에, 그리고 사실에 맞춰서 이를 정당화하려고 준비하는 데에 소진되어 버렸다. 군대의 모든 부서가 이 작전에서 한 몫씩을 담당하기 위해 혈안이 되어 있었다. SEAL팀, 육군 레인저 여단, 또 다른 육군 레인저 여단, 수송을 담당할 공군, 공중 및 포격 지원을 담당한 해군 등이 관여했다. 모두가 저 작은 향신료의 섬의 한 조각을 가지고 있었다. 해병대는 그리 많이 관여하지 않았지만, 북부를 점령함으로써 손을 약간 더럽히고 말았다.

하지만 침공 개시를 30시간도 채 남겨두지 않은 상황에서, 지구 반대편에서 벌어진 어떤 사건들 때문에 이 계획은 졸지에 크게 변화하고 말았다. 1983년 10월 23일 오전, 자살 폭탄 테러리스트가 여러 가지 고인화성 가스와 폭발물 6톤을 실은 트럭을 몰고 베이루트 공항 소재 미군 막사로 돌진해서, 무발포 평화 유지 임무를 수행 중이었던 해병대원 241명이 즉사하고 말았다. 배치된 지 14개월째였고, 이미 베이루트 소재 미국 대사관에 자살 폭탄 테러가 한 차례 있었던 상황이었지만, 레이건은 미국 해병대가 거기 가 있는 이유를 미국 국민에게 명백히 설명하기가 여전히 어려운 상태였다. 과연 미국은 그곳의 내전에서 평화를 유지하고 있었던 것인가, 아니면 기독교인과 한 편이 되어서 무슬림을 적대하고 있었던 것인가? 레이건 행정부는 폭탄 테러 이후에도 그 메시지에 대해서 여전히 엇갈리는 의견을 가지고 있었지만, 대통령은 미국의 결의에 대해서 어느 누구도 의문을 제기하지 않을 것이라고 확신해 마지않았다. 레이건은 부시 부통령을 베이루트로 보내서, 미국이 계속해서 레바논에 머물 것임을, 그리고 미국이 테러리스트 때문에 겁을 먹지 않을 것임을 전 세계에 확인시키도록 했다.

바로 그날 오후, 합참의장은 최소한 대통령의 정치적 입지와 관련해서는 그레나다 작전이 위험한 조치일 수도 있다고 지적했다. 합참의장의 지적처럼 당시에 레이건은 재선을 앞두고 있었기에, 군사적 난관이라는 이중고를 굳이 필요로 하지 않았다. 차라리 그레나다의 미국인 학생 구출에 대해서는 외교관들이 교섭을 진행하도록 조치하는 것이 덜 위험할 것이었다. 하지만 레이건은 물러서려 들지 않았다. 지금은 아니라는 것이었다. 지금은 나약함을 보여 줄 때가 아니라는 것이었다.

레바논 폭탄 테러로부터 8시간이 채 지나기도 전에, '절박한 분노 작전'의 계획이 변경되었다는 이야기가 지휘 계통을 통해 새어 나오기 시작했다. "이제는 베이루트에서 피를 본 해병대도 적극적인 역할을 원하게 되었다." SEAL팀의 지휘관 로버트 곰리는 훗날 이렇게 썼다. "정치가 개입되면서 그 섬을 절반으로 나누었다. 합동사령부가 남서쪽 부분을 차지하고, 해병대는 북동쪽의 더 작은 비행장에 수륙 양면으로 상륙하도록 허가를 받았다." 다음날, 네 명의 SEAL 동료 사망자들을 애도하는 한편으로 그레나다 총독의 구출 계획을 지속하는 사이에, 곰리는 이 작전에 동행할 예정이었던 국무부 관리와 함께 회의를 하게 되었다. "그는 한 가지 흥미로운 정보를 전해 주었다. 그 섬에 머무는 쿠바인 '기술자들'은 큰 문제가 되지 않으리라는 것이었다. 왜냐하면 우리의 공격이 이루어지는 동안 자국민 모두를 숙소에만 머물러 있게 하겠다고 쿠바 정부가 비공식적으로 합의했기 때문이라는 것이었다. 다시 말해 쿠바인은 우리가 거기 간다는 걸 이미 알고 있었던 것이다."

비밀주의란 참으로 재미있는 것이다. 추정상 미국의 적인 피델 카스트로는 미국의 침공에 대해서 미국 하원의장보다도 더 먼저 알고 있었기 때문이다. 실제로 레이건 대통령은 1983년 10월 24일 밤이 되어서야 마침내 의회 지도자들을 비밀리에 백악관으로 불러 그레나다에 관한 계획을 설명했는데, 그때쯤 육군 레인저 부대는 이미 탄약을 꺼내서 수송기에 옮겨 싣고 있었다. 국무장관이 민주당 지도자 세 명과 공화당 지도자 두 명에게 그레나다 현지의 상황을 요약했고, 합참의장이 2천 명의 미국 육군, 해군, 해병대를 동원하는 군사 작전에 관한 계획을 설명했다. 오로지 공화당 소속 하원 원내대표 밥 미셸만이 이 이야기를 듣고 전적인 지지를 내놓았다. 상원의 여당 원내대표인 테네시주 공화당 의원 하워드 베이커는 레이건이 중대한 정치적 실수를, 그리고 어쩌면 군사적 실수를 저지르는 것은 아닌지 의문을 제기했다. 하원의 민주당 소속 여당 원내대표 짐 라이트는 이 상황을 해결하기 위해 군사력이 아니라 더 강력한 외교적 노력이 필요하다고 생각했다. 상원 야당 원내대표 로버트 버드는 멍한 표정으로 자기는 침공에 반대한다고 발언했고, 공개적으로도 그렇게 발언하겠다고 덧붙였다.

존경받고 나이 많은 대도시 출신 자유주의자 겸 민주당 소속 하원의장 팁 오닐은 갈등을 느꼈다. 한편으로 그는 그레나다가 미국인을 인질로 잡을 수 있다는 레이건의 우려에 공감했다. 겨우 몇 년 전에 이란에서 있었던 444일간의 인질 사건은 끔찍한 국가적 악몽이었고, 결국 지미 카터는 그 인질들을 구출하지 못한 대가로 대통령직을 잃고 말았기 때문이었다. 하지만 또 한편으로 오닐은 그 회의에 참석한 다른 민주당원들과 마찬가지로, 그레나다를 상대하는 데에는 외교가 더 현명한 방법이라고 생각하고 있었다. 그 섬에서 미국인이 위협을 받고 있다는 보고는 전혀 없었고, 인질로 잡혔다는 보고는 더더욱 없었다. 그로선 미군이 총체적인 정권 교체를 실천해야만 하는 설득력 있는 이유를 찾을 수 없었다. 그리고 이처럼 단지 대통령의 독단에 의거하여 작전을 실행할 수 있게 허락하는 설득력 있는 헌법적 논증도 전혀 알고 있지 못했다. 비록 '절박한 분노 작전'이 전쟁권한결의안에서 규정한 60일 한도 내에 마무리되더라도(만약 이 기한을 넘길 경우, 레이건은 의회와 상의하여 전쟁에 대한 구체적인 법적 권한을 얻어야만 했다) 그레나다가 "미국의 영토나 소유나 군대에 가해진 공격에 의해 야기된 국가비상사태"에 해당한다고 주장하기는 어려웠다. 최소한 대통령은 '시작' 버튼을 누르기 전에 의회로부터 승인을 구하는 과정을 '시작'했어야만 했다. "대통령께서는 저희에게 문의하시는 게 아니라, 일방적으로 통보하시는 거군요." 행정부의 발표가 끝나자 오닐은 대통령에게 신랄하게 지적했다.

레이건은 사건이 긴박히 전개되다 보니 헌법상의 특권조차도 그만 위반되고 말았다고 상기시켰다. 미국인 학생들의 안전이 최우선이므로 허비할 시간이 없다는 것이었다. 곧이어 국가안보좌관이 한 어떤 말에 자극을 받은 레이건은 제2차 세계대전 당시 필리핀 사람들이 자기네를 해방시킨 미군을 향해 환호했다는 이야기를 의회 지도자들에게 해 주었다. "저는 그날을 볼 수 있습니다. 불과 몇 주만 지나면 될 겁니다." 레이건이 그들에게 말했다. "레바논 사람들이 바닷가에 늘어서서, 우리 해병대가 떠나는 모습을 보며 손을 흔들면서 환호하는 날이 말입니다."

그레나다에 관한 회의 도중에 레이건이 계속해서 레바논에 관해 이야기하자, 오닐은 점점 더 불편해졌다. 하원의장은 빠르고 신속한 승리를 거둠으로써 베이루트 폭탄 테러의 참혹함으로부터 관심을 돌리려는 것이 그레나다를 침공한 진짜 이유 중 일부가 아닐까 의심하기 시작했다.

팁 오닐은 옛날 양반이었다. 비록 정치 철학이 서로 달랐음에도 불구하고, 그는 대통령과의 공통 기반을 찾기 위해 열심히 노력했다. 두 사람의 거래 때마다 백악관의 부하들이 약간의 추가 내용을 요구해도, 그는 항상 대통령의 뜻을 선의로 해석했다. 서로서로 양보하기야말로 오닐이 생각하는 정치의 작동법이었다. 그로부터 3주 전에 하원의장은 베이루트에서의 임무에 관해서 대통령을 옹호했고, 심지어 회의적인 태도를 보이는 하원의 민주당원들을 설득해 1,200명의 미국 해병대를 그곳의 다국적 평화 유지군에 18개월 연장 배치하는 안건에 찬성하도록 독려한 바 있었다. 레이건의 참모진은 상황이 개선되는 중이라고 하원의장에게 장담했다. 즉 자기네가 이스라엘과 시리아 병력을 레바논에서 몰아내고,

베이루트에 실행 가능한 연립 정부를 세우고, 레바논 군대를 훈련시키고 무장시켜서 미국이 없어도 자체 방위를 가능하게 할 수 있다고 했다. 다만 약간의 시간이 더 필요할 뿐이라고 했다.

이에 비해 그레나다는 지지하기가 더 힘든 임무였지만, 팁 오닐은 전시에는 당파 싸움도 잠시 접어 두어야 한다고 확신했다. 비록 작고 빈약하게 무장한 섬나라 군대를 상대로 한 전쟁이라 하더라도, 하원의장은 미군이 싸우고 있는 상황에서 대통령을 비난하지는 않을 것이었으며, 따라서 하원 민주당 간부회의에서도 자기와 똑같이 해 달라고 간청할 것이었다. 회의를 마치고 나오면서 오닐은 진심으로 레이건에게 행운을 빌어 주었다. 그로선 미국 병사가 더 죽는 모습을 보고 싶지 않았다. 하지만 개인적으로 그는 혹시나 그레나다에서 전쟁을 치르려는 레이건의 고집 때문에 미국이 위험천만한 새로운 길로 접어드는 것은 아닐까 하는 우려를 품고 있었다.

미국은 아마도 전 세계에서 가장 약한 적 가운데 하나를 마주하는 셈이었겠지만, '절박한 분노 작전'은 결코 식은 죽 먹기가 아니었다. 그레나다 병사들은 애초의 정보에서 암시된 것보다 훨씬 더 거센 반격을 가했지만, 이들의 저항은 상당히 신속하게 사라져 버렸다. 반면 침공 과정에서 미국이 겪은 손상의 대부분은 오히려 스스로 자초한 것이었다. 정보와 기본적인 전술 지도의 결여, 그리고 여러 부대들 사이의 의사소통 문제로 인해서 우스꽝스러운 상황부터 치명적인 상황까지 다양한 결과가 나왔다. 스쿤 총독을 구출하러 파견된 SEAL팀은 졸지에 스스로를 구출해야 하는 신세가 되었다. 이들은 근해의 미군 전함에 포격을 요청하고자 포트브래그*에 연락하기 위해 집 전화기를 사용해야 했다. 스쿤의 연설을 그레나다 국민에게 전하는 데에 사용하려고 미리 점찍은 라디오 방송국은 알고 보니 원격 송신탑이었다. 해군 전투기 조종사들은 정신병원을 하나 박살내서 애꿎은 환자 18명이 사망했다. 미국 해병대의 연락반은 해군의 공습을 요청하는 과정에서 엉뚱하게도 인근의 미국 육군 지휘소를 표적으로 지목하는 바람에, 미군 병사 17명이 부상당하고 1명이 사망했다. 헬리콥터 여러 대가 소화기小火器 공격으로 인해, 또는 다른 헬리콥터의 회전날개와의 충돌로 인해, 심지어 야자수와의 충돌로 인해 추락했다.

침공 소식이 미국에 전해지기 시작한 첫째 날에만 해도, 처음의 결과는 레이건 팀의 얼굴에 먹칠을 하는 것뿐이었다. UN 안전보장이사회에서는 미국의 그레나다 침공을 "국제법에 대한 터무니없는 위반"으로서 "깊이 유감스럽게 생각한다"는 내용의 결의안을 놓고 곧바로 토론이 시작되었다.(투표 결과는 11대 1이었다. 미국이 거부권을 행사했기 때문이다.) 영국 총리 마거릿 대처는 레이건에게 전화를 걸어서 분노를 드러냈다. 의회에서는 수백만 달러짜리 군사 모험에 대해서 줄곧 깜깜한 상태였다는 사실에 대해 민주당과 공화당 모두가 기뻐하지 않았다. "저는 작전이 시작된 날에 그 사실이 공표되면 의회를 방문하기로 예정되어 있었습니다." 국무장관 조지 슐츠는 지금으로부터 몇 년 전에 이렇게 말했다. "저는 하루 종일 의회에 머물렀지만, 좋은 말은 한 마디도 듣지 못했습니

---

* 노스캐롤라이나주에 있는 미국 육군 공수부대와 특수 작전 부대의 기지.

다." 상원의원 로튼 차일스는 기자들에게 이렇게 말했다. "어느 날 갑자기 해병대 사망자 숫자를 통보받고 우리 모두 깜짝 놀랐는데, 그 다음날에는 또 갑자기 우리가 그레나다를 침공하고 있는 겁니다. 혹시 우리가 이길 수 있는 전쟁을 찾아다니기라도 하는 겁니까?"

그 사이에 기자단은 전투 임무에 동행하지 못했다는 사실 때문에, 아울러 작전에 관한 사전 질문에 대해 백악관 관리가 ("터무니없는 주장입니다!"라고) 완전히 거짓말을 했다는 사실 때문에 노발대발하고 있었다. 미국 신문발행인협회의 실무 부대표는 레이건의 "미국 국민에게도 감추는 비밀 전쟁 정책"에 대해서 의회의 전면 조사를 촉구했다. 그로부터 4년 뒤에도 보수 성향의 칼럼니스트 겸 공화당 옹호자인 윌리엄 새파이어는 여전히 레이건의 국가안보회의 참모진을 비난했다. "미국 정부가 한동안 침묵을 지키는 경우도 드물게나마 가능하겠지만, 그렇다고 해서 의도적인 거짓말을 해서는 안 된다. 오로지 일시적 비밀주의를 맹세한 기자들만이 보도 규제를 정당화하는 데 도움이 된다. 민주주의의 선례를 침해함으로써, 그리고 거짓말을 내놓음으로써, 레이건 행정부는 카리브 해에서 거둔 한 번의 승리보다 훨씬 더 중대한 자발적 부패를 저지른 셈이 되었다."

그 와중에 그레나다에서 작전이 전개되는 양상을 지켜보면, 세인트 조지스 대학의 의대생을 구출하는 것이 '절박한 분노' 작전의 핵심이라는 정부의 주장을 확실히 뒷받침하는 것 같지는 않았다. 포인트세일린스 비행장에서 북쪽으로 가까이 있는 이른바 트루블루True Blue 캠퍼스라는 곳에서 학생들을 빼낸다는 작전은 물론 완벽하게 실행되었다. 별다른 차질 없이 이미 첫째 날에 육군 레인저 부대가 그곳으로 들이닥쳐서, 캠퍼스에 거주하는 학생들 모두의 안전을 확보했다. 하지만 레인저 부대가 확보한 미국인 학생은 캠퍼스에 있으리라 예상했던 600명 가운데 3분의 1도 채 되지 않았다. 학생들이 설명하기를, 나머지는 '대부분' 거기서 북쪽으로 또다시 몇 마일 떨어진 그랜드안스Grand Anse에 살고 있다고 했다.

이런. 이 사태가 전면에 대두된 지 일주일이 꼬박 지나는 와중에도, 펜타곤이나 백악관에서는 아무도 학교와 접촉해서 학생 모두가 어디 사는지를 알아보지도 않았던 것이다. 아무도 기숙사에 전화를 해 보지 않았다. 아무도 학자금 대출 기록을 확인함으로써 세인트조지스 대학에서 공부하는 미국인의 실제 주소를 찾아내지도 않았다. 그랜드안스 캠퍼스에 있는 학생들을 구출하려는 계획 따위는 애초부터 없었다. '왜냐하면 미국 정부에서는 아무도 그랜드안스 캠퍼스의 존재 자체를 몰랐기 때문이었다.' 뒤늦게야 육군 레인저 부대가 그랜드안스에 전화를 걸었더니, 그곳 학생들은 자기네가 있는 곳 주위에 아마도 그레나다와 쿠바의 군인들이 깔려 있는 것 같다고 말했다. 물론 미국인 학생들을 보호하려는 목적인지, 아니면 억류하려는 목적인지는 아무도 알 수 없었다. 하지만 여기서 주목할 점은, 미군의 상륙 이후로도 그레나다와 쿠바 사람들이 미국 학생들을 아무렇게나 처분할 시간 여유가 무려 36시간 이상이나 있었다는 점이다. 그러나 그들은 아무런 해악도 가하지 않았다.

레인저 부대가 그랜드안스 캠퍼스에 대한 새로운 기습·구출 작전을 위해 계획을 짜는 사이, 군대에서는 계속해서 기자들을 바베이도스에 멀찍이 떨어트려 놓고 있었다. 지금으로선 군대도 기자들이 어슬렁거리며 돌아다니는 사태가 달갑지 않았는데, 그러다 보니 언론은 '절박한 분노' 작전에서 가장 매끄러운 작전 수행 장면을 놓쳐 버리고 말았다. 그 장면이란 대략 이러했다. 미국 군함 인디펜던스호가 포격으로 (두 번째) 캠퍼스 인근 호텔 두 곳을 박살 낸 다음, 헬리콥터 편대가 세 개의 물결을 이루며 굉음과 함께 대서양을 건너와서, 연기와 아지랑이 속에서 0.50 구경 총탄을 퍼붓더니, 곧이어 수십 명의 육군 레인저 부대원을 내려놓았다. 불과 30분 만에 미국인 학생 224명은 바닷가의 자기네 아파트에서 추가로 해방되어서, 군용 헬리콥터를 타고 안전한 곳으로 이송되었다.

이쯤 되면 완벽한 승리가 이루어졌어야 맞았겠지만, 한 가지 문제가 남아 있었다. 그랜드안스의 학생들이 갑자기 섬 반대편 프리클리베이 Prickly Bay에 살고 있는 친구들의 상황을 물어본 것이었다. 그곳에는 또 다른 사람 200여 명이 남아 있을 것이 분명하다고 했다. 프리클리베이? 도대체 프리클리베이가 뭐지?

1억 3,500만 달러의 비용과 8천 명의 인원이 소요된 '절박한 분노 작전'의 이유는 바로 카리브해의 공산주의자 흉악범들에게 억류된 이 미국인들을 구하겠다는 것이었지만, 실제로 그레나다 지상에서 벌어진 작전의 초점은 상당수가 그 이유와 관계 없는 데에 맞춰졌다.

일단 학생들 가운데 일부가 "구출"되었지만, 행정부는 과연 이들에게서 뭘 기대해야 할지 알 수 없는 상황이었다. 의과대학 학장은 벌써부터 자기네 학생들은 구출될 필요가 없었다고 기자들에게 말하고 있었다. 그리고 솔직히 말해서, 그 학생들이 느낀 가장 무서운 순간은 아마도 미국 육군 레인저 부대가 총을 쏘며 진입한 바로 그 순간이었을 것이다. 훗날 올리버 노스의 말에 따르면, 당시에 국무부는 고국으로 돌아오는 비행기에 동승해서 그 학생들을 향해 '당신들이 어떤 위험에 처해 있었는가'를 설명할 요원을 확보하지 못한 상태였다. 따라서 학생들을 태운 비행기가 사우스캐롤라이나주 찰스턴에 착륙했을 때, 텔레비전 중계로 그 광경을 지켜보던 레이건과 조지 슐츠는 적잖이 불안할 수밖에 없었다. 그런데 갑자기 비행기에서 처음 내린 학생들 가운데 하나가 아스팔트 위에 엎드려 입을 맞추었다. "대통령님." 슐츠는 자기가 이렇게 말했다고 주장했다. "방금 클라이막스가 나왔습니다." 레이건이 의회를 향해 연설하는 모습이 방송에 나왔을 무렵, 저 아스팔트 입맞춤 장면은 미국인의 머릿속에 단단히 각인된 다음이었다. 미국 국민의 3분의 2 가까이가 '절박한 분노 작전'에 찬성을 나타냈다. 심지어 대통령의 대국민 연설이 나오기도 전에 말이다!

레이건의 '절박한 분노' 대국민 연설은 그레나다에 관한 설명이 아니라, 오히려 베이루트의 해병대 막사에서 있었던 폭탄 테러에 관한 설명으로 시작되었다. 그로부터 15주 뒤인 1984년 2월에 레이건은 레바논에서 미군의 완전한 철수를 명령할 예정이었지만, 1983년 10월 밤의 황금 시간대에 내놓은 연설에서는 오히려 굳건히 버티겠다고 약속했다.

우리가 레바논에서 나와야 한다고 말하는 사람들에게 이렇게 물어보고 싶습니다. 지금 우리가 레바논을 떠나 버리면, 불안과 테러를 조장하는 사람들에게 과연 어떤 메시지를 주는 셈이겠습니까? (…) 용감한 청년들이 우리 곁을 떠나고 말았습니다. 다른 청년들 여러 명도 심각하게 부상을 입었습니다. 당신들의 희생은 쓸모가 없어지고 말았다고 우리가 그들에게 말해야 하겠습니까? 그들은 우리의 국방을 지키기 위해서 목숨을 바쳤습니다. 지금까지 전쟁에 나가 싸우다 죽은 사람들 모두가 그러했듯이 말입니다. 우리는 그들의 용감한 희생으로부터 의미와 목표를 모조리 벗겨 내서는 안 될 것입니다.

막판에 가서야 대통령은 카리브해에 있었던 저 미국 청년들의 대담한 해방에 대해 언급했다.

비록 넓은 바다가 가로놓여 있기는 하지만, 레바논과 그레나다에서 있었던 사건들은 밀접히 관련되어 있습니다. 단순히 모스크바가 양국 모두에서 폭력을 지원하고 조장했다는 사실에서뿐만이 아니라, 심지어 대리인과 테러리스트의 네트워크를 통해 직접적 지원을 해 주었다는 점에서도 그렇습니다. 흉악범들이 그레나다의 통제권을 빼앗으려 시도했을 때, 소련인 고문 30명과 쿠바의 군사 및 준군사 병력 수백 명이 그 섬에 머물고 있었던 것은 결코 우연이 아닙니다. (…)

지난 며칠 사이에 저는 오늘날 우리 미국인이 자유를 지키고 평화를 유지하게 되리라는 점을 어느 때보다도 더 확신하게 되었습니다. 군복을 입은 우리의 젊은 남녀의 당당한 정신에 의해서, 그리고 우리나라의 수도인 이곳에 있는 뭔가에 의해서, 저는 그렇다는 사실을 느끼게 되었습니다. 정치적 투쟁이 우리 삶의 일부를 차지하고 있는 바로 이 도시에서, 저는 의회의 민주당 지도자들이 공화당의 동료들과 협력하여 전 세계에 다음과 같은 메시지를 보내는 모습을 지켜보았습니다. 우리는 다른 무엇이기 이전에 모두 미국인이며, 우리나라가 위협을 받을 때에는 어깨를 나란히 하고 군대에 복무하는 우리의 남녀를 지지하리라는 메시지를 말입니다.

레이건 대통령은 "여느 사람들과 마찬가지로 (…) 평화를 신봉하고" 있을지도 몰랐지만, 워싱턴에서는 이와 같은 전쟁이 당연히 기분 좋았을 것이다.

이 연설 직후, 미국의 평화 유지 임무에 대한 찬성 여론은 무려 10퍼센트 이상 급증했다. '절박한 분노 작전'에 대한 찬성 여론은 그보다 더 높게 치솟았다. 물론 대통령이 연설하는 그 순간에도 그레나다의 프리클리베이에는 아직 구출되지 못한 미국인이 200여 명쯤 남아 있었다. 아마 그들은 미군이 와서 구출해 줄 때를 대비해 집에만 붙어 있어야 할지, 아니면 바닷가에 나가서 오후 시간을 보내도 될지 몰라 궁금했을 것이다.

최종 집계는 다음과 같았다. 미국인 19명이 사망했고(그중 17명은 아군의 오발, 또는 사고로 사망했다), 미국인 120명이 부상당했으며, 그레나다인 300명이 사망, 또는 부상당했는데, 그중 18명은 잠자다가 사망한 정신병원 환자들이었다. 아울러 선례도 하나 생겼다. 기자단에게 (따라서 결국 국민에게도) 새빨간 거짓말을 한 것 역시 비밀주의로 정당화되었던 것이다. 심지어 선전포고 과정에서 의회의 헌법적 역할을, 심지어 의회와 상의해야 하는 것을 피상적으로 여기고 무시한 것조차도 이른바 비밀주의로, 그리고 행정적 특권에 관한 퉁명스러운 주장으로 정당화되었다.

제아무리 많은 비용이 들었더라도, 레이건의 백악관은 이득을 얻었다. 이제 미국인의 머릿속에서는 레바논에서의 희생과 굴욕과 정치적 불가해성이 그보다 훨씬 더 만족스러웠던 그레나다에서의 구출 작전과 "밀접히 관련되었던" 것이다. 미국의 군사력과 영광이 지닌 정서적 잠재력을 자신의 정치적 목표에 전용하던 대통령으로선, 이것이야말로 자기가 오래 전부터 주장하던 이야기에 세금을 사용할 기회였고, 그로 인해 미군이 (논쟁의 여지 있는) 시든 근육을 부풀리게 할 기회였다.

"그 모든 결점들에도 불구하고, 미국의 힘에 맞선 적의 한심한 위상을 비웃는 그 모든 논평에도 불구하고, 그레나다 침공은 엄연한 승리였다." 언론인 릭 앳킨슨은 『긴 회색 줄The Long Gray Line』에서 이렇게 썼다. "군대는 탱크와 총알만 가지고 싸우는 것이 아니라, 사기와 정신을 가지고도 싸운다. 그레나다 이후에는 병사들이 약간 더 가슴을 펴고 걸었다. 그런데 이것은 그들이 전장에서 세운 위업 때문이기보다는 오히려 구출된 학생들과 감사해하는 고국의 시민들로부터 나온 만세 때문이었다. 동남아시아에서 자존심이 박살났던 미군으로선 전쟁에서 한 번 이길 필요가 있었고, 그게 어떤 전쟁인지는 상관이 없었다. 그레나다에서 얻은 저 가느다란 참전 기장紀章이 베트남에서 얻은 17개의 추모 리본*을 모조리 덮어 버렸던 것이다."

단순히 군대만 가슴을 펴고 걷는 것이 아니었다. 레이건은 자신의 대통령 임기 최초의 전쟁에서 거둔 영광스러운 성공에 (비록 작은 성공에 불과했지만) 에워싸여 있었다. 대중의 찬성 비율만 놓고 보면 총에 맞았

---

* 1966년도 미국 육군사관학교 졸업생들의 행적을 추적한 앳킨슨의 저서는 그중 베트남 전쟁에서 사망한 17명의 추모식이 열리는 장면으로 시작된다.

을 때보다 더 나았다. 전쟁의 정치학에 관한 미국의 건국자들의 의견은 지당했다. 실제로 행정부는 군사적 승리의 혜택을 축적했던 것이다.

물론 월계관에는 가시도 몇 개나 달려 있었다. 공화당 상원의원 로웰 와이커는 대통령이 "법을 우롱했다"고 비난했다. 의회는 전쟁권한결의안을 근거로 60일 이내에 그레나다에서 병력을 철수시키든지, 그렇지 않으면 임무를 연장하도록 의회로부터 확실한 허락을 요청하든지 양자택일하라고 레이건 행정부에 압박을 가하는 결의안을 (채무 한계를 높이는 내용을 논의하는 도중에 짬을 내서) 표결로 통과시켰다. 그레나다에서의 싸움이 끝나자, 팁 오닐도 대통령을 겨냥하여 연이어 포화를 퍼부었다. "러시아건 미국이건 간에, 그 어떤 정부도 다른 나라를 짓밟는 행동을 정당화할 수는 없습니다." 오닐은 자신과 마찬가지로 존경받는 《뉴욕 타임스》 기자 제임스 "스코티" 레스턴에게 이렇게 말했다. "저는 이 일의 결과가 우려스럽습니다. 앞으로 어떤 일이 더 일어날까요? (…) 이건 마키아벨리입니다. 남이 나를 사랑하지 않는다고 내가 남에게 본때를 보여주는 셈이지요. 대통령의 정책은 잘못되었습니다. 대통령은 우리에게 지속적인 해악을 야기했습니다." 이건 어디까지나 정책에 관한 공격일 뿐이었다. 곧이어 오닐은 개인적인 공격으로 접어들었다. "대통령은 하루에 겨우 세 시간 반만 일한다고 합니다. 숙제를 하지 않는 거예요. 브리핑 문서도 읽지 않습니다. 이런 사람이 미국 대통령이라는 것은 죄악이 아닐 수 없습니다. 국내 영역이건 국제 영역이건 간에, 모든 영역에서 대통령으로서 당연히 가져야 마땅한 지식을 갖고 있지 못한 겁니다." 이제는 레이건도 아내와 함께 짐을 싸서 원래 집으로 돌아가서, 낸시를 "비벌리

힐스의 여왕"으로 만들어야 할 때라고 말하기도 했다. '빌어먹을.'

하원에서 오닐과 대등한 인사들이 대통령을 옹호하러 나섰다. "저는 다수당의 그 어떤 지도자도 우리 공화당원보다는 죄에 대해서 훨씬 더 많이 알고 있음을 시인할 용의가 있습니다." 제럴드 포드 밑에서 한때 백악관의 비서실장으로 근무했고, 당시 와이오밍주 하원의원이었던 사람도 덩달아 뛰어들었다. "세계 각지의 많은 사람들이 우리가 이전보다 더 안정적이고 신뢰할 만하다고 느끼고 있다." 바로 그 사람, 딕 체니의 말이었다.

백악관은 이런 논쟁에도 아랑곳하지 않고 붕 떠 있는 상태였다. UN의 100개 국가가 미국의 그레나다 침공을 유감으로 여기는 결의안에 투표했다는 사실을 어떻게 생각하느냐는 질문을 받자, 레이건은 다음과 같은 말로 일축해 버렸다. "그것 때문에 아침 먹은 것이 탈 나지는 않았습니다." 레이건 팀은 구출된 의대생이 아스팔트에 입 맞추는 영상을 여차하면 사용할 수 있도록 갖고 있었다. 또 이들은 그레나다인과 쿠바인 고문이 미국인을 억류하려 계획했다는 확실한 증거를 미군이 발견했다는 사실을 기자들에게 누설한 익명의 "고위 정부" 출처를 갖고 있었다. 고위 관리들은 그 계획의 세부 내역을 배포하고 싶어 하지만, 물론 모든 적의 교신문이 번역되고 분석되는 게 먼저라고 했다. 하지만 그들은 자기네가 발견한 것을 기꺼이 요약하겠다고 했다. "우리가 지금 갖고 있는 문서들과 다른 정보들을 살펴보면, 미국인을 인질로 붙잡아 억류하는 것에 대한 진지한 고려가 이루어졌음이 명백하다. 비록 그 이유가 아직까지는 완전히 명백해지지 않았지만, 아마도 미국을 망신 주려는 시도와, 그리고 더 직접적으로는 그레나다에서 미군의 활동을 기선 제압하려는 시도와 관련이 있을 것으로 보인다." 어느 고위 관료는 이렇게 말했다.

레이건 본인은 자기네가 회피한 위험의 규모를 철석같이 믿어 의심치 않았다. "우리가 듣기로는 그레나다는 관광하기 좋은 친근한 낙원의 섬이었습니다. 음, 하지만 실제로는 아니었습니다. 그곳은 소련과 쿠바의 식민지였고, 테러를 수출하고 민주주의를 잠식하기 위한 주요 군사 요새가 될 준비가 되어 있었습니다. 우리는 때맞춰 그곳에 간 것이었습니다." 이 발언은 다른 백악관 관리들에게도 향신료의 섬을 평가하는 시금석이 되었다. "우리가 때맞춰 그곳에 갔기 때문에 비극을 피할 수 있었던 것으로 보입니다."

열흘 동안 사후 밀고당기기가 이루어진 끝에, 오닐을 비롯해서 의사당 통로 양쪽의 다른 회의주의자들은 (그중 하나가 시인한 것처럼) "전략적 후퇴"를 요구하게 되었다. 레이건은 이들을 무시해 버렸다. 그는 자기가 아직 과거의 펌푸 재능을 지니고 있다는 것을, 그리고 미국 대중을 배경으로 가지기만 하면 팁 오닐과 의회를 뭐든지 자기가 원하는 쟁점으로 몰고 갈 수 있다는 것을 알고 있었다. 그레나다 연설을 하던 날 밤, 레이건은 뚜렷하게 기쁨을 드러내며 일기에 이렇게 썼다. "아픈 곳을 건드렸다. (…) 연설 직전에 ABC 뉴스에서 250명을 상대로 실시한 여론 조사에서는 우리를 반대하는 쪽이 다수였다. 그런데 연설 직후에 다시 한 여론 조사는 완전히 역전되었다. 전국에서 1천여 통의 전화와 전보가 우리에게 쏟아졌는데, 우리가 이곳에 온 이래 했던 그 어떤 연설이나 쟁점 때보다도 더 많았다. 열에 아홉은 우리를 지지하는 내용이었다." 로널드 레이건이 이른바 '소통의 달인'이었던 것은 결코 빈말이 아니었다. 그레나다 침공에 대한 미국의 전반적인 찬성 비율은 90퍼센트 가까이 급증했다. 비록 찬성하지 않았던 의회조차도, 미국인 열에 아홉이 침공을 찬성하는 상황에서 굳이 침공을 반대하는 주장을 내놓아 보았자 득이 없다는 사실을 잘 알고 있었다. "무슨 일이든지 배후에는 여론이 있다." 민주당 하원의원 로버트 토리첼리는 기자들에게 이렇게 말했다. "내 사무실로 전화해서 그레나다 이야기를 하는 사람들은 어김없이 이란의 인질 상황을 언급했다. 즉 사람들은 자신들의 짜증이 줄어들었다고 느꼈고, 의원들은 그런 사실을 감지했다."

그렇다면 이란의 인질 상황과 그레나다 사이에는 무슨 관련이 있을까? 사실은 아무 관련이 없었다. 하지만 만약 사람들이 나쁜 기억을 지우고, 그걸 더 좋은 기억으로 대체할 수만 있다면, 과연 누가 따지려 들겠는가? 여기서의 핵심은, 훗날 로널드 레이건이 다음번 '연방의 상태' 신년 국정 연설에서 내놓을 다음과 같은 말이었다. "미국이 돌아왔습니다. 가슴을 펴고 서 있습니다."

5장

백악관의 비밀주의,
이란-콘트라 스캔들

레이건 대통령이 보기에는 니카라과에서 해야 할 일이 워낙 불 보듯 뻔했기 때문에, 굳이 설명할 필요조차도 없는 것 같았다.("제가 보기에 이 문제는 무척이나 명백합니다." 그는 여러 해 뒤에도 여전히 이렇게 말했다. "우리는 아메리카 대륙에서 소련의 위성국이 자리 잡는 것을 방지하는 것에 관해 이야기하고 있었습니다!") "산디니스타의 지배는 공산주의의 공포 정치입니다." 그는 1984년 5월의 대국민 연설에서 이렇게 주장했다. "만약 소련이 우리 반구에서의 전복을 지원하고 선동할 수 있다면, 미국은 이에 저항하도록 도울 정당한 권리와 도덕적 의무를 가진 셈입니다."

하지만 그가 더 많이 설명할수록, 자신의 사고방식 쪽으로 대중을 움직일 수 없으리라는 점이 더 명백해졌다. 국민은 이 문제에 관해서 그에게 장단을 맞춰 주지는 않을 것이었다. 중앙아메리카의 한 나라가 소련의 영향권 안으로 흡수된다는 무시무시한 전망에 관해서 대통령이 제아무리 크게 호들갑을 떨어도 소용이 없었다.(기억하시길, 우리는 때맞춰 그레나다에 도착했습니다! 마나과*에서는 그렇게 운이 좋지 못할 수도 있습니다.) 대통령이 자신의 일기에서 "아메리카 대륙 본토의 또 다른 쿠바"라고 묘사한 상황을 사전에 방지할 필요성에 관해 제아무리 크게 호들갑을 떨어도 소용이 없었다. 용감한 니카라과 저항군의 미덕에 관해서 대통령이 제아무리 감탄한 듯 칭찬해도 소용이 없었다.("그들은, 저 자유의 전사들은 우리의 형제이며, 따라서 우리는 그들을 도와야 합니다." 그는 이렇게 주장했다. "그들이야말로 미국의 건국자들에, 그리고 프랑스 레지스탕스의 용감한 남녀들에 도덕적으로 버금갑니다. 우리는 그들을 외면할 수 없습니다.") 대통령이 보기에, 무슨 말을 하더라도 이 문제에 대해서는 견인력을 얻을 수 없을 것 같았다.

"딕 워슬린**의 여론조사 수치는 흥미롭고, 지지율도 잘 나왔다. 니카라과 문제만 빼고 말이다." 1985년 봄, 레이건은 일기에 이렇게 적었다. "우리는 국민을 상대로 교육 업무를 수행해야 한다. 그들은 그저 이해를 못하고 있는 것이다." 그는 바로 그 일기장에 이 실패를 거듭해서 되뇌었다. "니카라과에 관한 우리의 의사소통은 실패였다. 국민의 90퍼센트는 그곳이 공산주의 국가임을 알고 있지만, 역시나 그에 못지않은 국민이 [반공주의자들이 사용할] 무기를 위한 1,400만 달러를 우리에게 주기를 꺼린다. 나로선 이것이야말로 베트남 증후군이라고 믿을 수밖에 없다." 니카라과에 관해 의회 구성원들과 회의를 한 다음, 레이건은 이렇게 썼다. "회의는 잘 되었고, 내 생각에는 그들의 걱정 가운데 일부에 대해 답변을

---

* 니카라과의 수도.
** 리처드 "딕" 워슬린(1931-2011)은 1968년부터 대통령 퇴임 때까지 줄곧 로널드 레이건의 전략 고문 겸 여론 조사 담당자로 일했다.

내놓은 것 같다. 하지만 '베트남과 똑같다'는 선전의 북소리로 인해 국민들의 지지가 결여된 것이 그들 가운데 일부에게도 영향을 끼치고 있다."

"베트남 증후군"이란 표현을 사용했을 때, 레이건은 미국 국민이 진짜 그 질병 때문에 실제로 고통을 받고 있다고 여겼다. 그는 니카라과에 관해 국가를 부추기지 못한 자신의 실패야말로, 그리고 중앙아메리카의 공산주의자를 상대로 한 전쟁 결정을 (심지어 약간의 강력한 무력 과시조차도) 막아서는 온갖 장애물들이야말로 (즉 우리 병력을 외국 땅에 보내 싸우게 하는 것에 대한 대중의 거리낌이며, 이에 관해 질문을 던지는 언론이며, 전쟁을 중단시키거나 전쟁을 제한하는 권한을 휘두르는 의회 등이야말로) 이 두려운 질병의 징후라고 확신했다.

"최근 10년 동안에만 해도, 의회는 국제 외교에서 대통령의 권한에 대해 무려 150건의 규제를 강요했습니다." 레이건은 첫 번째 임기가 끝날 무렵 한 기자 회견에서 이렇게 불평했다. "그런데 저는 외교를 수행하는 방법에 관해서 애초부터 헌법에 매우 명료하게 나와 있지 않나 생각합니다. 게다가 저로선 535명의 개인들로 이루어진 위원회가, 제아무리 좋은 의도를 가졌다 하더라도, 이와 같은 종류의 활동에서 과연 무엇이 필요한지, 또는 과연 어디에 그런 필요가 있는지를 알려줄 수 있다고 생각하지 않습니다. 여러분은 혹시 알고 계십니까? 베트남 전쟁 이전에만 해도, 이 나라가 네 번의 선전 포고 전쟁을 치르는 동안, 이 나라의 대통령들은 우리 역사 중에 무려 125회나 군사력을 사용할 필요가 있음을 발견했다는 것을 말입니다."

하지만 "베트남 전쟁"은 아무것도 깨트리지 못했다. 전쟁을 향한 미국의 구조적 거리낌은 뭔가가 잘못되었다는 징후가 아니었다. 이것은 시스템의 하자가 아니었다. 오히려 이것이 '바로' 시스템이었다. 이것이야말로 건국자들이 우리를 위해 만들어 놓은 방식이었다. 즉 우리의 지속적인 국가적 건강을 위해 그렇게 했던 것이다. 세상 어디에서나 의회는 걸리적거리게 마련이고, 전쟁을 거리끼게 마련이며, 전쟁을 향한 대통령의 열망에 장애물 노릇을 하게 마련이다. 그것도 의도적으로 그렇게 행동하게 마련이다. 니카라과와 관련해서 의회는 그 헌법적 의무를, 그리고 건국자들이 바라던 바를 다하고 있었던 것뿐이었다.

1984년의 선거를 앞두고 의회는 늦게까지 일한 끝에 적어도 니카라과 정책과 관련해서 대통령이 손쉽게 넘어설 수 없는 커다란 벽을 세워 놓았다. 그레나다 침공에 관해서 '요청'을 받은 것이 아니라 '통보'를 받은 다음이다 보니, 팁 오닐도 이 건에 대해서만큼은 호락호락 넘어가지 않을 작정이었다. 오닐 하원의장이 그레나다에서 (그리고 레바논에서) 얻은 교훈이 있다면, 수동성은 득이 되지 않는다는 것이었다. 전쟁을 원하는 대통령에 맞서, 의회는 적극적으로 (그리고 때로는 선제적으로) 자기네 권위를 주장할 필요가 있었다.

의회가 세운 새로운 장벽인 볼랜드 수정안은 흔해 빠진 예산 축소 방식의 규제가 아니었다. 오히려 대통령이 딱 원하는 일을 하지 못하게 막아서는 동시에, 대통령이 '이미' 하고 있던 일을 하지 못하도록 저지하는 내용의 노골적인 입법 조치였다. 여기서 '이미 하고 있던 일'이란 바로 CIA가 주도하는 비밀 전쟁이었다. 즉 CIA의 자금으로, CIA가 창설하고, CIA가 지휘하는 현지의 반정부군이 니카라과 정부를 전복하려는 계획이었다. 레이건 행정부는 (일명 '콘트라'로 통하는) 이 반정부군을 온두라스에서 훈련시켜 왔다. 심지어 니카라과군 초계부대라든지, 또는 니카라과 여러 항구의 연료탱크라든지, 또는 니카라과 수도 마나과의 공항에 기습 공격을 지시하기도 했다. 1984년 봄에 니카라과의 여러 항구를 파괴하려던 CIA 주도 비밀 작전이 공개되자, 상원 정보위원회의 위원장인 배리 골드워터는 분노를 터뜨렸다. 골드워터 역시 상원의 그 어떤 의원들 못지않게 골수 반공주의자였지만, 그런 그가 보기에도 레이건이 하는 짓은 반미反美적이었다. 레이건 팀은 상원 정보위원장인 골드워터에게 이런 비밀 작전이 진행되고 있음을 알려줄 법적 의무가 있는데 바로 그 법률을 위반한 것이었다. "대통령은 우리에게 자기 해외 정책을 지지해 달라고 부탁했었지. 하지만, 빌, 도대체 그 양반이 뭘 하고 있는지 우리가 전혀 모르는 판에, 어떻게 그 양반의 해외 정책을 지지해 줄 수가 있겠나?" 골드워터 상원의원은 중앙정보국장 윌리엄 케이시에게 이런 편지를 보냈다. "레바논만 해도, 그래, 그 양반이 거기로 병력을 보냈다는 건 우리 모두가 알고 있네. 하지만 니카라과의 여러 항구를 파괴한다고? 이건 국제법을 위반하는 행위야. 이건 전쟁 행위라고. 나로선 아무리 해도 우리가 이걸 어떻게 설명할 수 있을지 모르겠군."

고참 상원의원들은 케이시 국장을 압박해서 의회로 불러냈고, 비공개 회의에서 상원 정보위원회 '전체'에게 사과하도록 조치했다. 상원 전체는 파괴 공작 시도를 비난하는 결의안을 84대 12로 통과시켰다. 심지어 철저한 반공주의 성향 공화당원들조차도 찬성표를 던졌다. 메시지는 분명했다. 그 어떤 대통령도 이와 같은 종류의 권력을 부여받은 적은 없었다는 것이었다. 그해 여름에 의회의 상하원 모두는 니카라과에서 벌어지는 레이건의 비밀 전쟁의 가치에 관해 토론을 벌였고, 그해 여름에 민주당이 다수인 하원과 공화당이 다수인 상원 모두 표결을 통해 이에 제동을 걸었다.

"1985년 회계년도에 중앙정보국, 국방부, 그리고 정보 활동에 관여하는 다른 모든 기관 및 법인에 배정되는 예산의 경우, 그 어떤 작전, 집단, 조직, 운동, 개인에 의해서든, 니카라과에서의 군사 및 준군사 작전을 직간접적으로 지원하는 효과를 목적으로 충당되거나 지출되어서는 안된다." 1984년 10월 12일자 볼랜드 수정안의 내용은 이러했다. 이 수정안은 의도적으로 포괄적인 ("정보 활동에 관여하는 다른 모든 기관 및 법인," "직간접적으로," "지원하는 효과를 목적으로" 같은) 용어를 사용함으로써, 레이건 팀이 의회의 의지를 회피하지 못하도록 만들었다. "이 금지안에는 그 어떤 예외도 없다." 이 수정안의 작성자는 이렇게 설명했다.

하지만 이 수정안의 별도 조항에서 의회는 레이건이 비밀 전쟁을 위한 자금을 다시 얻어내려 시도할 수 있는 길도 제공했다. 즉 의회는 니카라과 작전에 대해 설명하라고 대통령에게 권유했던 것이다. 자신들한테 설명하라는 것이었다. 의회로선 전쟁의 결정권자라는 자신들의 헌법적 특권을 유지하면서, 사실상 '우리한테 요청하라'며 행정부에게 '요청한' 셈이었다. 니카라과가 중앙아메리카의 다른 국가들로 공산주의 혁명을 수출하고 있다는 증거를 의회에 제출하라는 것이었고, 콘트라의 군사 및 준군사 작전에 대한 미국의 지원을 위해 의회에 공식적이고 구체적인 자금 요청을 하라는 것이었으며, 그 필요와 액수가 정당함을 입증하는 동시에 그 노력의 목표를 완전히 설명하라는 것이었다.

여러 해 뒤에, 과거 이런 종류의 정보를 내놓으라던 의회의 요청에 대해 질문을 받자, 레이건은 그것이야말로 팁 오닐의, 그리고 공산주의에 물러 터진 그의 자유주의자 동료들의 영리한 정치적 기동이었다고 설명했다. "음, 솔직히 말해서, 저는 그거야말로 콘트라를 지지하고 싶어 하는 사람들을 불신하려는 의회의 지속적인 노력의 일환이었다고 믿어 의심치 않습니다."

실제로 레이건의 입장에서 보자면, 의회의 권유야말로 상하원 역시 콘트라를 지원해야 마땅한 이유에 대해 설명을 내놓을 수 있는 활짝 열린 기회인 셈이었다. 하지만 레이건은 이를 기회로 바라보기를 거절했다. 거의 전례가 없었던 1984년의 대통령 선거 낙승으로 인해 (레이건은 50개 주 가운데 49개 주에서 승리함으로써 525명의 선거인단을 확보한 반면, 경쟁자인 월터 먼데일은 겨우 13명밖에 확보하지 못했다) 의회가 자기 일에 (예를 들어 니카라과 문제에) 간섭하지 말아야 마땅하다는 대통령의 확신은 더욱 굳어졌다.

의회의 반대에도 불구하고 니카라과에서 활동하겠다는 레이건의 결의는 점진적이고도 절차적이고도 실질적이었다. 그는 자기가 역사에서 올바른 편에 서 있다는 사실을 믿어 의심치 않았다. "우리가 이 나라에서 가진 것을 콘트라도 갖고 싶어 할 뿐입니다." 레이건은 이렇게 즐겨 말했다. "그들의 혁명의 결과는 민주주의가 될 것입니다." 1986년 3월에는 백악관에서 선출직 관료들을 상대로 이렇게 말했다. "제 생각에 [니카라과 반군은] 어떤 면에서 반反혁명적인 것 같습니다만, 그들이 그런 방향에 있다는 건 축복받을 일입니다. 제 생각에 그들은 그래서 콘트라가 되는 것이고, 그리하여 저 역시 콘트라가 되는 셈입니다." 조지 워싱턴조차도 콘트라로 간주하고, 심지어 '자기 자신'조차도 콘트라로 간주하는 대통령이 보기에, 저런 자유의 전사들을 돕지 않겠다고 반대하는 의회와 미국 국민은 행동을 저지하는 진짜 장애물이 아니라 단지 우회해야 하는 장애물일 뿐이었다.

두 번째 임기를 시작했을 즈음, 로널드 레이건은 상하원과 언론에 대해 대통령들이 자연히 갖게 마련인 분개와 경멸의 선을 훨씬 넘어서 있었다.(과연 '그들' 가운데 어느 누가 무려 '5천만 표'를 받아 본 적이라도 있겠는가?) 이 과정에서 레이건은 심지어 전쟁과 평화라는 쟁점에 관한 공개 토론조차도 우리의 국가 안보에 유해하다는 주목할 만한 태도를 취했다. 레이건은 자신이 명령했던 레바논에서의 어설픈 임무에서 미군 병력을 마지못해 철수시킨 직후에 이를 명백하게 밝혔다. "이런 종류의 외교적 시도에 관여하고 병력이 거기에 나가 있으며 그 병력을 내쫓으려는 시도가 있을 경우, 의회가 '아, 우리 병사들을 고향으로 데려오시오, 그들을 철수시키시오'라고 요구하면서 격렬한 공개 토론이 벌어집니다. 이 모두는 테러리스트를 자극해서 추가 공격을 촉발합니다. 자기네를 저지했던 병력이 철수하는 데에서 성공의 가능성을 보기 때문입니다. 일단 이런 일이 벌어진 직후에 저런 종류의 공개 토론에 가담할 경우, 결국 [우리 군대를] 무력하게 만드는 것과 다름없음을 정부 내 모두가 이해해야 마땅합니다."

달리 말하자면 (레이건의 주장에 따르면) 미군 병사들을 어디서, 언제,

왜 위험에 몰아넣을지를 (아울러 얼마나 오래 거기 둘지를) 놓고 활기찬 논쟁을 벌이는 것이야말로, 그리고 정부가 해외 정책을 현명하게 발의했는지 제대로 된 논증을 제공하고 그 내용을 대중에게 설명하라고 대통령을 압박하는 것이야말로, 결과적으로는 적들에게 (즉 공산주의자와 테러리스트에게) 도움과 위안을 주는 것이나 매한가지라는 뜻이었다.

두 번째 임기 중반에 이르자, 이런 과격한 윤리는 백악관에서 완전히 실천되기에 이르렀다. 공개 토론은 잊어라. 의회나 대중에게 설명하기는 잊어라. 심지어 니카라과 같은 문제에 대해 의회가 정보를 요청하는 것조차 대통령직에 대한 모독이다. 레이건은 어느 누구로부터도 허가증을 얻을 필요가 없다. 그는 심지어 누가 허가증을 준다고 해도 받지 않을 것이다. 볼랜드 수정안도 잊어라. 그가 바로 대통령이니까! 그는 니카라과에서의 비밀 활동을 개인적으로 승인했다. 레이건 행정부는 비밀 전쟁에 관해 의회에 계속해서 알려야 한다는 법적 요구사항을 언제나 충족시키지는 않는데, 이것이야말로 대통령의 결정이었다. 그는 입법부를 신뢰하지 않았다. 그리고 솔직히 의회는 좀 혼날 필요가 있었다.

레이건은 국가 안보에 관해서는 대통령에게 무제한적인 권한이 필요하다고 확신했다. 또한 그는 이 문제에 관해서 자기가 가장 잘 안다고 (하긴 대통령이야말로 매일같이 비밀 첩보 브리핑을 받는 유일한 사람이었으니까) 확신했다. 이 두 가지 확신 때문에 레이건은 가뜩이나 인기 없고 불법적인 외교 정책상의 모험을 무려 두 가지나 시도했다. 이것은 그의 두 번째 임기와 그의 유산 모두를 무효화할 뻔했던 정말 어마어마한 스캔들이었다. 심지어 오늘날까지도 우리는 그로 인한 재난에서 아직 완전히 회복되지 못했다. 그 추문으로부터 스스로를 구하기 위해 안간힘을 쓰는 과정에서, 불법 비밀 작전에 대한 레이건의 사후 정당화는 행정 권력과 미국의 전쟁 결정 방법이라는 주제에 관해 공식적인 과격주의라는 혐오스러운 잔재를 남겼다.

레이건 대통령이 오래된 베트남 증후군에 관해서 일기에 불평한 바로 다음날인 1985년 3월, 이슬람 무장 단체 헤즈볼라가 미국 언론인 한 명을 레바논에서 납치했다. 이로써 모두 네 명의 인질이 억류되었다. "우리의 납치 희생자들을 레바논에서 억류하고 있는 그 개자식들이 최근에 찍어서 보여 준 사진을 보았다." 레이건은 닷새 뒤에 이렇게 적었다. "가슴이 미어진다. 그들이 안 좋은 대우를 받고 있다는 사실에는 의심의 여지가 없다." 헤즈볼라는 이후 두 달 동안 베이루트에 살던 미국인을 두 명 더 사로잡았다. 1985년 여름에 이르러 이 집단은 언론인 한 명, 가톨릭 사제 한 명, 장로교 목사 한 명, 그리고 베이루트 소재 아메리칸대학 소속 행정가 두 명을 억류하게 되었다. 레이건의 국가 안보 참모진은 또 한 명의 확인된 인질에 대해 각별히 걱정하고 있었다. 바로 베이루트 소재 CIA 지국장이었다.

이것이야말로 레이건으로서는 최악의 악몽이었다. 미국인 인질이, 그것도 하필이면 또다시 중동에서 생겨난 것이었다. 과거 이란에서 벌어졌던 길고도 지루한 444일의 물고문이 카터 대통령 임기의 나머지를 갉아먹고, 미국 국민의 사기를 떨어트렸으며, 미국을 약하게 보이도록 만들었다는 사실은 그에게 무엇보다도 큰 정치적 반향을 남겼다. 그때의 인질 52명은 레이건의 취임 직후 몇 시간 만에 석방되었고, 일주일 뒤에 신임 대통령은 백악관에서 이들을 환영했다. "이것이야말로 우리 삶에서 가장 감격적인 경험입니다." 레이건의 부통령 조지 W. H. 부시는 대통령 접견실에서 열린 환영식에서 이렇게 말했다. "정말 속이 울렁거릴 정도로 감격이 치밀어 오르는 것을 여러분도 느끼실 수 있을 겁니다." 레이건 대통령의 부인 낸시는 평소에만 해도 대중으로부터 냉정하게 거리를 둔다는 평판을 듣고 있었지만, 이때만큼은 감정을 억제하지 못한 모양이었다. "아, 정말 견딜 수가 없군요." 그녀는 이렇게 말하더니, 아야톨라 호메이니와 그 추종자들의 희생자였다가 돌아온 사람들을 끌어안고 입을 맞추었다.

"앞으로 미국은 우리나라를 대표하는 사람들에게 가능한 모든 보호 수단을 제공할 것입니다." 레이건은 그날 블루룸에서 세계 모두가 들으라는 듯 이렇게 말했다. "국제적 예절이 침해될 경우, 우리의 정책은 신속하고 효과적인 보복이 될 것임을 테러리스트들은 알아야 할 것입니다. (…) 아울러 우리의 인내에는 한계가 있음을 역시나 알아야 할 것입니다."

그로부터 3년 뒤, 그레나다에서 인질이었다고 간주된 자국민을 고국으로 데려온 승리를 만끽하며 대통령은 여전히 이렇게 큰소리치고 있었다. "이란에서 우리 인질들이 겪은 악몽이 결코 되풀이되어서는 안 됩니다." 하지만 1985년 당시의 레이건은 인질 사태의 곤경에 처한 상태였고, 헤즈볼라와의 실질적인 의사소통 채널조차도 전무한 상태였다. 그리하여 1985년 7월에 국가안보보좌관 버드 맥팔레인이 어쩌면 미국인 포로들을 석방시켜 줄 수 있을지도 모를 법한 비밀 계획을 들고 다가오자, 대통령은 이를 넙죽 받아들여 애지중지하게 되었다.

"버드, 이 계획에 관해서 줄곧 생각해 봤다네." 맥팔레인의 말에 따르면, 레이건은 한 통화에서 이렇게 말했다.

"대통령님." 맥팔레인이 대답했다. "하지만 국무장관과 국방장관 모두 이 계획에 반대하고 있습니다."

"나도 안다네. 하지만 나는 좀 다르게 본다네. 이 계획을 실행할 방법을 찾고 싶어."

인질 석방 계획의 핵심 요원은 파리를 근거로 활동하는 이란 출신 망명자 겸 무기 거래상 마누셰르 고르바니파르Manucher Ghorbanifar였다. 그는 이란 군대 내부에 다수 존재하는 중도파와 연계를 맺고 있다고 주장했다. 고르바니파르의 말에 따르면, 이 육군 장교들은 광인 호메이니를 축출하고 미국과 새로운 관계를 시작하고 싶어 한다는 것이었다. 따라서 미래에 새로이 친구가 될 사이에 훌륭한 신뢰 관계를 입증하기 위해 먼저 미국이 이란에 무기 판매의 길을 열어 주면, 이란 중도파가 헤즈볼라를 설득해서 베이루트에 있는 미국인 인질 모두를 석방할 것이라고 제안했다.

이 감질나는 '무기 주고 인질 받기' 계획을 제안했을 즈음, 고르바니파르는 미국 정보계에서 이미 널리 알려진 인물이었다. 기나긴 CIA 보고서 가운데 하나에서는 그를 가리켜 "풍채 좋고, 설득력 있으며 (…) 미국식 영어를 탁월하게 말한다"고 묘사했다.(심지어 정보계 종사자들조차도 탁월한 미국식 영어에 면역을 지니지는 못한 상태였다.) 하지만 이 보고서에서는 고르바니파르에 대해서 다음과 같은 결론을 내렸다. "어떤 사건들을 항상 사후에야 예견했던 이력이 있다. 또한 헛소문을 퍼트리는 인물로 간주되며 (…) 그가 수집한 정보는 매번 출처와 세부사항이 결여되어 있는데, 정작 본인은 돈을 얻는 것에만 전적으로 관심이 있으므로 (…) 해당 인물은 정보 위조자 겸 방해물로 간주되어야 한다. 해당 인물, 또는 그의 형제 알리Ali가 추가로 접근할 경우, 관련 보고를 하되 진지하게 받아들이지는 말아야 한다." 심지어 CIA가 고르바니파르에게 거짓말 탐지기 검사를 해 보니, 본인의 이름과 주거지를 제외한 나머지 모든 문제에 대해서 거짓말 판정이 나온 적도 있었다. 하지만 여전히 비밀주의의 위장막을 친 상태에서, 레이건은 프랑스제 비단 잠옷을 걸친 고르바니파르와 한 침대에 들어가는 (즉 손을 잡는) 것이 훌륭한 정책이라고 단정했다.

거래가 (가뜩이나 좋지 않게) 진행되는 과정에서도 레이건의 백악관 국가안보회의 참모진 사이에서 고르바니파르에 대한 평가는 "부패한," "교활한," "신뢰할 수 없는," "세계에서 가장 너절한 인간 가운데 하나" 등으로 나오고 있었다. 국가안보보좌관 버드 맥팔레인조차도 그를 "이도 저도 아닌 얼간이"라고 부른 적이 있었다. 고르바니파르의 주목적이 돈이라는 상당히 뚜렷한 증거도 있었다. 그런데도 레이건은 이 계획을 계속 추진하는 것이 훌륭한 정책이라고 단정했다.

최초의 '무기 주고 인질 받기' 거래 방법에 따르면, 우선 이스라엘이 미국산 무기를 이란에 판매하고, 미국 정부는 자국 보유 무기를 그만큼 이스라엘에 넘겨주기로 되어 있었다. 미국에 대한 호의 표시로, 이스라엘은 미국의 미사일을 이란에 보내는 일종의 통로 노릇을 하기로 동의한 상태였다. 이란으로 배송된 96기의 TOW 대전차 미사일이 결국 호메이니에게 충성하는 혁명 수호대의 손에 들어가고 말았다는 사실은 치욕스러운 (아울러 모두가 동의하는 것처럼 '진정으로 불운한') 일이 아닐 수 없었다. 그리고 이보다 더 나쁜 일은, 인질 가운데 어느 누구도 석방되지 못했다는 사실이었다. 막상 뚜껑을 열어 보니 '무기 주고 인질 못 받기' 계획이었던 셈이다.

그러나 레이건은 굴하지 않았고, 늘 그랬듯이 낙관적이었다. "이란 정부의 고위 관계자는 레바논에 있는 7명의 미국인 납치 희생자들 전부, 또는 일부를 9월 초의 언제쯤에 우리에게 전달할 수 있으리라 생각하는 모양이다." 레이건은 첫 번째 실패로부터 며칠 뒤에 일기에 이렇게 적었다. "그들은 트리폴리 북쪽 해변의 한 지점으로 전달될 것이고, 우리는 그들을 우리 6함대로 데려갈 것이다. 나는 몇 가지 문제에 대해서 결정을 내려야 하지만, 쉬운 결정일 것이다. 이제 기다리기만 하면 된다."

레이건의 부푼 희망에도 불구하고, 더 많은 TOW 미사일이 이스라엘을 거쳐간 두 번째 무기 거래 직후에 인질은 딱 한 명만 석방되었다. 그나마도 맥팔레인이 석방을 요청한 인질이 아닌 다른 사람이었다. 18기의 호크 대공 미사일로 이루어진 세 번째 배송을 계획하는 과정에서, 레이건의 요원들은 포르투갈을 격노하게 만들었고,* 터키를 위험에 빠트렸고, CIA가 불법적으로 관여하게 만들었고, 국방부에서 항의가 터져 나

---

* 당시에 포르투갈은 이란에 무기를 수출했기 때문에, 이스라엘은 자국이 보유한 호크 미사일을 일단 포르투갈로 가져가서 다시 이란으로 보낼 계획을 세웠다. 하지만 1985년 11월에 포르투갈은 사전 허가를 받지 않았다는 이유로 호크 미사일을 실은 수송기의 착륙을 불허하고 돌려보냄으로써, 이스라엘의 배송 계획에 차질이 생겼다.

오게 만들었으며, 국무장관 조지 슐츠가 사임을 고려하게까지 만들었지만…… 아무런 효과가 없었다. 고르바니파르도 이번에는 인질 석방이 전혀 없을 것이라고 전했다. 왜냐하면 수준 이하의 무기를 받았다면서 이란 측이 화를 내고 있기 때문이라고 했다. 심지어 호크 미사일을 돌려보내고 싶어 한다는 것이었다.

'무기 주고 인질 받기' 거래를 위해 6개월 가까운 시간과 수백만 달러어치의 무기가 투입되었지만, 정작 레이건은 작전 상황은 물론이고 심지어 작전이 존재한다는 사실마저도 아직 의회에 알리지 않은 상태였다. 대통령에게는 나름대로 이유가 있었다. 그가 스스로에게 말한 것처럼, 이 거래의 성공은 비밀주의에 달려 있었기 때문이었다. 대통령은 국무장관과 국방장관조차도 대부분 이 일에 관여시키지 않은 상태였다. 빌어먹을, 심지어 자신의 대통령 임기 동안의 사건들에 관한 개인적 기록에도 관련 정보를 적어 놓지 않았다. "나는 심지어 일기에다가도 무슨 일이 일어날지를 적어두지 않았다." 그러니 아무도 알 수가 없었고, 하원의 팁 오닐과 민주당 의원들은 더더욱 알 수가 없었다. 레이건은 이들이 고래고래 떠들며 언론사로 달려가는 상황을 원치 않았던 것이다.

혹시나 협상의 세부사항이 공개될 경우에는 자칫 인질이, 또는 교섭을 진행 중인 이란 내부의 조력자가 살해될 수도 있다는 레이건의 두려움 때문에 이러한 비밀주의는 더욱 촉진되었다. 하지만 레이건 행정부의 어느 누구도 이런 두려움이 과연 현실적인 근거를 갖고 있는지 알아볼 수 있을 만큼 저쪽에 연줄이 충분하지는 않았다. 레이건 행정부의 의사 결정 과정에서는 확실한 증거가 (그 이전에나 이후에도) 결정 요인이었던 적이 단 한 번도 없었다. 하지만 창피 요인이라면 확실히 있었다. 한편에는 비밀주의, 또 한편에는 그 작전의 완전 코미디 같은 (지금까지 벌어진 일에 더해서, 이란 측이 미국산 무기에 만족하지 못한 나머지 반품할 예정이라는!) 실패를 대중이 알아차릴 경우 가운데 양자택일을 해야 한다면, 과연 비밀주의를 선택하지 않을 사람이 누가 있겠는가? 마지막으로 레이건 팀이 하고 있는 일 가운데 상당 부분은 단순히 테러리스트와, 또는 국제 테러리즘 지원 국가와 (이란이 그런 국가의 목록에서 첫 줄을 차지하고 있었다) 거래하지 않는다고 ("우리는 절대 양보하지 않습니다." 레이건은 이렇게 단언했었다. "우리는 절대 거래하지 않습니다") 스스로 공언한 정책을 먹칠하는 것에만 그치지 않았다. 또는 단순히 대통령 본인의 행정 명령과 국가 안보 지령을 산산조각내는 데에서 그치지 않았다. 또는 단순히 훌륭한 분별력과 훌륭한 외교에 대해서 휘황찬란하고 위선적인 모욕을 자행하는 데에서 그치지 않았다. 왜냐하면 이 '무기 주고 인질 받기' 작전 가운데 상당 부분이 정말 언어도단으로 법률을 위반하는 행위였기 때문이다. 즉 완전히 불법적이었다.

레이건의 거래는 미국이 제공하는 무기를 이스라엘이 받아서 제3국으로 비밀리에 운송하도록 허락함으로써, 그리고 이 운송에 관해서 미국 입법부의 관련 공직자에게 보고하지 않음으로써, 결과적으로 무기수출통제법을 위반했다. 그리고 CIA는 11월에 이란으로 호크 대공미사일을 운반하는 데 사용된 항공기를 제공함으로써 ("미국의 국가 안보에 중요한" 작전이라는 대통령의 인가를 받은 경우를 제외한 그 어떤 경우에도 그 기관이 해외에서 비밀 작전을 수행하지 못하도록 금지한) 베트남 이후의 대외원

조법 수정안을 위반한 셈이 되었다.

재난인 동시에 두 가지 측면에서 불법적이었던 TOW 미사일 운송으로부터 3주 뒤에 열린 백악관 회의에서, 고위 보좌관 대부분은 '무기 주고 인질 받기' 건에서 대통령이 발을 빼도록 설득하려 했다. CIA 부국장은 이란군 내부의 독립적인 중도파가 있다는 견해는 허구라고 설명했다. 이는 결국 (케이시의 부관이 비록 목소리를 높이지는 않았지만) 이란에 무기를 판매한 것이야말로 호메이니에게 직접 무기를 판매한 것이라는 의미였다. 평소에는 의견이 일치하는 일이 드물었던 조지 슐츠와 캐스퍼 와인버거조차도 고르바니파르 작전의 어리석은 성격에 대해서는 의견을 같이 했다. 국무장관 슐츠는 (미국과 이란 사이에 이스라엘이 끼어 있으므로, 그리고 우리와 헤즈볼라 사이에 미확인 "이란 중도파"가 끼어 있으므로) 이것은 단순히 미국과 헤즈볼라 간의 '무기 주고 인질 받기' 거래가 아니라는 레이건의 주장을 결코 신뢰하지 않았다. 그 차이는 워낙 사소해서 없는 것이나 마찬가지였다. 그리고 국방장관 와인버거는 이란에 대한 무기 판매 금지 조치와 무기수출통제법 모두를 위반했다는 사실을 레이건에게 날카롭게 상기시켰다. 슐츠가 훗날 회고한 바에 따르면, 대통령은 그와 와인버거 모두에게 눈에 띄게 짜증을 냈으며, "인질에 대해서 매우 우려했고, 이란의 주도에 대해서 매우 관심을 가졌다. (…) 완전히 푹 빠져 있었다." 이 작전에 대해서 내부에서도 반대가 극심했지만, 이란 무기 거래는 다음 달 내내 안건으로 남아 있을 것이었다. 이는 상당 부분 레이건 본인이 이 작전을 그대로 꺼지게 내버려두지 않았기 때문이었다.

한편 백악관의 국가안보회의 참모진의 설득 덕분에, 이런 무기 거래의 난장판 속에서 한 가지 좋은 일이 나타났다. 거의 전적으로 레이건 대통령의 해외 정책 아젠다를 진작시키기 위해 설립된 미국의 개인 회사의 스위스 은행 계좌에 작지만 상당히 유용한 횡재가 떨어졌던 것이다. 첫 번째의 '무기 주고 인질 받기' 거래의 수익은 애초부터 생겨날 수 없었다. 세 번째의 무기 배송은 (즉 호크 미사일 배송은) 그 실행 과정이 워낙 복잡했기 때문에, 이스라엘은 미국 공군 예비역 장성 한 명을 고용해 20기의 대공 미사일을 모두 네 차례에 걸쳐 비행기에 싣고 이란까지 배송하는 방법을 택했다. 즉 리처드 V. 세커드 장군과 (이후 "회사"라고만 지칭된 업체의 자회사인) 레이크 리소시즈Lake Resources의 동업자들에게 100만 달러의 선금을 건네주었던 것이다. 그런데 네 번으로 예정되었던 배송은 실제로 딱 한 번만 이루어졌다. '회사'에서는 100만 달러 가운데 테헤란까지의 비행에 15만 달러를 지출했을 뿐이었다. 그렇다면 나머지 85만 달러는 어떻게 되었을까?

　　알고 보니 은밀하고 소규모인 역외 기업들의 그물망이었던 이 '회사'는 간절히 도움을 원하는 또 다른 고객을 두고 있었다. 그리하여 이 나머지 자금은 바로 세커드가 (그리고 아마도 레이건의 백악관 내에서 그의 연락책이었던 올리버 노스 중령도) "콘트라 기부금Contrabution"*이라고 부른 것이 되었다. 레이건의 대통령직을 거의 박살낼 뻔했던 스캔들의 이름인 '이란-콘트라'가 바로 여기서부터 본격적으로 시작되었던 것이다.

　　세커드 장군이 예상치 못한 횡재를 얻었을 무렵, 백악관은 (레이건 팀

---

* 영어 '기부금'(contribution)에 '콘트라'(Contra)를 조합한 말장난.

에 속한 여러 해병대 출신자들이 종종 하는 말마따나) "콩, 군화, 일회용 반창고, 탄환"을 콘트라가 보유할 수 있도록,* 이미 1년 동안 콘트라와의 공적 및 사적 파트너십을 비밀리에 운영 중이었다. 콘트라 지원 작전의 민영화는 1984년 여름에 레이건 행정부의 최고위층 사이에서 처음으로 조장된 아이디어였다. 그 즈음에는 미국 정부가 콘트라에 직접적인 군사 노력을 원조하지 못하도록 저지하려는 의회의 입장이 점차 명확해지기 시작했다. 지금은 기밀이 해제된 의사록에 따르면, 1984년 6월 25일에 백악관 상황실에서 열린 국가안보계획단National Security Planning Group 회의는 대부분 콘트라에 대한 자금 지원에 관한 내용이었다. 그리고 상황실에 있던 모든 사람은 자기들이 법적으로 의문의 여지가 있는 방법에 근접하고 있다는 사실을 알고 있었다.

"우리가 [콘트라를 위해] 자금을 얻을 수 없다면, 다른 어딘가에서 자금을 얻기 위해 최대한 노력해야 할 겁니다." UN 미국 대사 진 커크패트릭은 그날 오후의 회의에서 이렇게 말했다.

"저 역시 콘트라를 위한 자금을 얻고 싶습니다만, 변호사인 제임스 베이커의 말로는, 만약 우리가 밖에 나가서 그 돈을 제3세계에서 얻으려 한다면 그야말로 탄핵당할 수 있는 위법 행위라더군요."

"제가 기록을 완전하게 만들어야 하겠군요." CIA 국장 케이시가 끼어들어서 레이건이 서명한 니카라과 관련 대통령 확인서를 모두에게 상기시켰다. "제임스 베이커의 말은, 우리가 감독 위원회에 아무런 통보도

---

* 미국 해병대는 이른바 3B, 즉 "콩, 탄환, 붕대"(beans, bullets and bandages) 세 가지만 있으면 얼마든지 적과 싸울 수 있다는 격언에서 비롯된 표현이다.

하지 않은 채 제3국에서 돈을 받을 경우 문제가 된다는 거였습니다. 그래서 [대통령] 확인서가 제3국의 참여와 협조를 제공하는 것이라고 알려 주었습니다. 확인서가 제3국의 협조를 장려한다는 것을 알게 되자, 제임스 베이커도 곧바로 그게 탄핵감이 될 수도 있다는 자신의 견해를 철회하더군요."

"제 생각에는, 과연 우리가 제3의 출처로부터 돈을 받아서 콘트라를 도울 수 있는지 여부에 대해 법무장관의 의견을 들어 볼 필요가 있을 것 같습니다." 슐츠가 제안했다. "신중을 기하려면 그래야 할 것 같습니다."

중앙아메리카에서의 외교적 압박에 관한 미약한 전망에 대해 짧게 논쟁한 후, 케이시는 다시 콘트라를 위한 자금 마련 문제로 이야기를 돌려놓았다. "만약 [콘트라에] 자금을 지원하지 못할 경우에는 무슨 일이 일어날지를 의회에 분명히 전달해야 합니다. 이와 동시에 우리는 다른 출처로부터 [콘트라를 위한] 자금을 입수하는 데 도움이 되도록 미리 시도할 수 있습니다. 확인서에는 이렇게 명시되어 있으니까요. '미국은 다른 정부들과 협조해야 하며, 다른 정부들의 지지를 구해야 한다.'"

"또 다른 미개업 변호사로서 제 의견을 말씀드리고 싶군요." 오랫동안 대통령 고문으로 근무했으며, 그 당시에는 법무장관 역할을 위한 오디션 중이었다고도 할 수 있었던 에드윈 미즈가 말했다. "법무부에 미리 운을 띄우는 게 중요하다는 점을 강조하고 싶습니다. 산디니스타 반군이 제3자 자원을 획득하는 과정에서 미국이 도움을 주는 것을 허용하는, 적절하고 합법적인 근거를 우리가 찾고 싶어 한다고요. 변호사에게 뭔가를 물어볼 때에는 일단 지침부터 줘야 하니까요."

몇 분 뒤에 케이시가 미즈의 의견을 지지했다. "우리는 [콘트라에 대한] 제3국의 자금 지원을 촉진할 권한을 미국이 갖고 있음을 명백히 하는 법적 의견이 필요합니다."

회의가 마침내 마무리에 접어들자, 부통령 조지 부시가 흔치 않은 감탄사를 내뱉었다. 이것이야말로 그 계획에 대한 미지근한 보증이고, 미지근한 단서였다. "저 확인서를 토대로 미국이 제3자를 독려하여 [콘트라에] 도움을 제공하도록 한들, 과연 누가 반대할 수 있겠습니까? 여기서 제기되는 유일한 문제는, 과연 미국이 그 제3자에게 뭔가를 대가로 주겠다는 약속을 할지 여부입니다. 만약 그렇다면 어떤 사람들은 이를 일종의 거래로 해석할 테니까요."

국가안보보좌관 버드 맥팔레인은 탄핵의 망령으로 시작된 토론에 관해 너무나 우려한 나머지, 극도의 주의를 촉구했다. "저로선 우리가 필요로 하는 정보를 얻기 전까지는, [콘트라에] 대한 제3자의 지원을 추구할 권한이 아무에게도 없다고 제안하고 싶습니다." 그는 모인 사람들에게 말했다. "아울러 저로선 이 논의 가운데 어떤 것도 절대 대중에 공개되지 않기를 간곡히 바랍니다."

레이건은 절대적으로 신중할 필요가 있다는 국가안보보좌관의 주장에 전적으로 동의했다. 자기 팀이 이 계획에 대해서 계속 입을 다물고 있기를 대통령이 바란다는 사실은 명백했다. "만약 이런 이야기가 새어 나간다면, 누구 소행인지 밝혀질 때까지 우리 모두를 우리 손으로 백악관 앞에 목매달도록 하세." 대통령은 회의를 마치면서 이렇게 말했다.

이 회의로부터 네 달 뒤, 미국 정부가 콘트라와의 관계를 지속하기 위한 예산이 의회에서 삭감되었다. 그러나 백악관은 제3국에서 자금을 얻기 위한 (비밀) 추진 계획의 법적 타당성을 고려하기 위해 굳이 멈춰 서지도 않았다. 좋은 소식도 있었는데, 사우디아라비아와 파흐드 빈 압 둘 아지즈 국왕이 매월 100만 달러의 거액을 콘트라에 직접 지원하는 데에 동참했다는 사실이었다. 이는 아마도 레이건이 대통령 비상 권한이라는 미명 하에 사우디아라비아로 급파한 450기의 스팅어 미사일에 대해서, 그리고 의회에 추가 급파를 요청하겠다는 대통령의 약속에 대해서 감사하는 뜻이었을 것이다. 1985년 2월의 워싱턴 방문 도중에, 파흐드는 레이건과 함께 기분 좋은 아침식사를 하면서, 자신의 매월 기부금을 두 배로 늘리겠다고 약속했다. 모두 합쳐 사우디아라비아는 3,200만 달러를 콘트라에, 아니, 더 엄밀히 말해서 '회사'에 지급할 예정이었다. 파흐드와의 관계에서 대통령이 유일하게 실망한 것은, 상대방이 레이건에게 아라비아 말 네 마리를 선물로 주려고 했을 때였다. 그는 일기에서 이렇게 불평했다. "그놈들을 선물로 받을 수가 없었다. 어리석은 규제 때문이었다."

   머지않아 미국 대통령이 자신의 콘트라 강박관념을 충족시킬 나라라면 그 어디와도 기꺼이 협상할 채비가 되어 있다는 이야기가 서반구를 한 바퀴 돌았다. 레이건은 비상 권한을 이용해 온두라스에 대한 2천만 달러 상당의 군사 원조를 펜타곤에서 얻어 주었다. 엘살바도르는 무역 이권을 원했다. 과테말라 대통령은 자국에 대한 경제 원조 패키지를 두 배로 늘리고, 군사 원조 패키지를 세 배로 늘려 달라고 미국에 요청했다. 파나마 대통령 마누엘 노리에가는 니카라과 정부의 지도층을 암살하겠다고 제안했다. 그 대가로 자국에 대한 미국 무기 판매 금지 조치를 취소하는 동시에, 자신의 이미지를 좋게 부활시키는 데에 약간의 도움을 주겠다는 백악관의 약속을 요구했다. 이른바 "독재자"라는 꼬리표에 노리에가가 초조함을 느끼기 시작한 것이 분명했다. 레이건은 노리에가의 제안을 그냥 무시해 버렸다.

레이건은 "콘트라 기부금"을 모금하는 과정에서 온 대륙을 들쑤셔 놓았다. 심지어 임기를 마친 뒤에도 어느 아시아 국가의 지도자에게 콘트라로 무기를 운송하도록 부탁했다는 내용이 적힌 문서를 특검이 제출하자, 그는 사실을 말하기로 맹세한 상태에서 놀라운 진실을 더듬거리며 내놓았다. "저야 물론 그 사람을 알고 있습니다. 아주 잘요. 그의 나라에서 여러 차례 만나기도 했고…… 이걸 본 기억은 나지 않습니다만…… 저의 정책은 이 일에 다른 사람들을 관여시키지 않는다는 거였습니다. 무슨 말인가 하면, 그들을 관여시키고는 싶었습니다만, 그렇게 했다는 기록에 들어 있고 싶지는 않았다는 겁니다."

레이건은 딱 이런 식으로, 즉 기록하지 않은 상태에서 일하기를 좋아했다. 하지만 존 포인덱스터 제독이라든지, 또는 국가안보회의의 (버드 맥팔레인과 올리버 노스 같은) 해병대 출신들은 콘트라의 "몸과 영혼" 모두를 살아 있게 유지하라며 대통령이 크고 똑똑한 목소리로 업무를 지시하는 소리를 들었다. 이란-콘트라 사건에 관해 수사를 시작한 지 5년이 더 지나서 간행된 특검 보고서에 따르면, "노스는 콘트라를 지원하는 CIA를 대체하기 위한 비밀 작전을 통해, 자신과 세커드가 '정부 외부에서 CIA가 했던 일의 판박이'를 만들었다고 설명했다. [노스는] '맥팔레인이나 포인덱스터 제독 가운데 어느 한 명의 허락, 그러니까 명시적 허락 없이 출장이나 접촉을 한 적은 없었으며, 보통 가능할 때면 케이시 국장의 동의도 얻었다'고 주장했다."

알고 보니 노스는 이 사건의 핵심 진행자였다. 그는 콘트라에 대한 "제3자"의 지원에 느끼는 대통령의 감사가 외국의 왕족과 외국 정부를 훨씬 뛰어넘는다는 것을 이해했다. 의회의 자금 지원 없이도 콘트라를 한 해 동안 살려 놓기 위해서, 노스는 개인 기금 조성원 및 무기상으로 이루어진 팀을 운영했다. 그는 (새로이 창립된 비영리 단체로서, 모든 기부금에 대해 감세 혜택을 주는) 국립자유보전기금National Endowment for the Preservation of Liberty이 주최한 기금 조성 행사에서 부유한 기부자들의 주머니를 털어서 잔돈을 얻어냈고, 가장 많은 액수를 기부한 사람들은 대통령을 직접 만날 수도 있다고 (그리고 당연히 사진을 찍을 수도 있다고) 단언했다. 대통령은 기꺼이 도우려고 들었다.

사우디의 자금에다가, 미국인 가운데 여러 개인의 기부금이 '회사'의 스위스 은행 계좌로 흘러 들어온 덕분에, 노스와 세커드는 콘트라에게 수백만 달러어치의 (하지만 실제로 모은 돈만큼 많이 주지는 않았다. 자세한 내용은 이후에 다시 살펴보자) 콩과 군화와 일회용 반창고와 총탄을 계속해서 전달했다. 1985년 6월에 세커드의 '회사'는 니카라과 콘트라의 유일한 구매 대행자 및 무기 공급자로 활동하고 있었다. 콘트라 지도자들은 자기네가 받는 자금에 접근할 수조차 없었다. 노스와 세커드가 자금을 관리했기 때문이다.

1986년 봄, 노스와 세커드 그리고 여러 파트너들은 콘트라 재공급 계획(이는 '민주주의 작전Project Democracy'이라는 별칭으로 일컬어지게 된다)도 통제하고 지시했다. 총액 400만 달러의 배송품은 C-123 화물기 2기, C-7 항공기 2기, 그리고 부유한 공화당원 엘렌 가우드가 대통령을 직접 만난 직후에 선뜻 내놓은 비용으로 구입한 7만 5천 달러짜리 몰Maule 항공기 1기로 이루어져 있었다. 엘렌이 추가로 내놓은 250만 달러는 마이애미 소재 정비 기지, 재공급 고용원 18명 정도가 머무는 엘살바도르 소재 숙소, 그리고 "플랜테이션"으로 일컬어지는 코스타리카 소재 비행장의 대금을 지불하는 데 사용되었다.

하지만 자금을 의회에 의존해야만 하는 CIA와 달리, 사적으로 기금을 마련한 법인은 부가가치를 창출했다. 레이건의 해외 정책 추진의 민영화는 입법가가 세워 놓은 모든 장애물을 (어리석은 규제들!) 우회하기에 딱 알맞은 승차권으로 드러났다. 대통령이 저런 민간 기업의 활동을 의회나 다른 누군가에게 보고할 의무가 어디에 있단 말인가? 볼랜드 수정안은 공산주의를 우려하는 까닭에 콘트라를 돕고 싶어 했던 시민들을 돕는 행정부를 저지하지 못했다. 이런 외관상의 민영화 덕분에 (즉 국립자유보전기금, 세커드의 스탠퍼드 기술무역그룹 인터내셔널Stanford Technology Trading Group International, 이른바 '민주주의 작전'의 코퍼레이트 항공사 같은 영리 회사의 간판들을 통해) 백악관은 니카라과 작전을 헌법과 그 속박으로부터 풀어낼 수 있었고, 의회나 법률의 제약으로부터 자유롭게 풀려나게 했으며, 해명 책임으로부터도 벗어나게 했다. 만약 뭔가가 잘못되더라도 방화벽이 있었다. 비록 레이건 정부가 비밀 활동을 지시했지만, 정식 지휘 계통에는 단절이 있었다. 윗선과 아랫선을 오가는 명령은 사실상 추적이 불가능했다. 백악관은 사실을 부인할 수 있는 방화벽에 워낙 자신이 있었던 까닭에, 하원 정보위원회가 콘트라 재공급 작전의 낌새를 눈치 챘을 때조차도, 레이건의 국가안보회의(NSC) 참모진 가운데 한 명이 손쉽게 의회에 거짓말을 해 버렸다. "우리 가운데 어느 누구도 자금을 요청하거나, 장래의 잠재적 기부자들과 연락을 촉진하거나, 또는 다른 방식으로 저항 세력의 군사 및 준군사 노력을 조직하거나 조정한 적은 없었습니다." 국가안보보좌관은 하원 정보위원회 위원들에게 이렇게 말했다. "국가안보회의 참모진은 과거에도 그런 활동을 한 적이 없으며, 미래에도 그럴 일은 없을 것입니다."

군사 활동에 관하여 의회와 대중 앞에 내놓아야 하는 해명 책임이야말로 우리가 미국의 건국자들로부터 물려받은, 전쟁에 대한 근본적인 억제책이었다. 그런데 레이건은 바로 그 근본을 곡괭이로 파내 버린 격이었다. 그는 비밀리에, 의회가 천명한 의지에 반대해 가면서까지, 전쟁에 나갈 개인적 권리를 주장했던 것이다.

유일하게 힘들었던 부분은 그 일에 자금을 계속 지원하는 것이었다. 그 총비용은 당연히 지독하게 비쌌다. 그리고 미국의 민간 기업이라면 수익을 창출하는 것을 좋아했으며, 위험도가 높은 환경에서는 특히나 그러했다. 따라서 콘트라 지원을 위해 조성한 기금 약 4천만 달러 가운데, 오로지 1,700만 달러만 저 용감한 자유의 전사들에게 전달되었을 뿐이었다.

이란의 '무기 주고 인질 받기' 판매가 그토록 매력적으로 보였던 이

유도 바로 그래서였다. 노스는 콘트라에게로 돌릴 수 있는 이란의 수익금을 더 많이 원했다. 그리하여 레이건에게까지 보고된 긴박한 전언문에서 자신의 주장을 설명했던 것이다. 비록 대통령과 한 방에 단둘이 있어 본 적이 한 번도 없었겠지만, 노스는 자기 상사가 어떤 사람인지를 알았다. 이란과의 무기 거래를 지속할 필요성을 납득시키기 위해서 그가 사용했던 방법은 간단했다. 만약 미국이 이제 와서 거래에서 물러나 버리면, 레바논의 인질들은 죽은 목숨일 거라는 것이었다.

1986년 1월 7일, 국가안보회의의 회의가 있던 날, 대통령은 미국의 제안을 더 매력적으로 만들 수 있는 새로운 아이디어를 언급해 핵심 보좌관들을 깜짝 놀라게 만들었다. 즉 이스라엘의 교도소에 수감된 20명의 헤즈볼라 동조자를 석방시킨 다음, 새로운 무기와 함께 이들을 텔아비브에서 발송하겠다는 것이었다. 대통령은 모든 일이 펼쳐지는 것을 볼 수 있었다. 미국은 이란이 이스라엘을 통해 무기를 얻는 것은 물론이고 헤즈볼라 조직원들까지 얻도록 주선하는 것이었다. 미국은 이스라엘에 대체용 무기를 판매하는 것이었다. 헤즈볼라는 미국인 인질을 석방하는 것이었다. 이란은 더 이상 납치가 없으리라고 약속하는 것이었다. "우리는 어떻게 그들을 데려왔는지 절대 밝히지 말고 조용히 앉아 있기만 하면 된다네." 레이건의 말이었다.

대통령의 몽상이 한창일 즈음, 와인버거 장관이 다시 한 번 레이건에게 무기수출통제법 위반을 언급하면서 반대하고 나섰다. 하지만 에드윈 미즈는 (당시에 그는 미국 법무장관 자리에까지 올라온 상태였다) 로널드 레이건의 귀를 쫑긋하게 만들 법한 종류의 주장을 제안했다. 즉 무기수출통제법을 우회할 수 있는 방법이 '실제로' 있다는 것이었다. "군 통수권자로서 대통령의 본래적인 권한." 미즈의 말이었다. "해외 정책을 수행하는 대통령의 능력." 이 순간에 대한 더 나중의 묘사를 읽다 보면, 분홍빛에 턱살이 두툼한 법무장관이 커다란 체구에 서커스용 쫄쫄이를 걸친 채, 안전 그물도 깔아 놓지 않은 상태에서 눈부시고 곡예에 가까운 공중그네 솜씨를 보여 주는 이미지가 떠오른다.

이 의견은 윌리엄 프렌츠 스미스 법무장관의 1981년 10월 5일자 의견에 근거한 것이었다. 즉 대통령이 해외원조법이나 무기수출통제법 가운데 어느 것도 사용할 수 없다고 결정했을 경우에라도, 이 두 가지 법률의 맥락 밖에서 이전을 승인할 수 있다는 것이다. 바로 "중요한 정보 목적"을 달성하기 위해 경제법과 국가안보법의 권한을 사용할 수 있다고 결정했을 때가 그러했다. 스미스 법무장관은 보고의 필요성을 (…) 즉 하원 및 상원 정보위원회에 대통령의 결정을 알려야 하는 필요성을 조언했던 반면, 미즈 법무장관은 국가안보법상 대통령은 의회에 보내는 어떠한 사전, 또는 현재 통보도, 심지어 의회의 상하원 지도부를 향한 제한적인 통보조차도 삼갈 수 있는 권한을 암묵적으로 부여받았다는 더 극단적인 견해를 펼쳤다.

미즈는 이와 같은 종류의 싸움을 하고 싶어서 안달이 난 상태였다. 그는 이미 명석한 초超보수주의 성향의 (즉 '연방주의 협회Federalist Scoiety'의 구성원인) 젊은 변호사 여러 명을 법무부에 채용해서, 대통령의 권한에 대한 속박 제거를 옹호하도록 논증하는 과제에 착수시킨 상태였다.

그들은 곧이어 미즈가 의뢰한 보고서를 (「권력의 분산: 입법부와 행정부의 관계Seperation of Powers: Legislative-Executive Relations」라는 제목으로) 작성했는데, 여기서는 가공의 헌법에 근거하여 이른바 통합 행정 이론이라는 것을 발명했다. 외교 정책과 국가 안보의 영역에서 대통령에게 일방적인 자유재량권을 부여하는 이론이었다. 이 보고서는 대통령이 의회의 입법을 재해석함으로써 그것을 자기 욕망에 더 가깝게 순응시킬 수 있다는, 또는 단순히 자기가 동의하지 않거나 (이 보고서에서 불평했듯이) "행정부를 비헌법적으로 침식하는" 법률의 준수를 거절할 수 있다는 등, 마치 공상과학 같은 사례를 만들었다. 요약하자면, 대통령이 하고 싶어 하지 않는 일이 있다면, 굳이 하지 않아도 그만이라는 것이었다. 또 대통령이 하고 싶어 하는 일이 있다면, 그 일을 하도록 고려한다는 것이었다.

「권력의 분산」 보고서는 몇 달 뒤에야 완성될 예정이었지만, 1986년 1월의 그 회의 당시에 미즈는 이미 꿈속에 살고 있었다. 베트남과 워터게이트를 통해서 무려 두 번의 고삐 풀린 대통령직을 경험했던 입법부가 적절하게 부과했다고 간주한 모든 속박에 대해서는 물론이고, 심지어 헌법에 적혀 있는 속박에 대해서조차도, 미국의 최고 법률 공무원이라는 사람이 기본적으로 그것을 깡그리 무시해 버린 셈이었다. 미즈는 "썹할 놈의 의회"라고 라틴어로 말하기도 했다. 레이건의 두 번째 대통령 임기를 다룬 저서 『압도적 승리Landslide』에서 제인 메이어와 도일 맥마너스가 서술한 것처럼, 대통령의 권력에 대한 해석이 "그토록 뻔뻔하게 만들어진 것은 워터게이트 이후로 또 처음이었다. 헌법의 위기 직후에 리처드 닉슨은 이렇게 물었다. '대통령이 그 일을 했다면, 그건 당연히 그 일이 불법이 아니라는 뜻 아닙니까?' 그리고 그는 이런 답변도 했었다. '맞습니다, 맞다구요. 만약 대통령이 국가 안보를 위해 뭔가를 승인했다면 (…) 그러면 대통령의 결정이야말로 그 일을 수행하는 사람들이 법률을 위반하지 않고도 그 일을 수행할 수 있게 해주는 결정인 겁니다.' 이 쟁점에 대한 미즈의 접근법도 본질적으로 이와 똑같았다."

슐츠는 그날 NSC 회의의 전체 장면에서 물러나 있었다. 그는 이 당시에 반대가 별로 없었던 것이 "거의 비현실인 것 같았다"고 회고했다.

그로부터 열흘 뒤에 레이건은 새로운 유형의 비밀 '무기 주고 인질 받기' 작전의 권한을 부여하는 대통령 확인서에 서명했다. 미즈 법무장관의 법률적 조언에 근거하여, 미국 정부는 중개상 노릇을 하던 이스라엘을 떼어내고 이란에 직접 무기를 판매하기로 결정했다. 이 문제에 관한 앞서의 논의에서 명백히 말한 것처럼, 미즈 법무장관은 자신의 법무부 소속 변호사들을 (아시다시피) 올바른 방향으로 슬쩍 쿡 찔러줄 채비가 되어 있었다.("변호사에게 뭔가를 물어볼 때에는 일단 지침부터 줘야 하니까요.") 그로부터 한 달 뒤에 미국 정부는 리처드 세커드라는 이름의 민간 사업자를 통해서 TOW 미사일 1천 기를 이란으로 비밀리에 운송했다. 세커드의 비행기 가운데 한 대는 이란이 원치 않은 호크 미사일을 싣고 되돌아왔다. 이 과정에서 인질은 단 한 명도 석방되지 않았다. 그리고 레이건은 이에 관해 의회에 알리지 않는 것이 현명한 정책이라고 결정했다.

음, 물론 그들은 결국 덜미를 잡히고 말았다. 그 일 전체가 워낙 멍청하기 짝이 없었으니, 어떻게 덜미를 안 잡힐 수 있었겠는가? 1986년 11월, 레이건의 「이란과의 비밀 거래Secret Dealing with Iran」 기사가 1986년 중간 선거 결과 관련 기사를 대신하여 《타임》지의 표지에 등장했다. 레이건은 몇 주 동안 벙어리 시늉을 했고, 곧이어 불법 무기 판매의 수익금이 불법 콘트라 지원 작전에 전용되었다는 추가 뉴스가 터지고 말았다. 레이건의 백악관은 스캔들 폭로에서 벗어나려고 시도했으며, 이 사건 전체를 조사하기 위한 특별 위원회를 소집하고, 최대한의 의회 조사에도 협조를 약속했다. 심지어 불법성의 범위와 세부사항을 파헤칠 특검을 임명하기도 했다. 대통령도 어느 정도 질타를 감내했다. 그해 크리스마스 직전에 《타임》지는 이란-콘트라 사건 관련 표지 기사를 두 번이나 더 실었다. 「오물 파헤치기Probing the Mess」에서는 눈을 내리깐 "백악관의 선두 척후병 올리버 노스"의 불쾌한 확대 사진이 실렸고, 「이 사건은 과연 어디까지 진행되었나?How Far Does It Go?」에서는 아래에 조명을 밝힌 상태에서 멀리서 바라본 백악관의 모습이 마치 공포 영화 속 살인 현장 대저택처럼 우뚝 서 있었다.

봄이 되어, 레이건에게 우호적인 타워 위원회Tower Commission조차도 행정부가 실제로 인질을 위해 무기를 거래했으며, 그 무기 판매의 수익금 가운데 일부를 콘트라에게 전용했다는 결론을 내리자, 《타임》지는 사진을 이용해 정서를 자극했다. 대통령직에 가해진 손상이 얼마나 심각한지, 또는 스캔들이 얼마나 추악한지 전달하는 것은 더 이상 필수적이지 않았다. 레이건이 대통령의 연설대에 있고, 타워 위원회의 보고서가 전면에 보이는 상태에서, 그 표지는 이렇게 묻고 있었다. "과연 그는 회복될 수 있을까?" 이에 대한 답변을 한 마디로 요약하자면, 많이 회복되지는 못하리라고 해야 할 것이었다.

잡지에 수록된 답변은 더 길었으며, 조롱조의 결론 위에 또 다른 조롱조의 결론이 쌓였다. 레이건은 "정신없고 지적으로 게으른 인물로, 타워 보고서에서도 무척이나 끔찍하게 묘사된 것처럼 (…) 주의력이 결여되고 현실 감각이 없는 대통령이었다."

기사의 내용은 좀 더 악화되는 쪽으로 나아갔다.

위원들이 레이건의 "관리 방식"이라고 에둘러 말한 것의, 그리고 이전 관련자 가운데 일부가 더 퉁명스럽게 정신적 게으름이라고 부른 것의 결점이 (…) 드러나게 되었으니, 대통령은 보좌관들이 하는 일에 대해서 의도적으로 무지했으며, 자신의 공개 정책과 비밀 정책 사이의 확연한 모순을 근시안적으로 몰랐으며 (…) 이란에 대한 무기 판매 사건 전체가 시작된 핵심 결정에 자기가 어떻게 도달했는지, 또는 과연 도달하기는 했는지 여부조차도 회고할 수 없었고 (…) 대통령은 미국이 인질과 무기를 맞바꾸었다는 사실을 일관적이고도 격렬하게 부정했지만, 타워 위원회가 수집한 방대한 기록에서는 실제로 그런 일이 일어났음에 의심의 여지가 없으며 (…) 과연 레이건이 심지어 자기 마음속에서라도 그런 사실을 인정하고 있는지 여부는 불분명하다.

아, 잠깐, 아직 더 남았다.

"이른바 '무기 주고 인질 받기' 교환이 (위원회의 말마따나) '테러리즘에 대한 행정부 자체의 정책에 정면으로 반한다'는 사실을 이해하지 못했던 대통령이 누군가 하면, 자신의 세금 및 지출 프로그램이 어마어마한 예산 적자를 낳을 가능성이 있다는 사실을 절대로 (심지어 자기 자신에게도) 인정하지 않았던 바로 그 레이건이었다."

미즈는 '덩치는 크지만 민첩한 사람' 특유의 행동을 최상으로 해냈다. 그는 완전히 '대통령을 보호하라' 상태였다. 법무장관은 대통령 대신 군사 전문가들을 (즉 맥팔레인, 노스, 존 포인덱스터를) 늑대들에게 던져 주었다. 이른바 "열심당원" 이론에 대한 훌륭한 증거를 내세우며, 그들이 대통령의 사전 인지 없이 작전을 수행했다고 주장했다. 1987년 7월의 의회 증언에서도 미즈는 열심당원이 의회에 숨기기 위해 무척이나 애썼던 그 모든 활동이 실제로는 불법이 아니었던 이유를 설명하기 위해 최선을 다했다. 의회에서 만든 볼랜드 수정안의 의미에 관해 입법가들에게 약간의 법적 지침을 제공함으로써 말이다. 에드윈 미즈가 또 다른 주목할 만한 줄타기 곡예에서 위원장 대니얼 이노우에에게 설명한 바에 따르면, 백악관의 직원인 국가안보회의 참모진에게는 볼랜드 수정안이 적용되지 않았다.

이노우에: 그러니까 미국의 최고위 사법 공무원으로서 당신께서는 일단 볼랜드 수정안이 통과되어서 CIA와 NSA와 기타 기관에 특정 활동들을 금지하게 되더라도, NSC는 법을 위반하지 않고도 그런 금지된 기능들을 수행할 수 있다고 제안하시는 건가요, 또는 그게 당신의 의견이신가요?

미즈: 음, 위원장님, 제가 받은 질문은 과연 볼랜드 수정안이 NSC 참모진에게도 적용되느냐 여부였습니다. 저는 이 쟁점에 관해 저희 법무부 내부에서 의견을 만들어 내지는 않았다고 지적했습니다. 아울러 위원장님께서도 그 용어를 잘 살펴보신다면, 볼랜드 수정안이 NSC 참모진에게는 적용되지 않는다는 사실을 강력히 주장하는 것도 가능하다고 지적했습니다. (…) 만약 볼랜드 수정안이 NSC 참모진에게 적용되지 않는다고 하면, 그들을 금지 대상에 포함시켜서는 안 될 것입니다.

이노우에: 그렇다면 당신께서는 국가안보회의의 참모진이 미국 영토의 법률을 우회하지 않은 상태에서도 CIA에게 금지된 기능들을 수행하게 할 수 있다고 저희에게 말씀하시는 겁니까?

미즈: 만약 그 법률을 그들에게 적용할 수 없다면, 그들은 그 법률을 위반하지 않으면서도 그렇게 할 수 있는 것이 분명합니다. 이건 동어반복입니다. 제가 그 법률은 그들에게 적용되지 않는다고 말했을 때, 용어상 그 법률에는 그들이 포함되지 않습니다.

이노우에: 하지만 CIA 요원이 그 기능을 수행할 경우에는 그 법률을 위반한 것이 되지 않겠습니까?

미즈: 그 법률은 용어상 CIA에게 적용되지만, 그 용어상 오로지 CIA에게만 적용됩니다. 제가 보기에는 국방부, 그리고 정보활동에 관여하는 다른 정부 기관도 포함될 것 같군요. 일반적으로, 그러니까 제가 위원장님께 읽어 드린 목록에 따르면, 보통은 국가안보회의 참모진이 포함된다고 간주되지 않습니다.

이노우에: 설령 당신께서 정보활동, 비밀 활동을 수행하시는 경우라도 마찬가지라는 겁니까?

미즈: 음, 그건 상황에 따라 달라지겠지요. 그건 가정적인 질문이군요. 하지만 그 용어상, 제 생각에는 의회가 그 법률을 제정했을 당시에만 해도, 그 항목에서 금지 행위에 관여된 것으로 열거된 기관들의 범위 내에 국가안보회의 보좌관까지 포함하지는 않았으리라는 것을 강력히 주장할 수 있을 것 같습니다.

이노우에: 그렇다면, 당신께서 제게 하신 다른 말씀대로라면, 예를 들어 농무부의 직원들도 법률을 우회하지 않고서도 그와 똑같은 일을 할 수 있는 겁니까? 즉 비밀 활동을 수행할 수 있는 겁니까?

미즈: 제 생각에는 얼마든지 가능할 것 같습니다. 왜냐하면 여기 작성된 법률에는 이렇게 나와 있기 때문입니다. '중앙정보국, 국방부, 그리고 정보활동에 관여하는 다른 모든 기관 및 법인에 배정되는 예산의 경우, 오로지 특정 부문에 허가된 대로만 충당되고 지출되어야 한다.' 지금 제가 읽어 보니, 앞서 말씀 드린 것처럼, 이 내용은 농무부에는 적용되지 않는다고, 또한 보건복지부를 비롯하여 정보활동에 관여하지는 않는 기타 여러 법인에도 적용되지 않는다고 강력히 주장할 수 있을 것 같습니다.

이노우에: 하지만 농무부의 요원 가운데 일부가 대통령의 인가를 받아 어떤 비밀 활동에 관여한다면, 그때는 이 법률을 적용해야 하지 않겠습니까?

미즈: 그 용어상으로는 그런 것 같지 않아 보입니다.

이노우에: 그렇다면 볼랜드 수정안은 무척이나 손쉽게 우회할 수 있는 셈이군요.

미즈: 제가 생각하기에, 어떤 법률 그 자체가 특정 법인에 적용되지 않는다

면, 그건 우회가 아니라고 봅니다. 우회가 될 수 없는 것이 분명합니다.

'짜잔!'

미즈 법무장관이 러셀 상원의원회관에서 저 대단한 연기를 펼치는 (즉 가상의 USDA 조사관들과 역학조사관들이 마나과로 진군하는 상황, 즉 당연히 불법인 상황을 상상해 보도록 권유하고, 국가안보회의는 정보활동에 관여하지 않았다고 주장하는) 사이, 법무부 산하 법률자문실은 정확히 반대 논증을 만들어 내고 있었다. 즉 법무차관 찰스 쿠퍼는 이란으로 향한 처음 두 번의 무기 운송은 NSC가 '실제로' 관여한 까닭에 완벽히 합법적이라고 주장했으며, 곧이어 NSC가 "정보기관"이라는 사실은 "명백하다"고 주장했다. 미즈의 증언과 쿠퍼의 법적 의견은 (아마도 이렇게 말할 수 있을 것이다) 지독하게 정반대였고, 그들이 이처럼 되는 대로 궤변을 꾸며내는 방식이야말로 부끄럽기 짝이 없는 (음, 어쨌거나 부끄러워해야 마땅한) 것이었다. 하지만 이 모두는 새로운 것이기도 했다.

1987년 봄과 여름 당시에 가장 정보가 많고 지각력 뛰어난 관찰자라면, 이 새로운 미즈 식의 행정부 작업 방식이 거기 딱 어울리는 운명을 만나게 되리라고 생각했을 것이다. 행정부 고위 공무원들에 대한 모든 기소와 선고가 있기 전에도, 레이건의 새로운 방식은 (즉 대통령이 괜찮다고 생각하는 한, 무슨 일이든지 할 수 있다는 방식은) 마치 끝장난 것처럼 보였다. 실제로 레이건은 끝장난 것처럼 보였다. 그때까지 그의 대통령직이 무슨 의미였건 간에 이란-콘트라 사건은 무척이나 부끄러운 일이었으며, 불법성과 순전한 어리석음의 독성 조합이었기 때문에, 심지어 같은 당의 보수주의자들조차도 혐오감을 느꼈다. "그는 두 번 다시 일을 망치기 이전의 레이건이 되지 못할 것이다." 그 당시에만 해도 잘 알려지지 않았던 조지아주 공화당 하원의원 뉴트 깅리치는 이렇게 말했다. "그는 우리의 신뢰와 우리의 믿음을 손쉽게 도로 얻지 못할 것이다."

대통령은 현행범으로 발각된 셈이었다. 일찍이 의회는 그 법적 및 헌법적 특권을 이용해서 행정부가 니카라과에서 전쟁을 수행하지 못하게 규제했다. 이에 레이건은 법률을 위반하는 것으로 대응했고, 어쨌거나 전쟁을 수행했으며, 불법 비밀 무기 거래를 통해 그 자금을 마련했고, 심지어 대통령으로서 그런 거래가 있다는 사실조차 부정했다. 국방장관은 여러 가지 혐의로 기소되었으며, 국가안보좌관 두 명, 국무차관, CIA 산하 비밀작전실장, CIA 고위직 두 명도 마찬가지 신세가 되었다. 대통령은 대부분 철저한 무지와 혼동에 호소함으로써 기소를 피했다. "저는 저 자신의 기억이 아닌 다른 사람들의 기억에 영향을 받을까 봐 두렵습니다. (…) 단순한 진실은, 저는 기억나지 않는다는 것입니다." 어쨌거나 레이건의 대통령직은 (즉 레이건의 지도력의 신화 전체가) 발가벗겨졌다. 이것도 능력일까?

하지만 이른바 '강인한 대통령은 뭐든지 할 수 있다'는 발상이 점점 매장되는 가운데 한 가지 우스운 일이 벌어졌다. 이 사건 전체의 교훈이 실제로는 전혀 파악되지 않은 것이었다. 타워 위원회와 의회 조사 위원회와 특검이 노스와 세커드와 맥팔레인과 포인덱스터 같은 인물들에게 각자의 자원과 정력을 소모하는 가운데, 레이건은 무사통과하고 말았던 것이다. 다시 말해, 그리 멀지 않은 미래에 보수주의자들은 레이건을 아무 잘못도 없었던 행정부 수반으로서 재상상하고 재발명할 수 있게 되었다는 뜻이다. 공화당 대통령들의 최고 표준으로서 말이다. 2011년에 대통령직을 향한 길을 닦으려고 노력하던 뉴트 깅리치의 깅리치 영화사에서는 〈로널드 레이건: 운명과의 만남Ronald Reagan: Rendezous with Destiny〉이라는 "다큐멘터리"를 제작했다. "저는 로널드 레이건을 압니다. 저는 1974년에 하원 선거에 처음 출마했을 때부터 로널드 레이건과 함께 일하기 시작했습니다." 깅리치는 보수주의자 대회의 연단에서 이렇게 큰소리쳤다. "그리고 저는 MSNBC 방송국과 다른 모든 곳의 우리 친구들에게 미안하지만 이렇게 말하고 싶습니다. 버락 오바마는 로널드 레이건이 아니라고!"(뉴트 깅리치의 레이건 영화는 이란-콘트라 사건 전체를 얼버무리고 넘어가 버렸다. 정작 그가 레이건과 "함께 일한" 것이라고는 "일을 망쳐 버린" 신뢰할 수 없는 대통령이라며 상대방의 뒤통수를 친 것밖에 없었는데도 말이다.)

이란-콘트라 스캔들은 그 주역들에게 훈장을 달아 주지도 못했지만, 그렇다고 해서 레이건의 대통령직에 뒤늦게야 적용된 광택에, 또는 레이건의 불법적이거나 초헌법적인 명령을 실제로 수행한 사람들에게 먹칠을 하지도 못했다. 레이건의 후임자인 조지 W. H. 부시는 이란-콘트라 사건에서 유죄 선고를 받은 인물 대부분을 사면했다. 부시의 아들 조지 W. 부시는 이 스캔들의 핵심 인물 가운데 상당수를 자기 행정부에 채용했다. 오바마 정부에서도 살아남은 부시 정부의 국방장관 로버트 M. 게이츠만 해도 이란-콘트라 특검 보고서의 제16장 제목부터 등장하는 인물이었다.("증거에 따르면 게이츠는 민간 재공급 작전과 노스의 연계에 대한 정보를 알고 있었다. 대부분의 합리적인 사람들이라면 그처럼 실무적인 역할을 담당한 정부 관리의 적절성에 대해 우려했을 것이다."보고서에서는 이렇게 서술했다.)

하지만 더 위험한 것은, 거의 무제한적인 행정부의 권한에 대한 저부끄러운 미즈 식 논증이 헛소리로 간주되어 완전히 폐기되지는 않았다는 서글픈 사실이다. 이 행정부 권력 논증은 정치적으로 실행 가능한 상태로 남았다. 여기에는 하원 지도자 가운데 한 명이 결정적인 역할을 담당했는데, 그는 이란-콘트라 스캔들이 한창인 상황에서조차 레이건의 행동은 옳았다며 열변을 토했다. 이 사건에 대한 의회 조사를 겨냥한 145쪽짜리 소수 의견서의 주 저자였던 와이오밍주 출신 공화당 하원의원 딕 체니는 이 사건이 범죄가 아니며, 레이건이 의회를 무시한 것은 옳았고, 미국의 정치 구조 어디에서도 대통령이 원하는 전쟁을 수행하지 못하게 규제할 수는 없다는 과격한 주장을 펼쳤다. 이것이야말로 행정부 권력에 대한 극단적 견해였으며, 작성 당시에는 소수 의견에 불과했지만, 머지않아 전쟁과 그 한계에 대한 차세대 공화당의 사고방식의 청사진이 되었다. "대통령은 미국의 해외 정책을 수행하는 데 있어 주된 역할을 할 것으로 간주된다."체니는 소수 의견서에서 이렇게 주장했다. "따라서 이 영역에서 대통령을 제약하려는 의회의 활동에 대해서는 상당한 정도의 회의를 갖고 바라보아야 마땅하다. 만약 의회가 대통령의 핵심적인 해외 정책 기능에 간섭한다면, 의회는 폐쇄되어야 마땅하다. 나아가 우리 헌법사의 교훈을 보더라도, 애매한 사례에서는 대통령에게 유리하게 판결되게 마련이었다."

그렇다면 과연 누가 이 논쟁에서 이겼을까? 이에 대한 답변은 약간 놀라울 수도 있지만, 오늘날에는 서글프게도 명료하다. 왜냐하면 지금 이 나라는 진정으로 원하지는 않았던 일련의 무기한 열전熱戰 속에 스스로 빠져든 상태이기 때문이다.

제임스 매디슨의 말을 기억하라. "모든 정부들의 역사가 예시하듯이, 헌법에서는 전쟁에 대한 관심이 가장 많은 동시에 전쟁을 일으킬 경향이 가장 많은 권력의 분지가 바로 행정부라고 가정한다. 따라서 헌법은 의도적인 신중을 기하여, 전쟁에 대한 질문을 입법부에 귀속시켰다." "귀속"이란 단어 뒤에 매디슨이 덧붙인 "의도적인 신중"은 최근 수십 년 동안 있었던 그 어떤 대등하고 반대되는 의도적인 신중에 감히 비할 바가 아니다. 왜냐하면 우리는 그와 똑같은 권한을 빼앗았기 때문이다. 이것은 음모론이 아니다. 합리적인 정치적 행위자가 (비록 때로는 어리석지만 대개는) 합리적인 정치적 목표를 달성하려고 합리적으로 활동하는 가운데, 매디슨 같은 사람들로부터 물려받은 우리의 헌법적 유산을 공격하고 잠식했던 것이다. 그래도 대개의 경우, 이 나라의 방향을 근본적으로 바꾸려고 그랬던 것까지는 아니며, 단지 각자의 정치적 목표에 대한 (충분히 이해할 만하게) 짜증스러운 장애물을 우회하려고 그랬던 것뿐이었다. 우리가 대통령의 전쟁 결정 역량을 동여매기 위해 사용한 밧줄은, 그 설계상 국가의 완전하고도 숙고한 동의가 없이는 미국 대통령이 군사력을 사용하기 어렵게 만든 속박이었다. 그러나 이것은 애초에 그런 것들이 왜 거기 있게 되었는지에 대한 이해가 거의 없는 상태에서 난도질되고 말았다.

로널드 레이건이 단지 이란-콘트라 스캔들에서 벗어나기 위해서 (즉 사전 숙고나 구체적인 진행 방향을 염두에 두지 않은 상태에서) 그 중요한 정박줄 가운데 하나를 끊었을 때, 그로 인해 미국 전체가 떠내려가서 위험한 조류 속으로 향하게 되었던 것이다.

의회는 그때 이후 단 한 번도 전쟁을 원하는 대통령을 저지하는 과제에서 성과를 거두지 못했다. 조지 허버트 워커 부시의 경우에도 그러했다. 빌 클린턴의 경우에도 그러했다. 그리고 2001년 9월 11일, 만약 부통령 체니와 대통령 조지 W. 부시가 다음번 전쟁을 (또는 두 번의 전쟁을) 시작하지 못하게 만들 만한 진정한 저항이 있었다 하더라도, 현실적으로 저지할 수 있기에 충분한 제도적 장벽은 전혀 없었을 것이다. 9·11에 이르러 미국의 전쟁 결정 권한은 (그 모든 의도와 목적에서) 반대를 받지 않는 일방적인 상태가 되고 말았다. 즉 한 사람의 결정에 맡겨진 것이다.

이와 같은 일은 애초부터 벌어지면 안 되는 것이었다.

6장

페르시아만에서 벌인
부시의 십자군 운동, 걸프전

최소 20만 명의 추가 병력이 필요할 것이었다. 이쯤 되면 미국 대통령의 명령으로 이미 사우디아라비아의 뜨거운 사막에 가 있는 병력의 두 배 가까이가 되는 셈이었다. 1990년 10월 30일, 백악관 상황실에서 대통령의 최고 군사 고문들이 내놓은 발표에 따르면, 이것이야말로 조지 허버트 워커 부시가 사담 후세인과 이라크군을 쿠웨이트에서 강제로 몰아내기 위해 치러야 할 최소한의 인력 비용이었다. 이날은 결정일이었다. 만약 부시가 소집하려는 병력의 규모를 감당할 수 없다면, 그래서 미군 병력을 페르시아만으로 쏟아 내는 일종의 수도꼭지를 잠근다면, 미국 대통령은 군대를 사막에 앉혀 놓은 상태에서 사담에게 압력을 가해 쿠웨이트에서 나오게 하려는 UN의 제재를 기다릴 수밖에 없을 것이었다. 하지만 수도꼭지를 계속 열어 놓는다면, 미국 대통령은 사담의 군대를 향해 공격을 가할 수 있는 선택지를 남겨 놓는 셈이 될 것이었다. 그리하여 미국인이 한 세대 만에 보는 가장 큰 전쟁을 치르기 위한 수단을 갖게 될 것이었다.

　그로부터 3개월 전에 이라크의 독재자가 쿠웨이트를 침공했고, 그곳의 통치자인 왕족을 내쫓은 뒤, 그곳의 유전에 대해 소유권을 주장함으로써 (부시 행정부의 주장에 따르면) 전 세계 석유 매장량의 20퍼센트 가까이를 차지하게 되었다. 더 나쁜 사실은 사담이 이제 사우디아라비아의 석유와도 가까이에 있게 됨으로써, 여차 하면 지구상 가장 많이 소비되는 필수품의 절반 가까이를 차지하게 될 참이라는 것이었다.

　침공 직후의 며칠 동안, 부시 대통령은 다음과 같이 명확히 발언했다. "쿠웨이트를 상대로 한 이 공격은 묵과할 수 없습니다." 그는 훗날 이렇게도 말했다. "이건 위협도 아니고, 허풍도 아닙니다. 단지 앞으로 그렇게 전개되리라는 것입니다." 이라크군의 쿠웨이트 침공으로부터 일주일이 지나기도 전에, 대통령은 페르시아만으로 미국 육군, 해군, 해병대에 대규모 파견대를 배치함으로써, 사우디아라비아를 방어하겠다는 미국의 태도가 진지하다는 것을 (그리고 추가적인 명령을 수행할 준비가 되었음을) 사담에게 주지시켰다. 그리고 부시는 마뜩잖아하는 사우디 국왕을 설득해서 이 거대한 미군을 자국으로 맞이하게 만들었다.(덧붙여 말하자면, 당시에 사우디 국왕은 자국의 한 민족주의자가 내놓은 제안 대신 부시의 제안을 받아들였다. 그 사우디인은 일찍이 아프가니스탄에서 소련군을 상대로 전투를 벌여서 두각을 나타냈던 무자헤딘 전사로 구성된 군대를 동원해 이 왕국의 유전을 방어할 수 있다고 호언장담한 상태였다. 하지만 미군과 손을 잡기로 한 파흐드 국왕의 결정 이후, 오사마 빈 라덴이라는 이름의 그 사우디인은 이후 영원히 사우디 왕가에 등을 돌리게 되었으며, 당연히 미국에 대한 감정도 그다지 좋았을 리가 없었다.)

부시는 국제적 지지와 광범위한 동맹군의 제휴를 구축하는 데에 탁월했다. UN 안전보장이사회와 문명 세계의 거의 모든 국가는 이라크 독재자와 그 군대를 복종시키기 위해서 숨통을 죄는 경제적 제재를 가하는 데 동의했다. 그리고 미국은 적극적으로 앞장을 섰다. "최근의 사건들은 미국의 지도력에 대한 대체물은 전혀 없다는 사실을 확실히 입증했습니다." 부시는 의회와 미국에 이렇게 장담했다. "독재에 직면한 상태에서, 어느 누구도 미국의 신뢰성과 확실성에 대해서는 의심하지 못하게 합시다. 우리의 지속적인 힘에 대해 아무도 의심하지 못하게 합시다. 우리는 친구들 곁에 서 있을 것입니다. 이런저런 방식으로 이라크 지도자는 이 근본적인 진실을 반드시 배우게 될 것입니다." 부시의 끈질긴 재촉에 사담의 아랍 이웃들 모두는 미국 편에 서기로 동의했다. 심지어 소련조차도 미국 편에 섰다.

하지만 3개월째로 접어들었는데도 조지 허버트 워커 부시는 행복하지 않았다.

태도를 명확히 하기 위한 국가안보회의의 회의 전날, 사담이 텔레비전에 (그것도 '미국 텔레비전'에) 등장해서 부시 대통령을 조롱한 것이다. "만약 통상 금지 조치가 미국에 병합된 마지막 주인 하와이에서 미국인을 강제로 몰아낼 수 있다고 치면, 마찬가지 기준에 따라서 통상 금지를 당한 우리도 이라크인을 쿠웨이트에서 철수시키도록 한 번쯤 생각해볼 수는 있겠다." 곧이어 부시에게는 눈엣가시가 될 만한 발언이 나왔다.

"누구든지 이라크에 적대 행위를 하는 자는 결국 패배자가 될 쪽과 한편이 되는 셈이다."

다음날 국가안보회의 참모진을 만났을 때, 대통령의 인내심은 줄어들고 있었다. 합참의장 콜린 파월 장군도 잘 알고 있듯이, 부시는 애초부터 인내심 많은 사람이 아니었다. 대통령은 바그다드에 공습을 가하는 문제를 놓고 합참의장을 몇 주 동안 흔들었다. 또한 자기 보좌관들에게는 물론이고 심지어 영국 총리 마거릿 대처에게도, 만일 사담이 미국이 주도하는 공격을 정당화하기에 충분한 어떤 도발을 해 준다면 (예를 들어 저 이라크의 독재자가 줄곧 자기 "손님들"이라고 주장했던 서양인 인질들 가운데 일부를 괴롭히기라도 하면) 자기로선 정말 고맙겠다고 속내를 털어놓기도 했다. 교착 상태가 오래 지속될수록, 부시는 더 신경이 곤두서는 것처럼 보였다. "대통령을 상대하는 것은 마치 1천 일 하고도 1일 동안 왕을 진정시키려고 노력하는 셰헤라자데 노릇을 하는 것과도 같았다." 파월은 훗날 이렇게 회고했다.

초자연적인 조급함을 지닌 (낚싯대 없이 가만히 앉아 있다 보면 그는 돌아 버릴 것이었다) 사람인 것 이외에도, 대통령은 사담과 쿠웨이트 침공에 대해 격노하다 못해 거품을 무는 지경으로까지 치달은 상태였다. 처음에 이것은 에너지 가격을 억제하고, 중동 산유국들 사이에서 힘의 균형을 유지하며, 소련의 느린 해체 이후에 세계 유일의 강대국으로 남은 미국이야말로 세계에서 적극적인 힘으로 남을 것임을 과시하기 위해 전략적인 국가적 의무로 시작한 행동이었다. 하지만 이것이 이제는 부시에게 뭔가 더 큰 발상, 일종의 계시로 꽃피게 되었다. "지금 여기에 합류하는 여러 나라들을 보고 있자니, 저는 우리가 새로운 세계 질서에 대한 기회를 갖고 있다는 생각이 듭니다." 그는 한 공식 기자 회견에서 이렇게 말했다. "그리고 저는 사담 후세인의 이 불쾌한 행동에서 벗어나기만 하면, 중동 전체에 평화의 기회가 생길 수 있다고 생각하고 싶습니다." 심지어 대국민 연설에서는 전적으로 시적인 표현까지 들먹였다. "1천 번의 전쟁이 인간의 노력을 가로질러 격렬해지는 동안, 무려 100세대가 손에 잡히지 않는 평화로의 길을 찾아 헤맸습니다. 그리고 오늘 새로운 세계가 태어나고자 발버둥치고 있습니다. 우리가 알고 있던 것과는 완전히 다른 세계가 말입니다. 밀림의 법칙이 법치로 대체된 세계가 말입니다. 모든 나라가 자유와 정의를 공유할 책임을 인식하는 세계가 말입니다. 강자가 약자의 권리를 존중하는 세계가 말입니다."

그리하여 새로운 세계 질서 어쩌구 하는 것 전체가 생겨났다. 다른 면에서는 근거가 확실하고 실용적이었던 조지 허버트 워커 부시는 저 한 번, 딱 '한' 번의 전쟁만 더 하면 세계 평화가 달성되리라고 주장했던 수많은 정치인들과 왕들의 만신전 가운데 한 자리에 스스로를 추천한 셈이 되었다. 또한 불량배에게 맞서는 문제도 있었는데, 이것이야말로 부시의 개인적 윤리관에 따르면 명예의 문제였다. 휴먼라이츠워치Human Rights Watch는 사담의 병사들이 쿠웨이트 시민을 살해하고, 강간하고, 전반적으로 괴롭혔다고 보고했다. "무슨 말인가 하면, 투석기를 사용 중인 사람을 떼어 내고, 그 기계만 바그다드로 보냈다는 겁니다." 부시는 이렇게 주장했다. "인큐베이터에 들어 있는 아기를 꺼내 놓고, 그 기계만 바그다드로 보냈다는 겁니다." 그는 심지어 쿠웨이트 아이들이 병원으로 가던 도중에 총에 맞아 사망했다는 소문이라든지, 또는 이라크 병사들이 쿠웨이트 동물원에 있던 짐승들을 풀어놓고 사격 연습 표적으로 사용한다는 이야기도 들었다. "하지만 그들의 노력은 완전히 성공하지는 못했습니다." 부시 행정부의 한 관리는 기자들에게 이렇게 말했다. "사자 한 마리가 탈출해 어린 쿠웨이트인 소녀를 다치게 했기 때문입니다."

제2차 세계대전 당시 전투기 조종사였던 부시는 머지않아 사담에 관한 자신의 묘사를 최대치까지 올려 버렸다. "히틀러보다 더 나쁩니다!" 그는 이렇게 말했다. "저는 사담의 공격이 전적으로 위험한 전략적 위협이며 불의라고 보았습니다. 그러나 이제는 그에게 대항하는 것이 도덕적 십자군 운동이라는 생각을 하게 되었습니다." 훗날 부시는 이렇게 썼다. "나는 그 잔혹 행위들에 매우 감정적이 되었다. 그것들은 뭔가 적극적으로 대응하려는 열망을 지닌 나를 정말로 절박하게 만들었다. 어느 시점에서 이것은 단순히 회색 지대에 서거나 상대방의 관점에서 바라보려 노력하는 것의 문제가 아니라는 생각이 들었다. 이것은 선 대 악, 옳음 대 그름이었다. 이러한 변화로 인해 침공이 지속되도록 내버려두지 않겠다는 내 결심이 강화되었고, 이를 역전시키기 위해 무력을 쓰는 것도 숙고하게 되었다고 확신한다."

사담은 1990년 8월 2일에 쿠웨이트로 진격했다. 부시는 8월 6일에 병력을 사우디아라비아로 보내 대기시켰다. 1990년 10월 30일, 사실상의 전쟁 위원회를 상황실로 소집한 대통령은 자신의 새로운 세계 질서를 위한 도덕적 십자군 운동에서 바람이 빠져나간다는 사실에 대해 우려했다. 그는 점차 예민해지고 있었다. 그는 자기가 직접 모은 국제적 제휴가 얼마나 오래 지속될지 확신하지 못했다. 또한 미국인들이 재난 상황에서 자기를 얼마나 오래 지지할지도 확신하지 못했다. 그는 사담에 대한 반응으로 그때까지 막대한 지지를 얻고 있었으며, 그 수치는 미국인의 70퍼센트 가까이에 달했다. 하지만 그는 지지가 빠져나가는 것을 느낄 수 있었다.

그는 힘든 한 달을 보냈다. 민주당이 지배하는 하원에서 레이건이 남기고 간 어마어마한 적자로 인해 예산 전쟁에서 "지금껏 내가 본 것 중에서도 가장 지독한 맹타"를 받았고, 클린트 이스트우드 식으로 발언한 "분명히 말씀드립니다. 세금 신설은 없습니다" 약속으로부터 물러설 수밖에 없는 상황이 되면서 자신의 소속 정당에서 또 한 번의 맹타를 받았다.* 세금 인상은 올바른 일이라는 것을 부시도 알았지만, 그가 소속된 정당의 강경론자들 사이에서는 인기가 없는 일이었다. 그는 대통령 선거 기간 동안 감내해야 했던 저 추악한 (그리고 자기 생각에는 부당한)《뉴스위크》표지 기사「겁쟁이 기질과 싸우다Fighting the Wimp Factor」가 되돌아오지 않을까 하고 걱정하기 시작했다. 최근 여론조사에서 지지율이 21퍼센트 하락한 것은 "현대의 모든 대통령에 대한 대중의 지지율 중에서 최악의 급감 가운데 하나"였다고《뉴욕 타임스》는 지적했다. "이는 워터게이트 스캔들 당시의 행적에 대해서 전직 대통령 리처드 닉슨을 사면한 직후에 나타난 제럴드 R. 포드 대통령의 지지율, 그리고 이란-콘트라 사건 폭로 직후에 나타난 로널드 레이건 대통령의 지지율에 버금갈 정도로

---

* 조지 H. W. 부시는 1988년 8월 18일 공화당 전당대회에서 대통령 후보 지명 수락 연설에서 위와 같이 호기롭게 장담했다. 하지만 정작 대통령이 된 이후에는 의회의 세율 인상에 동의함으로써, 세금 신설만 없었다 뿐이지 결과적으로는 똑같이 세금을 올렸다는 비난을 받았다.

큰 하락이다."

그리고 이제, 즉 예산에 굴복하게끔 부시를 연타한 이후에, 의회는 이라크의 쿠웨이트 침공을 다루는 대통령의 방식에 대해 (그가 종종 한 말마따나) "몽니를 부리기" 시작했다. 불과 몇 시간 전에 있었던 10월 30일의 대규모 전쟁 위원회 회의에서, 대통령은 무려 1시간 반 동안 의회 지도자들과 나란히 앉아 있어야 하는 상황을 (상대방의 요구에 의해서) 견뎌야만 했다. 의회 지도자들은 이 기회를 빌어 전쟁 권한과 대중의 정서에 대해서 그에게 설교할 수 있었다. 먼저 민주당 소속 하원의장이 동료 의원 81명의 서명이 담긴 서한을 부시 대통령에게 공식 전달함으로써 회의가 시작되었다.

최근 보고와 브리핑에 따르면, 미국은 방어 태세에서 공격 태세로 이행했으며, 전쟁이 임박했다고 합니다. 우리는 그 결과가 파국적일 것이라고 믿어 의심치 않습니다. 즉 1만 명 내지 5만 명의 미국인을 포함한 막대한 인명 손실이 나올 것입니다. 이 정도라면 오로지 전쟁이라고 밖에는 설명할 수가 없을 것입니다. 미국 헌법에 의거하여, 오로지 의회만이 전쟁을 선포할 수 있습니다.

우리는 모든 공격적인 군사 행동에 대해 강력히 반대하는 바입니다. 우리는 UN 주도의 무역 규제가 효과를 발휘할 모든 기회가 주어져야 한다고, 아울러 현 상황을 해결하기 위한 모든 다국적 비군사 수단이 추구되어야 한다고 믿어 의심치 않습니다. 만약 이 분쟁을 해결할 모든 평화적 수단이 소진된 이후에도, 대통령께서 군사 행동이 정당화된다고 믿어 의심치 않으신다면, 그때 (…) 대통령께서는 의회에 선전 포고를 요청하셔야 할 것이며

(…) 대통령에게는 그 어떤 공격적 군사 행동을 실시하기 이전에 선전 포고를 요청해야 하는 헌법적 의무가 있고, 우리는 현 모임과의 논의가 그것을 결코 대체하지는 못한다고 굳게 믿어 의심치 않습니다. 우리는 헌법에서 요구하는 바대로 완전한 숙고와 선포가 없는 상태에서는 행정부가 그 어떤 공격적 군사 행동도 실시하지 않도록 요구하는 바입니다.

부시는 가만히 앉아서 귀를 기울였다. 상원 다수당 지도자 조지 미첼은 제재가 실패했다고 입증된 것은 아직 아니라고 주장했다. "여러분께서 이 나라를 전쟁으로 끌고 들어가기 전에, 저는 여러분께 개인적으로 부탁드리고 싶습니다." 상원의장 톰 폴리가 간청했다. "크나큰 도발이 있지 않은 한, 여러분은 대중의 지지를 얻지 못하실 겁니다." 부시는 좀 더 이야기를 들어 보고 나서 이들을 모두 내보냈다. 아, 그는 이로써 "논의한" 셈이 된 것이었다. 그는 자기가 무슨 일을 하고 있는지를 (사실은 '무슨 일을 이미 해 두었는지를'이라고 해야 더 정확하겠지만) 그들에게 말해 주었다. 대통령은 공식 만찬에 사용할 도자기 무늬 결정을 의회에 의탁하지 않았듯이, 전쟁과 평화에 대해서도 마찬가지로 할 것이었다. "국민이 우리 편에 서 있는 한, 나로선 좋은 기회를 얻은 셈이다." 그는 일기에 이렇게 적었다. "하지만 일단 부식이 시작되면, [의회는] 린든 존슨이 말했던 짓을 하게 될 것이다. 즉 엉덩이를 하얗게 물들이고 영양 떼와 함께 뛰어다닐 것이다."*

---

* 영양(羚羊)이 엉덩이에 흰 털이 난 온순한 기질의 초식동물이라는 점에 착안하여, 온건론자나 평화주의자를 빗댄 표현으로 보인다.

부시는 의회 서한에 굳이 답변하려는 노력조차 하지 않았다. 그가 알기로 대통령이 전쟁을 치르기 위해서 의회의 허락을 받을 필요는 전혀 없었기 때문이다. 대통령에게 공평을 기하려면, 그가 레이건의 백악관이라는 흙탕물 속에서, 그리고 특히 "대통령의 본래적인 권한"이라는 에드윈 미즈의 끈적끈적한 주장 속에서 무려 8년 동안 헤엄치고 있었다는 사실을 기억해야 한다. 미군 병력을 무려 60일 넘게 사우디아라비아에 배치한 일방적인 결정에 대해서, 대통령은 "즉각적인 적대 행위의 위험이 전혀 없는" 상태이기 때문에, 설령 자기가 전쟁권한결의안의 범위를 인정하더라도 지금 상황에는 적용될 수 없다고 말했다. 아울러 그는 사실 전쟁권한결의안의 범위를 인정할 수 없다고 덧붙였는데, 왜냐하면 이것이야말로 대통령의 권한에 대한 비헌법적 제약이라는 이유에서였다. 미즈의 변호사들이 그렇다고 말했기 때문이었다. 이것은 국가 안보의 문제라고 부시는 믿어 의심치 않았다. 자기가 군 통수권자라는 것이었다. 필요한 모든 권한을 자기가 가졌다는 것이었다.

　　그리고 군 통수권자로서 대통령은 의회의 백악관 침공 직후 몇 시간 뒤에 상황실에서 다음과 같은 사실을 명백히 밝혔다. 즉 자기는 (설령 '국가의' 군대까지는 아니더라도) '자신의' 군대가 사담을 쿠웨이트에서 몰아내기 위한 공중 및 지상 공격 개시를 준비하기를 원하며, 따라서 그 일을 하기에 필요한 것은 뭐든지 자신의 장군들에게 제공할 용의가 있다는 것이었다.

　　하지만 장군들이 그 일을 하기에 필요하다고 답변한 내용이야말로 전쟁으로 나아가는 움직임에 대한 약간의 제약으로 기능했다. 합참의장 콜린 파월은 그날 오후에 서슴지 않고 물어보았다. 그는 미국의 군사적 목표를 명료하고도 신속하게 충족시킬 수 있는 압도적이고 결정적인 힘의 사용을 원했다. 불균형한 힘, 명료한 목표, 명료한 출구 전략, 대중의 지지에 관한 파월 독트린은 일종의 수렁 없는 전쟁 지역을 만들기 위해 고안되었다. 그는 솔직했다. 파월은 물론이고 그 휘하의 지상군 사령관 노먼 슈워츠코프도 20만 명의 병력이 추가로 필요하다는 데에 의견을 같이 했다. 아울러 단순히 사담을 쿠웨이트에서 몰아내는 선에서 그칠 것이 아니라, 만약 사담의 군대를 박살 내거나 사담을 권좌에서 물러나게 만들려면, 병력이 더 많이 필요할 수 있다고 두 사람은 이미 대통령에게 분명히 납득시켰다. 작전의 목표는 작전 개시 시각 이전에 명백히 규정되어야만 할 것이었다. 어떤 경우이든지 간에, 파월과 슈워츠코프는 항공모함 5척 내지 6척 규모의 기동부대를 페르시아만에 배치하고 싶어 했다. 이럴 경우 세계 나머지 지역에서는 미군의 해군력이 위험하리만치 옅어질 것이었다. 앞으로 두 달 뒤, 즉 공세 역량이 제자리에 배치되었을 무렵이면, 중동에는 모두 합쳐 50만 명에 가까운 미군 병력이 모여 있을 것이었다. 이쯤 되면 베트남 당시의 최대 인원에 가까운 병력이었다. 해병대의 전투 부대 가운데 3분의 2도 페르시아만에 배치될 것이었다. 6개월 뒤에 본국의 병력과 교대하자는 이야기는 전혀 없을 것이었다. 병사들은 임무가 완수될 때까지 페르시아만에 머물러 있어야 한다는 사실을 이해해야만 했다. 제아무리 오랜 시간이 걸리더라도 말이다.

파월이 오래 전에 명백히 해 두고 싶은 것이 또 한 가지 있었다. 즉 대규모 예비군 분견대도 필요할 것이었다. 국방부는 이미 수천 명의 예비군을 소집했는데, 그 대부분은 병력을 사막으로 항공 운송할 조종사와 군복 차림의 화물 운반인이었다. 결국 이 새로운 임무는 미국 전역의 예비군 1만 명을 활성화시킨다는 의미였다. 소집을 공표하자마자, 또는 소집에 관한 이야기가 흘러나가자마자, 사담 후세인은 미국이 전쟁 결정을 준비하고 있음을 알게 될 것이었다. 그리고 미국 국민도 마찬가지일 것이었다.

대통령은 군사 전문가들이 필요한 것을 갖게 될 거라고 주장했다. 상황실에 있던 모두가 매우 쾌활하게 순종하는 것까지는 아니었다. 대통령의 참모진 가운데 다수는 (심지어 파월의 직속상관인 국방장관 딕 체니조차도) 마치 합참의장이 이른바 "베트남 증후군"이라는 무시무시한 질병의 보균자라고 믿어 의심치 않는 듯했다. 비록 그날은 파월의 요청을 지지했지만, 체니는 지난 3개월 동안 합참의장이 정치적 고려 쪽에 너무 많은 시간을 소비하는 반면, 군사 계획에는 너무 적은 시간을 소비한다고 생각한 전쟁 위원회 참석자 가운데 하나였다. 때때로 그는 저 장군이 "우리 편인지" 여부에 의문을 제기했다.

"그의 말을 듣고 있자니, 베트남이 미군 최고 장성들의 견해를 어떻게 형성했는지를 생각해 보게 되었다." 체니는 파월에 관해서 이렇게 썼다. "그들은 베트남전에 대한 대중의 지지 상실이 전쟁 지원을 잠식하는 동시에 군대의 평판을 손상시키는 것을 목도했다. 펜타곤에서는 민간인의 지도력이 군사적 우세를 점할 기회를 잡는 데 필요한 어려운 결정을 내리지 못함으로써 베트남에서의 일을 망쳐 버렸다는 시각이 있었는데, 이에 대해서 나는 상당한 공감을 느낀다. 나는 파월의 의도가 무엇인지를 이해했지만, 그렇다고 해서 그걸 받아들일 수는 없었다. 국방부에 있는 우리의 책임은 대통령이 고려할 수 있는 모든 범위의 선택지를 갖도록 보장하는 것이었다."

'사막의 방패Desert Shield' 작전의 초기 내내 파월이 일을 질질 끌고 있었다는 체니의 생각은 부분적으로 옳았다. 그 과정 내내 합참의장은 작전의 목표에 대해 대통령이 명료한 발언을 하도록 재촉했고, 대통령의 정치 참모진이 미국 국민의 지지를 얻어내기 위해 진정으로 노력하도록 재촉했으며, 모든 필수적인 자원을 동원해달라고 재촉했다. 본질적으로 정치적인 이런 문제에 대해서, 파월이라면 대통령을 압박하는 과정에서 자기가 선을 넘었다는 사실을 시인했겠지만, 그래도 이에 대해 사과하지는 않았을 것이다. 그는 우리가 이 전쟁을 치러야 '마땅한' 것인지 여부에 관해 백악관 내부에서 논쟁이 거의 없었다는 사실을 파악했다. 그는 페르시아만에 싸우러 파견될 병사들에 대한 예우 차원에서라도 민간인 지도자들이 이 질문에 대해 현실적이고도 진정한 고려를 해야 마땅하다고 믿었다. 그는 베트남에서 두 차례에 걸쳐 복무했으며, 동료 장교들의 행실이 문란해지는 것도 목격했고, 군대가 대중에게 거부당하는 것은 물론이고 제도적으로도 붕괴에 가까운 상태까지 치닫는 것을 목격했다. 마지못해 나선 전사Reluctant warrior?* "유죄이다." 파월은 훗날 자서전에서 이렇게 썼다. "전쟁은 치명적인 게임이다. 그리고 나는 미국인의 생명을 가볍게 소비하는 것을 신봉하지 않는다." 그가 책임을 맡고 있는 한 베트남

---

* 본인의 능력이나 의지와는 별개로 상황에 따라 부득이하게 영웅이 된 반(反)영웅을 가리키는 '마지못해 나선 영웅'이란 개념에 빗댄 표현이다.

의 반복은 없을 것이었고, 그 어떤 생명도 헛되이 내버려지지는 않을 것이었다. "아마도 저는 베트남의 유령인가 봅니다." 1995년에 파월은 텔레비전 기자에게 이렇게 말했다. 즉 그로 인해서 자기가 "소풍에 나타나 흥을 깨는 스컹크 노릇을 하게 되었다면," 조지 허버트 워커 부시 행정부의 동료들도 "그 냄새를 똑똑히 맡았을" 것이라고 덧붙였다.

파월의 탁월한 전기 작가 카렌 드영에 따르면, 10월 30일의 회의에서 장군의 발표를 듣던 도중에 (전쟁과 평화 문제에 관한 대통령의 최측근인) 국가안보보좌관 브렌트 스코우크로프트는 자기가 별로 좋아하지 않는 뭔가에 대해 경멸을 표시했다. "스코우크로프트는 파월이 제안하는 공격 병력의 규모에 움찔했다." 드영은 그 순간을 이렇게 묘사했다. "그는 공격적인 작전을 펼치기를 꺼려하던 군대가 대통령으로 하여금 그 시도에 관해 다시 한 번 생각하게 만들기 위해 의도적으로 계획을 부풀리게 되었다고 믿었다."

그리고 스코우크로프트는…… 거기서 뭔가 다른 것에 도달했다.

문제는 전쟁 결정 기계에 다른 어떤 제도적 브레이크도 없었다는 점이었다. 최소한 대통령이 알고 있는 한에는 말이다. 마지막으로 남은 브레이크 작동 줄 가운데 하나는 소련의 해체로 인해 끊어진 상태였다. 그리고 바로 지난해에 국방부는 (베를린 장벽의 붕괴가 40년 이상 지속된 미국의 냉전시대의 적국의 종말을 알리는 신호였기 때문에) 레이건이 부풀려 놓은 놀라우리만치 막대한 예산의 큰 몫을 차지하기 위해 극심한 관료적 전투를 벌였다. 저 바깥세상은 여전히 위험했기에, 국방장관 체니는 자국의 군대를 계속해서 빠른 공회전 상태에 놓아두고 싶어 했던 것이다. 그는 대책 없이 평화주의적인 저 모든 상하원의원들이야말로, 특히 군대의 자원을 전용해서 직업 재훈련 및 교육과 (터무니없게도!) 보편 복지에 전용하자고 주장하는 에드워드 "테드" 케네디 같은 인사들이야말로 생각 없는 인물들이라고 대놓고 말했다. "워싱턴에서 프린스턴 대학 학생들을 모아 놓고 한 연설에서, 체니는 '마치 여기 일종의 커다란 평화 배당금이 있어서, 그걸 현금으로 바꿔 가지고 의회에 있는 모두가 사고 싶어 하는 모든 물건을 사줄 수 있다'고 주장하는 '무책임한' 비판자들을 비난했다."《로스앤젤레스 타임스》는 베를린 장벽 붕괴로부터 한 달 뒤에 이렇게 보도했다.

그로부터 여섯 달이 채 되지 않아서, 그 예산에 대해 의회에서 가장 영향력 있는 민주당원 역시 체니의 주장을 시인했다. 시장들의 모임에서 방위비를 도시 프로그램에 재배정하도록 요청했는데, 하원 세입위원회의 위원장이 퉁명스럽게 다음과 같이 부정했던 것이다. "돈이 없습니다. (…) 평화 배당금은 이미 다른 곳에 들어가기로 되어 있습니다."

슬프고도 놀라운 아이러니지만, 미국이 소련과 지속적인 교착 상태를 유지하기 위해 들어가는 기회비용을 걱정할 필요가 없게 되자, "평화 배당금"은 페르시아만 같은 덜 중요한 장소에서 전쟁을 치르는 데 '더 쉽게' 사용될 수 있게 되었다. "세계가 변했기 때문에 우리도 자원을 아낌없이 사용할 수 있었다." 파월은 훗날 이렇게 말했다. 예를 들어 "이제는 더 이상은 오지 않을 소련의 공격을 저지하기 위해서 지난 40년 동안 독일에 머물러 있었던 사단들을 빼내서" 페르시아만에서 전쟁을 치를 수 있었다고 말이다.

물론 미국의 베트남 증후군에 대한 레이건 대통령식 해독제도 (즉 전쟁을 벌이고 싶다면 그냥 헌법을 깡그리 무시해 버리거나, 아니면 의회를 우회하는 것도) 전쟁에 대한 제약을 단 하나만 빼고 모조리 끊어 버리는 데에 크게 성공적이었던 것으로 입증되었다. 그리하여 미국의 전쟁 기계를 여전히 옭아매고 있는 유일한 끈은 크레이턴 에이브럼스의 유산인 저 유서 깊은 에이브럼스 독트린뿐이었다. 즉 군대를 전쟁에 내보낸다는 것은 결과적으로 '국가' 전체를 전쟁에 내보낸다는 뜻이라는 발상이었다. 그리하여 1990년대에는 (일찍이 베트남에서 린든 존슨이 비극적으로 행했던 것처럼) 주 방위군과 예비군을 소집하지 않은 상태에서 상당한 규모의 군사 행동을 위해 군대를 동원하는 것 자체가 불가능했다. 주말 전사들을 전시 복무로 (즉 실제 '전투' 복무로, 다시 말해 실제로 '전장에서 죽을 수도 있는' 복무로) 소집하는 것의 현실적 어려움은 눈에 띌 수밖에 없었다. 콜린 파월은 부시 대통령에게 이렇게 말했다. "대통령님, 여기서 '소집'이란 사람들을 본업에서 차출한다는 뜻입니다. 그렇게 되면 사업에 영향이 있을 겁니다. 또한 이는 수천 군데의 가정을 흔들어 놓는다는 뜻이기도 합니다. 따라서 이것이야말로 중대한 정치적 결정이 될 겁니다." 에이브럼스 독트린에 따르면, 전쟁을 시작한다는 워싱턴 DC에서의 결정이 미국 내 모든 주와 모든 도시와 모든 작은 동네까지도 명백히 전달될 수밖에 없었다. 콜린 파월은 여기에 의존하고 있었다.

파월도 사담을 혼쭐내는 데에 굳이 반대하는 것은 아니었지만, 그로선 폭탄을 날리기 이전에 대중의 인정을, 공개적 논쟁을, 그리고 진정한 대중적 지지를 얻고 싶어 했다. 밀어붙이기 좋아하는 대통령 비서실장 존 수누누는 예비군을 굳이 소집하지 않고도 여전히 사담을 혼쭐낼 수 있다고 주장했지만, 파월은 자기 의견을 굽히지 않았다. 그는 예비군도 소집할 필요가 있다고 응수했다. 그것도 지금 당장, 그것도 꽤 많이.

그리하여 수누누와 백악관의 행정관들이 얻어낼 수 있는 최상의 결과란, 일주일 내지 열흘 동안 공식 소집 발표를 연기하자는 합의뿐이었다. "정치 전문가들은 의회 선거 이후로 발표를 지연하기를 원했다." 스코우크로프트는 이렇게 썼다. 전쟁 위원회의 결정은 10월 30일에 있었고, 선거는 11월 6일에 있었으며, 11월 8일에 이르러서야 병력이 공식 소집되었다. 체니가 의회 지도자들에게 전화를 걸어 대통령의 지시로 쿠웨이트 국경에서 거대하고 중대한 병력 증강이 진행 중이라고 알렸을 무렵…… 그리고 조지 부시가 백악관 연단에 올라 ("오늘 저는 '사막의 방패' 작전에 투입된 미군 병력의 규모를 늘리도록 국방장관에게 명령했습니다. 이는 우리의 공통 목표를 달성하기 위해 적절한, 공세적인 군사적 선택지를 제휴 국가들이 갖도록 보장하기 위해서입니다"라는) 덤덤한 발표를 내놓았을 무렵, 경고의 종소리는 이미 미국 전역에서 울려 퍼지고 있었다. 공식 발표는 명료하고도 크게 울려 퍼졌다. 이것이 바로 에이브럼스 독트린의 작용이었다. 단순히 대통령만이, 또는 단순히 군대만이 아니라 미국 전체가 전쟁의 매우 현실적인 가능성에 직면하고 있었다. "고국에서 사실상 아무런 이의 제기도 받지 않고 진행되던 미국의 페르시아만 정책은 무려 14주가 지나서야 비로소 국가적 논쟁의 초점이 되었다."《뉴욕 타임스》의 정치 담당 선임 기자는 부시의 발표 이후 며칠 뒤에 이렇게 썼다.

그렇지!

논쟁은 치열하게, 그러면서도 서둘러서 진행되었다. 제101대 의회는 선거 직전에 막을 내렸으며, 제102대 의회는 1월 초가 되어야만 다시 소집될 예정이었으니, 결국 국가적 의제 가운데 전쟁 관련 논의를 대체할 만한 것이 별로 없었다는 뜻이었다. 민주당의 거물급 상원의원들은 공개적인 장소에서 마이크를 붙들고 (부시가 바라본 바에 따르면) 헤드라인 작성가들에게 노래하다시피 했다. 에드워드 "테드" 케네디는 사담과의 전쟁을 향한 대통령의 무분별한 "뛰어들기"에 대해서 항의했다. 매사추세츠주의 이 고참 상원의원은 이렇게 말했다. "의회가 침묵하는 것은 우리의 헌법적 책임을 포기하는 것인 동시에 전쟁을 말없이 그대로 따르는 것입니다." 상원 다수당 지도자 조지 미첼은 대통령을 향해 더 강경한 태도를 보였으며, 부시가 조국을 전쟁으로 끌고 갈 "법적 권한이라곤 없다, 결단코 없다"고 잘라 말했다. "헌법은 그 커다란 책임을 의회에, 그것도 오로지 의회에만 명백히 부여했다."

단순히 민주당원만 그런 것도 아니었다.

심지어 행정부의 친구로 여겨지던 공화당 상원의원 딕 루거조차도 백악관의 전쟁 결정 업무를 바짝 감시하겠다고 약속했다. 그는 대통령이 이라크군을 상대로 무력 전쟁을 치르는 것이 옳은 일이라고 세계의 나머지 국가들을 납득시키기 위해 공을 들이고 있다는 점을 지적했다. 그리고 미국 국민에게도 똑같은 사실을 납득시키기 위해 그에 버금가는 공을 들여야 현명할 것이라고 주장했다. 급기야 루거는 페르시아만에서 전쟁

권한을 부여하는 결의안에 대해 투표하자며, 레임덕 상태의 의회로서는 흔치 않은 특별 회기 소집을 요청하기까지 했다. 그 사이에 상하원 지도자들은 새로운 의회가 소집되기 전에 페르시아만에 대한 대통령의 정책에 대해서 즉시 감독 청문회를 진행할 것이라고 부시에게 알렸다.

부시의 입장에서는 이런 공격도 역시나 참을 수 없는 것이었다.

대통령은 의회 지도자들을 백악관으로 불러 경고를 날렸다. 자기는 의회와 "논의"하려고 애를 썼다면서 이렇게 말했다. "논의란 양방향의 길입니다. 제 생각에는 사람들이 밖으로 나가 공식적인 입장을 취하기 전에, 우리가 직면한 어려운 선택에 관한 여러분의 구체적인 생각들을 듣는 것이 공정할 것 같습니다." 그는 언론 스크랩을 꺼냈다. 그리고 자신의 가장 요란한 적대자들을 향해 거기 나온 그대로를 읽어주었다. 이제 미국이 끝까지 가려는 의지도 지니지 못했다는 메시지를 사담이 전해 받았을 것이라고 말했다. "이것이야말로 지금 같은 시기에 보내기에는 잘못된 신호입니다." 그렇다면 의회가 전쟁을 선포할 독점적인 권한을 갖고 있다는 그 모든 이야기는? 그냥 잊어버리라는 거였다. 그 회의에 관한 보도 가운데 하나에 따르면, 대통령은 심지어 자기 양복 재킷에서 헌법 복사본을 꺼내 들더니, 양당 모두의 의회 대표단 앞에서 흔들어 보였다고 한다. 부시는 전쟁 권한에 대해서 그 문서가 어떻게 말하는지를 잘 알고 있다면서, 곧이어 이렇게 덧붙였다. "하지만 거기서는 제가 바로 군통수권자라고도 말하고 있습니다."

그들은 어떻게 생각할까? 그가 일종의 겁쟁이라고?

양당 모두에서 의회의 일부 구성원들은 부시와 의견을 같이 했다.

그들은 공개 토론이 위험천만한 일이라는 과거 레이건의 주장을 따라서 그의 편에 섰다. 공화당 소속 상원 지도자 밥 돌은 이렇게 물었다. "우리가 공개 토론을 벌인다면 결국 사담에게 잘못된 신호를 줄 수밖에 없지 않겠는가?" 공화당 소속 하원의원 헨리 하이드는 심지어 이렇게 말하기까지 했다. "의회는 지도자 노릇을 해야 할 것으로 간주된다. 따라서 우리는 [대통령의] 메시지를 국민에게 전달해야 마땅하다."

하지만 여기서의 핵심은 의회에서의 토론이 이미 시작되었다는 것이었다. 예비군 소집이 이를 보장했다. 대통령이 뭐라고 말하든지 간에, 이 전쟁의 가치에 관한 공개 방송이 나갈 예정이었다.

11월 20일, 그러니까 "제가 바로 군 통수권자"라던 부시의 발언이 나온 지 며칠 뒤에, 공화당 소속 론 델럼스를 비롯한 45명의 하원의원이 의회의 기자단을 모아 놓고, 자기네는 대통령이 공식 선전포고를 의회에 보내 토론에 부치도록 할 것과 아울러 미군 병력이 전투에 돌입하기 '전에' 이 문제에 대해 표결할 것을 명령하도록 요청하는 내용의 고발장을 워싱턴 DC의 연방 지방법원에 제출했다고 발표했다. "여기서 신속한 행동의 필요성은 전혀 없습니다." 한 하원의원은 이렇게 말했다. "우리가 침공당한 것도 아닙니다. 이 건에 대해서 헌법을 존중할 수 없는 마땅한 이유가 전혀 없다는 겁니다. 우리의 고발장은 바로 그 문제에 대한 것입니다."

대통령에게는 이것이야말로 3주 전에, 즉 추가로 20만 명의 미국인에게 동쪽을 가리키며 배낭을 꾸리라고 명령을 내리기 전에 하원의장이 전달한 최초의 경고 편지보다도 더 공격적인 도전이었다. 델럼스와 그 동료들은 본질적으로 대통령이 이 건에 관해 의회를 참여시키지 않는 한에는, 아울러 의회를 참여시킬 때까지, 대통령의 손을 묶어 달라고 판사에게 요청하는 셈이었다. "어떤 사람들은 이렇게 묻습니다. '음, 당신들은 이 조치가 대통령에게 폐를 끼칠 거라고는 생각하지 않습니까?'" 델럼스의 말이다. "헌법은 한 사람에게 폐를 끼침으로써 그가 우리를 전쟁에 끌고 나가지 못하도록 고안된 것입니다. 전쟁은 매우 엄숙하고, 진지하며, 이례적인 행동이기 때문에, 그 결정권이 단 한 사람에게 부여되어서는 안 됩니다."

"어떤 사람들은 당신들이 [대통령에게] 폐를 끼치는 데에서 그치는 게 아니라고 말합니다." 한 기자가 지적했다. "급기야 페르시아만에서 효과적인 정책을 수행하려는 대통령의 능력까지도 당신들이 잠식하고 있다는 겁니다."

"우리가 여기서 주장하는 것 이외의 다른 어떤 일을 하더라도, 그건 미국 헌법에 대한 잠식이 될 겁니다." 델럼스가 맞받아쳤다. "이것은 대통령 혼자만의 특권이 아닙니다."

상원에서는 군사위원회가 위원장인 조지아주 민주당 소속 샘 넌의 인도 하에 군대의 대비 태세 및 역량에 관한 청문회를 소집했지만, 이 청문회는 곧바로 쿠웨이트에서의 무력 전쟁의 적절성 및 필요성에 대한 질문의 기회로 변모되었다. 이것은 우리가 그런 전쟁에 나가서 싸워야 마땅한지 여부에 대한 질문이 아니라, 누가 그러자고 말해야 하는지에 대한 질문이었다. 넌은 심지어 예리한 시각을 보유한 베트남 참전용사 겸

저술가 제임스 웹을 증인으로 소환했다. 레이건 정부에서 해군부 장관*
으로 근무하고 퇴임한 지 얼마 되지 않았던 그는 부시가 의회로부터 선
전포고를 얻을 필요가 있다고 주장했다. 나아가 만약 부시가 이런 규모
의 전쟁을 진정으로 시작할 작정이라면, 그의 활동 역시 그 결정의 규모
에 걸맞아야 한다고도 말했다. 즉 전시 복무 병력의 손실을 막고 주 방위
군과 예비군을 소집하는 것도 모두 좋고 훌륭한 일이었지만, 이를 미국
인의 삶 속으로 더 깊이 짜넣기 위해서는, 대통령이 징병제를 재시행할
필요가 있다는 것이었다. 단순히 군대만이 아니라 온 나라가 이를 느낄
필요가 있었다.

이때까지만 해도, 전쟁으로 나아가는 대통령의 걸음은 일방적이었
을 뿐이었다. 하지만 그가 하려는 활동의 순전한 규모, 그가 관여시켜야
만 하는 군사 인원의 숫자 모두는 관심과 도전을 요구했다. 부시의 백악
관은 이를 이해한 것처럼 보였지만, 이와 동시에 분개하고 저항하기도
했다. "우리로선 필요한 경우 무력을 사용할 대통령의 재량권에 관해서
라면 헌법이 우리 편이라는 사실을 확신하는 바이다." 브렌트 스코우크
로프트는 이렇게 썼다. "설령 우리가 의회의 관여를 구한다면, 그때는 권
한이 아니라 오히려 지지를 원하는 데 불과할 것이다."

실제로 또다시 (우기는 것은 아니지만) 헌법은 "의도적인 신중을 기하
여, 전쟁에 대한 질문을 입법부에 귀속시켰다." 하지만 1990년의 행정부
는 더 이상 이것이 사실인 것처럼 기능하지 않았다. 물론, 전쟁을 벌이려
는 대통령은 이 쟁점을 놓고 의회와 상의할 정도로 현명할 것이었다. 하

---

* 국방부 산하 해군부의 기관장.

지만 그 상의는 과연 우리가 그 전쟁을 실제로 벌일 것인지 여부를 결정하지는 못할 것이었다. 이는 오히려 어떤 외국의, 때로는 친근한 동맹자로부터의 (즉 정치적 이득에 의한 친구들의) 지원을 확보하는 것과도 비슷할 것이었다. 그들을 참여시키는 편이 더 나았지만, 그들이 따라오지 않아도 대수롭지는 않을 것이었다.

그런데 이제는 "전쟁에 대한 질문"이 입법부에 귀속되지도 '않았을' 뿐만 아니라, 심지어 그래서도 '안 되는' 상황이었다. 부시의 백악관에서 자국의 입법부를 깔아뭉개는 쪽을 선호한 가장 큰 목소리는 바로 국방장관 딕 체니에게서 나왔다. 체니는 제럴드 포드의 대통령 임기 동안 백악관의 비서실장으로 근무하면서 관료 사회에서 잔뼈가 굵은 (심지어 유난히 뾰족한 송곳니까지 얻은) 인물이었다. 그 당시에만 해도 의회는 전쟁권한결의안을 (어리석은 규제!) 처음으로 써먹었다. 전례도 없었고 환영받지도 못했던 백악관 방문을 실천하면서까지, 미국을 베트남에서의 또 다른 전쟁으로 끌고 가지 못하게 하기 위해 포드를 저지한 바 있었다.

"체니와 나는 포드의 백악관에서 의회의 반격에 함께 대응했다." 체니의 멘토인 도널드 럼스펠드는 자서전에서 이렇게 적었다. "포드 행정부의 초창기에 백악관의 약아빠진 의회 연락관 겸 전직 아이젠하워 대통령 보좌관 겸 내 친구였던 브라이스 할로가 이런 말을 했다. 그때의 발언을 기억에서 더듬어 재구성하자면 다음과 같다. '의회와 법원이 가하는 꾸준한 압력은 행정부의 권한을 감소시킬 거야. 그거야말로 가차 없고, 불가피하고, 역사적인 일이지. 자네가 백악관을 떠날 때에도, 자네가 처음 왔을 때에 이곳에 있었던 것과 똑같은 권한을 남겨두고 떠나겠다고 결심하게. 자네의 근무 중에 대통령의 권력이 부식되는 데 기여하지 말라는 뜻일세.' 할로의 말은 내게 깊은 인상을 주었고, 내 생각에는 아마도 체니에게도 그러했던 것 같다."

심지어 사담과 쿠웨이트에 관한 의회 청문회가 1990년 11월에 시작되기 이전부터도, 국방장관 체니는 일요 토크쇼 여러 개를 순회하면서, 의회의 구성원 535명의 떨리는 손에 국가 안보의 결정을 맡겨 놓은 "위험한 주장"에 관해 과거 레이건이 지적했던 것을 반복했다. "여러분과 함께 1941년 9월로 가보고 싶습니다. 즉 제2차 세계대전이 벌써 2년째 지속되던 상황으로 말입니다." 체니는 〈미트 더 프레스Meet the Press〉에서 이렇게 말했다. "히틀러는 오스트리아, 체코슬로바키아, 폴란드, 노르웨이, 덴마크, 네덜란드, 벨기에, 프랑스를 이미 점령했고, 이제는 모스크바까지 절반쯤 진군한 상태입니다. 진주만을 두 달 앞둔 상황에서 미국 의회는 징병제를 앞으로 12개월 더 연장하기로 합의했습니다……. 단 한 표 차이로 말입니다." 사담 후세인이 중동에서 벌이던 부정한 (그리고 이미 중도에 멈춰 버린) 모험 따위야 유럽을 휩쓴 히틀러의 전격전에 감히 비할 바가 아니라는 사실은 체니의 요점이 아니었다. 오히려 체니의 요점은 의회가 저 하얀 페인트를 꺼내려고…… 그리고 영양 떼와 함께 뛰어 다니려고 작정했다는 것이었다.

넌의 청문회에서 증언하기 위해 의회로 갔을 때에도 체니 장관은 여느 때와 마찬가지로 비타협적이었다. 그는 과거의 동료들에게 뭔가에 대해 허락을 구하기 위해서 공손한 태도로 찾아간 것이 아니었다. 에드워드 케네디 상원의원과의 대화에서 체니는 행정부의 권력에 관해 놀랍고도 새로운 표지標識를 내놓았다.

케네디: 도발 행위가 없다고 치면, 미국이 이라크를 공격하기 전에 대통령이 의회의 승인을 반드시 얻어야 한다는 데에는 장관께서도 동의하십니까?

체니: 의원님, 저는 페르시아만에서 우리의 목표를 달성하기 위해 미군을 동원하기 전에 굳이 대통령이 추가적인 권한을 필요로 한다고 생각하지는 않습니다. (…) 우리 역사에서 대통령들이 미군을 동원했던 일은 무려 200번가량, 아니, 200번 이상 있었습니다. 그리고 그 사례들 가운데 겨우 다섯 건만 사전에 선전포고가 있었을 뿐입니다. 따라서 저로선 대통령의 손이 꽁꽁 묶여 있다고, 또는 군 통수권자로서의 헌법적 책임을 고려할 때에 대통령이 자기 책임을 수행할 수 없다고 주장하고 싶지는 않습니다.

케네디: 음, 장관님, 지금 우리는 [레이건이 독재자 무아마르 카다피를 겨냥한 1회성 공습을 실시했던] 리비아에 관해서 이야기하는 것이 아닙니다. 우리는 그레나다에 관해서 이야기하는 것도 아닙니다. (…) 지금 우리는 저곳에 가 있는 44만 명의 미군 병력에 관해서 이야기하고 있습니다. 지금 우리는 미국의 군사적 관여 중에서도 중대한 종류에 관해서, 즉 과연 그렇게 할 필요가 있는지에 관해서 이야기하고 있습니다. 방금 전의 답변대로라면, 이제 사담 후세인의 도발 행위가 없는 상태에서, 장관님께서는 [대통령이], 그리고 [대통령] 혼자서도 이 나라를 전쟁으로 몰고 갈 수 있으리라고 믿어 의심치 않는다고 미국 국민에게 이

야기할 채비가 되어 있다고 이해해도 되겠습니까?

체니: 의원님, 저는 다만 제가 아는 바에 따르면 모든 대통령이 그러했듯이, 그리고 분명히 현대에도 그러하듯이, 대통령은 군 통수권자로서 미국 헌법 제2조 2항에 나온 것처럼, 미군을 동원할 권한을 갖고 있다고 주장하고 싶습니다.

청문회장에서 케네디가 차마 믿을 수 없다는 듯 체니를 몰아붙였음에도 불구하고, 그리고 델럼스의 고발에도 불구하고, 제도로서의 의회는 (특히 의회의 지도력은) 확실하게 벌컥 분노를 드러내며 대통령과 전면전을 펼치지는 않았다. 마치 의회 지도자들이 먼저 뒤로 물러서서, 1991년 1월에 자기네가 다시 일하러 모이기 전에 이 재난이 스스로 해결되기를 간절히 기도했던 것처럼 보인다. 미국 의회는 그때쯤 되면 사담도 제정신을 차리고 발포가 시작되기 전에 쿠웨이트에서 빠져나오지 않을까, 그리하여 그를 상대로 하는 전쟁에 맞서야만 하는 필요에서 자기네를 구제해 주지 않을까 하는 바람을 품었던 것이다.

의회가 전략적 유예 상태에 있는 동안, 백악관은 세계의 나머지를 설득하는 데에 진짜 정치적 정력을 소비하고 있었다. 부시 행정부는 사담에게 쿠웨이트를 떠날 기한을 1991년 1월 15일로 제시하는 새로운 UN 결의안을 주도하느라 바빴다. 만약 그날까지도 사담이 쿠웨이트에 머무른다면, UN 결의안 678호에 의거하여 미국이 주도하는 연합군이 그를 제거하기 위해 "필요한 모든 수단"을 자유롭게 사용할 것이었다.

일단 결의안이 통과되고 나서야 (즉 일단 전쟁으로 가는 국제적 경로가

뚫린 다음에야) 대통령은 줄곧 의회를 신경 쓰고 있었다는 최소한의 몸짓은 해 두어야겠다고 결심했다. 어쨌거나 입법부는 1월 15일의 기한이 되기도 전에 회기를 위해 모였다.(즉 새로운 의회가 소집되었다.) 대통령으로선 미국 국민이 선출한 대표자들보다 오히려 UN이 미군을 더 많이 좌지우지하고 있다는 사실을 차마 국민에게 알릴 수 없었다. "안전보장이사회는 전쟁을 치르기로 표결했다." 부시는 이렇게 적었다. "하지만 신중하게 협상된 UN 표결은 또한 다음과 같은 사실에도 관심을 불러 일으켰다. 즉 UN에게도 물어보았으니, 우리도 의회에게서 이와 유사한 권한을 얻을 의무가 있지 않느냐는 것이었다. 우리는 의회로부터 명시적인 지원을 받게 될 때 비롯될 정치적 이득, 그리고 대통령의 본래적인 권한, 이 두 가지를 놓고 저울질하는 상황에 또다시 직면하게 되었다."

정치적 이득이라니! 만약 전쟁을 치르기로 (또는 치르지 않기로) 하는 결정권이 의회에 있지 않고 오로지 행정부에만 있다고 (즉 입법부의 역할은 단순히 대통령에게 박수갈채를 보내고 약간의 정치적 엄호를 가하는 것이라고) 믿었다면, 로널드 레이건 대통령은 결코 콘트라 모험을 비밀로 수행하지 않았을 것이다. 그런데 실제로는 비밀리에 (연방의 법령을 위반하면서까지) 그 일을 했으며, 그리하여 덜미가 잡히고 말았다. 덜미가 잡힌 직후에 레이건을 변호하기 위해서, 행정부는 아무런 범죄도 저지르지 않았다는, 즉 대통령이 그토록 큰 고통을 감내하면서 회피하려 했던 법적 제약은 사실 존재하지도 않았다는 임시방편의 때우기식 변론을 내놓았다. 그 주장에 따르면, 의회는 사실 전쟁 결정에 대해서 (찬성이건 반대건) 아무런 권한이 없다고 했다. 대통령은 자기 임기 중에 그 어떤 전쟁이든 원하는 대로 수행할 수 있다고 했다. 이것이야말로 부조리한 주장이었다. 하지만 이것은 레이건을 탄핵에서 구해내기에 충분한 정도의 연막을 칠 수는 있었으며, 그가 떠난 이후에는 후임 대통령들에게도 충분히 편리했던 까닭에 줄곧 살아남았다. 굳이 살아남을 필요까지는 없었지만, 어쨌거나 살아남은 것이다.

그리하여 1990년, 이것이야말로 보수적인 귀족 조지 H. W. 부시가 (즉 펌푸의 재능이라고는 전혀 없는 사람, 심지어 컨트리클럽 라커룸에서는 프랭클린 델라노 루스벨트의 비헌법적이고 과도한 대통령의 월권을 헐뜯는 사람들이 가득했던 동네에서 자라난 사람) 스스로는 물론이고 모든 대통령들이 "무력을 사용할 본래적인 권한"을 지녔다고, 아울러 이에 대한 의회의 명시적인 지지는 오로지 "정치적 이득"으로서만 유용할 뿐이라고 주장하도록 허락한 정말 기괴한 정치적 유산이 되었다. 우리는 짧은 시간 동안 먼 길을 온 셈이 되었다. 조지 H. W. 부시 역시 그로 인한 긴장을 드러내고 있었다.

한 사람이 일방적으로 우리를 전쟁에 내몰도록 허락해서는 안 된다던 건국자들의 크고도 명시적인 경고를 무시한 것이야말로, 이 나라에는 확연히 나쁜 일이었다. 알고 보니 이 일은 바로 그 한 사람에게도 별로 좋지 않았던 것으로 드러났다. "제가 바로 군 통수권자"라던 강경 발언에도 불구하고, 부시는 전쟁 권한 사안 전체에서 수렁에 빠지고 말았다. '사담을 상대로 전쟁을 벌여야 할까?'라는 요지경 속에 갇혀 버렸던 그 몇 달 동안, 조지 H. W. 부시 대통령이 작성한 개인 일기와 편지는 시사하는 바가 크다.

위胃와 목에 긴장을 느꼈다. (…) 줄어드는 지지 때문에 걱정, 걱정, 걱
정뿐이다. (…) 어떤 사람은 프랭클린 루스벨트가 했던 것처럼, 나도 노변정
담을 통해 상황을 설명하기를 원한다. 하지만 나는 그런 일에 뛰어나지 못
하다. (…) 이번 주는 대통령 임기 중에 가장 불쾌한, 또는 긴장이 가득한 일
주일이었다. (…) 워싱턴에서 친구를 원하는 사람이 있다면, 개를 길러야 할
것이다. (…) 아무도 나를 각별히 달가워하지 않는다. (…) 하지만 나는 최
대한 노력할 것임을, 또한 최선을 다할 것임을 어떻게든 미국 국민에게 전
달해야 한다.

대통령은 의회로부터 약간의 지지도 얻지 못한 상태에서 전쟁에 나
서는 것의 정치적 위험을 잘 알고 있었다. 그의 최고 동맹자인 상원의원
밥 돌은 이것이야말로 부시의 대통령직에 "성패가 달린 시기"라고 공개
적으로 주장했다. 하지만 돌은 의회가 스스로 결정의 부담을 감당해야
한다고 요구하지는 않았다. "의회에 있는 우리가 만약 참여하고 싶어 한
다면, 우리는 병사들과 대통령에게 정책을 지지해야 하는 빚을 지는 셈
이다." '만약 참여하고 싶어 한다면?' 여기에 선택의 여지가 있다고? 부
시는 그러지 않기를 바랐다. "그 어떤 싸움이라도 시작되기 며칠 전에 대
통령이 '적대 행위가 임박했습니다. 이상!' 하고 전함으로써 의회에 대
한 자신의 '모든' 책임을 다할 방법이 혹시 있을까?" 부시는 백악관의 한
고문에게 이렇게 물었다. "의회를 만족시키면서도 대통령의 두 손을 묶

어 버릴 위험까지는 없는, 이른바 전쟁의 '선포'에서 약간 부족한 뭔가가 혹시 있을까? (…) 부디 자네의 답변을 브렌트에게 직접 건네주어서 내게 '기밀'로 전달되게 해 주게."

부시는 바쁜 중에도 짬을 내서 상원의원 밥 버드에게 개인적이고 사적인 편지를 써서 조언을 요청했다. 버드는 민주당 소속이었지만 부시가 생각하기에는 공정한 사람이었고, 헌법적 정확성에 대한 잔소리꾼이었다. 그러나 대통령에게는 선전포고를 요청할 의무가 있다는 답장이 날아오자, 부시는 버드의 조언을 뿌리치고 말았다. 대통령은 수렁에 빠진 상태였다. 상원의 가장 현명한 입법가 가운데 한 명에게 조언을 요청할 만큼 의회에 대해 우려하고는 있었지만, 정작 상원에서 당신에게 할 말이 있다고 하자마자 발끈한 셈이었다.

부시는 자신의 전쟁 결정에 관해서 일기에다 거듭해서 썼고, 이때의 어조는 고백과 격려 연설의 중간쯤에 해당했다. "나는 점점 나이 들어가고 있지만, 그렇다고 해서 다른 누군가의 아들을 죽으라고 보내는 일이 더 쉬워지기라도, 아니면 더 어려워지기라도 하는 걸까? 내가 아는 사실은 그게 맞다는 것뿐이다. (…) 그리고 나는 우리가 15일을 그냥 흘려보내면 무슨 일이 일어날지 알고 있다. 우리는 겁쟁이처럼, 또는 반드시 해야 하는 일을 마뜩잖게 여기는 것처럼 보일 것이다. (…) 나는 계속 생각 중이다. (…) 해병대와 육군 병사들은 젊고도, 젊고도, 정말 무척이나 젊다. (…) 그들은 내가 국내 문제에 집중하지 못한다고 말하는데, 내 생각에도 그런 비판이 사실인 것 같다. 하지만 저렇게 수많은 젊은이들로 이루어진 병력의 생사를 손아귀에 쥐고 있는 상황에서, 도대체 어떻게 집중할 수 있단 말인가?"

자기가 결정한 바는 엄숙하고도 외로운 책임이라고 마음의 준비를 단단히 하는 동안, 부시는 대통령의 일에 의회가 간섭하는 것에 대한 자연스러운 분개를 훨씬 넘어서, 그리고 의회가 교묘히 환심을 사려 한다는 진정한 감정적 분노를 향해서 혼잣말을 한 셈이었다. 이 일은 점점 감정적이 되고 있었다. 심지어 여러 해 뒤에도, 그는 여전히 이때의 일을 생생히 기억해 낼 수 있을 정도였다. "그들은 군사 활동을 취하기 위한 결정에 수반되는 책임이나 걱정 가운데 아무것도 갖고 있지 않으면서도, 마음껏 우리를 공격했다." 부시는 1998년에 간행된 저서 『변모된 세계A World Transformed』에서 이렇게 썼다. "그들은 군대의 사기 문제라든지, 국가 간의 제휴를 유지하는 어려움이라든지, 또는 시간이 촉박하다는 사실 등과 맞서 싸울 필요도 없었다. 다른 무엇보다도 그들은 우리 육군, 해군, 공군 병사들의 생명에 대해서 아무런 책임도 갖고 있지 않았다."

의회가 아무런 책임도 없었다고? 오로지 대통령만 책임을 가졌다고? 대통령의 마음속에서 전쟁은 국가의 것이거나 심지어 정부의 것이 아니었다. 그러니 저 외로운 사람에게 화가 있을지어다.

이것은 나의 결정이다. 이 청년들을 전투에 내보내는 나의 결정, 무고한 이들의 생명에 영향을 줄 수도 있는 나의 결정이다. 뒤로 물러나서 제재가 효과를 발휘하도록 허락하는 것도 나의 결정이다. 또는 앞으로 나아가는 것도 마찬가지다. 그리고 내가 보기에는 새로운 세계 질서를 수립하도록 돕는 것도 마찬가지다. 굳게 버티고, 열기를 감당하고, 또는 뒤로 쓰러져 기다리고 바라는 것 역시 내 결정이다. 남편들에게, 여자친구들에게, 또는 기다리는 아내들에게, 또는 "우리 아들을 잘 돌봐 주세요"라고 편지를 쓰는 어머니들에게 영향을 주는 것도 내 결정이다. 그런데 나는 아직 뭘 해야 할지 모르고 있다.

지금까지 내 평생에 이런 날은 한 번도 겪어 본 적이 없었다. 나는 무척이나 지쳤다. 잠도 잘 자지 못하고, 9시 정각에 국민 앞에 반드시 서야만 하는 상황이기 때문에 더욱 힘들다. 아랫배가 아픈데, 물론 위출혈이 있었을 때와는 감히 비교할 수 없다. 하지만 나는 아픔을 느낄 수 있어서 위장약 미란타 두 알을 먹었다. 4시 반쯤 집에 와서 자리에 누웠다. 5시에 전화를 걸기 전에, 늙은 어깨가 뭉쳐 버렸다. 내 마음은 1천 마일 떨어진 곳에 있었다. 한 마디로 잠을 잘 수가 없었다. 다른 대통령들이 거쳐간 일들을 생각하고 있다. 전쟁의 고통을.

12월 중순, 대통령과 국방장관의 명령에 따라 미군은 베트남 전쟁의 절정에 수행한 것보다 더 크고 더 값비싼 공중 및 해상 작전을 수행했다. 뭔가 큰일을 대비하기 위해 200대 가까운 화물선이 인력과 장비를 (트럭, 지프, 탱크, 폭탄 등을) 페르시아만으로 실어 날랐다. 바로 그때 연방 지방판사 해럴드 H. 그린은 '델럼스 대 부시' 사건에 대한 판결을 내놓았다. 판사의 결론은 인용할 만한 가치가 있다.

헌법의 제1조 8항 11절에서는 "전쟁을 선포하는" 권한을 의회에 부여했다. 이 명백한 지시에 대해서 어느 정도까지 필요한 해석이나 해명의 경우, 국가를 전쟁에 관여시키는 중요한 권력을 대통령 혼자에게만 맡기는 것은 현명하지 못한 일이라고 생각했던 그 입안자들의 발언을 통해 알아볼 수 있다. 제퍼슨은 자기가 "전쟁의 개를 단속하는 유효한 억제책"을 열망한다고 설명했다. 제임스 윌슨도 이와 유사하게 이 시스템이 단 한 사람에 의해 야기된 적대 행위를 막아 줄 것이라는 기대를 표명했다. 그로부터 반세기가 더 지나서, 심지어 에이브러햄 링컨조차도 하원의원 시절, 우리에게 전쟁을 "부여할 권한을 '어떤 한 사람'이 가지지 못하도록 하자"고 말했다.

이 판결문에서 판사는 군사 행동이 전쟁을 구성하는지 여부를 결정하는 주체는 바로 대통령이라는 부시 행정부의 위조된 주장을 일축해 버렸다.

특정 공격 군사 작전이 제아무리 대규모라 하더라도 전쟁 결정을 구성하지 않는다고 판단하는 유일한 권력을 만약 행정부가 갖고 있다면, 전쟁을 선포하는 의회의 권력은 행정부의 의미론적 결정에 좌우되고 말 것이다. 이런 "해석"은 헌법의 명료한 언어를 회피할 수 없으며 (…) 유지될 수 없는 바 (…)

이곳[페르시아만]에서 관여한 병력은 상당한 규모와 의의를 지니고 있는 만큼,

설령 이들이 전투를 수행하더라도 그로 인해 전쟁이 일어나지는 않는다고 진지한 주장을 제기할 수는 없으며, 따라서 의회가 관여하려는 열망을 가지고 있다면 의회의 승인이 요구된다는 것이 명백하므로 (…)

본 법정은 수십만 명의 미국 군인이 위에 묘사된 상황 하에서 이라크에 공세적으로 진입하는 것이야말로 헌법 제1조 8항 11절의 의미 내에 포함된

"전쟁"이라고 서슴없이 결론내리는 바이다. 달리 표현하자면 이렇다. 본 법정은 의회에, 그리고 오로지 의회에만 "전쟁 선포" 권한을 부여한 해당 조항을 헌법으로부터 제거할 채비가 되어 있지 않다.

하지만 그린 판사는 대통령을 향해 페르시아만에서의 전쟁으로 자국을 이끌지 못하도록 막는 내용의 금지 명령을 내려 달라는 요청 역시 거절했다. "[의회의] 다수는 오로지 전쟁을 선포할 수 있는 유일한 주체이며, 따라서 다른 누군가가, 즉 행정부가 사실상 전쟁을 선포하는 것을 막아 달라고 법원에 명령을 구하는 능력을 지닌 유일한 주체이다. 요약하자면, 의회 전체, 또는 다수의 의견이 개진되지 않는 한, 여기서의 논쟁은 만연했다고 간주될 수 없을 것이다."

달리 말하자면, 이 문제는 의회가 엉덩이를 털고 일어나서 제 역할을 하는 데에 달려 있다는 뜻이었다. 법원은 의회의 일을 대신해 주지는 않을 것이었다. 여하간 의회의 구성원 수십 명에 불과한 소수가 고발장을 제출한 결과 경이로운 법적 논증이 나오기는 했다. 하지만 전쟁을 저지하기 (또는 시작하기) 위해서는 의회가 다수결에 따라 전체로서, 즉 제도로서 행동할 필요가 있었다.

1월 첫째 주에 의회가 재소집되었을 때, 상원의 양대 지도자인 민주당의 조지 미첼과 공화당의 밥 돌은 1월 23일, 즉 사담에게 떠나라고 통보한 마감 기한으로부터 8일 '뒤'까지는 전쟁 결의안을 꺼내들지 않는 것이 최선이라는 데에 합의했다. 그때쯤이면 이미 대통령은 공군과 해군에 이라크 폭격을 시작하라는 명령을 내렸을 가능성도 있었다. 일부 성난 상원의원들의 장내 발언도 나왔는데, 예를 들어 인내와 제재를 촉구한 톰 하킨의 발언이 그러했다. "이 쟁점을 논의하는 데 최적인 시기는 이 나라가 전쟁에 뛰어들기 이전이지, 그 이후가 아니다." 하킨의 말이었다. "우리의 헌법적 의무는 지금 여기에 있다."

하지만 이것이야말로 의회 지도자들이 확실히 다루고 싶어 하지 않았던 한 가지 뜨거운 감자였다. 한 공화당 상원의원은 제102대 의회의 개회일에 이 문제를 다음과 같이 멋지게 요약했다. "여기서는 많은 사람들이 그걸 양방향으로 원하고 있다. 만약 그게 먹혀들면, 그들은 대통령과 함께 있기를 원한다. 만약 그게 먹혀들지 않으면, 그들은 대통령에게 반대하기를 원한다."

어쩌면 대통령이 전쟁 결정에 관해서 의회로부터 고삐를 넘겨받은 셈일 수도 있었지만, 의회는 그걸 도로 가져오려고 확실히 싸우지도 않았다. 미국은 분열되었고, 상하원의 모든 구성원이 이 사실을 알았다. 여론조사 데이터는 나라의 절반이 페르시아만에서의 전면 군사 침공을 지지하는 반면, 나머지 절반이 이에 반대한다는 사실을 보여 주었다. 더 면밀한 조사에 따르면 대차대조표 양쪽 모두에서 모호성이 있었다. 이미 현지에 배치된 남편을 떠나보낸 한 여성은 1991년 1월 첫 주에 신문 기자와의 인터뷰에서 가슴이 찢어진다고 말했다. "저는 우리 군대를 지지하고, 또 제 남편을 지지하죠. 그래서 제 본심은 어디까지나 제가 쓰는 편지며 우리끼리의 전화 통화 몇 번에만 국한시켜 밝히고 있어요."

"저는 훌륭한 시민이 되고 싶고, 우리나라를 지키고 싶어요." 미시시

피주에 사는 한 여성 미화원은 역시나 같은 기자에게 이렇게 말했다. "하지만 저는 왜 우리가 거기 갔으며, 과연 그게 가치 있는 일인지를 설명해 줄 누군가를 여전히 기다리고 있는 중이에요. 저는 아직도 잘 모르겠고, 벌써 몇 달째 이런 상태가 지속되었어요. 우리가 또 다른 베트남으로 가고 있는 것은 아닌지 걱정이 되네요."

이와 같은 일화적 증거들이며 산처럼 쌓인 여론조사 데이터를 통해서, 페르시아만 전쟁(걸프전)의 정치학을 계산하는 일은 그 가치를 계산하는 것만큼이나 복잡하다는 사실이 명백히 드러났다. 하지만 이런 상황이 의회의 대부분에게는 오히려 일을 간단하게 만들어 주었다. 그들은 사이드 라인에 머물러 있다가, 사실을 따라서 편을 선택하기를 바라고 있었다. 이들은 부시에게 결정을 양보할, 그리하여 그가 열기를 (또는 영광의 더 큰 몫을) 떠안게 허락할 의향이 있었다. 즉 헌법에서 요구하는 토론이나 공식 국가적 선포도 없는 상태에서, 사실상 국가가 다시 한번 전쟁을 향해 표류하게끔 허락할 의향이 있었던 것이다. "최근 수십 년간 의회는 그 책임을 회피해 왔다." 퓰리처상을 받은 칼럼니스트로 오랫동안 헌법을 연구한 앤서니 루이스는 미첼과 돌이 문제를 뒤로 미뤄 버린 다음날 이렇게 썼다. "우리는 해밀턴과 매디슨과 다른 여러 사람들이 우려했던 바로 그 군주적 대통령제를 향해서 상당히 멀리까지 나아갔다. 만약 대통령 스스로가 우리를 페르시아만에서의 전쟁으로 데려갈 수 있다면, 조지 3세는 (그가 지금 어디 있든지 간에) 웃을 만한 자격이 충분하다.* 미국은 법률의 제약을, 즉 헌법의 제약을 존중함으로써 이렇게 오랫

---

* 영국 왕 조지 3세(1738-1820)의 재위(1760-1820) 중인 1775년에 미국 독립전쟁이 벌어졌다.

동안 지속될 수 있었고, 또한 자유롭고 강력할 수 있었다. 그런데 지금 세계 질서라는 미명 하에 부시 대통령이 그런 제약을 무시한다는 것은 그에게나 우리 모두에게나 재난이 아닐 수 없다."

마침내 이제 전쟁이 불가피해진 막판에 가서야, 대통령과 의회는 자기도 모르게 올바른 일을 해냈다. 즉 페르시아만에서의 전쟁에 대한 국회의 승인은 어떠한 종류이든지 간에 "위험한 선례"를 남기는 동시에 대통령직의 "권한을 감소시킬" 것이라는 국방장관 딕 체니의 조언에도 불구하고, 부시는 의회를 향해 일종의…… 요청을 했던 것이다. 그는 공식 선전포고를 원한 것이 아니라, 단지 사담을 쿠웨이트에서 몰아내기 위해 "필요한 모든 수단"을 사용하겠다는 UN 결의안을 지지하는 (다시 말해 자신의 전쟁을 지지하는) 의회의 표결을 원했던 것뿐이었다. "그런 행동은 사담 후세인에게 어떤 조건이나 지체 없이 쿠웨이트에서 물러나야 한다는 가능한 한 명료한 메시지를 보낼 것입니다." 부시는 1991년 1월 8일에 의회에 보낸 편지에 이렇게 썼다. "저는 미국의 안전을 지키기 위해서 필요한 일은 무엇이든지 하기로 작정했습니다. 저는 이 과제에 참여할 것을 의회에 요청하는 바입니다. 저로선 이 중대한 시기에 의회가 대통령에 대한 지지를 표명하는 것보다 더 나은 방법은 생각할 수 없습니다."

그리하여 사담에게 전달한 쿠웨이트 철수 (또는 그 밖의 일을 할) 최종 시한을 며칠 남겨둔 상황에서 미국 의회는 업무에 돌입했고, 페르시아만에서 미군 50만 명을 지상에 투입하는 대규모 전쟁을 벌이는 것이 현명한 일인지를 공식적으로 논의했다. 대통령이 이들의 업무를 기껏해야 자신에 대한 '지지 표명' 여부에 대한 결정에 불과하다고 조소하는 상황에서, 국민이 선출한 대표자들은 그럼에도 불구하고 발포가 시작되기 전에 민주주의의 샘인 하원 회의장과 상원 회의장 모두에서 전쟁을 치를 것인지 결정하는 사안을 놓고 싸웠다. 그리고 이 모두는 단순한 멋부리기나 젠체하기나 영합이 아니었다. 이것은 진정한, 가슴에서 우러난, 요란한, 그리고 공개적인 발언들이었다.

상원에는 이라크가 완전하고도 조건 없이 쿠웨이트에서 병력을 철수해야 한다는 폭넓은 합의가 있습니다. 단지 쟁점은 그 목표를 달성하는 최선의 방법이 무엇이냐 하는 것입니다.

신뢰할 만한 군사적 위협이 없는 한, 우리의 대안은 후속 조치가 아무것도 없는 제재뿐입니다. 제가 단순히 제재 하나에 대해서만 찬성표를 던질 수 없는 이유가 그래서입니다. 제가 신뢰할 만한 무력의 위협을 대통령에게서 박탈하자는 쪽에 찬성표를 던질 수 없는 것도 그래서입니다.

사담 후세인은 (…) 세계에서 가장 필수적인 자원 가운데 하나에 대한 통제권을 추구하고 있으며, 그는 궁극적으로 중동에서 도전을 불허하는 반反서양 독재자가 되기를 추구하고 있습니다.

우리는 국제적 재난에 직면한 것이 아닙니다. 큰일은 전혀 일어나지 않았습니다. 비열하고 작은 나라가 더 작은, 그리고 역시나 비열한 나라를 침공했을 뿐입니다.

지금 우리에게 필요한 것은 단결입니다. 분열이 아니라 단결입니다.

저는 대통령이 옳건 그르건 간에 의회가 반드시 지지해야 한다는 주장을 거부하는 바입니다. 우리에게는 옳은 일을 해야 하는 나름대로의 책임이 있으며, 저는 오늘날의 전쟁이 잘못이라고 믿어 의심치 않습니다. 이 역사적인 순간에, 전쟁을 향한 이 무분별한 행진을 오로지 의회만이 저지할 수 있다고 말해도 무방할 것입니다.

저는 지금이야말로 의회가 대통령을 방해하는 대신에 도와줄 때라고 생각합니다. 저는 지금이야말로 의회가 대통령과 힘을 합쳐서 대통령을, 그리고 저 모래밭에 앉아 있는 우리의 젊은이들을 지지할 때라고, 그리고 우리가 무력의 사용을 지지할 의향이 있음을 보여 줄 때라고 생각합니다.

만약 우리가 아무 일도 하지 않아서, 사담이 아무런 대가 없이 쿠웨이트라는 나라 하나를 꿀꺽 삼켜 버리고, 사람들의 재산을 파괴하고, 무고한 남녀노소를 고문하고 약탈하고 죽인다면, 우리 역시 그와 똑같이 유죄일 것입니다.

전쟁은 불, 강철, 인명 손실과 관련된 일입니다. 만약 우리 모두의, 대통령의, 부통령의, 내각의 자녀가 모두 저 페르시아만에 지금 당장 가 있다고, 그것도 쿠웨이트로 진격해 들어갈 최초의 공격의 일부가 될 예정으로 최전선에 서 있다고 가정한다면, 저는 우리가 논의에 좀 더 많은 시간을 들일 것이라고 생각합니다. 그렇게 된다면 저는 우리가 제재 정책을 위해 더 열심히 일할 것이라고 생각합니다. 저는 무력 전쟁까지는 아닌 한에서 우리가 할 수 있는 다른 모든 방법으로 사담 후세인을 압박하려 노력할 것이라고 생각합니다.

만약 우리가 행동하는 데 실패한다면 머지않아 다른 독재자들이, 즉 다른 사담 후세인들이 불가피하게 나타날 것입니다. 현실에서든 포부 면에서든, 그런 자들은 지구 전역에 많을 것이기 때문입니다. 그리고 그런 독재자들은 초록불을, 즉 공격을 위한 초록불을, 즉 더 약한 이웃 나라의 병합을 위한 초록불을 보게 될 것입니다. 그리고 실제로 시간이 지나면서 이 지구 전체의 안정성에 위협이 될 것입니다.

발언이 끝나자 사실상 모든 의회 구성원이 자리에서 일어났고, 그 숫자를 세어서 페르시아만에서의 전쟁에 대한 찬성과 반대를 결정했다. 아슬아슬한 차이로 (상원에서는 52대 47이었다) 의회는 (다시 말해서 미국은) 전쟁에 나가기로 표결했다.

그 결과에 동의하건 하지 않건, 시스템은 제대로 작동했다. 우리의 의회는 분명하고도 공개적인 토론을 벌인 후에 저마다 편을 선택했다. 우리는 한 나라로서 전쟁에 나가기로 결정했다. 부시의 백악관이 그런 결정에 대한 의회의 책임에 대해서 얼마나 경멸을 표했는지를 생각해 보면, 이것은 그 자체로 일종의 기적이었다. 국가적 토론을 강제한 것은 전쟁에 나가려는 결정을 어렵고, 신중하고, 초조해 하며 내리게 하기 위해 집단적으로 만들어 놓은 헌법 또는 건국자들의 의도를 겸허히 존중해서가 아니었다. 아니, 우리가 옳은 일을 하도록 강제한 원인은 전쟁 결정에 대해서 마지막으로 살아남은 구조적 장벽, 즉 에이브럼스 독트린이었다. 즉 세계 어디에서건 간에, 그 어떤 중요성을 지녔건 간에, 그 어떤 군사 작전이건 간에, 이를 실시하려면 막대한 숫자의 병력을 소집해야 하기 때문이었다. 과격하게 재구성된 대통령의 권한과 아울러 비밀 전쟁과 의회는 무관하다는 선례에도 불구하고, 소집은 나라의 시선을 실제 전쟁 가능성으로 잡아 끌었다. 그리하여 대통령으로 하여금 그 어떤 심각한 전쟁 과제조차도 혼자서는 수행할 수 없게 만들었으며, 궁극적으로 의회가 그 짐을 지도록 강제했다. 조지 H. W. 부시의 대통령 임기에 이르러, 에이브럼스 독트린은 이 나라가 너무나도 손쉽게 전쟁을 향해 표류하지 않도록 상당히 많은 일을 했던 것이다.

우리가 그것을 없애 버리기 전에 진정한 토론을 (또는 최소한 두 번 생각을) 해야 마땅한 이유도 그래서일 것이다.

7장

클린턴이 키운 군대의 민영화

그 일을 해낸 것은 갓 걸음마를 하는 아이들…… 이빨로 깨물고, 침을 흘리고, 이유식을 먹고, 통제가 안 되고, 항상 의존적인 꼬맹이들이었다. 걸프전 이후 10년 동안, 우리를 항상 전쟁에 나가지는 못하게 하는 마지막 남은 제약에 대한 공격에서 가장 효과적인 기습 부대는 바로 미취학 꼬마들이었던 것이다. 이 꼬마들은 끔찍하리만치 귀여운 존재였다. 아울러 이 꼬마들에게는 끔찍하리만치 많은 비용이 들어갔다. 이 꼬마들은 자원을 요구했다. 1995년의 펜타곤 연구에 따르면, 군인 가족 가운데 가장 어린 아이들을 위한 데이케어를 제공하는 데 꼬마 1인당 매년 6,200달러씩이 들어가는 것으로 추산되었다. 그리고 전 세계의 미군 가정에는 미취학 아동이 57만 5천 명이나 있었다. 고용주인 군대의 입장에서는 이들 가족 모두를 자기네 책임으로 받아들여야만 했다. 그들이야말로 어마어마한 규모의 밑 빠진 독 같은 장애물이었다.

미국 육군, 해군, 공군, 해병대의 인구는 베트남 전쟁 이후에 극적으로 변했다. 징병제가 사라진 지 20년 뒤인 1990년대 중반에 이르러 모두

지원자로 이루어진 군대는 더 안정적이고, 더 전문적이고, 더 유능하고, 더 교육받은 상태가 되었다. 아울러 군대는 전체적으로 민간인의 세계를 더 많이 반영하고 있었다. 예를 들어 여성 군인의 수는 급격히 늘었다. 미국의 남녀 현역 군인 가운데 절반 이상이 기혼자였다. 그리고 1990년대 중반에는 상대적으로 평화와 넉넉한 재산을 누리고 있었던 나머지 미국 국민과 마찬가지로, 군대 역시 다산이라는 전국적인 물결의 일부였다.

하지만 국가 전체적으로 보자면, 아이를 갖는 것이 군인 가족에게 〈오지와 해리엇Ozzie and Harriet〉* 식의 변화를 자동적으로 가져오지는 않았다. 자녀를 혼자 키우는 편부모 역시 다른 어디에서와 마찬가지로 군사 기지에서도 늘어나는 추세였다. 군인 세 명 가운데 두 명 꼴로 배우자가 가정 외에서 전업으로 일했다. 따라서 부모가 가정을 꾸려나가기 위해 돈벌이를 하려면, 군인 가족 명단에 오른 미취학 아동 가운데 약 80퍼센트에게 종일 데이케어가 필요했다. 그뿐만이 아니라 군인 부모는 자녀를 위한 합리적인 안전망을 기대하게끔 되었다. "군인들이 복무하는 이유는 뭔가 특별한 것의 일부가 되기를 좋아하기 때문이다." 합참의장 존 M. 샬리카시빌리는 1995년 5월에 이렇게 말했다. "하지만 가족이 제대로 대접받지 못할 경우에는 오래 머무르지 않는다."

오랜 경험에 따르면, 무기한 병력 배치는 자칫 군인 가족에게 치명적일 수 있었다. 즉 아동 학대, 약물 남용, 이혼, 군용 매점에서의 부도수표 사용 모두가 증가했던 것이다. 군이 방대한 조사를 실시할 필요도 없

---

* 실제 가족 사이인 '넬슨 일가'의 아버지(오지)와 어머니(해리엇), 그리고 두 아들(데이비드와 리키)의 일상을 묘사한 미국의 시트콤으로 라디오(1944-1954)와 텔레비전(1952-1966) 시리즈로 방송되어 큰 인기를 끌었다.

이, 미국 육군 행동과학연구소에서는 현역 사병 및 장교가 복무를 그만두는 주된 이유가 "가족과의 이별"임을 지휘관들에게 납득시켰다.

"선생님." 독일에 주재하는 한 공군 하사관은 펜타곤의 연구관에게 이렇게 말했다. "당신께서 저희 가족을 돌봐 주시는 한, 저희는 어디라도 갈 준비가 되어 있습니다."

상하원은 군대가 이 꼬마들을 다루는 방법에 관한 온갖 종류의 표준을 세우는 법안을 통과시켰지만, 정작 그런 서비스를 제공하기 위한 예산은 터무니없이 부족했다. 계획과 실천의 간극을 줄이기 위해 필요한 돈이라면 기지 사령관들이 미배정 예산이라는 각자의 작은 지갑을 뒤져야 하는데, 그러다 보면 미혼 군인들은 볼링장과 골프장과 기타 여가 혜택에 필요한 돈을 저 꼬맹이들이 훔쳐가고 있다면서 불평하고 신음할 것이었다. 사령관들에게 가장 최선의 희망은 아마도 기지의 볼링장으로부터 예산을 훔치는 것이었겠지만, (1995년에만 해도 52퍼센트에 불과했지만) 1999년에는 군인 가족의 80퍼센트까지 치솟은 육아 수요를 채우겠다던 펜타곤의 공언 목표에는 턱없이 모자랐다.

그리고 이런 목표는 오로지 현역 복무 중인 병력만을 고려한 것이었다. 주 방위군과 예비군은 어떻게 한단 말인가? 걸프전 동안에는 그중 25만 명 이상이 소집된 바 있었다. 그리고 그중 10만 5천 명은 배를 타고 사우디의 사막에 가서 몇 달 동안 머물렀다. 단지 31일 동안만 현역으로 배치되었던 군인들도 혜택을 제공받아야 했다. 건강 관리, 주택 수당, 고용주 대출 상환, 학자금 대출, 그리고…… 데이케어도!

이것이야말로 펜타곤의 계획자들에게는 어마어마한 골칫거리였다.

1990년대의 효과적인 예산 원칙은 가뜩이나 축소되는 방위 예산에서 우선순위를 재설정함으로써 무기 조달 및 현대화라는 중요한 업무로 돌아가는 것이었다. 1985년 이후 10년 동안 무기 조달 예산은 1억 2,600만 달러에서 3,900만 달러로 줄어들어서, 전체 방위 지출액 가운데 18퍼센트라는 하찮은 금액에 불과했다. 물론 현역 복무 병력은 30퍼센트 가까이 줄어들어서 기지 몇 군데는 폐쇄되었지만, 그럼에도 문제의 해결에 가까워지지는 못했다. 우리의 상비군이 계속 돌아가도록 만드는 총비용만 해도 펜타곤의 연간 예산 배당 가운데 40퍼센트 내지 50퍼센트 사이를 집어 삼키는 판에, 과연 어떻게 '지구 최후의 초강대국'으로서 우리의 우월성을 보장할 수 있단 말인가? 예산의 달인들조차도 진짜 대단한 신형 폭탄이나 눈에 보이지 않는 비행기나 절대 뚫리지 않는 탱크 등을 만들기 위한 돈을 여전히 찾아내지 못하고 있으니, 우주에 존재한 것 가운데 가장 강력하고도 가장 값비싸면서도 사용불가능한 병기, 즉 핵폭탄에 대한 약간의 치장은 꿈도 못 꿀 판이다. "달리 말하자면, 국방부의 지원 기간 시설이 대부분 군살 빼기에 무감각한 상태로 남아 있는 것이다." 펜타곤의 후원을 받은 또 다른 태스크포스에서는 1996년에 이렇게 개탄했다.

이처럼 군살 빼기에 무감각한 총액 가운데 일부를 벗겨 내는 것만이 그나마 단 하나의 가물거리는 희망인 셈이다. 이것은 궁핍했던 몇 년 사이에 (그것도 사전 고려조차도 별로 없이) 형성된 기술관료적인 약간의 해결책으로서, 최후의 수단이라는 약간 불쾌한 선택지부터 시작해서 최후의 실행 가능한 처방까지 여러 단계가 있었다. 우선 외주화, 다음으로 민영화, 그리고 민간병참지원이 있었다. 달리 표현하자면 이런 거였다. 데 이케어 비용을 자체 부담하는 사람이 군대에 들어오면 안 되는가? "그렇게 주도할 수 없다면, 국방부는 다음 세기 동안 미국의 탁월한 군사력을 지속하는 데 필요한 신형 무기 체계와 첨단 기술을 확보할 수 없을 것이다." 펜타곤의 태스크포스 연구에서는 이렇게 말했다.

사실 민영화라는 발상은 1990년대 중반 즈음에 군대에게도 워낙 유혹적이었기 때문에, 심지어 데이케어 그 자체에 대해서도 일종의 시험 조치가 이루어진 적이 있었다. 즉 해군이 자금을 지원한 시험 프로그램을 통해, 버지니아주 노포크와 하와이주 진주만에서 민간 도급업체가 데이케어 서비스를 제공한 것이다. 비용 절감에는 민간 부문이 항상 더 뛰어나게 마련이었다. 그렇지 않은가?

1990년대 초에 펜타곤의, 또는 그 산하의 개별 부서의 의뢰와 자금으로 이루어진 수십 가지 연구에 따르면, 당시에는 민간 부문이 일을 더 저렴하게 해낸다는 것이 통념처럼 받아들여졌다. 어쨌거나 그런 태스크포스조차도 대부분 보잉과 웨스팅하우스와 제너럴일렉트릭과 페로시스템Perot Systems과 베어스턴스Bear Stearns와 (뭔가 포괄적인 명칭이지만, 충분히 기억해 둘 만한 가치가 있는 업체인) 밀리터리 프로페셔널 리소시즈Military Professional Resources Inc 같은 업체들의 (상당수가 예비역 군인이고, 또 그 사람이 그 사람인) 기업 중역들을 죽 깔아 놓은 다음, 일부 현역 장군이나 싱크탱크 소속원 몇 명씩을 양념처럼 약간씩 흩뿌리는 방식으로 인원이 채워졌기 때문이었다. 1990년대 초에 아이티, 소말리아, 르완다 같은 곳에서 실시된 미군의 작전에 민간 도급업체를 소규모로 동반 배치한 이후, 펜타곤은 일의 규모를 더 늘리기로 작정했다. 가장 중요한 사례를 들자면, 1996년에 국방과학위원회 외주화 및 민영화 태스크포스에서는 군이 민간 대 공공의 비용 의식에 관한 문제를 재보는 데에 시간을 낭비할 것조차 없이, 그냥 적극적인 판매에 나섰다.

본 태스크포스에서는 국방부에서 지원하는 기능들 가운데 본래적으로 정부의 것이었던, 또는 전투와 직접 관련되는, 또는 적절한 민간 부분의 역량이 존재하지 않거나 수립되리라 기대할 수도 없는 기능들을 제외한 나머지 모두가 민간 판매자에게 도급되어야 마땅하다고 믿어 의심치 않는다. (…) 본 태스크포스는 국방부가 적극적으로 외주화를 주도하면 상당히 감소한 비용으로도 지원 서비스의 품질을 향상시킬 것이라고 확신하는 바이다. (…) 2002년 회계연도에는 매년 최대 70억 내지 120억 달러를 절약할 수 있을 것이다. 그렇게 해서 생긴 자원은 장비 및 현대화에 사용할 수 있을 것이다.
민간 부분은 우리 사회의 창의, 혁신, 효율의 주된 원천이며, 이 나라의 병력에게도 정부 조직보다 비용 면에서 효율적인 지원을 제공할 가능성이 더 크다.

대규모 민간 업체의 첫 무대는 발칸 반도가 될 예정이었다. 민간 영리 목적 회사들은 보통 중요 임무에서 급식 서비스, 쓰레기 수거, 급수 서비스 등을 제공해 왔지만, 보스니아에서는 거의 모든 일을, 그것도 막대한 숫자로 해냈다. 구舊 유고슬라비아에서 유혈이 낭자한 3각 전쟁을 벌여 왔던 세르비아, 보스니아, 크로아티아 간의 아슬아슬한 평화를 유지하는 데 도움을 주고자 2만 명의 미군이 파견되자, 그와 대등한 숫자의 민간 기업 직원들이 동행했다. 이들은 미국 국방부와 도급 계약을 맺은 회사들인 딘코프DynCorp와 (전직 국방부 장관 딕 체니가 운영하는 기업 핼리버턴Halliburton의 자회사인) 브라운앤드루트 서비시즈 코퍼레이션Brown & Root Services Corporation의 직원들이었다. 브라운앤드루트의 직원들은 미군에게 잠잘 막사를 건설해 주었고, 급식을 제공해 주었고, 의복과 침구를 세탁해 주었고, 여가의 필요를 채워 주었고, 우편을 배달해 주었고, 이메일을 보내게 해 주었다. 딘코프의 가장 큰 도급 계약은 국무부에서 따낸 것으로, 더 대규모인 UN 임무를 지원하는 민간 경찰력을 제공하는 동시에, 서양의 법 집행 기관의 방식으로 그 지역 경찰을 훈련시키는 것이었다. 하지만 딘코프는 국방부와 더 작은 도급 계약도 맺어서, 예를 들어 보스니아에서 미군 비행기를 정비하는 일 등을 담당했다.

그러나 브라운앤드루트는 "혁신" 부문에서 결함을 드러냈는데, 막사를 짓기 위한 건설 자재를 입수하는 과정에서 문제가 생겼기 때문이다. 알고 보니 방수 합판을 미국에서 보스니아로 운송하는 과정에서, 개당 14달러였던 원가가 무려 개당 85.98달러로 뻥튀기되었다. 하지만 이런 문제도 그 최종 결과에 해를 입히지는 않았다. 이 회사는 (비록 시기적절하지는 않아도) 회계 보고만큼은 놀라우리만큼 기민하다는 사실을 입증했다. 즉 예산 초과로 인해 이 업체의 육군 도급 계약에 대한 지출이 3억 5천만 달러에서 4억 6,100만 달러로 늘어났다. 비용 초과의 큰 요인 가운데 하나는 이른바 "관리 및 행정" 항목으로, 예산을 무려 6,900만 달러나 더 써서 무려 80퍼센트가 초과되는 인상적인 모습을 보여 주었다. 하긴 개당 14달러짜리 방수 합판을 개당 86달러짜리 방수 합판으로 만들었을 정도이니, 브라운앤드루트의 관리 및 행정에는 아마도 상당히 여러 계층이 필요했을 법하다.

그다지 비용 효율이 높지는 않았을지 몰라도, 브라운앤드루트는 도급 계약의 의무를 확실히 완수했다. 즉 이 업체가 담당한 보스니아, 크로아티아, 헝가리 소재 34개 기지의 군인들은 매점에 미국 식품이 들어와 있고, 식당에 24종의 식사 메뉴가 있어서 대체적으로 꽤나 즐거워했다. "샌드위치, 수프, 음료는 항상 이용 가능했다." 몇 년 뒤에 미국 회계감사원에서는 대규모 발칸 도급 계약에 관해서 의기양양하게 말했다. "보스니아 파견 부대의 장교들은 음식의 양과 질 모두가 무척이나 좋았기 때문에, 대원들의 체중이 불 정도였다고 말했다." 아, 좋구나!

미국의 민간 기업이 보스니아에서 낳은 이른바 "혁신과 창의"를 완전히 이해하기 위해서는 딘코프를 한 번 살펴볼 만하다. 도급업체가 해외 미군 작전에 지원하는 분야에서 그 교묘함에 관한 명성이 워낙 자자하다 보니, 딘코프는 다른 도급업체들과 이미 차별화되는 실정이었다. 예를 들어 보스니아의 두브라베 소재 캠프 코만치에서 딘코프가 운영한 항공기 정비용 격납고의 직원들의 모습을 살펴보자. 헬리콥터 정비사 벤 존스턴은 딘코프와 계약하면 같은 일을 하면서도 훨씬 더 높은 봉급을 받을 수 있다는 이유로 군대를 전역하고 이쪽으로 자리를 옮겼지만, 자기가 목격한 광경에 상당히 빠르게 동요를 느꼈다. 《인사이트》지의 기자에게 그가 내놓은 이야기를 들어 보자.

우리가 부품이 오기를 기다리게 만들기 위해서 부품 숨기는 일을 담당한 직원도 있었습니다. 그들은 [즉 딘코프의 십장들은] 우리한테 헬리콥터 유리 교체하는 일을 시켰는데, 상태가 나빠서가 아니라 단순히 돈을 벌기 위해서였습니다. 그들은 고등학교를 갓 졸업한 꼬맹이도 하나 데려다 놓았는데, 그 녀석은 기초적인 공구의 이름과 용도조차도 모르고 있었습니다. 연봉 1만 8천 달러를 받는 군인들이 그 꼬맹이보다는 더 많이 알고 있었습니다만, 이게 바로 그들이 [즉 딘코프가] 부정하게 주머니를 채우는 방법이었습니다. 그들이 보스니아에서 한 말에 따르면, 딘코프는 오로지 비숙련 노동자만 필요로 한다는 거였습니다. 그게 바로 딘코프의 표어였습니다. 설령 누군가가 하루에 8시간 동안 일을 하지 않아도, 그들은 그만큼 일을 했다고 기록할 겁니다. 그래야만 정부에 청구서를 보낼 수 있으니까요. 이건 완전히 사기입니다. (…)

이들이야말로 제가 지금껏 상대한 중에서도 더 엉터리인 작자들입니다. 저도 술을 아예 안 마신다거나, 뭐, 그런 것까지는 아닙니다만, 딘코프의 직원들은 술을 마시기 위해서 일하러 온다고 할 만합니다. 딘코프의 승합차가 매일 아침 우리를 데리러 오는데, 심지어 거기서도 알코올 냄새가 진동한다니까요.

그리고 다음과 같은 장면을 머릿속에 그려 보시라. 존스턴의 동료인 딘코프의 정비사 하나는 워낙 대식가여서, 그가 추측하기에 몸무게가 거의 400파운드(약 181킬로그램)에 육박하는 듯했다. 한 번은 블랙호크 헬리콥터에서 일하던 그 동료가 "주머니 여러 개에 치즈버거를 넣어 두고, 일하는 내내 먹고 있었다." 존스턴의 말이다. "그는 말 그대로 5분에 한 번씩 잠이 들었다. 한 번은 손에 토치를 들고 있다가 잠이 드는 바람에 비행기에 달린 플라스틱 부품에 구멍을 내기도 했다."

"결론은 뭐냐 하면, 과거에만 해도 전 세계 모든 군 부대에서 매우 높은 가시성을 지니고 있었으며 진정으로 긍정적인 프로그램이었던 것을 딘코프가 완전 난장판으로 만들어 버렸다는 겁니다." 그곳의 감독관도 역시나《인사이트》기자에게 이렇게 말했다.

하지만 존스턴을 진정으로 동요시킨 것은 단순히 이런 전반적인 기업의 부정 행위와 저속한 사기 행위가 아니었다. 그를 진정으로 동요시킨 것은 바로 딘코프의 사물함에 들어 있는 가장 얇은 난장판이었다. 즉 캠프 코만치의 도급 노동자들의 일반적인 관습, 그 지역의 세르비아 마피아로부터 동거 성노예를 구매하는 일이었다. 남자들은 그 일을 격납고에서 공개적으로 자랑했고, 자기 집에 와서 새로운 "여자"를 만나 보라고 동료 노동자들에게 권했다. 그런 여자 중에는 무려 열두 살 밖에 안된 어린아이들도 있었다. 존스턴이 이런 사실을 알게 되었을 무렵, 캠프 코만치의 거주자 가운데 성노예주 몇 명이 이미 그 지역 경찰에 체포된 상태였지만, 결국 기소된 사람은 아무도 없었다. 범죄가 발각된 노동자들을 내보내라는 육군의 요청에 딘코프의 관리 부서는 48시간 내에 그들을 보스니아에서 미국으로 돌려보내면서, 이와 같은 범죄 행위에 대한 자사의 "불관용 정책"을 강조했다.

딘코프의 유럽 운영 담당자는 자사의 신속하고도 단호한 행동이야말로 자기들이 선호하는 새로운 고객, 즉 미국 육군에게는 자랑거리라고 확신하는 모양이었다. "우리는 이를 마케팅의 성공으로 바꿔 놓을 수 있었습니다." 그는 마치 이 추악한 소식이 공개되지 않도록 보장하기 위해 회사가 애를 쓰기라도 했다는 듯 자랑했다.

성 밀매 스캔들이 회사의 명성에 끼친 손상을 조사하기 위해 파견된 딘코프의 한 관리자는 육군 감독관들이 주로 이곳에서 이루어지는 업무의 품질에 대해서만 우려하고 있다는 사실을 발견했다. 딘코프의 봉급을 받는 얼간이들이 근무 외 시간에 무엇을 하든지 간에, 그건 딘코프의 문제일 뿐이라는 것이었다. 정비를 외주화한다는 것은 결국 정비 노동자들과 함께 따라오는 골칫거리도 역시나 외주화한다는 뜻이었다. 그렇지 않은가? 게다가 육군 변호사들은 보스니아 법이나 미국 법 가운데 그 어떤 것도 도급업체에는 적용되지 않으므로, 국방부는 민간 도급업체 노동자가 현지에서 저지른 그 어떤 범죄에 대해서도 기소할 권한이 없다고, 따라서 그들에게는 책임도 없다고 군 조사관들에게 말했다. 하느님, 감사합니다.

그리하여 아무것도 변하지 않았다. 비록 동료 가운데 몇 명이 본국으로 송환되었지만, 캠프 코만치의 딘코프 노동자들은 여전히 성노예를 구매하고, 이에 관해 작업 현장에서 공개적으로 이야기했다. 그중 한 명은 젊은 여자 두 명이 제발 건드리지 좀 말라고 간청하는 내용의 성행위 동영상을 직접 촬영하고 자신이 주연까지 맡았다. 딘코프의 관리 부서는 이를 다른 방식으로 바라보았다. 즉 UN을 위해 일하던 딘코프의 여성 경찰 감독관 가운데 한 명이 발칸 반도의 성 밀매를 조사하라고 주장하자, 갑자기 사무직으로 발령이 나기도 했다. 그녀가 물러서기를 거부하자, 결국 이유 없이 해고당하고 말았다. 존스턴의 말에 따르면, 캠프 코만치의 격납고에서 딘코프의 직원들은 "집에 성노예를 두는 것이 얼마나 좋은지"에 관해서, 그리고 매일 밤 똑같은 여자를 상대하다가 지겨워지면 할인 가격에 세르비아 마피아 두목들에게 되파는 것에 관해서 자랑했다.

더 나중의 UN 조사에 따르면, 딘코프의 캠프 코만치에 주둔하던 한 노동자는 데 벨리De Beli라는 (즉 "뚱보"라는) 이름의 세르비아 폭력단 두목이 운영하는 나이트클럽에서 젊은 여성을 한 명 구매했다고 선뜻 시인했다. 또 미국 육군의 조사관들에게는 몰도바 출신 10대를 740달러에 구매했다고 말했다. 그러자 "뚱보"는 작별 선물로 우지 권총 한 정을 선물했다고도 말했다. 그가 구매한 여자는 매우 전형적인 보스니아의 성 밀매 희생자였다. 이탈리아에서 식당 종업원으로 일할 수 있다는 약속에 속아 고향을 떠났는데 졸지에 헝가리로, 그리고 나중에는 보스니아로 팔려가서 매춘을 하게 되었던 것이다. 외국인 사이에서는 보스니아에서 성노예를 구매하는 것이 비교적 흔한 일이었다. 몰도바 여자는 그의 집에서 자고 일어나 보면, 아침마다 새로운 장난감 한 개와 독일 화폐 20마르크가 베개 위에 놓여 있었다고 말했다. 딘코프 직원은 그녀를 버리고 그 나라를 떠날 때가 되어서야 자기가 압류하고 있던 그녀의 여권을 돌려주었다고 했다.

존스턴이 알기로 그중에서도 가장 터무니없는 사례는 캠프 코만치에서 불타는 토치를 든 상태로 졸곤 했다던 바로 그 노동자였다. 그는 "기껏해야 열네 살 이상으로는 보이지 않는 여자를 데리고 있었다. 다 큰 어른이 어린아이와 [성관계를 하고] 있는 모습도 정말 역겨웠지만, 나이가 45세에 체중이 400파운드나 되는 남자가 어린 여자아이와 있는 모습은 더욱 역겨울 수밖에 없었다."

존스턴의 부인이 마침 보스니아 출신이어서 그런 젊은 여성 가운데 몇 명을 만나 보았다. "그들은 이야기를 많이 하기를 꺼리더군요." 그녀의 말이다. "모두들 매우 슬퍼했어요."

"우리 집 창밖으로 그들을 [성노예들을] 볼 수 있었습니다." 존스턴의 말이다. "다른 아이들과 함께 놀고 있었어요. 그중 여럿은 워낙 나이가 어려서, 다른 아이들과 함께 놀 수 있었어요. 자전거를 타거나, 뭐 그러고 노는 게 보였습니다."

천만다행이게도 딘코프가 데이케어 도급 계약까지 따내지는 못했지만, 정작 발칸 반도 사람들에게는 진짜 손상을 가하고 말았다. "보스니아 사람들은 우리 모두를 쓰레기로 생각합니다." 존스턴의 말이다. "부끄러운 일이에요. 제가 군인으로 거기 머물렀을 때에만 해도, 그들은 우리를 좋아했습니다. 하지만 딘코프의 직원들은 우리에 대한 그들의 생각을 바꿔 버렸어요. 저는 모든 미국인이 그렇게 하는 것은 아니라고 그들에게 말해 주려고 노력했습니다만, 그런 모습을 직접 보고 있는 사람들에게 아니라고 납득시키기는 어려울 수밖에 없었습니다. 사실은 딘코프야말로 우리가 그곳에 보낼 수 있는 최악의 외교관이었던 거예요."

"비록 도급업체의 고용 시스템이 미국 군대의 주둔을 보충하고 지원하기 위해 타당해 보일 수도 있지만, 그 결과는 용병 무리의 창조였을 뿐이다." 앞서 말했듯이 부당 해고된 딘코프의 경찰 감독관이었던 캐스린 볼코박Kathryn Bolkovac은 이렇게 썼다. "비밀주의적이고, 규제받지 않고,

봉급도 많고, 감독도 받지 않는 그런 인력이 미국 육군보다 더 많았던 것이다."

그렇다면 어떻게 해서 미국을 대표하는 민간인이 (즉 미국 정부로부터 봉급을 받는 사람들이) 발칸 반도 사람들에게 이렇게 부정하고도 불법적인 행동을 했는데도, 정작 범죄자는 물론이고 딘코프 그 자체도 아무런 처벌을 받지 않는 지경까지 온 것일까? 이 회사의 무관용 정책은 기껏해야 마케팅 구호에서 약간 더 나간 것으로 계속 남았다. 2004년에 이 회사의 도급 계약 노동자들이 콜롬비아의 딘코프 시설 근처에서 그 지역의 미성년자 여성을 강간하는 모습이 담긴 비디오테이프가 발견되었다. 그리고 2010년에는 아프가니스탄 쿤두즈 소재 경찰 훈련 시설에서, 딘코프의 직원들이 그 지역의 유력 인사를 위한 감사 선물로 약물과 사춘기 이전 소년들을 매입한 것으로 추정되고 있다. 아프가니스탄 주재 미국 대사가 미국 국무부 관리들에게 보낸 전문은 지난 10년 동안 바뀐 것이 거의 없다는 사실을 시사한다. "조사가 진행 중이며, 아프가니스탄 주재 딘코프 고위층에 대한 징계 조치가 이루어졌고, 또한 새로운 절차에 대한 제안을 우리에게도 알렸는데, 예를 들어 [지역 훈련 센터에] 군 장교 한 명을 배치한다는 것으로서, 이에 대해서는 고려 중이다.(주: 현재 딘코프의 도급 계약 하에서는 지역 훈련 센터[RTC]에 군 장교를 배치해 도급 계약 진행을 감독하게 하는 조치가 법적으로 불가능하다.) 교정 조치도 몇 가지 취해졌으며, 우리는 이 문제가 걷잡을 수 없이 커지지 않기를 여전히 바랄 뿐이다."

군대 기능의 전면적이고도 결과에 개의치 않는 민영화는 (그 모든 차마 설명할 수조차 없는 피투성이 영광 모두에 걸쳐서) 불가피한 일이다. 하지만 반드시 이런 방식으로만 이루어져야 하는 것까지는 아니다. 그리고 이는 변화불가능한 일도 아니다. 구체적이고 논리적인 이유로 내려진 구체적인 결정들은 추적해서 찾아낼 수 있기 때문이다. 하지만 충분한 토론이 없고, 효율성을 내세우며 낡은 시스템을 없애 버리고 그것이 가진 미덕을 충분히 존중하지 않을 때, 개판이 벌어지는 것이다.

어떻게 해서 우리가 딘코프, 쿤두즈의 사춘기 이전 소년들, 발칸 반도의 성노예들에게까지 이르게 되었는지를 이해하려면 1990년 8월 2일이라는 중요한 날로 돌아가 보는 것이 도움이 된다. 바로 그날 사담 후세인은 쿠웨이트를 침공하기로 선택했다. 그리고 그날은 펜타곤이 소련 이후 세계의 상황에 맞게 미국의 군사력을 재설계하는 것에 관하여, 조지 H. W. 부시 행정부의 크고 새로우며 깊은 생각을 공개하기로 예정한 날이었다.

국방장관 딕 체니와 합참의장 콜린 파월은 미국의 방위 예산에 대한 성급한 의회의 공격(이라 자신들이 확신하는 상황)을 저지하기 위해 몇 달 동안 서둘렀다. 펜타곤에서는 문 앞에 적들이 닥친 상황을 상상했다. 의회에서의 대화는 모두 "평화 배당금"에 관한 내용뿐이었다. 소련은 처치되었다는 것이었다. 우리는 냉전에서 이겼다는 것이었다. 따라서 이제는 매번 큰 전쟁을 치르고 나서 하던 일을 할 때라는 것이었다. 즉 병력의 숫자를 줄이고, 방위 예산을 감축하고, 세금 수입을 국내 지출로 전환하자는 것이었다. 파월은 자기 나름대로의 군살 빼기 계획을 가지고 앞에 나서기로 작정했다. 그는 이미 여러 달 동안 체니에게 25퍼센트의 인력 감소를 제안한 바 있었는데, 그렇게만 한다면 (비록 신무기 기술 연구개발에서 큰 증가를 감안하더라도) 최소한의, 하지만 충분히 계산 가능한 여분의 예산이 생길 것이었다. "나는 우리의 동맹자들에게는 구심점이 될 만한 뭔가를 제공하고 싶었고, 우리의 비판자들에게는 군대의 재편 계획을 우리의 목구멍에 쑤셔 넣는 대신에 저격할 만한 뭔가를 주고 싶었다." 파월은 훗날 이렇게 썼다.

체니는 군사 예산을 조금씩 깎아 낼 수 있다는 발상에는 오히려 신참자였다. 과거의 B팀 소련 히스테리 사업에 속한 그의 친구들은 여전히 소련이 (마치 〈13일의 금요일〉 시리즈의 제이슨처럼) 돌아올 것이라는, 어쩌면 더 강해졌을 수 있다는 과격한 이야기를 설교하고 있었다. 하지만 1990년 8월 2일에 이르러, 체니는 예산 관련 발상에 합류하게 되었다. 대통령은 그날 미국의 새로운 국가 안보 전략을 내놓는 연설을 할 예정이었다. 그런 다음에는 펜타곤의 대표단이 냉전 이후 세계에서 미국의 군사 기계의 동원 해제 및 재편에 관한 이 대담하고 새로운 계획의 세부사항에 관해 (비밀리에) 의회에 브리핑을 할 예정이었다.

하지만 정작 8월 2일이 되자, 사담이 700대의 탱크와 10만 명의 병사를 쿠웨이트로 진격시킴으로써 그날의 헤드라인을 하루 종일 독차지해 버렸다. 8월 2일은 어느 누구도 깊은 생각을 하지 않는 날이 될 예정이었다. "체니, 폴 울포위츠, 그리고 나는 의사당에서도 고도 보안이 가능한 S-407호로 가서, [새로운 계획을] 국방부의 의회 감독 위원회 지도자들에게 선보이려고 했다." 파월은 8월 2일의 브리핑에 관해서 이렇게 썼다. "하지만 우리가 들은 말은 이런 것뿐이었다. '그래요, 물론이죠, 맞아요. 그나저나 쿠웨이트에서는 무슨 일이 벌어지고 있는 겁니까?'"

이후에 벌어진 발포 전쟁이야말로, 미군을 홍보한다는 목적에서는 열두 번의 대통령 연설이나 100번의 의회 브리핑보다 훨씬 더 좋았다. 우리의 군대는 경이로웠다. 제1차 걸프전은 파월이 바랄 수 있었던 모든 것을 실현시켰다. 명료한 임무, 뚜렷한 대중의 지지, 그리고 압도적인 힘의 과시까지. 이 전쟁은 신속했다. 지상 공격은 겨우 100시간밖에 지속되지 않았으며, 병력은 불과 5개월이 지나기도 전에 귀국했다. 해외 파병 치고는 비교적 무혈에 가까운 셈이었다. 작전 중 사망한 미군 희생자는 200명 미만이었다. 이 전쟁은 비용 면에서 효율적이기도 했다. 행복한 동맹국들은 겨우 80억 달러의 비용만을 미국에게 갚아 주면 그만이었다. 그리고 이 전쟁은 미국의 군사적 역량의 황홀한 과시였고, 마치 텔레비전을 위해 고안된 것처럼 보일 정도였다. 미국인은 물론이고 세계 대부분의 사람들도 컬러로 펼쳐지는 공습 쇼를 매일 밤 관람했다. 회의주의자들은 물러날 수밖에 없었다. 미군은 우리야말로 '아직 굳건한 최후의 초강대국'이라는 사실을 의심이나 토론의 여지없이 입증했다.

걸프전이 끝날 무렵이 되자, 조지 H. W. 부시의 새로운 세계 질서, 즉 밀림의 법칙이 법치로 대체되고, 사자와 어린 양이 함께 뛰노는 상태에 관한 이상주의적 이야기의 여지는 별로 없었다. 알고 보니, 우리의 새로운 실제적 은유는 오히려 이 세상 어디에나 사자들이 상당히 많다는 것이었다. 하지만 그놈들은 아직 새끼에 불과하다. 따라서 우리의 임무는 그놈들이 광포하고 유능한 포식자로 자라나지 못하게 조치하는 것이었다. 세계 평화로 가는 경로로써 걸프전에 관한 모든 내용은 좀 더 정치적으로 감동적인…… '위험'의 수사학에 밀려나고 말았다.

사담은 이른바 '냉전 이후 지구에서 생성될 수 있는 장애물'이라는 표제 하에 수집된 제1호 증거물이 되고 말았다. "미국은 지구의 어느 구석에서라도 발생할 수 있는 위협에 대응할 수 있는 무력을 반드시 보유해야 합니다." 부시는 사담이 쿠웨이트를 침공한 다음날의 연설에서 이렇게 말했다. "심지어 민주주의와 자유가 큰 이득을 만든 세계에서도 위협은 남아 있습니다. 테러리즘, 인질 억류, 무법 정권과 예측불허의 지배자들, 새로운 불안정성의 원천. 이런 것들은 그런 문제에 관심을 갖는 강력한 미국을 필요로 합니다. 어젯밤에 쿠웨이트를 상대로 이루어진 포악한 공격은 저의 중심 논제를 보여 주는 셈입니다. 소련의 위협에서는 벗어났지만, 세계는 여전히 미국의 중요한 이익에 심각한 위협을 가할 수 있는 위험한 장소로 남아 있습니다."

이런 종류의 거친 이야기는 분명히 딕 체니에게 활력을 불어넣었을 것이다. 비록 소련을 진짜 적으로 계속 보유하지 못하게 되었지만, 그를 비롯해서 폴 울포위츠와 스쿠터 리비 같은 여러 부관들은 이 새로 나타난 '새로운 세계 위협'을 위해 미군을 재정비할 근거 구축 작업에 돌입했다. "만약 우리가 오늘 현명하게 선택한다면, 이전까지만 해도 미국이 항상 제대로 못했던 어떤 것을 잘 해낼 수 있을 것이다." 체니는 이렇게 말하곤 했다. "우리의 안보를 위협하는 결과를 가져오지 않을 만큼 적절한 속도를 유지하며 우리의 군사력을 감축할 수 있을 것이다."

그의 기본 발상은 이 위험한 세계에서, 즉 미국의 국가 안보에 대한 위협이 중동에서, 또는 한반도에서, 또는 심지어 아메리카 대륙에서 일어날 수도 있는 상황에서, 우리는 신속하게 움직일 채비가 되어야만 한다는 것이었고, 어쩌면 한꺼번에 하나 이상의 장소로 이동해야 할 수도 있다는 것이었다. 양손으로 하는 대륙간 '두더지 잡기' 게임을 생각해 보시라. "고도로 준비되고 신속하게 배치 가능한, 그리고 강력한 진입군까지 포함한 세력 투사 병력이야말로 도전자를 사전에 차단하기 위한 핵심 수단이다."

1990년에 미군의 새로운 임무가 세계 어디에서나 도전자가 나타나는 것을 모조리 저지하는 것이었다고 치면, 임무는 그대로인 반면 예산 압박이 있는 관계로 그 모든 일을 인원 증강 없이 오로지 현역 복무 병력만으로 반드시 해치워야 했다. 체니와 그 동료들은 군대의 역량을 짜내지 않고서도 돈을 짜낼 수 있는 단순하고도 합리적으로 보이는 뭔가를 발견했다. 즉 인력은 더 적게, 일은 더 많이 하는 것이었다. 예를 들어 걸프전을 보자. 페르시아만으로 파견된 저 수많은 군인 가운데 상당수는 단순히 전투 병력을 돌보고 먹이는 일을 담당하기 위해서 거기 갔던 것뿐이었다. 그렇다면 사우디아라비아 소재 기지의 주방장이 반드시 미군이어야 할 필요가 있을까? 정비 노동자는? 전기 기술자는? 배관 기술자는? 과연 미국에서 훈련받은 군인이 굳이 침대보와 수건과 속옷을 세탁할 필요가 있는 것일까? 다른 누군가가 대신 하면 안 될까? 외관상으로는 그리 나쁜 발상이 아니었다.

체니는 미군의 건축 관료제를 재정비하는 것으로 시작했다. 그는 이른바 군사 역량의 네 기둥을 (즉 즉응력, 지구력, 현대화, 부대 구조를) 무려

(짜잔!) 여섯 기둥으로 변모시켰다. 우선 현대화가 '과학기술'과 '시스템 획득'으로 나뉘었다.(달리 말하자면, 원래는 '방위 도급업체로부터의 물품 구매'였던 것이 이제는 'A 방위 도급업체로부터의 물품 구매'와 'B 방위 도급업체로부터의 물품 구매'로 나뉘게 되었다는 뜻이었다.) 또한 체니는 (정말 천재적이게도) 이른바 '기반 시설 및 간접비'라는 여섯 번째 기둥도 발명했다. 마치 무기 입수나 병력 즉응력이나 기타 군대의 다른 부문에는 기반 시설 및 간접비 자체가 애초부터 아예 없었다는 듯한 식이었다. 체니는 기반 시설과 간접비가 마치 예산과 삭감의 일부분으로 격리될 수도 있으며, 다른 어떤 것에도 영향을 주지 않는 척했다. "이 부서는 반드시 방위 기반 시설 및 간접비에서의 감소 및 관리 효율성을 적극적으로 추구해야 한다." 체니와 울포위츠와 리비 등은 마치 지나가는 듯한 투로 서술했다. 그렇다면 이 적극적인 감소의 추구를 어떻게 실천할 것인가? 다음 행정부의 비즈니스스쿨 숭배자들을 위해서 그들이 남겨 둔 것이라고는, 이른바 '민간병참지원 프로그램Logistics Civilian Augmentation Program'(LOGCAP)이라는 작은 뭔가였다.(이 프로그램의 명칭은 과거에만 해도 이치에 맞았을 것이다. 즉 민간인이 군대에 '지원한다'는 뜻에서라면 말이다.)

이 프로그램 하에서 최초의 민간 도급업체는 체니의 국방장관 임기 마지막 몇 달 동안인 1992년에 계약을 맺었다. 바로 브라운앤드루트 서비시즈 코퍼레이션이라는 이름의 회사였다. 그로부터 4년 뒤에, 즉 아직 계약이 유효한 상황에서, 체니는 브라운앤드루트의 모회사인 핼리버턴에서 매우 편안한 생활을 하고 있었다. 그리고 '부통령' 체니가 아프가니스탄과 이라크에서의 전쟁으로 우리를 밀어 넣는 데 도움을 준 이래, 이 도급업체의 가치 덕분에 핼리버턴의 주가는 신나게 치솟았다. 여러분은 이 대목에서 각자 원하는 온갖 음모 이론을 읽어 낼 수 있겠지만, 단순히 체니의 은행 계좌에만 초점을 맞추다 보면 이른바 나무만 보고 숲은 못 보는 꼴이 되고 만다. 전적으로 음모론을 배제한 사실만 놓고 보자면, 핼리버턴과의 (이른바 LOGCAP이라는 약자로 알려진) 거대한 계약의 장점은 관련자 모두에게 너무나 명백했다. 그래서 군대의 의회 감독자들도 군사 예산에 있는 품목의 일부를 민간 도급업체에 넘김으로써 발생할 수 있는 문제점에 대해서는 진지하게 논의하지 않은 듯하다.

LOGCAP은 머지않아 여야를 막론하고 기술관료들의 애호품이 되었다. 아버지 부시 대통령 시절에 시작된 프로그램은 빌 클린턴 대통령 치하에서 어마어마하게 자라났다. 이전까지만 해도 민간병참지원자들의 소규모 무리들을 미군 병력과 나란히 배치했지만, "미국이 주도하는 NATO 병력이 보스니아에 진입하면서부터 비로소 민간 군사 산업이 무르익게 되었다."《비즈니스위크》의 설명이다.

클린턴 행정부는 LOGCAP에 많이 의존했다. 부통령 앨 고어로 말하자면 더 반응력이 좋게끔 적극적으로 정부를 재편했고, 연방 공무원들에게 비용을 절감할 수 있는 부분을 찾아내도록 권한을 주었으며, 하버드 비즈니스스쿨의 교수들조차도 열이 나고 거북하게 만들 법한 종류의 관리 효율성을 전반적으로 부과한 인물이었다. 그런 만큼 펜타곤의 LOGCAP 프로그램을 훌륭한 관리 방식의 상징으로 추켜세웠다. "비용을 절감하고 수행 능력을 향상시키리라는 강력한 전망과 더불어, 국방차관의 지도력 하에 핵심 지원 기능의 외주화나 민영화가 진행되고 있다." 국방부의 능률화에 관한 고어의 1996년 보고서는 이렇게 나팔을 불어 댔다.

일부 항목은 정부 보고서가 아니라 마치 체니의 핼리버턴의 팸플릿에 수록된 구절처럼 보이기도 했다. "LOGCAP은 전 세계에서도 가장 가혹한 환경 가운데 일부에 배치된 병력에게 전투 역량을 손상시키지 않으면서도 '삶의 질' 서비스를 제공하기 위한 고도로 유연한 도급 수단을 육군에 제공했다."

그들은 마치 이를 마법처럼 생각한 듯하다. 앨 고어의 이 보고서를 붙들고 흔들어 보면, 약간의 반짝이와 스마일 스티커가 한두 개쯤 떨어질 것 같다.

클린턴이 재임하던 8년 동안 군대의 민영화 프로그램은 (막대한 금액의 간접비와 성노예 스캔들에도 불구하고) 폭발적으로 늘어났다. 1992년에 미국 국방부는 민간 도급업체와 수억 달러어치의 사업을 함께 하고 있었다. 클린턴이 퇴임한 이후, 국방부에서는 무려 3천 개 도급업체와 약 3천 '억' 달러 가치의 사업을 계약했다. 실제로 국방부에서는 민간 업체에 대한 도급 계약을 워낙 적극적이고도 신속하게 진행했기 때문에, 펜타곤의 어느 누구도 군대의 봉급 대장에 (한때는 제거되었다가) 올라와 있는 민간 노동자의 숫자를 실제로 세어 보지 않았을 정도였다. 어쩌면 12만 5천 명일 수도 있었다. 또 어쩌면 60만 명에 가까울 수도 있었다. 하지만 확실히 알 수는 없었다.

펜타곤은 정확히 어느 정도 금액이 훈련, 보안, 급식 서비스에 지출되는지를 의회나 다른 누군가에게 차마 말해 줄 수가 없었다. 하지만 그 대신 뭔가 근사하게 들리는 다른 숫자를 갖고 있었다. 그리고 이로 인한 절약을 생각해 보라고 의회의 여러 위원회에 말했다. 예를 들어 숙련된 지역 노동자를 고용해 해외 기지의 배관이나 전기 일을 시키면, 병사에게 시켰을 때보다 최소한 시간 당 1달러를 덜 줘도 된다는 식이었다. 그리고 KBR 같은 회사는(브라운앤드루트가 또 다른 회사와 합병해서 켈로그브라운앤드루트Kellogg, Brown & Root, 약자로 KBR이 되었다) 크로아티아의 미숙련 노동자에게 시간 당 1달러 12센트를 지급할 수 있었던 반면, 미군 병사에게는 시간 당 16달러를 줘야 할 것이라면서, 병원 치료와 치과 치료와 데이케어 같은 "삶의 질" 혜택 모두에 정부가 걸려들게 만들었다. 군이 재무 관련 학위가 없더라도 그 안의 가치를 볼 수는 있지 않은가?

클린턴 시절에는 외주화에서 몇 가지 눈에 띄는 임무 확장도 있었다. 클린턴이 퇴임할 무렵, 국방부의 민영화는 단순히 보스니아 주둔 전방 군사 기지의 매점에 오스카 마이어 소시지와 콘후레이크와 게토레이를 24시간 공급하기 위한 노력 이상의 대단한 볼거리가 되어 있었다. 군대는 또한 정보 기술, 데이터 처리, 급여 관리, 지도 제작, 항공 정찰은 물론이고 심지어 정보 수집조차도 외주화했다.

미국의 민간 업체들은 사우디아라비아와 쿠웨이트 같은 업체에 군사적 전문성과 무기 훈련을 제공했다. 그중에서도 특히나 혜택을 입은 업체는 최근 전역한 미국 육군 장성들이 모여서 설립한 민간 기업 '밀리터리 프로페셔널 리소시즈 인코퍼레이티드'(MPRI)였다. 그 주역 가운데한 명의 말을 빌리자면, 이 업체는 "전역 군인 공동체야말로 대단한 국가적 자원이며, 따라서 그 재능을 한데 모으면 우리 정부에 다양한 방식으로 여러 가지 군사적 전문성을 제공할 수 있다는 인식에 따라" 설립되었다. 덜 겸손한 표현으로는, MPRI가 스스로를 "전 세계에서 가장 뛰어난 군사 전문가들의 기업 집합체"로 묘사한 것도 있었다.

2000년에 MPRI는 (그 많은 인재들을 거느린 채) 4천억 달러에 L-3이라는 업체에 매각되었으며, 이후 이 모회사는 자회사를 위한 밝은 미래를 구상했다. 회사 약력에 따르면, "변화하는 정치 환경으로 인해 특정 서비스에 대한 수요가 증대되며 (…) 이런 프로그램들은 증대하는 경향이 있다." 그 당시에 MPRI는 이미 미국의 차세대 장교들을 훈련시키고 있었다. 무려 200개 이상의 대학의 ROTC 프로그램에서 핵심 임무를 담당했기 때문이다. 클린턴 치하의 국방부 인사들은 MPRI에 대해서 무척이나 흡족해했던 까닭에, 대중이 차지해야 마땅한 것의 열쇠를 기본적으로 민간 업체에 내어 준 꼴이 되었다. 심지어 펜타곤은 1997년에 민간 도급업체와의 사업을 위한 독트린을 정밀 검사하고 싶었을 때조차도, 그 원칙의 작성을 민간 도급업체 MPRI에 외주화했을 정도였다.

이는 마치 예전에 볼티모어의 한 정치가 겸 주점 소유주가 내놓은 답변과도 마찬가지였다.* 당신의 두 가지 직업 모두를 생각해 보면, 주 의회의 주점 규제 방법 관련 미결 논의에 관여하기를 기피해야 하지 않느냐는 질문을 받자, 그는 이렇게 대답했다.

---

* 1973년에 볼티모어의 주점 소유주 겸 주 상원의원인 조지프 J. 스타스자크가 본인 소유 주점에 혜택을 주는 내용의 법안을 내놓았다. 이에 관해서 (공적) 이익과의 충돌 가능성을 질문하는 기자들에게 그는 뻔뻔하게도 '나의 (사적) 이익과 충돌하지 않는데, 무슨 이익 충돌이 있다는 거냐'며 반문해서 악명을 떨쳤다.

'왜 내가 그걸 기피해야 합니까?'

'주점을 규제하는 법안과의 이익 충돌 때문이지요.'

'저는 그 법안이 저의 이익과 충돌한다고는 전혀 생각하지 않습니다. 제가 직접 하는 일이니까요.'

민간 도급업체는 전반적으로, 그리고 MPRI는 특히나, 자기들이 미군의 일을 하는 과정에서 비용을 향상시켰음을 예시하지 않았다. 사실 정부가 브라운앤드루트와의 발칸 반도 계약에서 원래보다 막대한 비용이 초과되었음을 발견했듯이, 가장 간단명료한 계약서에서조차도 이런 일은 기본처럼 되어 있었다. 미국 회계감사원의 1997년의 조사에 따르면, 육군은 "계약 수행을 감시하는 체계적인 조사를 실시하지 않았다. 그 결과 육군은 도급업체가 계약 규정과 일치하게 작업을 수행하는지, 육군의 필요를 채우는 과정에서 최소한의 자원을 사용하는지, 그리고 적절한 지원 수준을 갖추었는지 여부를 차마 확신할 수 없었다."

달리 말하자면, 우리의 돈으로 우리가 뭘 구매했는지를 아무도 정확히 확신할 수 없었다는 것이다. 즉 투즐라나 슬라본스키브로드에 주둔한 군인들의 체중 총계가 얼마가 되었던지 간에, 과연 군대가 자기 일을 스스로 해낼 때에 비해서 민간 도급업체가 비용 면에서 더 효율적인지, 또는 전반적으로 더 효율적인지 여부를 아무도 단언할 수 없었다. 캠프 코만치에 있는 공포의 격납고에서 나온 딘코프 정비 헬리콥터에 탑승하는 병사들이 이전에 비해서 더 안전해지지 않은 것도 물론이었다. 따지고 보면 그 지역 사람들도 안전해지지 않기는 마찬가지였다.

한편 클린턴 행정부 시절 내내, 민영화 실험의 중심에 있는 악취는

앨 고어가 만든 갖가지 시스템 효율성의 꽃다발에 가려졌다. 즉 유연성, 능률화, 하수 및 폐기물 처리 및 운송망 조직, 그리고 민간병참지원 및 외주화 같은 것들이었다. 그리하여 클린턴 행정부의 어느 누구도 자기네가 풀어놓은 LOGCAP와 다른 수천 가지 작은 민영화 업무의 저 첨예하고도 지속적인 문제를 제대로 이해하지 못했다. 여기서의 첨예하고도 지속적인 문제란, 우리의 전쟁과 우리의 정치를 묶어 놓았던 정박줄을, 즉 전쟁에 나가려는 결정과 바로 그 결정에 대한 공개적인 토론을 이어주던 줄을 그들이 끊어 버렸다는 점이었다. 에이브럼스 독트린의 (그리고 제퍼슨의 시민 병사의) 취지는 '우리가 전쟁에 나가려면 반드시 민간에 거대한 소란을 야기할 수밖에 없게 만들자'는 것이었다. 그런데 민영화는 이 모두를 너무나도 쉽고 조용하게 만들어 버렸다.

레이건과 마찬가지로, 빌 클린턴 대통령 역시 점점 더 커지기만 하고 설득하기는 어려운 외교 정책 임무의 일부들을 민간 부문으로 이전할 때의 장점을 이해하게 되었다. 하지만 콘트라 지원을 위한 군사 및 자금 마련 작전을 은밀하고도 불법적으로 민영화한 레이건과 달리, 클린턴은 "외주화"를 통해 자기가 원하는 것 가운데 상당수를 기록에 남겨 가며, 즉 합법적으로, 정책 문제로서 실행하면서, 정작 대중이 크게 눈치 채지 못하게 할 수 있었다. 예를 들어 발칸 반도의 경우가 그러했다.

군 통수권자 클린턴은 1993년에 취임하자마자 이 재난을 물려받았다. 발칸 반도에서 벌어진 유혈극은 조지 허버트 워커 부시 시절에, 그러니까 미국이 소련의 붕괴로 인한 행복감에 젖어 있을 때에 이미 시작되었다. 당시 유고슬라비아는 인종 및 종교적 차이가 모을 수 있는 모든 원심력을 이용하여 구성 성분들을 분리하기 시작했다. 로마가톨릭 국가 슬로베니아는 독립을 선언했고, 역시나 로마가톨릭 국가 크로아티아도 독립을 선언했으며, 인종 및 종교적으로 혼합된 국가 보스니아도 독립을 선언했다. 보스니아의 인구 가운데 일부는 무슬림, 또 일부는 (즉 세르비아인은) 정교도, 또 일부는 (대부분 크로아티아인은) 가톨릭이었다. 슬로보단 밀로셰비치는 자기가 차지했던 유고슬라비아 연방 가운데 상당 부분을 잃어버린 것에 격분한 나머지, 세르비아인 추종자들에게 광적인 인종적 및 종교적 증오를 부추겼다. 그리고 유고슬라비아군(JNA)과 그 무기고를 장악해서, 국제적으로 인정받은 신생 주권 국가들을 처벌하기 위해 공격에 나섰다.

가장 지독한 세르비아의 만행은 보스니아에서 벌어졌는데, JNA와 세르비아 민병대는 1992년 4월부터 시작해서 이곳을 악의적으로 초토화했다. 세르비아인은 2만 5천 명 이상의 무슬림을 살해했고, 이 과정에서 희생자를 보호하려던 보스니아 기독교인 상당수도 살해했다. 세르비아인은 마을 전체를 불태우고, 무슬림 지도자와 지식인을 고문하고 살해했으며, 2만 명 이상의 성인 및 미성년 여성을 강간했다. 모두 합쳐 150만 명의 무슬림이 세르비아인의 공세 동안에 고향을 떠나 피난길에 올랐다. 보스니아 영토의 세르비아인 독재자는 이를 가리켜 "인종 변천"이라고 표현했다. 미국 국무부의 인권보고서에서는 이를 "인종 청소"라고 표현했으며, 이런 살육이야말로 "나치 시대 이후 유럽에서 나타난 그 어떤 사례도 왜소하게 만들" 정도라고 덧붙였다. 다른 사람들은 이를 전적인 종족 학살이라고 불렀다. 세르비아는 전 세계의 비난에도 꿈쩍하지 않았다. 이들은 수도 사라예보의 민간인을 향해 포격을 가했고, 다른 도시의 무슬림 및 크로아티아인 지역에 일제 포격을 가했으며, 심지어 보스니아로 구호물자를 운반하는 비행기를 격추시키기도 했다. 보스니아 대통령은 자기네가 "멸종 위협"을 받고 있다고 개탄했다.

하지만 부시 행정부는 가뜩이나 바쁜 상황이었기에, 이 유럽의 전쟁에서 멀찍이 거리를 두기로 작정했다. 그 정부의 최신 영웅이었던 콜린 파월 장군은 보스니아를 가리켜 "비전략적 관심" 지역이라고 말했다고 전한다. 그는 《뉴욕 타임스》의 기고문에서 이렇게 썼다. "보스니아의 재난은 특히나 복잡하며 (…) 무려 1천 년 전으로 거슬러 올라가는 깊은 인종적, 종교적 뿌리를 지니고 있다. 그 해결책은 분명 궁극적으로 정치적이어야만 한다." 부시의 국무장관 제임스 베이커는 다음과 같이 간결하게 설명했다. "우리에게는 이 싸움에 내보낼 개가 없습니다."

클린턴은 1992년 대선 유세 동안에 보스니아에 대해 강경한 발언을 내놓은 바 있었다. 자기가 대통령이라면 UN이 부과한 무기 수출 금지 조치를 해제하고, 크로아티아와 보스니아에 무기를 지원해 세르비아와 직접 맞서 싸우게 하겠다고 장담했다. 또한 사라예보 인근의 세르비아인 포대를 공습하고, 군대를 동원해서 보스니아인 피난민에게 구호물자가 확실히 전달되도록 조치하겠다고도 했다. "저는 특히 이 쟁점에 대해서는 무력 사용이라는 선택지도 배제하지 않겠습니다. 왜냐하면 제가 본 것에 공포를 느꼈기 때문입니다."

"우리는 미국의 새로운 정권에 큰 기대를 품고 있습니다." 보스니아의 외무장관은 클린턴이 당선되고 며칠 뒤에 이렇게 말했다. "우리는 이 비극을 멈추는 과정에서 자기네 역할의 중요성에 대해서 미국이 완전히 이해할 것이라고 기대합니다." 홀로코스트 생존자 엘리 비젤 역시 공개 행사에서 대통령이 된 지 몇 달이 지난 클린턴을 붙잡고 지금 유럽에서 펼쳐지는 재난을 저지하기 위해 뭔가 조치를 취하라고 간청했다. 대통령 도 실제로 뭔가 조치를 취하고 싶었고, 발칸 반도의 이 악몽을 고치기 위 해서 진정으로 뭔가를 하고 '싶어' 했다.

하지만 보스니아에서 벌어지는 세르비아 주도 학살을 저지하기 위 해 미국의 국력을 사용하겠다는 생각을 미국 국민에게 전달하러 나선 순 간, 클린턴은 이미 공개 경기장에서 강타를 얻어맞고 있는 상태였다. 일 련의 공습은 국가안보회의의 바보들이 제안한 대책 없는 전술이었다고 비판자들은 코웃음 쳤다. 미국에서 가장 유명한 베트남 전쟁 포로 겸 조 종사 출신 영웅인 존 맥케인 상원의원은 이에 반대하는 데 앞장섰다. "그 렇다면 당신은 미국인이 단 한 명도 죽지 않을 거라고 장담하실 수 있습 니까?" 그는 공군력 사용을 지지하는 동료 상원의원에게 물었다.

공개적인 자리에서 맥케인은 훨씬 더 강경한 태도를 드러냈다. "공 습은 솔직히 상황에 아무런 효과도 끼치지 못할 것이다. 남은 방법은 (이 것이야말로 상당히 '큰' 방법이지만) 우리가 지상군을 유고슬라비아로 보 내 장기적인 군사 작전을 벌일 준비를 하는 것뿐이다. 그리고 솔직히, 여 론조사에서 나타난 것처럼, 2대 1의 비율로 미국 국민은 심지어 공습에 대해서도 반대한다. (…) 나라면 성공할 가능성이 있는 계획, 그러니까 거기로 들어가서 현 상황에 이로운 영향을 주고 거기서 나올 방법이 없는 한, 미국 청년들의 생명을 위험에 빠트리지 않을 것이다. 그리고 지금 우리에게는 그런 방법이 없다." 맥케인은 클린턴의 계획이 "어딘가 친숙한 느낌을 준다"고 말했다. "우리가 북베트남에 폭격을 시작할 때에도 그와 똑같은 구실을 내세웠다. 거기서 헤어 나오는 데에만 몇 년이 걸리고, 또 회복되는 데에만 20년이 더 걸린 수렁에 우리가 첫 발을 들여놓았던 바로 그 방법이다."

맥케인은 그 당시에 펜타곤에 상당히 많은 찬물을 끼얹고 있었다. 통념과는 반대로, 군대야말로 미국 내 모든 기관 중에서도 전쟁에 나가는 것에 가장 관심이 없는 곳이었다. 미군은 민간인 지도자들이 제한적일 것이라고 약속하는 종류의 전쟁에 대해 각별히 경계했다. "무력 사용은 논란의 여지가 있으며, 그중에서도 가장 강력한 적대자는 펜타곤과 파월이다." 클린턴의 국가안보부보좌관 낸시 소더버그의 말이다.

이전 정권에서 유임된 합참의장 콜린 파월 장군은 마치 자기가 이미 1996년의 대선 여론조사 가운데 맨 첫 번째에서 클린턴 대통령보다 몇 퍼센트 '앞섰다'는 사실을, 그리고 외교 정책이라는 영역에서도 자기를 신뢰하는 국민이 대통령을 신뢰하는 국민보다 무려 세 배나 더 많다는 사실을 알고 있는 것 같았다. 그리고 그는 대통령이 약간은 너무 이것저것 고민하는 학자 성향이라고 솔직하게 판정했다. 예를 들어 노숙하며 굶주리는 무슬림과 크로아티아인 피난민이라든지, 또는 세르비아 포병대나 저격수나 의용군의 칼잡이에게 당한 희생자에 관한 일일 언론 보도를 흡수하는 일의 경우, 국가 안보 감시 업무를 오랫동안 맡았던 이 장군이 당연히 대통령보다 더 강인한 체질을 갖고 있었다. 소더버그의 묘사에 따르면, 파월은 점잖으면서 약간 거들먹거리고 때때로 신경질을 부리는 태도로, 폭격을 한 뒤 더 많은 폭격을 가하는 "제한적인 전쟁" 시나리오로부터 클린턴과 국가안보회의 참모진을 멀리 떨어뜨려 놓았다. "파월은 그런 행동 가운데 어떤 것을 선택해도 세르비아와 전쟁을 벌이는 것에 상응할 것이라고 거듭해서 주장했다." 소더버그는 이렇게 썼다. "'공군력을 과신하지는 마십시오. 효과가 없었으니까요.' [그가 말했다.] 파월이 보기에 공군력은 세르비아인의 행동을 바꾸지 못할 것이었다. '오로지 지상 병력만이 그렇게 할 수 있습니다.'"

"그는 거듭해서 우리를 가능성의 언덕으로 데리고 가서 '아무것도 할 수 없다'에 상응하는 반대편으로 뚝 떨어지게 만들었다." 클린턴 정부의 UN 대사 매들린 올브라이트는 회고록에서 이렇게 썼다. "그런 이야기를 여러 번 듣고 나자, 나는 격분하며 물었다. '그렇다면 우리가 써먹을 수도 없는 이 대단한 군대를 무엇 때문에 갖고 있는 겁니까, 콜린?'"

"문득 내 몸에 동맥류가 온 줄 알았다." 파월은 그 순간을 이렇게 서술했다.

"펜타곤은 보스니아를 위한 군사 계획을 만드는 과정에서 발을 질질 끌었고, 수많은 이의를 제기했다." 소더버그의 말이다. "고위 군사 지도자들은 어떠어떠한 병력 배치를 하려면 예비군 소집이 필요하다고 재빨리 지적했는데, 그런 조치야말로 정치적으로는 인기가 없게 마련이었다. 특히나 임기 맨 처음이니만큼 가급적 국내 문제에 초점을 맞추리라고 기대되는 신임 대통령으로서는 더욱 그러했다."

그 와중에 일부 언론에서는 도전을 제기했다. "클린턴 행정부의 어느 누구도 아직까지는 발칸 반도에서 미국의 이익과 목표가 무엇인지를 간단하고도 명료하게 설명하지 못하고 있다."《이코노미스트》의 사설이 었다. "[클린턴 대통령에게는] 상황을 신중하게 숙고 중이라고 말하는 것보다 더 나은 대응이 필요하다. 말로는 자국 청년들을 위험에 몰아넣으려는 열망이 전혀 없다면서도 실제로는 바로 그런 일을 하는 이유를, 어리둥절해 하는 국민에게 설명해야 마땅할 것이다. 이것이야말로 장기적으로는 과연 그가 저 자리에 걸맞은 인물인지 여부를 판별할 가장 큰 시험이 될 것이다."

군대 내 동성애자라든지, 실패한 보건 관련 발의 같은 정책적 실수들의 무게로 인해 대중의 지지율이 이미 떨어지고 있는 상황에서, 클린턴은 자신에게 주어진 발칸 관련 시험을 반드시 통과해 보기로 작정했다. 펜타곤과 (맥케인 같은) 그 대변자들을 상대로 하는 치킨 게임에서는 결국 클린턴이 먼저 굽히고 말았다. 클린턴은 미군을 상당히 무기력한 "비행 금지 구역" 작전에 투입했고, UN에서 조직한 발칸 반도의 "안전지대"에 갈채를 보냈다. 그러나 이를 제외하면 밀로셰비치와 세르비아 군벌들이 크로아티아인과 보스니아인을 계속해서 학살하고, 급기야 서구를 조롱하는 내내 뒤로 물러앉아 지켜보기만 했다. 세르비아는 평화 계획이나 기타 외교적 서막에 대한 요구를 깡그리 무시해 버렸다. "보스니아는 과거에도 결코 없었으며, 미래에도 결코 없을 것이다." 밀로셰비치의 부관 가운데 하나의 말이다. 세르비아군의 가장 지독한 장군으로 스레브레니카에서 (모두 민간인인) 무슬림 성인 및 미성년 남성 7천 명을 살해한 라트코 믈라디치는 미국과 그 동맹국들이 자기네를 저지하려 시도한다면 "보스니아에 뼈를 묻게 될 것"이라고 경고했다. "만약 [서구가] 나를 폭격한다면, 나도 런던을 폭격할 것이다. 런던에도 세르비아인이 있으니까. 워싱턴에도 세르비아인이 있으니까."

자기 입장에 오히려 도움이 될 믈라디치 같은 악당이 있었는데도, 클린턴은 보스니아인이나 크로아티아인을 무장시킬 필요성을, 또는 밀로셰비치와 세르비아인을 겨냥하여 미국의 공군력을 발휘할 필요성을, 또는 미군을 현지에 파견해야 할 필요성을 미국 대중에게 설득하지 않았다. 그처럼 정치적으로 값비싼 과제에 대해서는 별로 노력을 하지 않은 것이다. 대신 그는 이 문제에 대해 활발하게 공개적으로 주장할 필요가 없으면서, 고분고분하지 않은 펜타곤을 많이 개입시키지 않고도 뭔가 조치를 취할 수 있는 방법을 찾아냈다. 고마워요, MPRI!

이 일은 다음과 같이 벌어졌다. 1994년, 클린턴의 대통령 임기가 시작된 지 1년이 조금 넘었을 때, 크로아티아 국방장관이 UN 무기 수출 금지 조치에도 불구하고 약간의 도움을 (예를 들어 무기, 훈련, 또는 NATO 가입을 위한 유리한 위치 등을) 얻을 수 있는지 워싱턴에 물어보았다. 펜타곤은 (한때 캐나다에서 크로아티아계 이민자로 피자 사업을 벌여 성공한 인물이기도 했던)* 그에게 버지니아주 알렉산드리아에 있는 '밀리터리 프로페셔널 리소시즈 인코퍼레이티드'라는 업체를 알려주었다. 그로부터 몇 달 뒤에 MPRI는 크로아티아 정부와 '민주적 이행 지원 프로그램Democratic Transition Assistance Program'이라는 (미국 정부와 국방부로부터 사전 허가를 받

---

* 1991년부터 1998년까지 크로아티아의 국방장관으로 재직한 고즈코 수사크Gojko Šušak(1945-1998)를 말한다.

은) 계약서에 서명했다. 1995년 초에 전직 미국 장군들로 이루어진 기간 요원들이 (그중에는 전직 육군 참모총장 한 명, 전직 유럽 주재 미군 총사령관 한 명, 그리고 퇴역 전선戰線 장교들과 하사관들도 포함되어 있었다) "[크로아티아] 장교들을 대상으로 기본 지휘 기술 훈련 및 민주 사회에서 자신들의 위치에 대한 이해 훈련"을 시작했다고 MPRI 대변인이 발표했다. "우리는 전반적인 관리, 훈련 관리를 가르친다. 우리는 계획, 프로그래밍, 예산 과정을 가르치는데, 그들에게는 하나같이 새로운 내용이다."

크로아티아에서 MPRI의 "민주주의 이행 지원" 작업이 진행 중일 무렵, 클린턴 행정부는 보스니아도 무장을 시키기 위해 다른 국가들에게 (특히 이란에게!) 전술적 청신호를 이미 보낸 상태였다. 크로아티아는 자국의 항구와 영공을 거쳐 보스니아로 흘러 들어가는 이란산 무기 화물 가운데 약 30퍼센트를 수수료 명목으로 챙겼다. MPRI의 교육 하에 크로아티아는 과거 바르샤바 조약기구 소속 국가들로부터 10억 달러 상당의 탱크와 공격용 헬리콥터를 구입했다. 그리고 이 무기를 유용하게 사용했다.

MPRI가 크로아티아의 페테르 즈린스키 군사학교에서 교습을 실시한 지 반년 뒤인 1995년 8월, 크로아티아는 '폭풍 작전Operation Storm'이라는 명칭의 공세를 시작했다. 목표는 몇 년 전에 세르비아군이 거친 방법으로 점령한 과거 크로아티아의 영토 크라이나를 탈환하는 것이었다. 일주일도 지나지 않아서 크로아티아군은 세르비아군을 참패시킴으로써 발칸 반도의 모두는 물론이고 심지어 전 세계를 깜짝 놀라게 했다. "전격적인 다섯 방면에서의 기습에, 공군력과 포격과 신속한 보병 기동을 조합하고, 세르비아군의 명령 지휘 네트워크를 혼란시키기 위한 전격 기동에 의존하는 것이야말로 미군의 교범의 여러 가지 특징을 지니고 있었다." 크라이나의 한 기자는 그 시기에 이렇게 서술했다. 크라이나 주재 UN 병력을 지휘하던 영국 대령도 다음과 같이 말했다. "이것이야말로 교과서적인 작전이었다. 물론 [유고슬라비아군의] 교과서에 실린 내용은 아니었지만 말이다. 그 공격 계획을 작성한 사람이 누구인지 간에, 북아메리카나 서유럽의 NATO 참모진 대학에 진학했다면 A플러스를 받았을 것이다."

MPRI가 크로아티아군을 서구식의 전투 부대로 훈련시키는 것이 아닌가 하는 의심이 자연스레 제기되었지만, 도급 계약 장군들은 이에 관해 질문하는 상대방에게 자사는 전투를 계획하거나 전쟁을 치르기 위해서가 아니라 단지 "민주주의 이행 지원"을 제공하기 위해 거기 가 있을 뿐이라고 애써 상기시켰다. 클린턴은 폭풍 작전에서 MPRI의 실제 역할에 대해서는 상관하지 않는 것처럼 보였다. 그러면서도 그 결과에 대해 짜릿해 했다. "나는 크로아티아인을 지지하고 있었다." 대통령은 훗날 자서전에 이렇게 썼다. "이것이야말로 세르비아인이 4년 만에 처음으로 맛본 패배였고, 이는 지상에서의 힘의 균형은 물론이고 관련 당사자들 전체의 심리 상태까지 모두 바꿔 놓았다. 크로아티아 주재 서구 외교관 한 명은 다음과 같이 말했다고 전한다. '워싱턴에서도 지지 신호에 가까운 것이 있었다. 미국은 세르비아군을 공격할 기회를 놓쳐 버렸고, 대신 크로아티아를 대리자로 삼아 자기네 대신 그 일을 하게 만들었다.'" 이 외교관의 말을 자랑스레 인용까지 하는 것으로 미루어 보아, 클린턴은 상대방의 판정에 동의하는 것으로 보인다.

서구의 전적인 승인까지는 아니어도, 서구의 무능을 전제한 상태에서 4년간 활개 치던 밀로셰비치는 마침내 올가미를 늦추었다. 크라이나에서 크로아티아가 승리를 거둔 지 몇 주 만에, 그 어느 때보다도 더 강력한 NATO의 공습에 직면하고, 새로이 무장한 (미국에서 훈련과 지원을 받은) 보스니아와 크로아티아의 연합군을 상대해야 할 가능성이 대두하자, 세르비아 지도자도 굴복하고 말았다. 그는 종족 학살적인 4년간의 만행을 종식시키기 위한 협상에 서명하기 위해 협상 테이블에 나왔다.

그리하여 평화 조약 서명이 이루어진 직후, 2만 명의 미국 평화유지군은 (머지않아 지원 서비스를 제공하기로 계약한 2만 명의 민간인이 더 합류할 예정이었다) 밀로셰비치와 세르비아군을 억제하기 위한 국제연합군의 일부로서 보스니아와 크로아티아에 도착했다. 그렇다면 클린턴은 자국 인력의 투입을 미국 국민에게 설명하기 위해서 어려움을 겪었을까? 그렇지 않았다. 대신 뭔가로부터 오히려 큰 도움을 받았다. 뭔가라면 그것 말고 더 있겠는가? 외주화 말이다. 클린턴은 단지 주 방위군과 예비군에 대해 최소한의 소집을 하면 그만이었다. "한 군사 계획가는 병력 한도를 늘리기 위한 국가 명령 권한과 예비군 소집 권한을 요청할 수도 있었다고 말했다." 보스니아 작전에 관한 미국 정부의 감사 보고서에는 이렇게 나온다. "하지만 LOGCAP을 선택지로 갖고 있었기 때문에, 지원 필요성을 충족시키기 위해 이런 증대를 군이 추구할 필요가 없었다."

또한 겁이 많고 확신 없는 대통령으로서는 '우리의' 작전을 위한 대중의 진정한 지지를 얻기 위해 스스로 줄을 설 필요도 없었다. 의회도 어느 한쪽으로 편을 들지는 않았다. 대통령은 단순히 미군 병력을 전쟁 가능 지역으로 파견했고, 의회의 상하원 모두는 승인에 가까운 힘없는 표결을 제공했다. 한편으로 대통령의 정책에 대한 보류를 표현하면서도, 또 한편으로 "전문적인 탁월함, 헌신적인 애국주의, 모범적인 용맹으로 보스니아헤르체고비나를 지원하는 임무를 수행하는 미군 소속 병사들"에 대한 지원에는 동의한 것이다. 클린턴 행정부가 이처럼 '전적인 승인까지는 아닌' 승인을 얻게 된 까닭은, 이 임무가 짧고도 제한적일 것이라는 확신을 의회에 심어 주었기 때문이었다.

그런데 3년이 지난 뒤에도, 보스니아에는 '여전히' 수천 명의 미군 병력이 남아 있었다. 그리고 밀로셰비치의 세르비아군이 구 유고슬라비아의 새로운 표적인 코소보를 위협하기 시작하자, 클린턴은 게임 계획을 준비했다. 즉 NATO가 또 한 번의 폭격을 시작하고, 대통령은 또 다른 구 유고슬라비아 국가에서 평화를 유지하기 위해 새로운 미군 파견대를 배치하려는 준비에 나섰다. "미군은 한편으로 예비군이나 주 방위군을 소집하지 않고도, 또 한편으로 이와 동시에 전쟁으로 야기된 인도주의적 재난을 처리하는 일을 도우면서도, 산하 병력에게 보급을 제공할 방법을 과연 어떻게 찾아낼 수 있었을까?" 피터 W. 싱어는 저서 『기업 전사들 Corporate Warriors』에서 이렇게 물었다. "답은 간단하다. 미군은 다른 누군가에게 그 일을 넘겨주었던 것이다. (…) 즉 약 9천 명의 예비군을 소집하는 대신, 브라운앤드루트 서비시즈를 고용한 것이었다."

체니의 작은 "지원" 프로그램은 클린턴 행정부에게 뜻밖의 행운이었던 것으로 드러났다. "주 방위군과 예비군 병력을 활성화시키는 데 따르는 정치적 민감성 때문에, 이 임무에서는 LOGCAP을 사용하는 것이 종종 필수적이었다." 미국 회계감사원은 1997년에 보스니아에 관한 보고서에서 말했다.

여기서는 정치적 민감성이 이유로 존재했다. 해외 군사 작전을 실시하려면 전쟁에 대한 국가적인 배짱을 확인할 필요가 있었는데, 평소 같으면 대통령들도 이에 기꺼이 달려들 것이었다. 이는 자칫 국가가 지지하지 않는, 또는 (더 나쁜 상황에서는) 전혀 관심을 갖지 않는 갈등에 우리의 군대를 밀어 넣을 가능성을 줄여 주었다. 이런 정치적 민감성을 우회하는 방법을 가졌다는 것은 구속 없는 전쟁을 원하는 사람들에게는 마치 천재적인 해결책처럼 여겨졌겠지만, 심지어 단기적으로도 그 우회는 분명하고도 의도치 않았던 결과를 가져왔다. 미국의 병력 배치의 가치에 관해 논하는 중요한 공개적 토론이 거의 없었을 뿐만 아니라, 그 임무를 신속히 마무리하라는 압력도 덜했던 것이다. 미국의 평화유지군 병력은 무려 8년 이상 발칸 반도에 있었지만, 그 와중에 일반 대중은 이런 사실을 대부분 알지도 못했다. 심지어 최초의 병력 배치 때에만 해도, 그 이야기를 계속해서 주목하는 미국 국민은 전체의 3분의 1을 조금 넘겼을 뿐이었다. 국제평화유지군 병력에서 미국의 공헌의 세부사항을 이해하는 사람은 겨우 5분의 1에 불과했다. 퓨 리서치 센터의 여론조사에 따르면, 미국 대중은 오히려 최근의 눈폭풍과 주말 내내 이어진 연방 정부의 셧다운에 대해서 훨씬 더 많은 관심을 가지고 있었다. 발칸 반도에서 8년째로 접어든 임무에 대해서는 오히려 관심을 덜 가졌다.

"군사 인원 대신에 LOGCAP이나 기타 도급업체를 배치할 경우, 군 병력이 배치될 때마다 미국에서 당연히 나타나게 마련인 정치적 및 사회적 압력을 줄일 수 있다." 육군 중령 스티븐 우즈는 LOGCAP의 영향에 관한 육군 전쟁대학의 연구 보고서에서 이렇게 썼다. "라틴아메리카에서 피살된 딘코프 직원 다섯 명이라든지, 또는 쿠웨이트에서 습격을 받은 (그리하여 한 명이 피살된) 태피스트리 솔루션즈Tapestry Solutions 소속 미국인 지원 도급업자 두 명에 대한 대중의 반응은 거의, 또는 전혀 없었던 반면 (…) 모가디슈에서 벌어진 미군 병사들의 사망 사건 직후 대중의 아우성으로 인해 미군은 소말리아에서 철수해야만 했다. (…)

첨언하자면, 군 병력 구조는 종종 병력 한도를 지니며, 보통 정치적 이유에서 그러하다. 병력 한도는 한정된 영역에 배치할 수 있는 병사의 숫자에 한계를 부과한다. 도급업체는 이런 한계를 확장했다." 달리 표현하자면, 유료로 가동되는 즉석 군대를 가지고서, 심지어 무한과 그 너머까지 한도를 확장한 셈이었다.

빌 클린턴이 퇴임한 2001년에 이르러, 펜타곤 인력들의 표현대로 '전쟁 이외의 작전'은 (현실적인 정치적 비용이나 결과도 치르지 않고서, 심지어 민간인의 주목도 많이 받지 않고서) 무한히 나아갈 수 있는 일종의 자동항법장치가 되어 있었다. 우리는 이에 익숙해진 상태였다.

2001년에 이르러 의회 없이도 (또는 의회의 존재에도 불구하고) 군사작전을 시작하고 수행할 수 있는 대통령의 능력은 정립된 선례가 되었다.

2001년에 이르러 심지어 평화 시의 미군 전쟁 예산조차도 전 세계 다른 모든 군사 예산 총액의 절반 금액을 훨씬 뛰어넘어 버렸다.

2001년에 이르러 (민간인의 삶을 동요시키는 것이야말로 전쟁을 허가하는 대가라는) 에이브럼스 독트린의 정신은 상당 부분 무용지물이 되었다.

2001년에 이르러 우리는 전쟁을 어렵게 만들기 위한 모든 구속에서, 우리를 꽁꽁 묶어 놓았던 그 모든 속박에서 해방되고 말았다.

8장
오바마의 지독한 살인 기계와
빈 라덴 사살 작전

방울깃작은느시는 유난히 커다란, 또는 당당한 새다. 그 모습은 흔히 보는 꿩과 타조를 교배하면 나올 만한 형국이다. 즉 더 짧은 목과 다리를 지닌 미니어처 타조처럼 생겼다. 또는 스테로이드라도 복용했는지 목이 길고 다리가 튼튼하고 날개 폭이 훨씬 더 인상적으로 커진 꿩처럼 생겼다. 그런데 이 꼬마 친구는 최근에 미국이 아프가니스탄에서 (그리고 그 여파로 파키스탄에서) 벌인 전쟁, 그러니까 미국의 역사에서 가장 오래 지속된 군사적 과시에서 중요한 지원군이었다.

2011년 5월, 미국 특수부대US Special Forces는 파키스탄의 아보타바드 소재의 한 주택에 기습 작전을 실시해 지구상에서 가장 악명 높은 테러리스트를 제거했다. 그런데 이 과정에서 현지 정부에 미리 언질을 주지 않음으로써, 파키스탄은 그만 콧대가 꺾이고 말았다. 그 나라의 군사 및 정보기관은 문제의 표적인 오사마 빈 라덴이 자국의 가장 중요한 군사학교에서 도로를 따라 불과 몇 마일 떨어진 곳에서 어떻게 평온하게 살아갈 수 있었는지를 해명해야 하는 처지가 되었다. 과연 파키스탄 정보 기관이 무능했던 것이었을까, 아니면 오히려 빈 라덴을 보호하고 있었던 걸까? 곧이어 이들은 미국 특수부대와 매우 커다란 헬리콥터가 아보타 바드 안으로 날아 들어가서, 1시간 가까이 땅에 착륙해 있다가, 빈 라덴의 유해를 밧줄로 견인해서 파키스탄 국경 밖으로 나가는 과정 내내 저지는커녕 그것을 감지조차 못한 것에 대해서도 해명해야 하는 처지가 되었다.

오바마 대통령과 나머지 미국 국민은 승리를 만끽했지만, 파키스탄 국민은 이 사건 전체가 극도로 치욕스럽다고 생각했다. 물론 '우리 옆집의 빈 라덴'만큼 치욕스럽지는 않았겠지만 말이다. 이들은 미국이 자국을 존중하지 않은 것에 매우 집착했다. "미군 병력이 국경을 넘어 들어와 우리 도시 가운데 하나에서 작전을 실시한 것은 (…) 파키스탄 국민에게는 받아들일 수 없는 일이다." 전직 대통령 페르베즈 무샤라프는 공격 다음날 이렇게 말했다. "이것이야말로 우리 주권에 대한 침해다." 더 나쁜 사실은, 오바마 대통령이 이번 임무의 계획과 실행 과정에서 파키스탄 군대와 산하 정보기관에는 미리 알리지 말라고 명령했을 뿐만 아니라, 참모진에게도 이 작전이 진행 중일 때 저지하려 시도하는 파키스탄 군대가 있으면 전투도 불사할 것을 명령했다는 이야기가 신속히 새어 나갔다는 것이었다.

파키스탄 의회는 자국의 군사 및 정보 수장들을 소환해서 보기 드문 (그리고 기나긴) 비공개 회의를 열었다. 이때 각자의 실책을 덮기 위해 전전긍긍하던 장군들은 솜씨 좋게 민간의 분노 가운데 상당수를 회피할 수 있었다. 이들은 미국이야말로 이곳에서는 악당임을 모두에게 상기시켰다. 미국을 향해 "파키스탄의 국가 이익을 완전히 존중하라"고 공식적으로 요구하라며 장군들이 의회를 설득하는 것도 문제가 없었다. 작은 동맹국, 즉 파키스탄 국민은 약간의 존중을 필요로 한다는 것이었다. 이 주권 선언에 약간의 양념을 더하기 위해, 장군들은 파키스탄의 오지인 발루치스탄 소재 공군 기지 외곽에서 CIA가 진행 중인 비밀 프로그램을 중단하도록 미국에 압력을 가하는 것이야말로 훌륭한 첫 걸음이 될 것이라고 주장했다. 그런데 CIA를 향해 공군 기지를 떠나라는 자기네 요구를 공개하는 과정에서, 장군들은 불운하게도 파키스탄 입법부를 깜짝 놀라게 할 만한 사실 또한 공개하고 말았다. 즉 '그 공군기지를 CIA가 지금껏 사용하고 있었다'는 사실이었다. 그로 인해 의회에서는 난리법석이 벌어졌지만, 샴시라는 이름의 그 공군 기지 외곽에서 CIA가 줄곧 무장 드론을 날려 왔다는 사실은, 그 드론이 표적으로 삼은 지역의 (즉 연방 직할 부족 지역의) 시민들에게는 그리 놀랄 일조차 아니었다.

아프가니스탄에서의 전쟁 초기 단계에만 해도, 뭔가 볼품없어 보이는 CIA의 첨단 기술 무인 비행기는 주로 정찰에만 사용되었다. 하지만 이것은 헬파이어Hellfire 미사일로 무장할 수 있었다. 2004년부터 2007년까지는 아주 때때로, 그리고 2008년에는 더 빈번하게, 부시 행정부는 파키스탄에서 테러리스트로 의심되는 대상에게 드론을 이용한 공습을 실시했다. 2009년에 오바마 행정부가 출범하면서 드론 공격의 횟수는 급증했다. 그리고 이듬해에는 2009년 당시 횟수의 두 배로 늘어났다. 오바마 행정부는 CIA의 드론 공격을 정책 문제라며 공식 인정하기를 거절했지만, 큰 성과를 거둔 직후에는 어떤 핵심 알카에다, 또는 하카니 네트워크* 지도자가 "피살되었다"고 발표하곤 했다. 마치 그 사건이 섭리의 결과인 양, 또는 마치 무지개처럼 주목할 만한 대기 현상이라도 되는 것처럼 말이다.

그 와중에 파키스탄의 와지리스탄 북부와 남부에서는 드론의 존재가 증오스러운 기정사실이 된 상태였다. 지역 주민들은 이를 "말벌"이라고 일컬었다고 전한다. 따라서 파키스탄이 샴시에서 당장 나가라고 CIA에게 통보한 것이야말로 매우 인기 있는 조치였다. 결과적으로는 파키스탄 영토에 미국의 치명적인 드론이 더 이상 날아다니지 않으리라는…… 또는 뭔가 다른 의미였기 때문이다. 뭔가 다른 의미라니? 파키스탄의 공군 사령관은 자국 공군이 미국에서 구입한 F-16 제트기를 이용해 드론을 하늘에서 격추시킬 수 있음을 오바마 행정부에 상기시켰다. 오바마 팀은 꿈쩍하지 않았다. 이런 드론 공격은 미국의 이른바 '세계 테러와의 전쟁'에 관한 (비록 우리가 이 전쟁을 그런 명칭으로 일컫지 않는 지금에 와서도) 오바마의 재조정의 핵심이 되었기 때문이다. 이 공격은 민주당원도 공화당원만큼이나 악당을 죽이는 데에 진지해질 수 있음을 입증했다. 사실 젊고 경험 없는 초임 대통령이 서 있는 상당히 황량한 정치적 풍경에서 이런 성공들이야말로 몇 안 되는 밝은 점 가운데 하나였다. 오바마 행정부는 샴시에서 발을 뺄 생각이 전혀 없었다. "그 기지는 비우지 않았고, 앞으로도 비우지 않을 것이다." 익명의 고위 관리의 발언이 워싱턴에서 나왔다. 이것이야말로 파키스탄 발루치스탄주의 교착 상태였다.

----

* 아프가니스탄 동남부를 거점으로 활동하는 탈레반 무장단체.

자칫하면 매우 꼬일 것 같던 상황에서, 방울깃작은느시가 약간이나마 해결의 여지를 제공한 것이 바로 이때였다. 샴시에서 공군 기지가 자리한 이 작고 잊힌 땅덩어리는 알고 보니 실제로는 파키스탄의 소유가 아니었다. 그로부터 20년 전에 우정의 표시로 아랍에미리트연합(UAE)에 조용히 양도된 땅이었던 것이다. 발루치스탄주는 마치 눈부신 에덴동산처럼 자연의 경이로 가득한 장소다. 뿐만 아니라, 아랍에미리트연합과 사우디아라비아와 카타르에서 온 사냥꾼들이 매우 높게 치는 사냥감인 방울깃작은느시의 몇 안 되는 월동 지역 가운데 하나였다. 매사냥은 아랍 왕들의 스포츠였으며, 저 불쌍한 방울깃작은느시는 오래 전부터 매사냥꾼이 선호하는 사냥감이었다. 에미리트의 왕족은 발루치스탄주에 특별한 사냥터를 얻게 되어서 정말로 기뻐했다. 그들은 곧바로 상당한 규모의 가설 활주로를 만들었는데, 놀라우리만치 찾는 사람이 많아진 이 오지에 손쉽게 접근하기 위해서였다.

"아랍 족장들의 말에 따르면, 그 사냥이야말로 매들에게는 궁극의 도전이라고 하더군요." 에미리트에서 샴시에 가설 활주로를 건설하던 즈음, 발루치스탄의 한 족장은 《뉴요커》의 기고자 메리 앤 위버에게 이렇게 말했다. "매는 지상에서 가장 빠른 새이고, 방울깃작은느시 역시 빠른 새입니다. 지상에서는 물론이고 공중에서도 마찬가지죠. 또한 영리하고, 조심성 많을 뿐만 아니라, 계책도 상당히 많은 새입니다." 족장의 말에 따르면 그런 계책 가운데에는 그 아가리에서 "짙은 녹색의 점액을 세게 뱉어 내는" 능력도 있었다. "그 위력이 워낙 강하기 때문에 3피트까지 퍼져 나갈 수 있습니다. 그걸 맞으면 매가 일시적으로 눈이 안 보일 수도 있고, 매의 깃털이 서로 붙어 버리는 바람에 날지 못하게 될 수도 있습니다." 방울깃작은느시의 고기가 최음제라는 믿음도 꾸준했다. 그러니 이처럼 지속적인 노력으로 사냥된 방울깃작은느시가 아라비아 반도에서는 거의 멸종하다시피 한 것도 이상한 일은 아니다.

냉전의 정치학은 사냥꾼들에게도 어려움을 더해 주었다. 1979년에 샤가 퇴위하면서 시아파가 다수인 이란에 사는 수니파 아랍인들에게는 방울깃작은느시 사냥이 어려워졌다. 아프가니스탄에서 거의 매일 벌어지는 전쟁 상태도 마찬가지 영향을 주었다. 그리하여 발루치스탄은 오늘날의 아랍 사냥꾼들에게는 '딱인' 장소로 대두했다. 지난 20여 년 동안 에미리트의 족장들과 사우디아라비아의 왕자들, 그리고 좀 더 평범하고 야심만만한 아랍 고관들이 방울깃작은느시를 사냥할 수 있는 지상 최고의 훌륭한 장소에서 최고의 구역을 차지하기 위해 말을 달렸다.(이 과정에서 파키스탄 외무부가 한때 사우디가 차지했던 구역을 에미리트의 고위층에게 넘겨주자, 사우디는 이에 대한 보복으로 파키스탄에 대한 석유 및 홍수 구제 지원금의 지급을 중지했다.) 각양각측의 아랍 왕족들이 매년 나타났고 (위버의 묘사에 따르면) 이에 덧붙여 조립식 천막 도시들이며, 수백 명의 하인들이며, 더 나은 통신을 위한 접시형 위성안테나며, 정교한 휴대용 컴퓨터가 설치된 사냥용 차량, 적외선 조명, 방울깃작은느시를 추적하는 레이더 등도 함께 따라왔다. 이쯤 되면 사냥이라고 할 수는 없지만, 그래도 확실히 효율적이기는 했다.

파키스탄 환경부는 방울깃작은느시의 개체수가 점점 줄고 있다고 거듭 경고했지만, 워낙 끗발 없는 부서이다 보니 아랍의 유력자들에게 포획량 한도가 매년 100마리라는 것을 납득시킬 수 없었다. "그들은 행동 규범을 결코 존중하지 않는다." 환경부 소속 관리의 말이다. "사우디 아라비아의 왕세자, 또는 아랍에미리트연합의 대통령, 또는 카타르의 아미르*가 사냥 금지 구역으로 들어가서 포획량 한도를 어긴다 치더라도, 야생동물보호국에서 과연 무엇을 할 수 있겠는가?" 할 수 있는 일은 많지 않았다. 만약 파키스탄 국민이 저렴한 석유와 아울러 홍수 구제 지원금을 원한다면 말이다.

에미리트는 방울깃작은느시 사냥 부문에서 자기네 체면을 약간 손상시킨 한 가지 양보를 했다. 2001년에 9 · 11 공격 직후 (모두가 이에 대해서 뭔가 공헌하고 싶었을 때에) 에미리트는 (물론 파키스탄 대통령 무샤라프로부터도 찬성을 얻어서) 미국인이 샴시를 보급 기지로 사용하도록 허락했던 것이다. 이 보급 기지는 국경 너머 아프가니스탄에서 탈레반과 싸우는, 그리고 어쩌면 몇 가지 특수 및 비밀 작전도 수행하고 있을지 모르는 미군 병력을 지원할 예정이었다. 이후 10년 동안 CIA는 (그리고 여러 민간 도급업체는) 파키스탄의 공군에게 제한 구역으로 남아 있는 외딴 극비 기지인 샴시 외곽에서 치명적인 공격용 드론을 조종하기 시작했다. 그리하여 빈 라덴에 대한 공격 직후에 결국 문제가 불거졌어도, 방울깃작은느시 덕분에 모두가 저마다 구실을 내놓을 수 있었다. 미국은 CIA가 샴시를 비우지 않을 거라고 잘라 말했고, 파키스탄도 여전히 체면을 세울 수 있었다. 파키스탄 정부 관리는 이렇게 말할 수 있었다.(그리고 '실제로' 그렇게 말했다!) 어이, 우리는 방금 우리의 토지 기록을 확인해 보았는

---

* 사령관 또는 장군이라는 뜻의 아랍어. 카타르에서는 군주의 칭호로 쓰인다.

데, 알고 보니 발루치스탄의 그 작은 땅덩어리는 법적으로 말하자면 파키스탄이 통제하는 영토가 전혀 아니었어. 우리는 그걸 에미리트에 방울 깃작은느시 사냥터로 줘 버렸거든! 그러니, 미안, 아쉽게도 샴시 외곽에서 벌어지는 미국의 비밀 드론 가운데 일부를 중지시킬 방법은 딱히 없어. 하지만 우리는 가급적 센 말로 미국을 비난했지.

그 와중에 아랍에미리트연합은 자기네가 그곳에 단지 가설 활주로만 '건설했을' 뿐이라고 공표했다. 에미리트 족장들과 다른 사람들은 그곳을 "여가 목적"으로만 사용했다는 것이었다. 반면 CIA가 그곳에서 다른 어떤 "여가"를 추구할 수 있는지에 대해서는 에미리트도 차마 말할 수 없었다. 다만 샴시에서는 "아랍에미리트 연합에 의한 작전이나 통제가 전혀 이루어진 적이 없다"며 전 세계에 다짐했을 뿐이었다.

그리하여 미국은 여전히 샴시에 드론 기지를 갖고 있으며, 그 어떤 겁 많은 동맹국도 그걸 미국에게 넘겨주었다는 이유로 비난받지는 않게 되었다. 심지어 빈 라덴에 대한 공격과 파키스탄의 위협 이후에도, 미국은 이미 격렬했던 드론 공격의 속도를 더 높였다. 이후 두 달 동안 다수 사망자를 발생시킨 출격만 21건이었다.(많게는 하루에 세 건이었다.) 하지만 미국 정부의 어느 누구도 저 무인 전투가 어디서 비롯되었는지는 말하지 않았다. "민감한 주제인 관계로 익명을 조건으로 발언한 한 미군 관리는 현재 샴시에 미국의 군사 인원이 전혀 없다고 말했다." 어소시에이티드프레스의 보도다. "하지만 CIA나 기타 미국 기관에서 이용하는 도급업체에 관해서는 그 역시 말할 수 없었다. CIA는 비밀 드론 프로그램에 관해서 논의하는 바가 드물었다."

그로부터 6개월쯤 뒤인 2011년 말에 미국의 모든 요원들이 마침내 짐을 꾸려 샴시를 떠났다는 보도가 표면에 드러났을 때에도, 미국 정부의 공식 발언은…… 노코멘트였다. "만약 기관이 실제로 그런 [비밀 드론] 프로그램을 갖고 있었다고 치면, 나는 그 일이 극도로 신중하고 정확하게, 그리고 법률과 우리의 가치에 걸맞게 실시되었을 것이라고 확신하는 바이다." 오바마 행정부의 테러리즘 대응 책임자는 2011년 가을에 대통령의 모교인 하버드 로스쿨에서 열린 한 포럼에서 이렇게 말했다. 윙크 두 번. 그러자 청중은 무슨 말인지 안다는 듯 웃음을 터뜨렸다.

"우리는 테러리즘 대응 작전의 세부사항에 관해서는 논의하지 않지만, 그런 작전이 최고 우선순위에 있고 효과적이라는 사실이야말로 미국 국민이 딱 기대하는 바이다." CIA의 대변인은 《워싱턴 포스트》에 이렇게 말했다.

샴시의 기묘한 '누가 먼저냐' 공언이 대중에게 새어 나갔을 무렵, CIA의 드론에 관해서는 이미 상당한 정도의 보도가 나와 있었다. 《뉴요커》의 제인 메이어, 《뉴욕 타임스》의 제임스 라이즌과 마크 마제티, 《워싱턴 포스트》의 그레그 밀러와 줄리 테이트 같은 기자들 덕분에, 이 프로그램의 윤곽은 상당히 공공연한 비밀이 되었다. 2011년에 미국은 수백 대의 무장 드론을 보유하고 있었으며, 그중 몇 대가 항상 공중에 떠 있었고, 그중 상당수는 CIA 산하에 있었으며, 또다시 그중 상당수는 감춰진 비행장을 근거로 삼고 있었다. 왜냐하면 미국은 그곳 지상에서 영구적인 전투 병력을 유지하도록 해당 국가의 허락을 받지 못했기 때문이었다. 하지만 문제없었다. 그곳에서는 (여러분도 이미 추측이 되겠지만) 민간 도급업체가 드론을 조종하고, 정비하고, 폭탄까지 장착했기 때문이다. 그런 업체 가운데 하나는 원래 이름이 블랙워터Blackwater였다가, 미국의 9·11 이후 전쟁에서 충분한 살인과 폭력과 과다 비용 청구를 저지른 끝에, 무려 '두 번'이나 이름을 바꿔야만 했다. 즉 처음에는 '제'(Xe)로(발음은 "제ze"이지만, 약을 올리기 위해서 우리 모두 "셰she"라고 부르자), 그리고 나중에는 비교적 단조로운 '아카데미Academi'로 바꾸었다. 블랙워터의 요원들은 정보 수집과 아울러 드론 출격 시 표적 조준을 현장에서 지원해주었다.

저 블랙워터의 무장 드론 가운데 한 대가 하드 드라이브에 구체적인 표적의 위치를 프로그램한 채 이륙하면, CIA에서 봉급을 받는 현장 "조종사"가 마치 부잣집 십대 소년의 비디오 게임 장치처럼 생긴 장치들을 이용해서 원격으로 조종했다. 즉 커다란 (일부 보도에 따르면 델Dell 제품인) 데스크톱 컴퓨터, 키보드 두 대, 모니터 여러 대, (손목터널증후군을 방지하기 위한) 볼 마우스, 가상 비행 콘솔에 달린 스위치 보드, 그리고 물론 조이스틱이 그런 장치들이었다. 일단 드론이 이륙해서 표적을 향해 날기 시작하면, 그 지역 조종사는 버지니아주 랭글리 소재 CIA 본부에 있는 훨씬 더 멋들어진 비디오 게임 방에 있는 동료 조종사에게 조종권을 넘겨주었다. 그러면 버지니아주 교외의 에어컨 나오는 편의 시설에 앉은 이 "조종사"는 예를 들어 와지리스탄 북부의 어딘가에 있는 사냥감을 향해 드론을 조종했다. 드론의 적외선 열 감지 카메라에서 찍은 동영상을 '슈퍼볼 결승전의 필수품'인 평면 스크린 모니터로 바라보면서, 조종사와 CIA 분석가 팀은 CIA 수장 리온 파네타가 즐겨 쓰는 표현처럼 "삶과 죽음을 가르는 결정"을 내리기 시작한다. 이것 역시 사냥이라고 할 수는 없지만, 그래도 확실히 효율적이기는 했다.

메이어에 따르면, CIA의 조이스틱 조종사와 부조종사는 "비행기를 선회하고, 아래의 풍경을 확대하고, 표적을 찾아내서 추적할지 여부를 결정한다. 랭글리에서 국가안보국으로 보내는 추가적인 '신호' 정보의 흐름은 표적이 정확히 확인되었음을 확증하는 전자적 수단을 제공한다. 백악관은 CIA 관리들에게 발사 권한을 위임했는데, 그중에는 테러리즘 대응 센터Counterterrorism Center의 총책임자도 포함되어 있다. 이 사람의 신원은 대중에게 공개되지 않았는데, 왜냐하면 정보국에서 비밀에 부치고 있기 때문이다."

CIA의 모든 일은 계획적으로, 최소한 부분적으로는 대중의 시야에서 차단되어 있지만, 우리가 기꺼이 인정하는 드론, 즉 미군이 운영하는 드론에 관해서는 보도할 만한 세부사항이 약간 더 있다. 공군 조이스틱 조종사들은 실제 전투복 차림으로 가상 콘솔을 쓰고 일한다. 그들은 거기 나오는 동영상을 '죽음의 텔레비전Death TV'이라고 부르고, 드론이 다가오는 것을 보고 도망치는 지상의 파키스탄인을 가리켜 "토끼는 놈squirter"이라고 부른다.

군대의 드론 전사들은 또한 자기네가 엄격한 교전 규칙을 준수한다고 주장한다. "어떤 사람은 발견 즉시 사살을 승인받았다." 메이어는 《뉴요커》 기사에서 이렇게 썼다. "다른 사람들에게는 추가적인 허가가 필요하다. 표적의 위치 역시 방정식에 들어간다. 학교, 병원, 사원이 미사일의 폭파 반경 안에 있을 경우에도 치명적인 공격을 허가하기 전에 컴퓨터 알고리즘으로 예측한다." 여기서 말하는 알고리즘은 가치 높은 "토끼는 놈" 한 명 당 무고한 민간인 "토끼는 놈들" 희생자가 몇 명까지 허용가능한지를 결정해 주는 듯하다.

CIA의 테러리즘 대응 센터는 그 은밀한 드론 프로그램에 대해 여전히 입을 다물고 있다. 과연 그 "조종사들"이 비행복을 입고 있는지 여부도 아무도 모른다. 조종사들이 어떤 규칙, 또는 민간인 희생자 비율 알고리즘에 의해 규제되고 있는지 여부도 그들은 말하지 않는다. 하지만 우리가 확실히 아는 사실은 CIA 분석가들이 다섯 명 가운데 한 명 꼴로 이제는 테러리즘 용의자 사냥 임무에 배정되었다는 것, 그리고 이 기관이 "표적 조준"을 공식적이고 멋지면서 완곡한 내근 보직 경력으로 격상시켰다는 것이다. CIA의 기본 임무는 여전히 첩보 활동, 즉 세계에 관한 정보를 대통령에게 제공하는 것이다. 그리하여 예전에만 해도 이 기관이 뭔가 진정으로 중요한 정보를 (예를 들어 소련의 붕괴를) 놓쳐 버렸을 경우, 그런 일이 다가오는 것을 보지도 못하는 기관을 우리가 왜 보유해야 하느냐는 탄식과 초조함이 나오곤 했다. 그런데 이제 CIA는 세계를 변모시킨 아랍의 봄 운동 같은 것을 완전히 모르고 있는 실정인데도…… 아무도 신경을 쓰지 않는다! 우리는 그냥 빈 라덴을 잡았다는 사실에 도취되었기 때문이다.

미국의 첩보 임무가 새로운 평복 차림의 (그리고 뭔가를 부인하기가 100퍼센트 가능한) 군사 부서로 변모한 것이야말로, 국가로서의 우리에게는 큰 결정일 수밖에 없었다. 그러나 정작 우리의 새로운 암살 부대에게는 (이른바 "정보계"라는 나약한 관리직 정체성을 오랫동안 갖고 있었던 까닭에) 이것이야말로 마치 테스토스테론 주사와도 같았다. 그들은 사살 권한을 갖고 있었다! 그들은 '공중의 암살자'였다! "천천히 달리던 기관을 지독한 살인 기계로 바꿔 놓은 겁니다." 익명의 (그들은 항상 익명이다) 전직 정보 관리는《워싱턴 포스트》와의 인터뷰에서 이렇게 까놓고 말했다. 곧이어 그는 방금 전의 발언을 좀 더 신중한 표현으로 대체했다. "그게 아니라, '지독한 작전 도구'로 말입니다."

"우리는 저 개자식들이 자라나는 속도보다 더 빠르게 놈들을 죽이고 있다." CIA 테러 대응 총책임자는 이렇게 자랑했다고 전한다. 비행복을 입건 안 입건 이들은 단지 이름만 다를 뿐, 사실상 성실하고 성숙하고 매우 바쁜 미군의 자원이 되었다.《워싱턴 포스트》기자들은 비밀 드론 전쟁에 관한 조사 결과를 다음과 같이 요약했다. "미국은 역사적으로 군대에 해명 책임을 요구해 왔다. 그런데 이제 CIA는 그러한 해명 책임 너머에 있는 군사력으로써 기능한다. CIA는 드론 프로그램을 공식적으로 인정하지도 않으며, 어떤 수칙에 따라 누가 쏘고 누가 죽었는지에 대한 공개 해명도 제공하지 않는다."

CIA는 항상 무력을 사용했다. 이란에서 정부 전복을 준비했을 때에만 해도, 이 기관의 나이는 겨우 유치원 수준에 불과했다. 곧이어 이 기관은 니카라과에서 항구 파괴를 시도하기까지 했다! 하지만 CIA의 비밀 작전 임무는 이제 뭔가 다른 것이 되고 말았다. 이제 CIA는 사실상의 군사 부서이며, 자체 병력과 자체 로봇 공군을 보유하고 있기 때문이다. 오바마 대통령이 본인 임기 중의 두 번째 CIA 국장으로 선택한 인물은 민간 정보 분야에서 아무런 배경도 없었다. 퇴역 장성 데이비드 퍼트레이어스는 지난 4년간 이라크와 아프가니스탄에서 미군을 지휘했으므로, 그 일에는 완벽한 후보자로 간주된 것이 분명하다. 9·11 이후에 CIA는 미국을 대신해 전쟁을 수행하는 군사력이었다. 그리고 이 기관은 미국이 전쟁을 벌이고 있다고 간주되지는 않았던 장소에서 전쟁을 벌일 수 있는 편리한 특징을 지니고 있었다. 가시적인 지휘 계통도 없고, 인식 가능한 행동 및 교전 수칙도 없는 비밀 군사력을 지니고 있다는 것은 가장 유용한 일이 되었다.

비밀주의는 CIA의 예산에까지 연장되었다. 9·11 공격 이후 10년 동안 민간 첩보 예산은 두 배로 늘어났지만, 우리 미국의 납세자는 나날이 늘어만 가는 우리의 세금으로 그 다양한 첩보 기관이 무엇을 하고 있는지를 알도록 허락받지 못했다. 우리는 단지 연방 정부가 민간 첩보에 매년 550억 달러를 사용한다고 (군사 첩보에 사용되는 270억 달러는 여기 포함되지 않았다) 사후에야 통보받을 뿐이다. 도대체 정확히 어디에 저 돈을 썼단 말인가? 우리는 모른다. 다만 2007년 이후 미국 정보계의 이른바 비밀 예산의 전체 금액만을 알도록 허락받았을 뿐이다. 언젠가는 정부에서 그 항목에 관해서 우리에게 알려 줄 것이라는 발상은 한 마디로 우스울 뿐이다. 이제는 예산 총액이 공개된다는 데 대한 약간의 분개가 곁들여진 2007년의 보도 자료에서조차, 우리가 얻을 수 있는 내용은 단지 이것뿐이었다. "가장 중요한 숫자를 밝히는 것 외에 다른 공개는 없을 것이다."

이런 태도는 특수 작전에 대해서 뿐만이 아니라 사업 전체에 대해서도 적용된다. 2009년에 와지리스탄에서의 "가차 없는" 드론 공격으로 인해 민간인 구경꾼 여러 명이 사망한 사건에 관해 파키스탄의 기자들로부터 질문을 받자, 국무장관 힐러리 클린턴은 CIA를 방아쇠 당기는 장본인으로 사용하는 것의 정치적 이점을 보여 주었다. "저는 구체적인 전술이나 기술에 대해서는 언급하지 않을 것입니다."

CIA는 자기네 활동에 관해서 상하원 정보위원회의 몇몇 구성원에게 보고해야 하는 의무를 지니고 있지만, 이때 피보고자는 고도 보안이 가능한 S-407호와 HVC-304호의 비공개 회의에서 들은 내용에 관해 입을 다물어야 하는 법적 의무를 지닌다. 심지어 상하원의 동료들과 그 내용을 공유해서도 안 된다. 이러 의무 때문에 때로는 어떤 감독이 필요한지를 놓고 우스꽝스러운 상황이 발생하기도 한다. 2010년에 정보위원회 소속 상원의원 두 명은 보고를 받은 내용 가운데 일부 때문에 무척이나 격분한 나머지, 이를 대중에게 경고하기로 했다. 론 와이든 상원의원과 마크 우달 상원의원은 자기네가 매우 불편한 어떤 내용에 대해 보고를 받았다고 경고를 보냈다. 하지만 정작 그 내용이 무엇인지에 대해서는 말할 수 없었다. 언론은 이들의 우려에 관한 보도를 내보내려고 시도했지만, 아무래도 어려울 수밖에 없었다. 《뉴욕 타임스》는 두 상원의원이 "어떤 다른 종류의 활동"과 "어떤 종류의 명시되지 않은 국내 감시"에 관해 우려한다고 과감하게 묘사했지만, 두 사람 모두 더 이상은 설명할 수 없었다고 보도했다. 여기서 "명시되지 않은"과 "다른"이라는 표현은 딱 대중의 가슴을 두근거리게 만드는 종류의 세부사항까지는 아니었다. 두 상원의원은 언론사와 접촉하는 행동 그 자체로서 경고의 종을 울리려 시도했을지도 모르지만, 그 종소리는 상당히 작아진 상태였다. 미국의 정보기관들은 이제 우리의 전쟁 수행 방식에 잘, 그리고 진정으로 통합되었다. 하지만 지위가 더 낮은 의원에게는 머리를 조아리지 않았다. 와이든 의원, 당신은 사실을 알고 계시지만, 차마 말하실 수는 없습니다. 안녕히 주무세요.

물론 저 빈약한 수준의 정보 공유 흉내만으로도 상당수의 고위 정보계 인사들은 불편함을 느낄 것이다. 따라서 민간 도급업자에게 감사할 일이 아닐 수 없었다. 과거 '블랙워터'라는 이름이었다가 지금은 '세'가 된 업체의 경우, 예를 들어 HVC-304호나 S-407호에 출석해서 오늘은 헬파이어 미사일을 몇 대나 드론에 장착했는지를 밝힐 법적 의무가 없기 때문이다. 2011년에 《뉴욕 타임스》는 민간 도급업체가 미국의 정보 업무 가운데 4분의 1가량을 담당한다고 보도했다. 혹시나 《뉴욕 타임스》를 믿지 못하는 사람이 있다면, 미국 정보계의 총책임자가 그해 10월에 마지못해 한 다음 발언을 들어 보시라. 그는 도급업체 숫자를 줄이는 데에 반대하지 않지만, 미국의 첩보 임무에서 민간 도급업체가 이후로도 핵심적이고도 중요한 부분으로 남게 될 것이라고 주장했다. "만약 저 모든 도급업체가 내일 당장 일하러 나오지 않을 경우, 정보계는 작동을 멈춰 버릴 것이다." 그의 말이다.

아, 이것 보세요, 만약 민간 도급업체가 대중의 감시로부터 충분한 방패막이가 되지 않는다 하더라도, 그리고 만약 백악관이 CIA 및 영리 민간 지원 업체에서 사용하는 민간인 대 악당 희생자 비율 추산 알고리즘을 의회에 건네주는 데 까다롭게 군다 하더라도, '아무 문제 없습니다!' 행정부는 이에 대해서도 대응책이 있기 때문이다. 백악관이 생각하기에 너무 민감한, 또는 의회의 귀에 들어갔다 치면 너무 정치적으로 불이 붙을 수 있는 작전의 경우, 이를 위해 항상 합동특수작전사령부(JSOC)가 있었다.

JSOC는 베트남 이후의 군사 작전에서 비롯된 치욕 때문에 만들어졌다. 예를 들어 이란의 인질을 구출하려던 서투른 시도라든지, 레바논의 해병대 막사에서 당한 폭탄 공격이라든지, 그레나다 침공에서 나타난 지독한 작전상의 난장판 등이 그러했다. 따라서 각 부서에서 엘리트 군인을 몇 명씩 선발한 다음, 각자의 다양한 재능을 합쳐서 어려운 문제에 대응하게끔 만들기로 결정이 내려졌다. JSOC는 저 유명한 해군 SEAL 팀식스, 육군 델타포스, 공군 특수전술대처럼 군대 내의 여러 부서에서 선발한 엘리트 비밀 부대를 동원할 수 있었다. 결국 JSOC 작전반은 해즈브로가 만든 저 옛날 베트남 시절의 G. I. 조 모험단을 현실에 구현한 셈이었다.("마치 살아 있는 것 같은 머리카락에, 작전을 위해 완전 무장한 근육 울퉁불퉁한 다섯 명의 남자는 그 어떤 일도 감당하고, 저 모든 위험도 감수한다!") 기억하시라, 이 모험단은 "솜털뭉치" 머리카락, 쿵푸 손, 정규 군복에 비해서는 너무 현란한 군복, "물속의 악마"라는 이름의 에어보트, "스파이 섬으로 떠나는 비밀 임무"를 지니고 있었다. 이것이야말로 전형적인 G. I. 조였다. 이들은 분명히 어떠한 규약에도 속박되지 않았다. 이들은 스스로 규칙을 만들었다.

2001년에 이르러 JSOC는 페르시아만, 파나마, 쿠웨이트, 엘살바도르, 소말리아, 아이티, 발칸 반도에 있는 현실의 스파이 섬에서 비밀리에 일시적이고 대담한 작전들을 펼치고 있었다. 그러나 특수작전반의 완전한 잠재력을 제일 먼저 깨달은 것은 조지 W. 부시의 백악관이었다. 국방장관 럼스펠드와 부통령 체니는 이들을 레이건의 '니카라과에 대한 사적 전쟁'을 치르던 NSC에 상응하는 존재로 만들었다. 즉 1천 명의 올리버 노스가 (차이가 있다면 그보다 더 숙련되고 훨씬 더 고분고분한 인력이) 준비되어 있는 셈이었다. 제러미 스카힐이 2009년 말에 《네이션》지에 보도한 것처럼, "특수부대는 군대의 지휘 계통 바깥에서, 그리고 백악관과 직접적으로 조정하면서 활동하는 사실상의 단독 작전 기구로 변모했다."

레이건의 백악관과는 달리, 부시팀은 이 행보를 정당화해 줄 어떤 사실이 나올 때까지 굳이 기다리지 않았다. 부시의 변호사들은 (그중 다수는 미즈를 위해서 일한 바 있었다) 백악관이 비밀 명령을 하달해서 특수작전반을 파견하기 '이전에' 모든 법적 확인서를 작성했다. 기본적으로 부시 행정부는 특수작전반원이 '테러와의 전쟁'에서 대통령이 파견하기로 선택한 그 어떤 장소에서도, 아무에게도 말하지 않고도, 그들이 원하는 것은 거의 뭐든지 할 수 있다고 주장했다.

이는 일반적으로 행정부의 특권적인 대통령에 속한다고 볼 수 있다. 그러나 오바마 대통령 역시 이 법칙에서 예외가 아니었다. 그의 임기 중에도 JSOC는 민간 도급업자의 도움을 받아 테러리스트 표적 조준 및 드론 비행 작전을 수행했다고 전한다. "도급업자들은 물론이고, 특히 JSOC 인원들도 [의회의 감독을] 받지 않으므로, 그들은 그냥 아무 관심이 없다." 한 정보계의 소식통은 스카힐에게 이렇게 말했다. "만약 어떤 건물 안에 그들이 뒤쫓는 사람이 하나 있고, 34명의 다른 사람이 더 있다면, 결국 35명이 죽게 될 것이다. 바로 그런 사고방식인 것이다. (…) 그들은 아무에게도 해명할 필요가 없고, 그들 역시 그런 사실을 알고 있다."

미국이 9 · 11 이후 10년 동안 그 역사상 가장 길었던 지상전 가운데 두 가지를 무려 동시에 치르던 와중에, 그 전쟁에 참여하도록 소집된 사람은 미국 성인 인구의 1퍼센트 미만에 불과했다. 2011년 퓨 리서치 센터의 연구에 따르면, "제1차 세계대전과 제2차 세계대전 사이의 평화롭던 시기 이래로 이보다 더 적은 비율의 미국인이 군대에서 복무했던 적은 또 없었다." 미국 대중의 절반은 10년간의 지속적인 전쟁으로부터 심지어 일말의 영향도 받지 않았다고 말했다. 우리의 긴 역사 중에서 이른바 시민 병사라는 이상에서 이렇게 멀리 떨어진 적은 또 없을 지경이었다. 즉 민간인의 가정생활을 동요시키지 않고서는 미국이 전쟁에 나갈 수 없으리라는 발상에서 말이다.

건국자들이 미국의 상비군에 관한 발상에 대해 안달복달하고, 전쟁 결정 권한을 가뜩이나 성가신 입법부에 부여한 까닭은 우리가 미래의 적에게 맞서는 과정에서 불이익을 겪게 하기 위해서가 아니었다. 단지 우리가 툭하면 전쟁을 치르지 못하게 하기 위해서였다. 시민 병사들을 둠으로써, 나아가 군대의 사용을 정치인의 통제에 맡길 것인지를 놓고 활기찬 정치적 토론을 하게 함으로써, 우리가 전쟁 중이라는 사실을 시시각각 (불편하게) 실감하도록 만들려는 발상이었던 것이다. 하지만 건국자들이 전쟁으로 향하는 길에 깔아 놓은 의도적인 정치적 번거로움이 떨어져 나가기 시작한 지 한두 세대가 지나자 (즉 의회를 방정식에서 완전히

빼 버리고, 총체적인 전쟁 결정 권한과 아울러 대통령을 제외한 어느 누구에게
도 응답하지 않는 새로운 비밀 전쟁 결정 자원을 대통령직에 부여하고, 전쟁 비
용에 대해서뿐만 아니라 때로는 전쟁이 진행 중이라는 사실조차도 대중에게 알
리지 않게 되자) 전쟁 결정은 거의 미국이란 국가의 자동적 기능이 되고
말았다. 전쟁 결정은 결코 멈추지 않았다.

아프가니스탄에서의 전쟁은 9 · 11 직후에 거의 끝난 결론이었다.
탈레반 정권은 CIA 작전반, 특수부대, 그리고 미군 병력의 뭔가 좀 작다
싶은 분견대에 의해 전복되었다. 불과 몇 주 만에 끝난 일이었지만, 그 직
후에도 미국은 계속 거기 남아서 아프가니스탄을 구해야 마땅하다고 작
정했다. 이라크에서 전쟁을 시작하기 위해서는 부시 행정부의 기만과 속
임수가 (그리고 의회의 가혹한 겁쟁이 노릇이) 필요했다. 하지만 일단 우리
가 이 두 가지 전쟁을 치르는 동안 확실하게 (즉 구체적인 정치인들과 현재
의 정치에 관해서는 오히려 적게, 그리고 한 나라로서 미국에 관해서는 더 많이)
드러난 사실이 있다면, 이를 끝내기까지 지독하게 오랜 시간이 걸렸다는
점이었다. 이라크 전쟁을 시작했다는 점에서 폴 울포위츠와 도널드 럼스
펠드와 딕 체니가 유죄라는 사실과는 별개로, 우리가 그 어떤 진정한 토
론이나 생각도 없는 상태에서, 정치적 반작용을 최소화하는 전쟁 수행
방법에 정착했다는 사실에서는 국가 전체가 유죄인 것이다.

병력이 제아무리 오래 진창 속을 걷는다 하더라도, 제아무리 많은
배치를 견뎌야 하더라도, 미국의 대중은 더 이상 진정으로 전쟁의 영향
을 받지 않는다. 이라크에서 사태가 발발하여 2만 명이 더 필요한가? 군
대 지휘관들은 단순히 전투 임무 기간을 12개월에서 15개월까지 더 연

장하면 되고, 배치와 배치 사이에 병력이 얻게 될 휴식이 얼마나 될지에 대해서는 아무런 보장도 하지 않는다. 군대의 상층부는 이 부담을 어깨에 짊어지게 될 군인들, 미국 사회의 극히 일부분인 그들이 부담해야 하는 비용에 대해서 이미 알고 있음에도 불구하고 그렇게 했다. "우리는 이런 정신 건강 판정 공동 연구를 지금까지 6년째 진행해 왔다. 9[개월] 내지 12[개월]에 이르러 스트레스 문제 가운데 상당수가 진짜로 드러나고, 가족 문제도 역시나 드러난다." 전직 육군참모총장 조지 케이시는 최근 이렇게 말했다. "인간의 정신과 육체는 애초부터 회복을 위해 상당한 시간이 제공되지 않은 상태에서 반복적 전투 배치를 수행할 수 없도록 만들어졌다." 아프가니스탄 전쟁의 처음 5년 동안 현역 복무 병력의 자살률은 두 배로 뛰었고, 이후로도 계속 높아지고 있다. 지난 10년 동안 미군에서는 아프가니스탄에서 적의 공격으로 인한 사망자 숫자보다 자살로 인한 사망자 숫자가 더 많았다.

민간 생활은 사실상 방해받지 않은 채 계속되었다. 군인 가족이 아닌 한에는 이를 거의 느끼지도 못할 정도였다. 미국은 마찰 없는 전쟁의 기술에 숙달되었다. 미국의 전쟁은 마치 쇼핑센터 같은 곳의 배경 음악처럼 딱 신경 쓰이지 않을 정도로만 들릴 뿐이다. 즉 소리를 높이면 약간 짜증이 나지만, 손쉽게 소리를 죽일 수 있는 것이다. 3년? 5년? 무슨 차이가 있는가? 그나저나 우리가 도대체 어디 가서 싸우고 있는 것인가? 우리는 줄곧 파키스탄으로 미사일을 쏘아 보내고 있었다. 그 횟수도 세고 있는가? 우리는 그걸 알도록 허락받고 있는가?

2007년 2월, 이라크에 머무는 미군 병력의 수준 감소에 반대하는 하원 의회장의 발언 중에, 조지아주 하원의원 필 깅리는 이렇게 말했다. "도대체 우리가 병력을 아껴서 뭐에 쓰겠다는 겁니까? 독립기념일 행진에서 차단선을 유지하게 할 겁니까? 노인네들이 길 건너는 걸 돕게 할 겁니까?" 그의 수사학적 질문에 대한 수사학적 답변을 하자면, 당연히 그런 태평스러운 헛짓거리를 위해서 미국이 병력을 아낄 필요는 없다. 그들은 전투에 사용되기 위해서 그곳에 가 있는 거니까.

여기서 기억해야 할 점은, 단순히 완전한 현역 복무 군대만이 문제가 아니라는 것이다. 우리는 르완다, 아이티, 소말리아 등지에서도 예비군 병력 없이 더 작은 임무를 수행하는 방법을 찾아냈다. 심지어 발칸 반도에서도 (딘코프와 핼리버턴에 있는 친구들로부터 약간의 도움을 받음으로써) 마찬가지였다. 하지만 이라크 전쟁은 (그것도 아프가니스탄 전쟁과 함께 진행되던 이라크 전쟁은) 규모 자체가 달랐다. 행정부는 그렇게 되지 않기를 바랐다. 부시의 전쟁 위원회는 이라크를 신속하게 마무리할 수 있을 것이라고 희망차게 가정했다. "어쩌면 6일, 어쩌면 6주 동안 지속될 수 있을 겁니다." 럼스펠드는 침공 한 달 전에 이렇게 말했다. "하지만 6개월까지는 아닐 겁니다." 아니긴 뭐가 아니야.

전쟁이 질질 늘어지면서, 예비군을 본국에 그냥 내버려둔다는 부시 행정부의 애초 결정은 지킬 수 없게 되고 말았다. 그리하여 이들은 예비군을 배치했다. 과연 어떻게 배치했을까. 전쟁 3년째의 2005년의 한 시점에, 이라크에 있는 병력의 절반 이상이 주 방위군에서 차출된 병력이었다. 이것이야말로 미국 역사상 최초의 사례였지만, 그럴 수밖에 없었다. 저 훌륭하고 유서 깊은 에이브럼스 독트린 덕분에, 우리가 현역 병력만으로는 큰 전쟁을 치를 수 없다는 것은 여전한 사실이었기 때문이다. 우리 군대의 3분의 2, 또는 그 이상에 해당하는 수송, 공병, 의료, 헌병, 보급 부대는 예비군에 속해 있다. 하지만 이제는 예비군에 관한, 그리고 에이브럼스 독트린에 관한 한 가지 재미있는 사실도 있다. 즉 아프가니스탄과 이라크에서 10년간 싸우는 과정에서, 이른바 '시민 병사'라는 발상의 결합력이 약화되고 말았던 것이다. '시민'이란 단어와 '병사'라는 단어의 저 결합력에는 과거보다 훨씬 더 많은 부담이 가해지게 되었다. 즉 지난 10년 동안 주 방위군과 예비군을 현역으로 소집한 사례가 워낙 자주 있다 보니, 이제는 정규군과 예비군을 구분하는 것조차 힘들어졌다. 어쩌면 주 방위군과 예비군에 속한 우리의 이웃들은 지난 10년 동안 각자의 삶이 뒤집어지고 있었을지도 모르고, 이라크와 아프가니스탄에서 놀라우리만치 많은 수가 부상이나 사망을 당했을지도 모르지만, 우리는 그런 일에 익숙해지고 말았다.

에이브럼스 독트린이 전쟁 결정에 대한 억제책으로 기능하기 위해서는, 미국인들이 평소의 삶과 동떨어진 전투에 참여하도록 소집되었다는 사실에 우리가 충격을 받아야만 한다. 그런데 그런 소집이 계속해서 반복되고 양도 적지 않다 보니 이제는 그런 일에 충격을 받지 않게 된 것이다. 9·11 이후의 병력 배치 속도 때문에 주 방위군과 예비군과 이들의 가족은 이른바 '시민 병사'라는 이상에서 단호히 '병사' 쪽에 서게 되었다. 이들을 소집하는 일은 더 이상 특정 전쟁의 가치에 대한 대대적인 국가적 토론을 야기하지 않는다. 에이브럼스 독트린은 여전히 큰 전쟁을 치르고 싶어 한다면 예비군을 사용하라고 우리에게 강요하지만, 이조차도 더 이상은 미국 대중이 치르고 싶어 하지 않는 전쟁을 막는 억제책으로써 작용하지 않는다.

우리는 군복 입은 모든 사람을 한계에 다다를 때까지 사용하고 있으며, 이 과정에서 그 비용은 고려하지 않는다. 과거 10년 동안 미국은 이미 세계에서 가장 넉넉한 군사 예산을 갖고 있었으며, 이를 더욱 늘려 버렸다.(그리고 또한 영구적이고 고도로 기능적인 정보기관 다수를, 그리고 특수 모험대와 민간 소유의 도급 전사戰士 업체를 만들었다.) 2011년에 이르러 대안 에너지원에 관한 연방 연구개발 예산은 연간 약 30억 달러였다.(우파에서는 이를 가리켜 오바마 시대의 막대한 헛짓거리라고 조롱했다.) 반면 방위 연구개발 예산은 연간 770억 달러였다.(그리고 조롱하는 사람도 없었다.) 2001년에 다른 모든 국가가 자국 군대에 소비한 비용 모두를 더해 보면, 미국의 군사 예산이 그 총액의 약 절반에 해당했다. 2005년에 이르러 저 두 가지 숫자는 똑같아졌다. 달리 말하자면, 미국이 국방에 사용하는 돈은 다른 모든 나라들이 똑같은 용도로 지출하는 금액의 총합과 똑같은 셈이었다. 심지어 오늘날 펜타곤은 유권자 대중의 삶을 불편하게 만들어 버리는 정치적 결과로부터 정책 결정권자들을 차단하는 방식으로 저 돈을 쓰고 있다.

펜타곤이 병사들의 업무를 도급업체에 맡길 때면, 단순히 추가 인원이 현장에 들어오는 것만이 아니라, 전혀 다른 유형의 인원이 현장에 들어오는 셈이다. 미국 대중은 병사들의 죽음을 애도하는 것만큼 도급업체 소속 인원의 죽음을 애도하지는 않는다. 우리는 그들에 관해서 듣는 경우조차 드물다. 민간 업체들은 직원들이 예를 들어 이라크로 보급품을 실어 나르는 견인 트레일러 수송대에 대한 무장 경비 서비스를 제공하다가 사망하더라도 굳이 보고할 의무가 없다. 1991년의 걸프전 동안에 미국은 지상의 미군 병사 100명 당 민간 도급업체 직원 1명씩을 고용했다. 클린턴 시절 발칸 반도에서는 양쪽의 비율이 1 대 1에 가까웠다. 즉 민간 업체 쪽이 2만 명이나 더 많았던 것이다. 2011년 초에 이라크에는 미군 병사 4만 5천 명이 주둔했고, 6만 5천 명의 민간 도급업체 직원이 거기서 일했다.

민간 업체 이용이 급증했기 때문에, 또 우리의 새로운 유사 군사 조직이 전쟁을 수행하면서도 정작 그 전쟁 수행의 세부사항을 (심지어 그런 전쟁 수행이라는 간단한 사실조차도 종종) 우리에게 감출 수 있기 때문에, 그리고 부시 행정부의 (예를 들어 도버 공군 기지에 매주 실려 오는 미군 사망자의 성조기 덮인 관의 모습을 우리에게 공개하지 않는 것과 같은) 홍보전에서의 승리 때문에, 그리고 이 모두와 그 이상의 것들 때문에, 미국 대중은 지속되는 전쟁으로부터 섬세하게 차단되어 왔다. 우리의 전쟁에 나가 싸우는 극소수의 사람들만 거듭해서 배치되고 있으며, 민간인의 생활은 여전히 공짜로 얻은 자기만족 속에서 상당 부분 고립된 상태로 남아 있다.

비용 이야기가 나왔으니 말인데…….

2001년 6월에 조지 W. 부시는 예산에 차질을 빚을 정도로 대규모인 세금 감면 법안에 서명함으로써 이후 10년 동안 2조 달러의 적자가 추가되도록 만들었다. 그로부터 3개월 뒤에 9·11 공격이 일어났다. 그로부터 몇 주 뒤에 미군은 (그리고 CIA는) 아프가니스탄에서 전쟁에 돌입했지만, 우리는 어쨌거나 세금 감면을 계속 유지하기로 결정했다. 2년이 채 되지 않아서, 우리는 두 번째이며 동시에 벌어지는 전쟁을 위해 이라크로 병력을 실어 보냈다. 침공으로부터 몇 주 뒤에, 부시는 또 한 번의 대규모 세금 감면 법안에 서명했다. 또한 우리는 비밀 정보 분야에서도 규모를 크게 확장했다. 《워싱턴 포스트》의 기자인 데이너 프리스트와 윌리엄 M. 아킨은 매우 생산적이었던 2010년의 탐사 보도 시리즈에서 3천 개 이상의 정부 조직과 민간 기업이 1만 군데 개별 장소에서 테러리즘 대응 업무를 실시하고 있다고 자세히 설명했다. 그로부터 10년이 채 지나기도 전에, 미국 연방 정부는 85만 4천 명에 대해서 극비 취급 권한을 부여했으며, 연방 의사당 건물 22개에 상응하는 면적의 사무 공간을 건설함으로써 프리스트와 아킨의 말마따나 '극비 미국Top Secret America'을 만들었다. 그런데 정작 이 나라는 이처럼 방대하고 새로운 거대 구조물의 필요성에 대해서 한 번도 토론한 적이 없었고, 지금도 여전히 토론하지 않고 있다. 가장 큰 이유는 우리가 그토록 막대한 새 지출에 필요한 돈을 내놓으라는 요구를 한 번도 받지 않았기 때문이다. 다만 우리는 최근의 전쟁 비용으로 1조, 또는 2조를 덧붙였던 것처럼, 가뜩이나 늘어나는 적자에 그 비용을 덧붙였을 뿐이다.

이처럼 지연된 지급 계획은 지난 10년 동안 있었던 몇 안 되는 양당 합의 내용 가운데 하나다. 아프가니스탄 전쟁 이전에도 있었고 이라크 침공 이후에 또 한 번 있었던 부시의 세금 감면을 그 후임자도 따라했기 때문이다. 2010년에 오바마 대통령은 아프가니스탄에 병력 3만 명을 추가로 보내면서, 그곳에서의 미군 주둔을 2014년까지로 연장하고, 수백

기의 드론을 추가로 CIA에 배치하라고 명령했다. 그런 다음에 (맞다) 부시가 했던 세금 감면도 연장했다.

민간인이 대가를 치르라는 요구를 받지 않게 되면서, 전쟁을 하는 것은 쉬운 일이 되었다. 외국 땅에 굳이 간섭하면, 그리고 계속 그곳에서 싸우면 그만이었다. 전쟁을 지속하기 위해서 희생하는 미국인의 숫자가 워낙 적었던 까닭에, 전쟁을 지속하기 위한 정당화 역시 특별히 합리적이거나 적절하게 주장할 필요가 없었다. 2003년에 우리가 이라크를 침공했을 때, 백악관에서 나온 최초의 공식 정당화는 우리가 사담의 위험한 대량 학살 무기 더미를 확보해야만 한다는 것이었다.("우리는 연기 나는 총이 졸지에 버섯구름이 되기를 바라지 않습니다." 부시 행정부는 이렇게 말했다.) 그 당시에만 해도 이 위협이 거짓말임을 보여주는 증거가 풍부했고, 이는 우리가 그곳에 도착하자마자 금세 입증되었다. 그러자 우리가 거기 간 목적은 사실 사담을 제거하기 위해서라고 정부는 주장했다. 그러다가 3주 만에 바그다드가 함락되고, 12월에 사담도 은신처에서 붙잡히고 말았다.

그렇다면 왜 전쟁 2년째에도 내내 그곳에 머물러 있었던 걸까? 3년, 4년, 6년······. 8년째에도? 사담이 무덤에 들어간 이후에도 이라크에 계속 머무는 것에 대해 공식으로 발표된 이유는 오락가락이다. 즉 우리는 질서를 회복하기 위해서, 이라크 여성을 보호하기 위해서, 시아파와 순니파와 쿠르드족이 서로를 죽이지 못하게 하려고, 시아파와 순니파와 쿠르드족에게 새로운 정부에서 권력을 공유하는 방법을 가르치려고, 테러리스트를 무찌르기 위해서, 이라크를 중동에 자리한 제퍼슨식 민주화의 등대로 (선거도 치르게 하고! 우리의 동맹자로 만들어서!) 개혁하기 위해서, 이란이 우리의 갓 태어난 민주주의를 잠식함으로써 이라크를 '자국처럼' '미친 무슬림 신정주의' 동맹국으로 만들지 못하게 방비하려고 거기 가 있다는 식이다. 시간이 흐르면서 대통령이 하는 이야기는 별로 문제가 되지 않았다. 결국 부시 패거리도 창의적이 되려는 노력을 중단했고, 단지 지금 와서 떠나는 것은 겁쟁이 같을 것이라는 주장에 안착했기 때문이다. 전쟁을 치르는 것에 대한 전체적인 정당화는 ("철수는 선택지가 아니다." 상원 다수당 대표는 이라크에서의 탈선이 3년째로 접어들었을 무렵에 이렇게 주장했다) 자동차 범퍼 스티커에 딱 들어갈 만한 정도다. 포드의 말마따나 우리는 "끊고 도망치는" 것까진 아닌 셈이다.

부시 행정부는 전쟁에 돌입한 지 3년째쯤 되어서 약간의 열기를 느끼기 시작했다. 2006년에 공화당은 의회의 상하원 모두에서 통제권을 상실했고, 여론조사에서는 유권자의 3분의 2가 이라크에서 전쟁을 지속하는 것에 반대하는 것으로 나타났다. 백악관은 이 상황에서 필수적인 정치적 엄호를 얻기 위해, 충분한 규모와 대중적 존경 모두를 지닌 국가 기관에 도움을 요청했다. 바로 군대에 말이다. 만약 국가가 전쟁에 관해서, 또는 대외 정책에 관해서 대통령을 더 이상 믿지 못한다면, 대통령은 일단 옆으로 비켜서고 "현장 지휘관들"이 앞길을 인도하도록 허락할 것이었다. 이들로 말하자면 단순히 전쟁 수행을 담당한 장본인일 뿐만 아니라, 그 전쟁에서 사령관 역할을 담당한 장본인이기도 했기 때문이다.

부시는 단순히 전쟁에서 이길 수 있는 계획을 가지고 오는 것 이상의 임무를 군대에 맡겼다. 즉 자기가 정말로 갖고 있었던 적이 없었던 뭔가를 만들어 내라는 임무를 맡긴 것이다. 그 뭔가란 바로 향후 승리의 모습에 관한 전망이었다. 만약 군대의 고위층이 중동에서의 대외 정책 결정권자가 된다면, 펜타곤에는 ('하면 된다'의 중심부로서) 그 일에 안성맞춤인 인재가 있었다. 그는 (대부분의 서클에서) 우리가 보유한 가장 똑똑한 장군이라고 간주되는 데이비드 퍼트레이어스로, 프린스턴에서 국제관계학 박사학위를 취득한 인재였다. 그런데 육군에서 가장 똑똑한 이 사람은 군대가 단순히 전쟁에서 이겨야 할 뿐만 아니라, 한 발 더 나아가 한 국가의 마음을 얻어야 한다는 지론을 갖고 있었다.

퍼트레이어스 장군은 이미 군대가 이 과격한 임무를 수행하는 방법에 관한 교과서를 저술한 바 있었다. 『야전 지침서 3-24Field Manual 3-24』는 무기한적인 동시에 확장 가능한 전쟁을 치르는 방법에 관한 '하면 된다' 식의 논고로서, 미군의 독트린을 21세기에 전면적으로 새로 쓴 것이라 할 만 했다. 새로운 독트린은 (이른바 '반란 억제'라는 것으로) 기본적으로 이라크의 병력을 두 배로 늘리자는 계획이었다. 만약 미국의 나머지 사람들이 계속 편안할 수만 있다면, 미군은 그 일을 할 수 있다는 것이었다. 장군은 이 새로운 계획이 자신이 군인 경력을 시작하던 초창기에 비해서, 즉 대중이 무척이나 '관심을 가졌을' 때에 비해서 지금은 훨씬 더 쉽게 먹혀들 거라고 판단했다. "베트남의 사례는 외국에 대한 무력간섭에 관한 한, 미국 국민이 시간과 인내라는 미덕을 풍부히 지니고 있지 않다는 사실을 극도로 고통스럽게 재확인한 것이었다." 퍼트레이어스 장군은 박사학위를 준비하는 과정에서 이런 글을 쓴 바 있었다. 그의 판단은 (적어도 '먹혀든다'는 점에서는) 어쨌거나 옳았던 것으로 드러났다. 『야전 지침서 3-24』는 워싱턴의 정책 서클에서 큰 인기를 끌었기 때문에, 시카고 대학 출판부에서 좀 더 시장에 먹혀들 만한 제목을 달아 일반 대중을 위해 단행본을 간행했을 정도였다. 『미국 육군/해병대 반란 억제 야전 지침서The U.S. Army/Marine Corps Counterinsurgency Field Manual』. 아마존닷컴의 독자 서평을 보면 이런 내용이 나온다. "멋진 책," "지난 20년 동안 작성된 것 가운데 가장 중요한 독트린," "반란 억제를 시대정신의 일부로 만드는 데 도움을 주었고 (…) 한 마디로 우리 부모님 세대의 야전 지침서와는 다르다."

퍼트레이어스 식의 반란 억제는 결국 지적으로 매우 만족스러운 이론으로 드러났다. 이 연구에는 현대사에서 나타난 반란과 반란 억제의 사례가 가득하다. 이 연구의 암시에 따르면, 만약 1808년 스페인에서 나폴레옹이 『야전 지침서 3-24』를 갖고 있었다면, 온 유럽은 물론이고 세계의 나머지 지역 가운데 상당 부분이 오늘날 프랑스어를 구사하면서 비만 걱정 없이 맛좋은 음식과 훌륭한 와인을 즐기고 있었을 것만 같다. 반란 억제 독트린은 학술 연구로서 우아하고도 만족스러웠으며, 특히 자유주의자에게 그러했다. 이것이야말로 어떤 공적 조직이 (즉 군대가) 모든 일을 올바르게 해내고, 대중의 모든 필요를 예측하고 만족시키며, 그리하여 승리를 얻는다는 이야기였기 때문이다. 이건 결국 우리 군대가 정확한 원칙을 적용하는 한에는 이라크인도 결국 우리를 사랑하게 될 것이고, 우리처럼 되고 싶어 할 것이라는 발상이었다. 미국은 이미 우리 군대가 우리의 가장 유능한 기관이라는, 즉 우리가 의존할 수 있는 기관인 동시에 우리가 요청하는 것은 뭐든지 할 수 있는 기관이라는 믿음을 흡수한 바 있었다. 반란 억제 독트린은 여기서 한 걸음 더 나아가, 군대는 단순히 뭐든지 할 수 있을 뿐만 아니라, '모든 일'을 해야 마땅하다고 주장했다. 만약 국경 밖에서 뭔가 커다란 국가적 임무가 있다면, 군대가 그걸 맡아야 한다는 것이었다.

하지만 이 새로운 독트린이 작용하려면, 우리의 병사들은 단순히 악당을 향해 각자의 무기를 발사하는 것보다, 또는 바그다드의 한 구역을 확보하는 것보다 더 많은 일을 하라는 요구를 받게 될 것이었다. 새로운 야전 지침서는 고전 반란 억제 전문가의 말을 다음과 같이 인용한다. "긴급하고 중요한 임무를 처리해야 할 상황인데도, 그리고 다른 누구도 그 임무들을 대신 처리할 수 없는 상황인데도, 병사를 순전히 군사적 기능에만 국한시킨다면 분별없는 일일 것이다. 병사는 사회사업가, 토목 공학자, 교사, 간호사, 보이스카우트 등이 (⋯) 될 준비를 하고 있어야만 한다." 부패한 독재자를 내쫓고, 적절한 지역 지도자를 찾아내고, 공공시설 및 사법 체계를 수립하고, 교도소를 운영하고, 교통을 지도하고, 하수구를 설치하고, 진료를 제공하는 것이 이제는 모두 제82공수부대의 임무가 되고 말았다. "짐작컨대 민중의 마음을 얻는 것이야말로 결정적인 전투인 것이다." 『야전 지침서 3-24』는 이렇게 말한다.

이 모든 사업에 대해서 공감하지 않기란 어렵다. 9⋅11 이후 세대 가운데 이라크와 아프가니스탄 주둔군인 및 참전용사보다 더 인상적이거나 더 유능한 미국인은 또 없기 때문이다. 하지만 이들도 초인은 아니다. 이들조차도 불가능한 일을 해낼 수는 없다. 이른바 반란 억제에 관한 어리석은 이론 전체의 전반적인 문제란, 현대 역사에 나타난 그 어떤 사례에서도 외국에서의 반란 억제가 성공적이었던 적이 없었다는 점이다. 정말 하나도 없었다! 우리가 갖고 있는 가장 가까운 사례라고 해야 인도차이나뿐인데, 거기서 우리는 남베트남 사람들의 "마음과 정신"을 얻기 위한 전투에서 상당히 결정적으로 패배한 적이 있다. 그리고 1808년에 스페인 사람들이 "어려움에 익숙하고, 외국인을 의심하며, 항상 주둔군과의 분쟁에 관여한다"는 사실을 이해함으로써 나폴레옹이 현지의 저항을 극복했을 가능성도 상당히 없어 보인다. 사실 성공적인 반란 억제 작전을 실행한 군대의 사례를 찾으려면, 차라리 로마 제국으로까지 거슬러 올라가 보아야 할 것이다. 하지만 이때에도 로마인은 『야전 지침서 3-24』에서 제시한 것과는 오히려 좀 다른 방법을 적용했다. 이들은 대개 사지가 멀쩡한 남성은 죽이고, 여자와 아이는 노예로 삼는 구약성서의 전술을 사용하고 있었다. 다시 말해 이들은 사회사업에는 별로 관여하지 않았다는 뜻이다.

　하지만 미군 같은 '하면 된다' 기관 내에서는, 만약 워싱턴이 여러 해 동안의 이라크 점령 같은 뭔가에서 "이길" 방법을 요구한다면, 우리는 마땅히 이겨야 했다. 무한한 자원이 있다면 무엇이든지 가능했다. 수표책을 열고, 손목을 돌리면 그만이었다. "나는 이라크에서의 성공이 달성 가능하다고 항상 생각해 왔습니다." 육군참모총장 조지 케이시는 2007년의 전국 기자단 모임에서 이렇게 단언했다. "그러기 위해서는 인내가 필요할 것이고, 또한 의지가 필요할 것입니다. 테러리스트는 우리의 의지를 잠식하려 들 것입니다. 즉 이를 달성하려는 우리의 의지를 말입니다. 하지만 설령 여러분이 이라크를 복잡하고 어렵고 혼란스럽다고 파악하시더라도 (실제로 그러니까요) 우리는 거기서 성공할 수 있을 것입니다. 우리가 인내와 의지만 보여줄 수 있다면, 우리는 거기서 성공할 것입니다. (…) [이라크인은] 교양 있는 국민입니다. 그들은 석유라는 부를 갖고 있습니다. 그들은 물도 갖고 있습니다. 그들은 지금껏 제가 본 것 중에서도 가장 비옥한 땅 가운데 일부를 갖고 있습니다. 앞으로 10여 년 사이에 그곳은 주목할 만한 나라가 될 것입니다. 만약 우리가 그 나라에 버티고 있다면 말입니다. 그거야말로 확실히 할 수 있는 일입니다." 10여 년 사이에……. 그러니까 우리가 그 나라에 버티고 있다면? 이 발언이 나온 당시에 우리는 이미 4년째 거기 있었다. 그렇다면 이건 모두 14년에 걸친 전쟁이 되리라는 이야기일까?

"저는 괜찮다고 생각합니다." 이른바 반란 억제 독트린에서 영감을 얻어 병력이 급증되기 시작한지 얼마 지나지 않아 존 맥케인 상원의원은 대통령 유세 중에 이렇게 말했다. 즉 미군이 이라크에 100년간 머물러도 자기는 괜찮다고 생각한다는 뜻이었다. 또는 1천 년간, 또는 100만 년간 머무른다 치더라도, 어디까지나 우리가 거기 있기를 이라크 정부가 원하는 한에는, 그리고 어디까지나 희생자가 전혀 없는 한에는, 그것이야말로 이라크 국민이 우리를 정말로 좋아하기 때문이라는 것이 입증된 셈이기 때문이라고 그는 말했다. 100만 년짜리 전쟁에 관한 발언은 맥케인 상원의원에 대한 미국 대중의 지지를 이끌어 내지는 못했다. 결국 그는 2008년 대통령 선거에서 일리노이주 상원의원 버락 오바마에게 참패했다. 하지만 심지어 이라크 전쟁을 겨냥한 공공연한 반대자였던 오바마 대통령조차도 정작 수렁에서 빠져나오기는 쉽지 않았다. 전쟁 9년째가 되어서야 오바마는 마침내 우리의 철수를 요구해도 된다는 신호를 이라크 정부에 보냈다.

우리가 떠나기로 합의한 지 며칠 뒤에 펜타곤은 아직 행보가 결정되지 않은 병력 수천 명이 국경 바로 너머 쿠웨이트에 주둔할 것이며, 우리의 부재중에 안보 상황이 악화될 경우에는 곧바로 이라크로 진입할 것이라고 발표했다. 거기서도 이른바 '프레데터(포식자)'와 '리퍼(저승사자)' 드론을 위한 자리를 만드는 것을 잊지 마시라. 그리고 여전히 이라크 내부에 버티고 있으면서 미국 대외 정책을 대리하여 돕고 있을 (그러나 의회의 간섭 따위는 걱정하지 않을) 수천 명의 민간 미국인 도급업체 직원들도 잊지 마시라.

주 방위군과 예비군 역시 갑자기 날아들 통지에 대비하고 있는 실정이다. "지금 상황에서 우리가 모집한 병사들은 (…) 복무를 하고 싶어 합니다. 만약 계속해서 그들에게 도전을 제기하며 그들의 전투 감각을 유지시키지 않는다면, 머지않아 병사들이 떠나는 모습을 보게 될 겁니다. 왜냐하면 우리가 그들을 모집한 목적이며, 그들에게 약속한 결과를 정작 그들에게 건네주지 못했기 때문입니다." 주 방위군의 임시 사령관은 2011년에 이렇게 말했다. "이 나라는 지금까지 [예비군 부문에] 막대한 투자를 했기에, 이제 와서 저 실전용 예비군을 이용하지 않는다면 결국 그들을 깡그리 무시하는 셈일 겁니다."

군대에서는 2011년에 이라크 이후와 아프가니스탄 이후 시기의 주 방위군과 예비군에 관한 연구를 의뢰했다. 그 대표 저자는 《아미 타임스Army Times》지에 이렇게 말했다. "왜 군이 저렇게 훈련을 시켜 놓고 나서, 그냥 묵혀 두었다가 시들게 만드는 겁니까? 사용하고 싶어 해야지요……."

오늘날 '세계 최대의 민간병참지원 상비군'을 보유한 미국은 제퍼슨이 우려했던 것처럼 "전쟁의 기미"를 찾아 항상 지평선을 훑어보게 되었다. 2007년에 이라크 전쟁의 책임자로서 임무를 끝내고 돌아와 육군참모총장이 된 조지 케이시 장군이 맨 처음 한 일 가운데 하나는 자신의 업무인수위원회를 밖으로 내보내서 자기 휘하의 육군이 직면한 세계에 대한 폭넓은 시각을 얻어 오게 한 것이었다. 그런 다음에 그는 자신의 발견을 전국지에 공유했다. "제가 말했습니다. '가서 미래에 관해 생각하는 사람들과 이야기를 나눠 보게. 2020년의 세계는 어떤 모습일지를 그들에게 물어 보게.' 그러자 그들은 시키는 대로 했습니다. 그들은 대학으로 갔습니다. 그들은 싱크탱크로 갔습니다. 그들은 정보기관을 돌아다녔습니다. 그들은 정부를 돌아다녔습니다. 그러고 나서 그들은 돌아와서 이렇게 말했습니다. '다음 10년 동안 우리가 여기서 맞이할 세계는 이른바 영구적인 충돌의 세계가 될 거라는 데에 대부분 의견이 일치하기에 깜짝 놀랐습니다.'" 따라서 육군은 성장해야만 할 것이라고 그는 말했다.

2011년에 CIA로 자리를 옮기면서 육군에 보낸 고별사에서 데이비드 퍼트레이어스는 '모든 것을 할 수 있는' 반란 억제 독트린을 계속 유지해 달라고 국가에 간청했다. "우리는 이 마지막 10년 동안 이라크, 아프가니스탄, 그리고 다른 모든 곳에서의 충돌 과정에서 발전시킨 전체 스펙트럼 역량을 유지할 필요가 있을 것입니다." 장군의 말이다. "하지만 저는 이 사실이 널리 인식된다는 사실을 알고 있습니다."

2011년에 신임 국방장관 리온 파네타는 의회 곳곳을 돌면서, 펜타곤 예산의 연간 증액을 삭감하면 자칫 군대가 "텅 비게" 될 수도 있다고 다급하게 설득했다. "우리가 큰 전쟁에서 벗어났다고 해서 만사가 괜찮은 것까지는 아닙니다." 파네타는 이렇게 말하고 나서, 다음과 같은 한탄을 덧붙였다. "대두하는 강대국들은 (⋯) 자기네 군대를 신속하게 현대화하고, 중요한 지역에서 우리 군의 이동의 자유를 부정할 수 있는 역량에 투자하고 있습니다." 그의 말은 맞았다. 하지만 애초에 해외의 강대국이 대두하는 까닭은 기본적으로 그 군사력 때문이라기보다는 오히려 그 경제력 때문이었다. 그리고 경제력이야말로 이 나라가 지난 10년간의 열전熱戰 동안에 대부분 등한시해 왔던 요소였다.

9 · 11 이후 제아무리 많은 피와 보물을 우리가 힌두쿠시 산맥과 안바르주의 사막에 퍼부었다 치더라도, 우리는 중대한, 정말 중대한 나약함의 입장에서 저 지출을 되돌아볼 수 있게 되었다. 3톤짜리 V자형 차체장갑 MRAP 트럭과 날아다니는 살인 로봇이 21세기 미국의 신新제조업 기반의 토대를 제공해 주지 않는다면, 우리는 전쟁 말고는 아무짝에도 써먹을 수도 없는, 그리고 더 이상은 감당할 수조차 없는 거대 군사 구조물을 (그것도 다른 우선순위까지도 배제해 가면서까지) 스스로 만들어 낸 셈이다. 그리고 이 구조물을 해체하기는 정말로 어려울 것이다. 심지어 그중에서도 명백하게 우습고 위험하며 어리석은 부분조차도, 우리는 차마 해체할 수 없을 것이다. 혹시 여러분은 미사일 날개에 피어난 곰팡이에 대해 들어 본 적이 있는가?

9장

핵무기에 핀 8조 달러짜리 곰팡이

여러분이 2007년에 고등학교 졸업반이었다고 치자. 우리는 이라크에서 4년째, 아프가니스탄에서 6년째 전쟁을 치르고 있는 중이다. 여러분이 애국적 의무에 대한 소명을, 즉 모험의 기분을 느낀 나머지 미군에서의 경력이 제공하는 훈련 기회를 고려한다면, 과연 여러분은 어디로 배치되고 싶다고 모병관에게 말하고 싶은가? 다른 곳이라면 몰라도, 아마 노스다코타주 마이넛에 있는 미사일 지하 발사대는 아닐 것이다. 9·11 이후의 시기에, 고원 지대의 추운 겨울 내내 가만히 앉아서 35기의 B-52 폭격기를 정비하고, 150기의 거대하고 대개 시험도 되지 않은 대륙간 탄도 미사일(ICBM)을 보관하는 "지하 발사대"를 경비하고, 마치 토네이도 대피소에 모아 놓은 과일 통조림마냥 잔디로 덮은 벙커 안에 보관된 수백 개의 더 작은 핵탄두를 보살피는 등의 보직을 과연 누가 원하겠는가? 마이넛에 있는 군수품 정비반과 무기 취급반과 견인 담당반은 그 벙커들을 "이글루"라고 부르지만, 거기 있는 물건에 재미있는 이름을 붙인다고 해서 그곳에서의 삶이 더 재미있어지는 것은 아니다.

"더 나이 어린 공군 요원의 경우, 환경이 약간 더 힘든 북부의 기지들 가운데 한 곳에 주둔하다 보면, 결국 복무를 그만두는 경향이 있습니다." 공군 장성 한 명은 상원에서 이렇게 말했다. 복무를 그만두지 않은 병사들이라고 해도 핵폭탄을 돌보는 삶을 오래 버티는 것은 아니다. 2007년에 한 공군 요원이 핵 폭격기 부대로 발령받아 주위를 살펴보았더니, 자기 부서의 경비 병력 10명 가운데 8명 이상이 신참이었다. 공군의 핵 부서의 한 고참 장교도 시인한 것처럼, 미사일 지하 발사대의 상비 경계 근무는 군인 경력상 "병력 배치"로 간주되지 않는다. 문제는 "이렇게 '병력 배치' 경력이 없는 군인은 승진할 수도 없다"는 점이다.

공군은 미사일 요원을 더 많이 달라고 요청하지만, "지역의 전통적인 작전들을 [즉 이라크와 아프가니스탄을] 지원하는 병력 배치로 인해 핵미사일에 이용 가능한 인력이 감소했다." 하지만 이라크와 아프가니스탄이 군대의 인재를 빨아들이지 않았다 치더라도, 과연 야심만만하고 젊은 공군 병사들이 지하 발사대 임무를 맡기를 원하리라고 기대할 수 있겠는가?

"우리에게는 핵 전문 경력 구축 통로가 필요하다." 2008년 미국의 핵 임무에 관한 펜타곤의 최정예 태스크포스에서는 이렇게 결론을 내렸다. 핵 강대국 시대에 접어든 지 벌써 60년째이고, 전시에 적을 향해 핵무기를 사용한 유일한 국가가 된 지도 벌써 60년째이며, 일촉즉발의 핵경계 태세를 유지한 지 벌써 60년째임에도 불구하고, 어째서 우리는 핵전문 경력 구축 통로를 갖고 있지 못한 것일까? 물론 예전에는 갖고 있었지만, 시대가 변하고 전쟁이 변하면서 함께 퇴색해 버린 것이었다.

펜타곤의 보고서에서는 다음과 같이 지적했다. "공군 요원 가운데 상당수는 핵미사일이 '1순위'라는 반복된 발언을 들으면서 회의를 느끼고 있다. (…) 어느 누구도 신참 공군 인력에게 ICBM이 중요한 이유를 설명해 주지 않는다." 하지만 ICBM의 중요성에 관해서 해 줄 말을 설령 찾아낸다 하더라도, 이보다는 공군의 행동이 더 많은 것을 말해 준다. '보관소 출입 및 미사일 안전 상태 확인' 조사에서 실수가 적발되어 서면 경고를 받고서도 여전히 핵무기 취급자 직위를 유지하는 하사관에게 물어 보시라. 상태 확인? 무기를 취급하는 공군의 근속 비율은 낮은 편이다.

핵무기 분야 전체의 상황이 이렇다. 단순히 인원만의 문제가 아니다. 노화되는 병기도 역시나 문제다. 최근 기밀 해제된 루이지애나주 슈리브포트 소재 박스데일 공군 기지의 미국 핵무기 관리 및 급송 관련 2007년 보고서의 13쪽을 살펴보라.

> 개선 권고 사항:
> ○ 공중 발사용 순항미사일 가운데 다수의 날개 앞쪽에 곰팡이가 발생함.
> ○ 미사일 앞쪽 안테나의 밀폐제가 갈라짐.
> ○ H1388 보관 및 운송 컨테이너 가운데 다수가 부식됨.

우리의 핵무장 순항미사일이 루이지애나주의 아열대 습기로 인해 날개 앞쪽에 곰팡이가 자라나는 동안, 미군의 다른 비행 병기는 오히려 정반대의 문제를 겪고 있었다.《디펜스 인더스트리 데일리Defense Industry Daily》지에 따르면, "여차 하면 날개가 떨어져 나갈 참이다. 이는 단순히 과장이 아니다." 2006년에 공군은 C-130 항공기 편대에 대한 긴급한 (그리고 무려 700만 달러가 들어서 값비싼) 업그레이드 조치에 착수했다. 구형 무장기[건십]로서 화물 운송 및 비행 전투 임무 같은 힘든 일을 하다 보니, 이 거대한 비행기의 윙박스가 망가졌기 때문이었다. 여기서 윙박스란 날개와 동체를 연결하는 부품을 말한다.

따라서 정비 우선순위를 정하시라, 납세자 여러분. 중동과 중앙아시아에서 펼쳐지는 미국 역사상 가장 긴 동시 지상전에서 지속적으로 사용되다 보니 날개가 떨어져 나가는 거대한 무장기를 고칠 것인가, 아니면 슈리브포트에서 곰팡이가 핀 채로 놓여 있는 핵미사일을 고칠 것인가? 최소한 우리는 C-130과 관련한 21세기의 이득을 손쉽게 거론할 수 있다. 저 항공기는 우리가 2001년 이래로 계속해서 유지하고 있는 여러 전쟁 지역으로 다량의 병사들을 (아울러 "콩, 군화, 일회용 반창고, 탄환"을) 실어 날랐다. 작전상으로 말하자면, 이 장식도 없고 좌석도 없는 (철모를 좌석 삼아 깔고 앉아야 하는) 짐말 편대는 어마어마하게 효과적이고도 비용 효율적이었다.

핵 문제는 더 판정하기가 힘들다.

1998년에 브루킹스 연구소가 내놓은 연구에 따르면, 미국은 20세기의 후반기 동안 요즘 돈으로 거의 8조 달러를 핵무기에 사용했는데, 이쯤 되면 냉전 동안 우리의 군사 지출 총액의 약 3분의 1에 해당하는 금액이다. 반세기 동안의 메디케어,* 교육, 사회사업, 재난 구제, (핵 분야 이외의) 과학 연구, 환경 보호, 식품 안전 조사, 고속도로 정비, 경찰, 검찰, 법원, 교도소 등에 대한 연방 지출 총액보다 핵 예산이 더 많았던 것이다. 납세자의 돈을 이보다 더 많이 얻은 유일한 프로그램은 사회보장제도와 핵 분야 이외의 방위비 지출뿐이었다.

그렇다면 저 지출 잔치의 꾸준한 10년 동안의 버섯구름을 향해 우리는 어떤 반응을 보여야 할까? 음, 축하 인사를 보내자. 우리는 터무니없이 큰 핵무기 콤플렉스에 빠졌다. 심지어 오늘날까지도 말이다. 맞다. 네바다 핵 실험장은 이제 박물관이 되었으며, FBI는 초대 국장 J. 에드거 후버의 낡진 대피소를 〈양들의 침묵〉 식의 심리 프로파일링 부서 사무실로 바꿔 놓았지만, 이 모든 저속성에도 불구하고 최종 결론은 이렇다. 21세기에 들어서도 1년 365일, 하루 24시간, 우리는 여전히 수천 기의 핵미사일을 무장시키고, 인원을 대기시키고, 발사 준비를 해 두고 있다는 것이다. 그 미사일이 겨냥한 곳은 바로 소련…… 아니, 러시아라고 해야 하나……. 여하튼. 역시나 수천 기의 핵미사일이 여전히 우리를 겨냥한 곳을 우리도 겨냥하고 있는 것이다.

탄두, 그리고 그걸 실어 나를 미사일, 그리고 이 물건들을 보관소에서 폭격기까지 운반해 가고 다시 운반해 오는 과정에서 지지해 주는 온갖 부품들은 너무 오랫동안 사용되지 않은 채로 놓여 있었다. 핵폭탄과 그 부수 장비들은 대개 10년 내지 20년의 수명을 갖도록 설계되었다. 좋았던 옛날에만 해도 지속적인 정비와 현대화가 가능하리라고 추정되었

---

* 1960년대에 도입된 노인 의료보험을 말한다.

기 때문이다. 특히 B팀의 안락의자 선동가들이 온갖 마법의 공포 가루를 뭉게뭉게 피워 올릴 때에 그러했다. 하지만 버락 오바마의 대통령 임기가 시작되었을 무렵, 그 병기 가운데 일부는 이미 40년, 심지어 50년째 현역 상태였다.

미사일의 날개에 곰팡이가 피어나고 보관 컨테이너가 녹슨다는 것만 해도 충분히 나쁜 일이었지만, 최소한 그런 문제는 소독제와 녹 제거제를 가지고 대개 해결할 수 있었다. 더 심각한 핵 정비 쟁점에 관해서는 그제야 비로소 '비축 무기 수명 연장 프로그램Stockpile Life Extension Program'이라는 것을 만들어 돈을 퍼붓기 시작했다. 그러나 이는 (솔직히 '슐렙SchLEP'[무능력자]이라는 약자로 부르고 싶은 유혹을 참는다 치더라도) 본질적으로 나이 든 핵폭탄을 위해 고관절, 심박 조절장치, 음경을 이식해 주는 프로그램일 뿐이다. 반세기나 된 핵폭탄을 관리하는 책임을 좋아하는 사람이 도대체 어디 있겠는가?

이것은 진짜로 힘들게 얻은 기술적 핵 전문성을 필요로 하는 수리의 사례다. 그런데 문제는 이런 전문성조차도 역시나 나이 든 것처럼 보인다는 점이다. 예를 들어 기폭 장치가 고장 났는데, 당장 그걸 '고칠' 수 있는 사람이 주위에 전혀 없는 것이다. "MK21의 기폭 장치를 쇄신하려는 최초의 시도는 성공적이지 못했다." 한 공군 장성은 이렇게 시인했다. "실패는 상당 부분 그 정교함과 복잡성의 수준 때문이었다." 이전 세대의 미국 공학자들이 핵폭발을 일으키기 (또는 방지하기) 위해서 발명한 기폭 장치가 지금 세대의 미국 공학자들에게는 너무나도 복잡했던 것이 분명하다. 이 물건을 설계하고 이해했던 옛날 양반들은 이미 사망해 버렸고, 어느 누구도 그들이 살아 있을 때 관련 지식을 다른 누군가에게 전수시킬 생각을 하지 못했던 것이다.

다음으로 W76 문제가 있다. W76이란 대부분 해군의 트라이던트 잠수함에 장착된 핵폭탄을 말한다. 이 무기를 개조함으로써 우리는 앞으로 20년 내지 30년은 더 사용할 수 있을 것이라 생각했다. 그런데 W76을 개조하는 데 (즉 이 무기를 해체하고, 손질해서, 조립하는 일에) 따르는 문제는 이걸 어떻게 만드는지 더 이상 알지 못한다는 점이다. 이 폭탄의 일부분은 "포그뱅크Fogbank"라는 암호명으로 일컬어진다. 포그뱅크의 역할은 폭탄에 들어 있는 수소가 충분히 높은 에너지 수준에 도달하게 보장함으로써 신호와 함께 터지도록 만드는 것이다. 하지만 지금은 어느 누구도 포그뱅크 만드는 방법을 모른다. 이것은 1970년대에 미국 과학자 및 공학자가 입수한 어떤 희귀하고도 극도로 보안이 유지된 놀라운 물질이 그 원료로 보이는데, 오늘날은 어느 누구도 그걸 만드는 정확한 공식을 기억하지 못한다. 참으로 부끄러운 일이다.

하지만 에너지부에서는 항복 선언을 하지 않을 작정이다. 오히려 해군에 이렇게 약속했다. "예전에도 했었으니까, 지금도 다시 할 수 있습니다." 나는 이런 '하면 된다' 정신을 좋아한다! 하지만 안타깝게도 이건 '해도 안 되는' 일이었다. 오크리지의 핵 실험실에 있었다가 오래 전에 해체된 포그뱅크 제조 공장을 다시 만드는 데에만 1년 넘게 걸렸고, 마치 수술대에 누운 환자마냥 나이 먹은 W76 탄두 여러 개가 해체된 상태에서, 정부 과학자 및 공학자가 포그뱅크의 새로운 수명 연장 실행 파일을 제조하려 시도했다. 하지만 여러 해에 걸친 시도에도 불구하고, 심지어 포그뱅크 제작 프로그램이 "심정지"의 최우선 순위에 올라갔어도, 기술자들은 포그뱅크의 이전 역량을 지닌 복제품을 단 한 번도 만들어 낼 수 없었다. 정부의 공식 보고서에 따르면, 에너지부가 "그 물질을 제조하는 방법에 대한 지식을 잃어버린 까닭은, 그 물질이 만들어진 1980년대에 그 과정에 대한 기록을 거의 남겨두지 않았으며, 그 제조에 대한 전문 지식을 지닌 직원이 거의 모두 은퇴하거나 떠났기 때문이었다." 전문가들이 사라진 것이었다. 그런데도 누구 하나 뭔가 적어 놓을 생각조차 하지 않았던 것이다!

어쩌면 이것이야말로 신호였는지도 모른다. 모든 과학자와 공학자가 사망하거나, 또는 노쇠하거나, 또는 그냥 낚시만 하면, 이들의 노하우도 사라져 버리는 것이다. 그렇다고 치면, 이 세계를 수천 번이나 파괴하고도 남을 만한 핵무기 프로그램은 이미 방아쇠가 당겨지는 중이라고 말해도 무방하지 않겠는가?

애초에 우리가 도대체 어쩌다가 그 모든 핵무기를 갖게 되었는지는 (최소한 여기에서는) 굳이 물어볼 만한 가치도 없다. 거기에는 논리가 있었다. 냉전 시대에는 소련이 아마겟돈을 초래할 폭탄을 우리에게 겨누고 있는 상황에서, 우리도 똑같은 방법으로 응답했던 것이다. 우리가 가진 핵폭탄의 억제력이야말로 (즉 너희가 우리를 몰살시키면, 너희도 우리랑 똑같이 몰살당할 거라는 식의 논리는) 약간 기묘하기는 해도 충분히 합리적이었다. 그 상황에 정말 딱 어울리는 약자로 이루어진* 상호확증파괴

---

* '상호확증파괴'(MAD)의 약자를 "미쳤다"(mad)로 읽을 수도 있기 때문이다.

Mutually Assured Destruction(MAD) 독트린은 러시아가 가진 것이라면 우리도 뭐든지, 더 나은 것으로, 하나 더 가져야 한다고 주장했다. 우리를 바라보는 그들의 입장도 마찬가지였다. 막판에 가서 약실에 총알이 하나 남아 있는 초강대국이 이기는 셈이었으니까. 1960년대의 완전히 "미쳤던"(MAD) 핵 시대에 우리는 3만 1천 개 이상의 무장 핵탄두를 보유하고 있었으며, 잠수함에 실어서, 미사일 지하 발사대에 세워서, 또는 폭격기 날개 아래에 묶어서 지구 곳곳에 흩어 놓았다. 그리고 이 육해공 삼각 편대의 탄두는 대부분 단순히 열쇠 돌리는 방법으로 발사될 수 있었다. 우리는 저 물건들을 서둘러 발사할 준비가 되어 있어야 했던 것이다.

만약 목전에 다가온 소련과의 열핵熱核 전쟁을 (최대한 큰 방법으로) 억제하는 것이 목표라면, MAD는 가능한 최단 시간에 많은 미사일을 발사할 수 있도록 하는 준비를 최소한 이론적으로는 정당화해 준다. 그렇다면 소련이 해체된 지금까지도 우리가 그 정도 규모의 무기고를 일촉즉발의 경계 상태로 계속 유지하는 것에 대해서는, 과연 어떤 정당화가 남아 있을까?

60년의 기간과 8조 달러라는 투자로부터 벗어나는 것은 쉬운 일이 아니라는 사실은 어떨까? 8조 달러어치의 습관은 깨기 어려운 것이다. "본인의 DNA에서부터 미사일이 들어 있는 사람"이라고 묘사된 바 있는 랜스 로드 장군은 2005년에 워싱턴의 한 싱크탱크에서 한 연설에서 이렇게 말했다. "F. E. 워런 공군 기지에서 중령으로 근무하던 시절에 저는 이런 질문을 주기적으로 받았습니다. '냉전에서의 승리가 당신의 임무에는 어떤 변화를 가져왔습니까?'" 이에 대한 그의 답변은 이러했다. "변화는 없었습니다." 기관에는 타성이 있게 마련이다. 따라서 막대한 투자에 대한 원래의 정당화가 사라지자, 이를 지속해야 하는 또 다른 존재 이유가 대두했다. 단순히 군대만 그런 것도 아니었다. 사실상 모든 조직에서 이런 일이 벌어졌다. 어떤 조직이 뭔가를 만들기 위한 금전과 노력과 시간을 더 많이 투입할수록, 그 조직은 더 많은 힘을 얻게 마련이므로, 그 뭔가를 없애 버리는 데에도 더 많은 노력이 필요하다.

하지만 핵무기 경쟁의 경우, 그 과정에서 단순히 금전과 (그것도 '어마어마하게 많은' 금전과) 노력과 시간만 투입된 것이 아니었다. 거기에는 '멱살을 잡힌 듯한' 실존적 긴급성도 투입되었다. 우리에게는 지구를 수천 번이나 박살 낼 수 있는 역량을 지닌 일촉즉발의 핵무기로 이루어진 전국적인 그물망이 필요하다고 납득시키기 위해서, 우리는 그 무기들을 단순히 갖고 있을 뿐만 아니라 '사용'도 하겠다는 아름다운 종말론적 이론을 신봉해야만 했다. 즉 우리는 버튼을 '기꺼이' 누를 것이라고, 어쩌면 수백 번도 그렇게 하겠다고 말이다. 우리가 그렇게 하는 이유는 그럴 필요가 있기 때문이었다. 왜냐하면 적이 우리에게 똑같은, 또는 더 심한 짓을 할 것이기 때문이었다.

냉전이 끝나고, 소련의 대규모 다발성 핵 공격에 대한 현실적인 위협이 사라지자, 우리의 '핵무기 갖고 호들갑 떨기' 자세는 이치에 닿지 않게 되었다. 이 방대한 핵무기 그물망을 계속 놓아두고 싶어 한다면, 우리에게는 소련 이후의 또 다른 시나리오가 필요하다. 즉 앞으로도 우리가 여차 하면 그 버튼을 수백 번이라도 눌러야 하는 이유와 방법을 설명해 주는 새로운 시나리오가 필요한 것이다.

이에 미국의 발명 정신이 발동되었다. 본인의 임무에는 아무런 변화도 없었다고 단언했던 2005년 연설에서 로드 장군은 와이오밍주의 미사일 요원들이 매일같이 ICBM을 돌보는 일을 지속해야 하는 이유에 관해서 새로운 발상을 제시했다. "오늘날의 3박자는 ICBM과 폭격기와 잠수함이 아닙니다. 새로운 3박자란 공격 타격, 방어 역량, 그리고 대두하는 위협에 대응하는 방어 기반시설의 재활성화입니다." 군사 계획가들이 새로운 패러다임에 관해서, 그리고 '공격' 타격을 위해 핵폭탄을 이용하는 것에 관해 이야기를 시작하고 나면, 예산 요구가 줄어들 것이라는 기대는 하지 말자.

만약 저 모든 핵폭탄의 건설적이고 새로운 용도를 생각해야 한다면, 어디 크게 한 번 생각해 보자. 어쨌거나 이제는 미국과 소련 두 나라만의 이야기도 아니다. 영국, 프랑스, 중국, 파키스탄, 인도 역시 핵폭탄을 갖고 있기 때문이다. 아, 이스라엘도 갖고 있긴 하지만, 그건 비밀로 간주되니 여기서도 논외로 치자. 아파르트헤이트 치하의 남아프리카공화국도 갖고 있었지만 (헉!) 지금은 없애 버리기로 작정한 상태이며, 과거 소련의 일부였던 벨라루스와 카자흐스탄과 우크라이나도 마찬가지 상태다. 브라질과 아르헨티나도 충분히 갖고 있을 만하지만, 양국은 핵무기 없는 라틴아메리카의 일부가 되기로 이미 합의한 바 있다.

핵무기 보유 희망 국가들도 있다. 2006년 10월 9일, 북한은 핵 장치를 실험했다. CIA 국장은 이 실험이 실패였다고 말한 것으로 전해지지만, 그렇다고 해서 국제적으로도 실패로 간주되지는 않는 것 같다. 당시 북한의 "최고 지도자" 김정일은 역사상 가장 우울한 자격을 (즉 이른바

'핵보유국' 자격을) 얻고 싶어 했는데, 그가 그런 성취에 가까이 다가갈 수 있는 전망조차도 진정으로 절망이라 할 수 있다. 북한의 국영 보도를 살펴보면 김정일은 골프를 쳤다 하면 홀인원을 달성하고, 출생 직전에는 하늘에 쌍무지개와 신성이 나타났다는 황당무계한 이야기가 나온다. 그런데 바로 그 사람이 버튼 하나만 누르면 지구의 일부분을 잿더미로 만들 수 있다고 상상해 보시라.

핵으로 무장한 저 기묘한 '지도자 동지'라는 발상 앞에서 전 세계가 집단적 공포로 몸을 떠는 동안, 북한의 핵 실험에 대한 미국의 보수주의자들의 반응은 워싱턴 주류의 핵무기 관련 토론 역시 상당히 기묘해졌음을 드러내 주었다. 북한의 핵 실험으로부터 열흘쯤 뒤에 나온 《워싱턴 포스트》기고문에서 보수주의자 찰스 크라우트해머는 미국이 일본을 설득해서 핵무기를 개발하게 만드는 것이야말로 이 사건에 대한 최상의 대응이라고 주장했다.

일본에. 핵폭탄을. 일본에?! 핵폭탄을?!

크라우트해머의 논리는 이러했다. 만약 북한이 핵무기를 보유했으니 우리도 핵무기를 개발하겠다고 일본이 주장할 경우, 그런 상황을 몹시 우려한 중국이 북한을 압박해서 상황을 되돌릴 수 있으리라는 것이었다. 물론 현실로 되돌아와 보면, 핵으로 무장한 일본의 위협 앞에서 중국이 동맹국인 북한을 비무장시키는 것이 아니라, 오히려 북한을 핵무기로 '더' 무장시킬 의외의 가능성도 역시나 있었다. 내친 김에 중국으로선 굳이 북한에서 멈출 필요도 없지 않을까? 예를 들어 미얀마는? 인도네시아는? 동티모르는? 카자흐스탄은 소련 치하에서 핵폭탄을 갖고 있었는데,

혹시 지금 와서 다시 갖고 싶어 하지 않을까?

또 한편으로는 만약 "좋은" 나라에 핵 역량을 더해 주는 조치가 "나쁜" 나라의 핵무기 위협을 어찌어찌 감소시킬 것이라는 원칙을 받아들일 수 있다고 치면, 왜 군이 일본에서 멈춰야 하는가? 왜 한국은 안 되겠는가? 왜 대만은, 필리핀은, 태국은, 베트남은 안 되겠는가? 미얀마는 정말 재난이라 할 만큼 나쁜 정부를 갖고 있으니, 미국은 미얀마에 인접한 모든 국가가 핵무기를 가져야 한다고 주장해야 마땅하지 않겠는가. 만약 그렇게 된다면, 방글라데시와 라오스도 핵 시대로 진입하도록 초청해 보자. 그러고 보니 소말리아도 골치 아픈 나라다. 그렇다면 우리의 동맹국인 케냐에 핵무기를 두는 것은 어떨까? 아니면 지부티는 어떨까? 지부티에 혹시 핵무장 B-52 스트라토포트리스Stratofortresses 편대가 있을 만한 공간이 충분히 있기는 할까?*

만약 핵을 확산시키지 않는 것이 명목상 여전히 미국의 정책이라고 한다면, 우리의 정치에서는 뭔가가 잘못된 셈이긴 하지만, 그래도 크라우트해머의 제안 같은 제안은 예나 지금이나 국가적인 경악을 일으키는 원인이 아니다. "충분히 이해할 만한 일이지만, 이것은 일본에서 민감한 주제다." 그러면서도 《오클라호만Oklahoman》지의 논설위원은 이렇게 덧붙였다. "그래도 어쩌면 일본은 이 문제를 더 생각해야 마땅할지도 모른다."

---

* 아프리카 북동부의 지부티는 (면적이 제주도의 1.25배로) 작은 나라인 반면, B-52기는 전장과 전폭이 50미터 내외인 대형 기종이라는 사실에 빗댄 농담이다.

핵폭탄을 전 세계로 확산시키기 위한 새로운 변명을 떠올리던 와중에, 우리의 등 뒤에서는 우리가 보유한 핵무기 더미의 매력적이지 않은 노화 작용이 도사리고 있었다.

"여차 하면 조만간 심각한 문제가 수없이 발생할 수도 있다는 사실이 점차 명확해지고 있다." 공군 핵무기센터의 사령관은 2011년에 이렇게 말했다. 곧이어 그는 선임자 가운데 한 명의 말을 인용했다. "핵무기란 심지어 보관만 하고 있을 때조차도 화학 실험이 진행 중인 상태다. 그 내부의 화학 반응으로 인해 항상 변화하기 때문이다." 군대는 자기네가 관리 책임을 맡은 이 핵 장작더미의 잠재력을 알고 있다. 무기로서 의도한 역량뿐만이 아니라, 파국적 혼란을 야기할 수 있는 역량도 알고 있는 것이다. 따라서 이에 어울리는 예방 조치와 안전장치와 5중 확인과 기타 등등이 상당할 것이라고 간주하는 것도 당연하다. 이 무기 주위에서 일하는 모든 사람은 아무것도 '절대' 잘못되는 일이 없도록 특별 예방 조치를 준수하리라고 가정하는 것도 당연하다. 이 프로그램의 역사 자체가 그런 조심성을 입증하리라고 모두들 생각할 것이다. 하지만 실상은 전혀 아니다.

1980년에 한 ICBM 지하 발사대에서 유출된 연료 증기로 폭발이 일어나면서, 미사일을 덮고 있던 740톤짜리 강철 콘크리트 문이 날아가 버렸다. 핵탄두는 오자크스 산맥 쪽으로 무려 600피트 떨어진 곳까지 날아갔다. 공군 병사 한 명이 사망했고, 21명이 부상을 입었다. 핵탄두 그 자체는 (다행히도) 폭발하지도 않았고, 부서지면서 아칸소주 다마스커스 전역에 플루토늄을 유출시키지도 않았다. 우리로선 운이 좋았던 셈이다.

폭발의 원인은 공군 정비병이 실수로 소켓 렌치를 어두컴컴한 지하 발사대 안에 떨어트렸기 때문이었다. 떨어진 소켓 렌치가 미사일의 연료탱크에 구멍을 내면서, 가연성 증기가 유출된 것이었다. 그 모든 사태가 바로 소켓 렌치 하나 때문에 일어났던 것이다.

　미국의 핵 역사 가운데 상당수를 돌아보면, 자칫 위험을 초래할 만한 방식으로 핵무기 시스템이 고안된 경우가 의외로 많았다. 1960년대 거의 전체에 걸쳐서 누군가의 기발한 제안 덕분에 미국 폭격기가 실제 핵무기를 장착한 상태로 계속해서, 즉 하루 24시간, 일주일에 7일, 1년 365일 공중을 날아다녔다. 만약 소련이 미국을 말살하기로 작정해서 실제로 그렇게 하는 데에 성공했을 경우, 저 불쌍한 조종사들은 (지구 어딘가의 상공에서) 본국과의 무전 통신이 끊어지자마자 조국이 이미 잿더미가 되었으리라 판단하고, 한때 미국이었던 곳을 기념하기 위해 곧장 소련으로 날아가서 폭탄을 떨어트리기로 되어 있었다. 이것이야말로 저 소련의 개자식들을 향한 "무덤에서 돌아온 미국인"의 최후의 핵폭탄 공격이 될 예정이었다. 이건 무슨 공상과학소설이나 〈닥터 스트레인지러브〉 속편의 허무맹랑한 줄거리가 아니다. 오히려 정식으로 승인된 전략이었으며, 실제로 수년 동안 폭격기가 날아다니며 그 임무를 수행했다.

　B-52 스트라토포트리스와 그 형제지간인 B-52H 고고도高高度 스트라토포트리스는 (그때까지만 해도 건강미 넘치는 새파란 청춘이었는데) 하루 온종일 하늘을 날아다닐 예정이었다. 이때로 말하자면 텔레비전도 한밤중에 6시간 내지 8시간은 방송을 쉬던 시절임을 기억하시라. 하지만 우리의 폭격기는 쉬지 않았다. 전략공군사령부(SAC)에서는 '항상' 폭격

기 열두 대 이상을 공중에 띄우고 있었다. 아울러 SAC의 편대 가운데 3분의 1은 '항상' 완전 무장 상태에서 신속히 출격할 준비를 하고 있었다. 길이 160피트, 무게 18만 5천 파운드의 이 거대 항공기 열두 대는 그냥 텅 빈 채로 날아다닌 것이 아니라, 오히려 실제 핵무기로 완전 무장한 상태로 전투 준비를 완전히 갖추고 24시간 내내 하늘을 날아다녔다. 이를 가리켜 "크롬 돔Chrome Dome" 작전이라고 불렀다. 또한 이 비행을 "훈련 임무"로 부르기도 했는데, 혹시 뭔가가 잘못되었을 경우에도 국내적 또는 국제적 비난을 경감시킬 수 있으리라는 계산에서 비롯된 명칭이었다.

물론 저 B-52기들로 말하자면 연료 잡아먹는 하마에 해당했으므로, 24시간 연속으로 하늘을 날아다닐 방법이란 사실상 없었다. 그리하여 실제 핵폭탄으로 무장하고 24시간 내내 하늘을 나는 임무를 수행하는 것 외에도, 이 폭격기들은 때때로 하루 두 번씩, 매일같이, 1년 365일 공중 급유를 받아야만 했다.

그나저나 뭔가가 잘못되었을 경우라니, 도대체 뭐가 잘못될 수 있다는 뜻일까?

1966년 1월 17일, 실제 수소폭탄 4기를 장착한 B-52기 한 대가 공중 급유 도중에 KC-135 급유기와 충돌했다. 무척이나 편리하게도, 이 크롬 돔 작전의 비행 궤적상 두 비행기는 스페인의 안달루시아 해안 지역 2만 9천 피트 상공에서 재급유를 하던 중이었다.(문제의 급유기는 스페인에 있는 미국 공군 기지에서 이륙했는데, 그곳의 지명은 무려 '모론Morón'이었다. 농담이 아니라 사실이다.)* 폭격기가 추락하면서 실제 핵폭탄 4기도

---

* 스페인어 지명 '모론'(Morón)이 영어의 '얼간이'(moron)와 유사한 철자와 발음이라는 데에 착안

함께 떨어졌다. 그중 하나는 토마토 밭에 떨어져서 다행히 폭발하지 않았다. 또 하나는 지중해에 빠져서, 이후 두 달 반 동안 한참 고생한 끝에야 수심 2,600피트에서 찾아낼 수 있었다. 심지어 잠수함까지 수색에 동원되었다.

나머지 핵폭탄 두 개는 스페인의 시골에서 폭발했다. 물론 1966년에 스페인에서 진짜 핵폭발이 벌어진 것까지는 아니었지만, 그래도 이 핵폭탄 두 개는 실제로 폭발했다. 양쪽 모두 대규모로 '오염 폭탄'* 노릇을 했던 것이다. 기폭 장치 역할을 담당하는 재래식 폭탄이 터지면서 핵폭탄이 산산조각 나서, 방사능 입자와 폭탄 파편이 스페인 팔로마레스 전역에 퍼졌다. '어이쿠!'

미국은 1,400톤의 방사능 흙을 스페인에서 퍼왔다. 그리고 정말 운도 지지리 좋은 사우스캐롤라이나주 에이킨으로 가져다가 최대한 조용히 묻어 두었다. 그로부터 40년이 지난 지금, 팔로마레스 주민이 매년 마드리드에 가서 건강 검진을 받을 때마다 미국이 계속해서 보조금을 지급한다는 사실이며, 그 지역 농부들이 그 오염 사건 이후 수십 년간 토마토와 수박 판매가 감소했다며 계속해서 불평한다는 사실을 제외하면, 이 사건은 거의 잊히고 말았다. 스페인의 팔로마레스는 일종의 관광지가 되었다. 2004년에는 호화판 콘도와 골프장 개발을 위해 땅을 파던 도중에, 그곳 흙이 여전히 (커티스 르메이 장군이 종종 하던 말마따나) "약간 너무 뜨겁다는" 사실을 발견했다. 그리하여 스페인 정부는 오염된 땅을 모두 찾

한 설명이다.

* '오염 폭탄dirty bomb'이란 재래식 폭탄에 방사능 물질을 집어넣은 무기로, 핵폭탄만큼의 순간적인 위력은 없는 반면 방사능 물질 살포로 인한 피해를 야기한다.

아서 압류했다. 그리고 스페인 정부의 진심 어린 요청에 따라, 미국은 스페인의 부수적으로 오염된 흙을 추가로 제거하는 데에 도움을 주고자 200만 달러를 지불하기로 합의했다.

그렇다면 핵무기 관련 사건사고는 이것 하나뿐일 것이다. 그렇지 않겠는가?

사실은 아니다. 팔로마레스 사건 직전에도 항공모함 타이콘데로가호에 핵무기를 운반하던 미국 비행기가 또 한 대 있었다. 오늘날의 우리는 베트남 전쟁 당시에 핵무기가 그 근처에도 간 적이 전혀 없었다고 알고 있지만…… 실제로는 간 적이 있었다. 타이콘데로가호는 핵무장 상태에서 (우리가 핵무기를 갖고 있지 않았다고 간주되던 장소인) 베트남을 출발해 (분명 역사적이고 정치적인 이유 때문에 우리가 정말 정말 정말 핵무기를 가져서는 안 된다고 간주되던 곳인) 일본으로 가던 중이었다. 그러다가 뭔가 아주 안 좋은 일이 생겼다. 핵무기를 탑재한 전투기들 가운데 한 대를 하갑판에 있는 승강기 위에 붙잡아 매어 두었는데, 그것이 그만 승강대에서 미끄러져서 비행 갑판에서 바다로 떨어졌고, 무려 3마일 아래로 가라앉은 것이었다. 조종사와 비행기와 핵폭탄 모두가! 그리고 지금도 여전히 그곳에 가라앉은 상태다. '어이쿠!'

항공모함에서의 비행기 추락 사건이며, 팔로마레스 상공에서의 비행기 충돌 사건으로부터 몇 년 뒤인 1968년에는 또 다른 사건이 벌어졌다. '핵폭탄이 항상 공중에 날아다니게' 만드는 취지였던 크롬 돔 작전에 동원된 B-52기 한 대가 덴마크 자치령 그린란드의 툴레 소재 공군기지 인근에서 추락한 것이다. 역시나 4기의 핵폭탄을 탑재한 B-52기의 조종석에서 화재가 발생하자, 조종사들은 비행기를 몰고 툴레의 활주로로 향했다. 하지만 비행기는 활주로를 벗어나고 말았다. B-52기는 얼음 위에 추락했고, 실려 있던 핵폭탄도 폭발했다. 이번에도 핵폭발은 없었던 대신, 대규모의 오염 폭탄이 터진 것과 마찬가지가 되어서 고도의 방사능 파편이 사방에 흩어져 버렸다. 목격자의 말을 빌자면 "얼음이 시커멓게 그을려 버렸다." '어이쿠!'

미국은 그 지역의 그린란드 주민에게 청소를 도와 달라고 부탁했다. 오염 제거를 담당하는 미국 공군 용원은 다양한 특수 보호 장비를 갖고 있었다. 하지만 덴마크인은…… 별로 가진 것이 없었다. 방호복도 제대로 갖추지 못한 이 덴마크인들의 "민간병참지원" 덕분에 미국 공군은 5억 갤런의 방사능 얼음을 수집했는데, 그로 인해 덴마크인 청소 인력의 발암률이 얼마나 높아졌는지에 대해서는 여러분도 차마 알고 싶지 않을 것이다.

40년 전에 펜타곤은 바로 그 그린란드 추락 사고에서 4기의 핵폭탄 모두가 폭발했고, 이후 모두 제거되었다고 말했는데, 이는 사실에 가깝기는 하다. 하지만 완전한 사실까지는 아니다. 최근 기밀 해제된 자료와 영상을 토대로 2008년에 BBC가 보도한 바에 따르면, 폭탄 가운데 세 개는 폭발했지만 마지막 한 개는 끝내 발견되지 않았다. 네 번째 폭탄은 해빙 사이로 녹아 들어가 바다에 가라앉은 것으로 추정된다. 미군은 이 폭탄을 오랫동안 찾아 헤맸지만, 자기네가 찾지 못했다면 악당들도 역시나 찾지 못할 것이라는 결론을 내렸다. 어쩌면 앞으로 수십 년이 더 지나 지구 온난화로 그곳의 얼음이 더 많이 녹게 되면, 그 위치도 자연히 드러나게 되지 않을까.

한편 노스캐롤라이나주 파로의 늪지대에도 커다란 플루토늄 함유 폭탄이 여전히 파묻혀 있다. 1961년에 새벽에 "훈련 비행" 중이었던 핵무기 탑재 B-52기에서 연료관이 폭발하면서 불이 나자, 비행기의 오른쪽이 거의 떨어져 나갈 지경에 이르러 비행이 어렵게 되었다. 승무원들은 폭발 전에 낙하산으로 탈출했지만, 추락하는 비행기의 전반적인 파손으로 인해 핵폭탄이 떨어져 나가 버렸다. 그 핵폭탄 2기가 어떻게 되었을지 생각해 보면, 때로는 밤새 잠이 오지 않는다. 그중 하나에는 낙하산이 달려 있어서 사뿐하게 (그러니까 길이 12피트에 무게 5톤짜리 미사일 치고는 사뿐하게) 착륙했다. 전략공군사령부가 새클포드로드 인근에서 찾아낸 이 폭탄은 주둥이를 18인치나 땅속에 박은 상태였고, 낙하산이 그 위의 나무에 뒤얽혀 있었으며, 잘 부서지는 폭탄 용기는 비록 찌그러졌지만 대부분 멀쩡한 상태였다. 나무에 걸린 그 폭탄에는 실수로 완전한 핵폭발이 일어나는 것을 방지하기 위해 고안된 여섯 개의 기폭 장치가 달려 있었다. 그런데 나중에 확인해 보니 그중 다섯 개는 망가진 상태였다. 마지막 한 개가 제대로 작동하며 폭발을 막았던 것이다.

그 비행기에 실려 있던 또 다른 수소폭탄은 낙하산의 혜택을 받지 못했다. 그리하여 (나중의 추산에 따르면) 시속 700마일의 속도로 파로의 늪지대에 떨어져서 무려 20피트 아래에 파묻혀 버렸다. 인근에 살던 한 여성은 B-52기 추락 당시의 상황을 이렇게 설명했다. "마치 하늘이 대낮처럼 밝아졌어요." '어이쿠!'

C. T. 데이비스라는 농부가 추락 현장의 땅을 소유하고 있었는데,

그의 말에 따르면 잃어버린 폭탄을 찾으러 달려온 군대는 (어마어마한 크레이터가 생긴 까닭에 곧바로 정확한 장소로 달려올 수 있었다) 사출 좌석을 잃어버려서 찾으러 온 것뿐이라고 둘러댔다. 그것 참 귀중한 사출 좌석이었던 모양이다. 하지만 그 땅이 워낙 진흙탕이고, 워낙 유사流砂 재질이다 보니, 폭탄을 구멍에서 빼내기도 전에 발굴 장비가 크레이터에 빠져 없어지고 말았다. 그리하여 군대에서는 폭탄을 그곳에 두기로 했고, 그놈의 땅에는 어느 누구도 깊이 5피트 이상으로 땅을 파내려 갈 수가 없었다고 말하는 데이비스 가족으로부터 그곳에 대한 지역권地役權*을 얻어내는 데 그쳤다. 혹시 그곳에 가서 금속 탐지기 놀이를 하고 싶다면, 구글어스에서 정확한 위치를 찾아낼 수도 있다. 빅대디스로드 바로 서쪽에 있으니까 말이다.

미국은 지금까지 모두 합쳐 핵폭탄 11개를 잃어버리고 말았다는 사실을 시인한 바 있다. 다른 나라의 경우는 어떤지 모르겠지만, 우리가 시인한 바에 따르면 딱 그만큼이다. 그런데도 우리는 최고이고 안전을 신경 쓴다고 간주된다. 우리는 최선을 다하는 것으로 알려져 있다. 예를 들어 컴퓨터 오작동으로 미닛맨 III ICBM 1기가 발사될 뻔했을 때에 그랬듯이 말이다. 이때 영리한 미사일 요원 몇 명은 장갑차 한 대를 지하 발사대 위에 갖다 놓음으로써 제3차 세계대전의 우연한 개막포를 저지하려는 영웅적인 시도를 하기도 했다. 이 모든 일은 좋았던 옛날에, 그러니까 우리가 진정으로 업무에 전념하던 시절의 이야기다.

---

* 통행과 용수 공급의 경우처럼, 특정한 목적을 위해 타인의 토지를 비소유자가 제한적으로 이용할 수 있는 권리를 말한다.

더 최근에, 그러니까 핵에 대한 우리의 경이로운 책임이 국가적 관심사의 맨 앞에서 약간 밀려난 이후에 일어난 일은 다음과 같다. 2007년 8월 29일 오전 8시 20분경, 노스다코타주 마이닛의 이글루 가운데 하나로 (정확히 말하자면 1857번 이글루로) 무기 취급반이 들어섰다. 이들의 목적은 개당 길이 21피트의 순항미사일 6기씩이 장착된 파일런*을 두 개 꺼내는 것이었다. 이것이야말로 지난 몇 달 동안 익숙해진 훈련이었는데, 마침 국방장관이 이 노후 미사일을 전력에서 제외시키도록 명령을 내린 까닭이었다. 마이닛의 작업조는 이미 보유분 가운데 절반가량을 박스데일 공군 기지로 보내 보존하도록 조치한 바 있었다. 어쩌면 이런 익숙함 때문에 작업조에서는 안전 점검표를 확인하는 데에 크게 신경 쓰지 않았던 것인지도 모른다.

문제의 파일런 가운데 첫 번째인 GZ377에는 편지지 크기의 "전-수송Tac-Ferry" 표지가 붙어 있었는데, 이건 비행기를 이용해서 이른바 '전술 수송tactical ferry'** 방식으로 박스데일에 보낼 준비를 마쳤다는 뜻이었다. 즉 은색 핵탄두를 빼낸 자리에 무해한 모조품 탄두를 넣어 두었다는 뜻이었다. 그런데 무기 취급반의 어느 누구도 미사일에 있는 우표 크기 마름모꼴 창에다 손전등을 비춰서 핵탄두가 장착되지 않았음을 확인하는 의무적인 과정을 따르지 않았다. 견인차 운전병 역시 (그의 '기술 명령 지시서'에서는 그렇게 하라고 나와 있는데도) 자기 손전등을 그 작은 창에 비춰 보지 않은 상태에서 파일런을 트레일러에 연결했다. 훗날 이 운

---

* 비행기 동체나 날개에 엔진, 무기, 연료통 등을 장착하는 데 사용되는 연결 장치.
** 수송기가 아니라 전투기를 이용한 무기 운반을 말하며, 이때 전투기에는 평소처럼 무기를 장착하지만 안전을 위해 발사 장치와의 연결을 해제한다.

전병은 자기가 "그 화물은 당연히 전-수송품이었다는 인상을 받았다"고 진술했다. 당연히 그랬겠지.

두 번째 미사일 파일런 GZ203은 1854번 이글루에서 조금 더 들어간 곳에 보관되어 있었다. 취급반은 1854번 이글루를 22분간 드나들었는데, 이 정도면 날림으로라도 상태를 확인할 시간이 없을 정도로 빨리 작업한 셈이다. 취급반의 신참은 손전등 비춰 보는 작업을 굳이 신경 쓰지 말라는 이야기를 들은 것이 분명했다. 물론 그는 이 말이 무슨 뜻인지도 제대로 몰랐는데, 왜냐하면 그 임무를 담당한 지 얼마 되지 않았던 데다가, 이제껏 한 번도 그런 확인을 하지 않았기 때문이었다. 두 번째 견인차 운전병 역시 그 작은 창을 통해 핵탄두 적재 여부를 확인하는 작업을 빼먹고 말았다. 실제로 취급반 가운데 한 명은 그날 어느 누구도 손전등을 사용하기는커녕, 아예 들고 있는 모습을 본 적도 없다고 말했을 정도였다.

아, 그리고 또 한 가지가 있다. 두 번째 파일런에는 전-수송 표지가 붙어 있지 않았지만, 취급반에서는 아무도 그 위험을 알아차리지 못했다. 어느 누구도 고위 장교에게 연락해서 GZ203에 전-수송 표지가 없는 이유를 묻지도 않았고, 컴퓨터 데이터베이스를 뒤져서 파일런의 상태를 확인하지도 않았다. 그리하여 불과 몇 주 전에 마이닛의 한 장교가 순서를 바꿔서 더 오래된 파일런을 운반 준비하도록 지시했다는 정보 역시 취급반에서는 까맣게 모르고 있었다. 문제의 장교는 이 사실을 공식 일정표에 기록해 놓았다. 하지만 문제는 어느 누구도 최신판 공식 일정표를 굳이 확인하지 않았다는 것이었다. 그리하여 모조품 탄두가 장착된 채 운반 준비가 끝난 파일런은 그날 아침에 그 이글루에 멀쩡히 남아 있었던 반면, 견인차 운전병은 표지가 붙어 있지도 않은 GZ203을 끌고 폭격기 주기장으로 향했고, 자기가 6기의 진짜 작전용 핵폭탄을 끌고 간다는 사실을 꿈에도 모르고 있었다.

파일런 두 개를 45년 묵은 B-52H 스트라토포트리스에 장착하는 데 걸린 8시간 동안, 장착반 가운데 어느 누구도 탄두가 장착되어 있다는 사실을, 또는 파일런 가운데 하나에 수송 표시가 되어 있지 않다는 사실을 눈치 채지 못했다. 6기의 핵폭탄은 스트라토포트리스에 장착된 상태로 경비 조치도 없이 철조망 울타리 안에 그날 오후 5시부터 다음날 오전 이른 시간까지 방치되었으며, 그제야 박스데일의 제2폭격비행단 소속 승무원들이 도착해서 비행 준비를 했다. 다행히도 승무원 가운데 한 명이 교관 레이더 항법사instructor radar navigator(IRN)였는데, 그의 임무는 폭격기가 이륙하기 이전에 어떤 물품을 운반하는지를 확인하고 살펴보는 것이었다.

하지만 이 항법사조차도 구형 미사일을 퇴역시키는 이 임무의 전반적으로 느슨한 분위기에 감염되었던 것이 분명하다. 그의 공군 동료들은 이렇게 말했다. "우리는 단지 물건을 A지점에서 B지점으로 수송할 뿐입니다." 다른 사람들은 그 상황에서의 '확인'이 예를 들어 실제 물리적 확인을 의미하는지 여부를 확신할 수가 없었다며 조사관에게 부끄러운 기색도 없이 말했다. 그러다 보니 "교관 레이더 항법사도 단지 미사일 하나만, 그것도 하필이면 핵무기가 아닌 탑재물이 장착된 오른쪽 파일런만 '부분 검사' 하는 데에 그쳤다"는 것이 사후 조사 보고서의 설명이다.

"만약 항법사가 전면적이고 완전한 비행 전 무기 점검을 실시했더라면, 핵탄두를 발견했을 것이다." 하지만 그는 그렇게 하지 않았다.

흥미롭게도 '둠 99호Doom 99'*라는 이름을 가진 이 폭격기는 예정대로 2007년 8월 30일 오전에 사우스다코타주에서 출발했다. 사후 보고서에 따르면 "마이넛에서의 이륙 과정은 특기할 만한 것이 없었다." 비행 그 자체만 보면 물론 주목할 만했다. 무려 40년 만에 처음으로 핵무장 폭격기가 아무런 허가도 받지 않은 채 미국 영공을 지나간 셈이었기 때문이다. 핵탄두 6기는 (그중 한 개만 가지고도 히로시마가 입은 피해의 10배를 야기할 수 있었다) 의도치 않게 1,400만 마일을 날아가게 되었고, 미국과 캐나다의 국경 지역을 출발해 멕시코만에서 수백 마일 떨어진 곳에 도착했다. 여차 하면 인근 수폴스와 수시티와 오마하와 캔자스시티와 털사까지도 플루토늄의 영향권 안에 들어갈 뻔했던 셈이다. 둠 99호의 교관 조종사는 핵무기 임무를 담당할 자격까지는 없는 상태였다. 훗날 조사관에게 말한 바에 따르면, 이 조종사는 핵무기를 직접 손으로 만져 본 적이 한 번도 없었다.

다행히도 핵무기는 특별한 사건 없이 무사히 지상으로 돌아왔다. 그런 뒤에도 루이지애나주의 박스데일 공군 기지의 활주로 위에서 여전히 경비 조치 없이 9시간 동안 방치되었다가, 뒤늦게야 자기네가 얼떨결에 핵탄두 여섯 개를 얻게 되었음을 깨달은 정비병들이 안전한 장소에 갖다 놓고 경비 조치를 취했다. 결국 하루 하고도 반나절 동안 핵탄두 여섯 개가 엉뚱한 곳에 가 있었던 셈이다.

---

* 영어 단어 '둠'(doom)이 "불운; 파멸; 죽음"을 뜻한다는 데 착안한 설명이다.

이 사건에 대한 정밀 조사에서 나온 결과를 보고하기 위해 상원 군사위원회에 출석한 공군 장성들의 증언에 따르면, 이 사건에서 그나마 긍정적인 부분은 다음과 같았다. "이 사건 동안 안전하지 않은 상태에 처한 적은 단 한 번도 없었으며, 이 사건 역시 신속히 국방장관과 대통령을 포함한 국가 지도부에 보고되었습니다. 이 무기들은 안전했고, 항상 미국 공군이 보유하고 있었습니다."

"장군님." 이에 상원 군사위원회의 위원장이 이렇게 말했다. "핵탄두에 관한 당신의 발언을 듣고 저로선 깜짝 놀라지 않을 수 없습니다. 안전 문제가 생긴 적은 한 번도 없었고, 줄곧 미국 조종사들의 통제 하에 있었다는 발언 말입니다. 그렇다면 그 조종사들은 비행기에 핵무기가 실려 있다는 사실을 알고 있었습니까?"

"그렇지 않았습니다, 의원님."

"당신께서는 그 무기가 조종사들의 통제 하에 있었다고 말씀하셨는데, 정작 조종사들은 비행기에 핵무기가 실려 있다는 사실조차도 모르고 있었습니다. 그렇다면 앞뒤가 안 맞는 게 아닙니까?"

"예, 의원님, 말씀하신 게 맞습니다. 다만 제가 그렇게 말씀드린 의도는 그 무기가 그 비행기에서 다른 곳으로 결코 이동되지 않았음을 명확히 하기 위해서였습니다."

이동이라고?

만약 둠 99호에 어떤 사고가 벌어졌을 경우, 문제의 핵탄두에서 플루토늄 확산이 가능한지 여부에 관한 질문이 나오자, 청문회에 참석한 장성 가운데 한 명은 마지못해 무지를 시인했다. "저는 기술 담당이 아니라 병참 담당입니다. 하지만 어떤 시스템이 어떻게 개발되었는지를 우리가 알고 있다면, 그것이야말로 시스템의 확실성 가운데 일부이므로, 그 시스템의 부주의한 폭발은 없게 마련입니다."

"저는 지금 폭발에 관해서 이야기하는 게 아닙니다." 위원장이 말했다. "저는 지금 이 무기가 1만 5천 피트 상공에서 지상으로 떨어졌을 경우, 플루토늄이 뜻하지 않게 방출될 가능성이 있는지를 이야기하고 있는 겁니다."

"그 문제는 저도 모르겠습니다." 장군이 말했다.

이제는 팔로마레스 사건 이후 40년이 지났어도 미국은 여전히 스페인에서 파편을 치우고 있다는 사실을 상원의원이 공군에 상기시킬 차례였다.

마이닛-박스데일 사고 직후에 공군이 가장 먼저 한 일 가운데 하나는 불시 검열을 실시하는 것이었고, 그중에서도 제2폭격비행단이 첫 대상이 되었다. 검열관 31명을 (그중 6명은 민간병참지원자였다) 선발해서 박스데일 핵무기 취급반을 평가하는 데에만 무려 10개월이 걸렸다.(바로 이 평가에서 저 '날개 곰팡이'가 발견된 것이었다.) 박스데일에서 조사관이 내준 첫 번째 과제는 순항미사일이 완전히 장착된 파일런 하나를 스트라토포트리스 폭격기에 장착함으로써, 이 폭격기의 전투 임무 수행 준비를 완료하는 것이었다. 첫 번째 시도는 45만 달러짜리 폭탄 권양기가 계속해서 오작동하고, 발전기가 세 번이나 고장 나면서 결국 실패하고 말았다. 이후 14시간과 두 번의 별도 "결합/분해" 작전 끝에, 장착반은 포기하고 맨 처음부터 시작하기로 작정했다. 두 번째 시도는 장착반이 무기를 울퉁불퉁한 포장도로 위에 놓아둔 까닭에 폭탄 권양기가 적절한 지레 작용을 발휘할 수 없게 되면서 지연되었고, 폭탄 권양기의 "이동 바퀴"가 고장 나면서 또다시 지연되었다. 두 번째 결합 시도는 15시간 만에 취소되었다. 네 번째 시도에서 (리프트암의 사소한 오작동 이후) 박스데일의 기술자들은 전투 준비 임무를 마무리할 수 있었다.

제2폭격비행단은 다음 항목들에 대해서 조사관들로부터 '우수' 판정을 받았다.

- 무기 정비 기술 작업
- 보관 및 정비 시설
- 모터 차량 작업
- 안전

반면 '장착 및 결합' 항목에서는 '만족' 판정에 머물러야 했다. 조사관들은 여섯 번의 무기 장착 트레일러 실패, 다섯 번의 발전기 고장, 한 번의 동력 조종 트레일러 오작동, 그리고 여러 가지 불운한 타이어 압력 문제에도 불구하고 용감하게 싸운 장착 및 결합 담당조에 추가 점수도 부여했다. "무기 장착 담당조는 수많은 장비의 오작동을 극복했다." 조사관들은 이렇게 보고했다. 이들은 장착 담당조의 "강력한 2인 개념 고수," "응집력 있는 집단 팀워크," 그리고 "고도로 효율적인 의사소통"을 우호적으로 언급했다. 조사관들은 실제로 장착 및 결합 작업조를 향해 장착 트레일러가 실수로 폭격기에 부딪치지 않도록 바퀴 고정장치를 미리 놓아두지 않았다며 주의를 주기도 했고, 이동 중에 가동 스위치와 데이터 카트리지를 안전하게 보관하도록 무기 공급 담당자의 트럭에서 스티로폼 보관재를 가져오라고 지시하기도 했다. 그런데도 딱 한 번의 폭격 준비에 성공했다는 이유로 엄지손가락을 치켜세웠던 것이다. 그 이전에 무려 세 번이나 실패했는데 말이다. 심지어 무려 34시간이 걸렸는데도 말이다.

"네 번째 시도 이전까지 단 한 번의 성공적인 핵 출격도 준비시키지 못했던 그들이 합격 점수를 받았다는 것은 정말로, 정말로 믿기가 어렵습니다." 한 무기 전문가는 익명 블로거 (겸 전직 공군) "네이트 헤일"에게 말했다. 헤일이 정보자유법에 의거하여 펜타곤에 신청해 열어 놓은 보고서를 읽고 난 소감이 그러했던 것이다.

헤일이 인용한 또 다른 전직 공군 무기 취급 담당자는 좀 더 핵심을 가깝게 지적했다. "제발 농담이라고 말해 주세요."

그럼에도 불구하고 공군과 펜타곤은 마이닛-박스데일 사고 전체가 오히려 어쩌면 전화위복의 순간이 될 수도 있다고 판단했다. 즉 우리의 핵 취급 기술에 대해 가뜩이나 갱신된 관심이 필요했는데, 단지 우리가 모르고 있었을 뿐이라는 것이다. 그런데 불과 몇 달 뒤에는 이 모든 주장이 마치 사실인 것처럼 보이게 되는 사건이 벌어졌다. 헬리콥터 배터리 팩을 요청한 대만에 엉뚱하게도 핵폭발을 일으키기 위해 고안된 노즈콘 기폭 장치를 보내버린 것이다. 오배송했다는 사실을 안 것은 그로부터 1년 반이 지난 뒤였다. 그리하여 공군과 펜타곤은 우리의 핵 일촉즉발 역량이 과연 21세기에도 멀쩡한지를 놓고 사건 조사 및 정밀 검토, 태스크포스 연구의 형태로 진지한 자기 분석에 착수했다.

모든 조사와 검토와 태스크포스 연구가 완료되자, 의견이 분명하게 일치되었다. 이들은 우리나라의 핵 임무에서 부식과 퇴화와 전반적인 게으름과 불안의 그물을 발견했던 것이다. 근본 원인은 뭘까? 자존감의 결여였다. 핵폭탄을 취급하는 요원들은 심신을 갉아먹는 자부심 결여로 고통받고 있었다. 이들의 진급률은 복무 평균보다 한참 아래인 것으로 지적되었다. 우리는 크고 작은 면에서 그들이야말로 우리에게는 중요하다고, 그리고 "핵 무결점 문화의 추구"와 "핵 탁월성 문화의 창출"은 단순히 허풍이 아니라고 그들에게 상기시켜야 했다. 프로그램에 필요한 것은 자원이었다. 더 나은 봉급, 핵 임무에 헌신하는 새로운 고위 관리층, 핵 관련 세부사항을 모두 추적할 수 있는 업그레이드된 컴퓨터 시스템, 더 많은 (그리고 더 진지한) 핵 훈련 연습에 대한 헌신, 그리고 물론 (여러분도 알다시피) 병기의 업그레이드와 현대화를 위한 더 큰 프로그램이 필요하다. 다시 말해 돈이 필요하다! "자본을 재편하는 것에 대해 분명히 재고할 필요가 있습니다." 상원의 핵심 핵 감독 위원회에서 저 공군 병참 장군은 이렇게 말했다.

혹시 저 사람은 9조 달러를 이야기하는 거였을까?

우리의 크고도, 줄줄 새고도, 탄두의 위치조차 제대로 파악하지 못하는 핵폭탄 기반 시설을 유지하고 회춘시키는 최선의 방법을 놓고서 수많은 초조함이 있었지만, 이에 대한 우리의 걱정도 '왜' 우리가 아직도 그걸 갖고 있느냐는 큰 질문에 다시 대답하게 만들지는 않았다. 우리의 종말론적 핵 보유분을 유지하는 것의 명백한 어려움을 고려해 보면, 과연 미국에는 얼마나 많은 핵폭탄이 있어야만 그 무기를 사용해야 하는 모든 상상 가능한 군사 임무를 제대로 완수할 수 있을까?

지금 우리가 보유한 핵무기 가운데 딱 하나로만 공격이 이루어진다 해도, 과거 히로시마에서 폭발한 규모의 10배에 해당하는 폭발이 일어난다. 그런 폭탄을 2개 터트리면 어떻게 될지 상상이 가시는가? 5개는 어떻게 될까? 15개는? 50개는? 각각 히로시마의 10배 규모에 해당하는 미국의 핵폭탄 50개를 발사할 50군데 표적의 목록을 작성해 본다면 어디가 될까?

우리의 현재 핵 무기고에는 약 5천 기의 무기가 있다. 그중에서 2천 기 내지 2,500기는 이미 배치되어 사용 준비가 되어 있다. 그리고 러시아도 이와 비슷한 숫자를 준비하고 있다. 오바마 대통령의 집권 첫 해에 협상한 새로운 START 조약 덕분에, 그 숫자는 결국 양국 모두 1,500기로 줄어들었다. 하지만 사용 준비가 끝난 우리 핵폭탄의 전체 숫자를 줄이기로 러시아와 맺은 합의에 대해 상원의 동의를 이끌어 내려다 보니, 오바마 대통령은 미국의 핵무기 기반 시설 규모를 새로 크게 증대하는 데 동의할 수밖에 없었다. 무기는 더 적게, 하지만 돈은 '더 많이.' 그것도 훨씬 더 많이. 상원에서 조약을 비준받기에 필요한 3분의 2의 찬성표를 확보하기 위한 오바마 행정부의 최초 계약은 향후 10년간 1,850억 달러를 추가로 핵에 사용하는 것이었다. 이쯤 되면 매년 약 10퍼센트씩의 증대였다. 이때가 2009년과 2010년, 그러니까 우리 경제가 마멸되고, 공화당원은 예산의 나머지를 삭감하자고 주장하던 때였다. 한 핵 전문가는 이렇게 지적했다. "이것이야말로 비준에 대한 찬성표를 사기 위해 필요한 비용이었다."

하지만 실제로는 찬성표를 사는 데 충분하지 않았다. 상원의 공화당 의원들은 이 조약 비준 싸움이야말로 핵폭탄 기반 시설을 진전시키기 위한 돈을 우려낼 좋은 기회로 생각했다. 이들은 오바마 참모진이 진지하지 않으며, 자칫 핵무기에 대한 전체 재투자 발상을 "없애버릴" 수 있다며 우려를 표명했다. 그로부터 6개월 뒤, 오바마 참모진이 더 많은 미끼를 들고 찾아왔다. 이들은 다음 연도 예산 신청에서 무려 10퍼센트를 덧붙였고, 핵 잠수함이 대서양과 태평양 모두를 계속해서 순찰하도록 조치함과 동시에 (마치 이전 행정부에서 넘어온 듯한 표현을 사용해 가면서) "재난 시에는 추가적인 잠수함을 증강하겠다"고 약속을 거듭했다. 이들은 다음 한 세대 동안 ICBM과 B-52기를 계속 준비시키는 데에 필요한 비용도 지출하기로 합의했다.

안심하시라, 미사일 요원들이여. 앞으로 최소한 수십 년은 더 지속된다니 말이다.

오바마 행정부는 심지어 새로운 핵무기를 장착할 수 있는 원격 조종 장거리 핵 폭격기 도입을 위한 자금을 지원할 준비가 되었다고도 말했다. 80대 내지 100대의 핵 무장 드론은 어떨까? 핵 무장 비행 로봇. 그것도 원격 조종으로. 설마 잘못될 가능성이 있겠는가? "냉전 종식 이후 우리의 핵 억제력을 현대화하기 위한 가장 굳건하고 지속적인 헌신"은 미국 핵안전청의 수장이 이른바 오바마의 조약 비준 미끼통이라고 부른 것이었다. "제 전임자가 이런 말로 가장 잘 표현하더군요. 이 정도 예산이라면 자기는 '살인이라도 했겠다'고요."

START 조약 비준을 성사시킨 대타협으로부터 두 달 뒤인 2011년에 공군 장성 여러 명이 다시 의회를 방문해서, 한때 잃어버렸던 6기의 핵폭탄에 관한 온갖 좋지 않은 언론 보도 이후 3년 만에 자기네가 이룩한 놀라운 진보를 상원의원 몇 명에게 공유했다. 이들은 마이넛-박스데일 사고 이후에 우리의 핵 프로그램을 유지하기 위해 의회가 할당한 추가 예산 6억 5천만 달러로 미국이 무엇을 얻게 되었는지를 기쁘게 설명했다. 예를 들어 바로 그날 증언한 장군들이 직접 담당하는 새로운 직위가 있었다.("코왈스키 중장, 체임버스 소장, 하렌카크 준장이 현재 맡고 있는 직위는 모두 그 실수의 결과로 설립된 것들이다.") 장군들은 공군의 비교적 새로운 감독 기관인 핵무기센터가 놀라우리만치 협조적이라고 의회의 감독 위원회에게 단언했다. 펜타곤은 심지어 핵무기센터가 팀워크를 훈련시킬 수 있는 새로운 누군가를 만들어 내기까지 했다. "우리의 가장 중요한 협업은 새로 창설된 전략 시스템 프로그램 실행관Program Executive Officer for Strategic System과 하는 것으로서, 이때 프로그램 실행관(PEO)은 (…) 현대화 노력을 위한 미래 시스템의 개발 및 입수 책임을 담당하는 한편, [핵무기센터는] 일일 작전 및 유지에 초점을 맞춘다." 핵무기센터의 책임자는 자기네가 더 솔선적이고 미래를 내다보게 되었다며 의회에 단언하기까지 했다! 즉 문제가 재난 단계에 도달하기 전에 자기네가 찾아내겠다는 것이었다. 자기네가 인력을 적절하게 훈련시키고 작업 장비와 도구를 제공하겠다는 것이었다.(부디 소켓 렌치에 안전 끈을 묶어 놓자는 생각을 누군가는 해 보았기를 바란다.) 자기네가 이미 데이터베이스를 합병했기 때문에, 더 이상은 실수로 핵무기 부품을 대만 또는 덜 친한 다른 국가의 창고로 수송하는 일이 없으리라는 것이었다. 아, 그리고 자기네는 정교하고도 복잡한 MK21의 기폭 장치의 문제를 고치기로 작정했다고도 했다. 자기네가 반드시 해결하겠다고도 했다.

안타깝게도 이 청문회에 참석한 상원의원은 소위원회의 위원장과 고참 위원 한 명뿐이었다. 심지어 두 사람조차도 우리가 관리해야 하는 핵 관련 물건이 너무 많다고는 느끼지 않고 있었다. 그들로 말하자면 나처럼 이 문제 때문에 밤에 잠을 못 이루지는 않았던 것이다. 오히려 앨라배마의 공화당 상원의원 제프 세션스는 새로운 핵무기 감축 조약이야말로 어떤 관료주의적 유혹이 아닐지 가장 우려했다. 우리의 핵 위력을 위험할 정도로 감소시키려는 의도로 미끼를 던지는 게 아니냐는 거였다. 대통령은 상원의원에게 순순히 돈을 넘겨주면서까지, 이상하게도 이 새로운 조약을 따르기 위해서 너무 적극적인 것 같았다.

세션스는 이들의 새로운 직위가 문제없는 것인지 여부를, 즉 그들 모두를 매우 오랫동안 바쁘게 만들 만큼 무기고가 충분한지를 자기가 직접 살펴보고 싶어 한다는 사실을 장군들에게 알리려고 했다. "지난달에 제 동료 40명과 함께 대통령께 서한을 보낸 바 있습니다." 세션스 상원의원은 군인들에게 이렇게 말했다. "향후 추가적인 핵 보유고의 감축 계획에 관해서 우리와 논의해 달라는 열망에 대한 내용이었습니다. 새로운 START 조약은 몇 주 전에 서명된 것이지만, 제가 보기에 정부는 '무모하다'는 표현이 어울릴 만한 속도로 질주하면서, 신속하다 못해 자칫 불안정할 수도 있는 속도로 더 많은 감축을 추구하고 있습니다."

그렇고 말고. 수천 개나 되는 우리의 핵무기 보유고를 감축하는 것이야말로 무모한 일이 아니겠는가. 그것이야말로 안전하지 않은 일일 것이다.

미국은 자신이 만들어낸 것에
책임을 져야 한다

만약 군대가 이 나라의 국민으로부터 표류해서 멀어지게 되면, 그것이
야말로 한 나라로서 우리가 차마 감당할 수 없는 파국적인 결과가 될
것이다.

— 2007-2011년 합참의장 마이크 멀린 제독

나는 연중 따뜻한 캘리포니아주 교외에서 자라났기 때문에, 뉴잉글랜드
의 시골로 이사하고 나서야 그곳의 평온한 풍경을 유지하기 위해 얼마나
뼈 빠지는 노력이 필요한지를 알고 깜짝 놀랐다. 뭔가를 가만 놓아두면
결국 폭발했기 때문이다. 이건 은유가 아니라 사실이었다. 젖은 건초를
사일로 안에 놓아두면, 식물의 분해 과정에서 건초에 (따라서 사일로에)
불이 날 수 있었다. 따라서 뭔가를 건조하게 유지하는 게 아니라, 오히려
축축하게 유지하는 게 방법이었다. 내가 장작을 구매하는 벌목 회사에

서는 아예 원목 더미에다가 스프링클러를 설치해서 물을 뿌렸는데 (이봐요, 그건 내가 쓸 장작인데!) 그래야만 추운 날 동안에 자동 발화가 일어나지 않기 때문이었다. 이때에도 썩는 것은 역시나 문제였다. 단순하고도 무자비한 부패 말이다. 뭔가가 썩으면 열이 나게 마련이다. 만약 커다란 원목 더미 한가운데 죽어 가는 나무가 있을 경우, 그게 썩으면서 발생한 열이 찬 공기와 만나면 굴뚝 효과가 생겨났다. 이 효과로 인해 그 열기가 그 안의 겹겹이 쌓인 마른 나무로 전달되면 '끝장'이었다. 굳이 성냥을 갖다 대지 않아도 장작더미가 졸지에 장작불로 변하고 마는 것이었다. 장작더미를 관리하지 않은 상태로 너무 오래 놓아두기만 해도 그냥 불이 붙어 버렸다.

우리가 처음 이사했을 때에만 해도 햄프셔 카운티의 우리 집은 마치 공포영화에 나오는 유령의 집처럼 보였다. 여기저기 고장 나고, 잡초가 무성하고, 계단이 삐걱거리고, 미늘벽 판자가 마치 이빨 썩은 것처럼 숭숭 뚫려 있었다. 그 집은 사람이 살지 않은 지가 무려…… 겨울 한 철 뿐이었다. 기나긴 겨울 한 철 동안 아무도 관리해 주지 않은 결과 사실상 사람이 살 수 없는 곳으로 변하고 말았던 것이다. 우리가 사는 아름답고 가차 없는 작은 마을에서는 뭔가를 수리할 필요가 생겼음을 설명하기 위해서 다음과 같은 짧은 표현을 사용한다. "땅이 도로 가져가 버려서요."

심지어 슈리브포트에서는 핵미사일 날개에도 곰팡이가 피어났다니, 결국 그놈의 물건도 땅이 도로 가져가게 될까 하고 생각하면 심란할 수밖에 없다. 하지만 사용하지 않고 주변에 가만 놓아두는 물건도 관리가 필요하다. 그리고 우리가 소유한 모든 것을 관리하는 데에는 비용과 의무가 필요하다. 우리가 만든 물건에 대해서는 우리에게 책임이 있다. 우리가 그걸 내려놓고 산산조각 내지 않는 한에는 그렇다. 어쩌면 이것이야말로 콜린 파월이 교훈 삼아 말한 "그릇 가게의 원칙"의 변형일지도 모르겠다. 즉 뭔가를 망가트리면 책임져야 할 뿐만 아니라, 뭔가를 만들어도 책임져야 한다는 것이다. 즉 '한 번이라도' 뭔가를 만들면 그것을 책임져야 한다. 상비군을 보유한 지 두 세기가 흐르고, 대규모 군대를 구축한지 두 세대가 지나서 (그 사이에 방위 예산은 두 배로 늘어났고, 거기서 또다시 두 배로 늘어났다) 우리는 온통 국가 안보 국가가 되어 버리고 말았다. 우리는 이런 상황을 내려놓는, 또는 산산조각 내는 습관을 단 한 번도 만들지 못했다. 우리는 이런 상황을 억제하지 않고 방치할 경우에 생겨날 결과를 고려하는 습관을 만들지도 않았다.

그렇다고 해서 그중 일부가 놀랍지 않다고 말하려는 것까지는 아니다. 비록 민간에서는 제대로 평가받지 못하지만, 그래도 군대에서는 매우 잘 평가받는 사실 하나는, 현재 미군의 치명성이 절대적으로 놀랍다는 점이다. 배치, 배치, 배치…… 훈련, 훈련, 훈련. 미군은 심지어 9·11 이전에도 지상 최강인 동시에 최고의 장비를 갖춘 군대였다. 이제 10년 동안의 전쟁을 겪고 나니, 이들은 거의 알아볼 수 없을 정도로 더 나아졌다. 우리가 이라크에서 얼마나 많은 장비를 불태워 먹을지에 대한 초기의 걱정은 우리가 그와 비슷한 문제를 항상 해결했던 바로 그 방식으로 해결했다. 즉 우리는 2000년부터 2010년 사이에 군대의 조달 예산을 두 배로 늘렸던 것이다.

또한 예비군의 상태도 고려해 보라. 9·11 이후의 전쟁들의 유례없는 배치 속도 덕분에, 이른바 '주말 전사'와 (미국 내 어떤 외딴 전초지에서 실시되던) '1년에 3주 훈련'이라는 좋았던 시절은 사라지고 말았다. "여러 해 동안 [예비군] 병사들은 금요일에 집을 나서며 이렇게 말하곤 했습니다. '이번 주말에는 군대놀이 하러 갈 거야.'" 유타주 방위군의 군무국장은 《솔트레이크 트리뷴Salt Lake Tribune》지 기자에게 이렇게 말했다. "제 생각에는 더 이상 그럴 수가 없습니다. 오늘날의 우리는 대부분의 시민이 보기에 그냥 군대일 뿐입니다. 여러분도 군복을 보면 아마 주 방위군이나 예비군을 떠올릴 겁니다. 바로 여러분의 이웃에 사는 사람들을요." 아마도 우리의 이웃에 사는 '몸매 좋은' 사람들이라고 해야 하지 않을까. 1986년에 주 방위군에 입대한 상사도 같은 신문에 이렇게 말했다. "그 당시에만 해도 주 방위군에는 과체중인 주제에 퍼질러 앉아서 허풍만 떠는 병사가 많았습니다." 하지만 더 이상은 그렇지 않았다. 우리가 주 방위군과 예비군을 사용하는 지금 방식에서는 그렇지 않다는 것이었다. "방탄복을 입고 다닐 수밖에 없는 상황에서 [과체중이] 될 리가 없지요."

미국의 예비군은 벌써 10년째 최대 기어, 또는 높은 공회전 상태에 있었으며, 그 상관들은 자기네 병력을 계속 이런 식으로 빠릿빠릿하게 유지하고 싶다고 입을 모은다. "우리가 계속 저 수준으로 훈련을 시킨다면, 이들을 꼭 써먹어야 한다는 게 저의 입장입니다."

이른바 "너무 극적일" 것 같아서 예비군을 소집하고 싶지 않다던 린든 존슨의 해명과 지금의 상황을 나란히 놓고 비교해 보자. 존슨의 발언은 비록 그 당시에 미군 병력 8만 명이 베트남에 배치된 상태이긴 했지만, 주 방위군과 예비군까지 동원하는 것은 미국의 시스템에 충격을 가할 것이라는 뜻이었다. 예비군에게는 평화시의 생활과 민간인으로서의 생활이 기본이었다. 전쟁은 동요를 야기하는 탈선이었다. 그런데 이제는 오히려 전쟁이 곧 예비군의 기본이 되고 말았다.

정규 현역 병력과 예비군 병력 사이의 간극이 좁아지면서, 저 전사들과 나머지 우리 사이의 간극은 그 어느 때보다도 더 넓어지고 말았다. 9·11 이후 시대의 더 기묘한 정치적 발전 가운데 하나는 그 간극을 좁히려는 노력에 대한 반발이었다. 이라크 전쟁 1주년 기념일로부터 한 달이 지난 2004년 4월 28일, 테드 코펠은 자기가 진행하는 〈나이트라인〉에서 4월 30일 금요일에 이라크에서 피살된 미국인의 얼굴과 이름을 밝히는 방식으로 추모 의식을 거행할 것이라고 예고했다. 즉 1년 동안의 전쟁에서 사망한 희생자를 위한 텔레비전 추모식이 될 예정이었다. 물론 미국 전역의 도시와 마을마다 전사자를 위한 전쟁 기념비가 있었지만, 비판자들은 마치 코펠이 고인을 위한 엄숙한 기념식을 거행하는 것이 아니라 오히려 월터 리드 육군 병원* 부상자의 사진을 공개하기라도 하는 것처럼 비난을 가했다. 비판자들은 그가 애국적이지 못한 일을 감행함으로써 전쟁 지원을 잠식한다고 비난했다. 전쟁에 찬성했던《워싱턴 포스트》는 냉소적인 질책 기사를 게재하면서, "〈나이트라인〉의 섬뜩한 사망자 명단에 관하여"라는 헤드라인을 만들어 냈다. 보수 성향의 싱클레어 방송 그룹에서는 곧바로 자사의 ABC 제휴 방송 모두에서 〈나이트라인〉을 보이콧하겠다고 선언했다.

---

* 워싱턴 DC 소재 월터 리드 육군병원이 심각한 업무 태만 상태로 운영되어서 환자들의 피해가 속출했다는 사실이 2007년에 언론 보도로 밝혀져서 큰 논란이 되었다.

코펠은 이 논란에 깜짝 놀랐다고 말했다. 하지만 그 논란 자체는 해외에서 벌어지는 전쟁을 고국에서 보여 주는 것과 관련해서 뭔가가 확실히 변화했음을 보여주었다. 9·11 이후의 전쟁에서 미국인이 생명을 잃었다는 단순하고도 실제적인 사실은 이제 슬픔과 국가적 영예의 공통된 원천이 아니었다. 오히려 멀찍이 거리를 두어야 하는 뭔가가 되어 버린 것이다. 희생자는 (최소한 한동안은) 곧 나쁜 정치의 지표가 되었던 것이다.

2003년부터 2008년까지 부시 행정부는 전쟁으로 치러야 하는 비용에 대한 시각 자료를 철저히 통제했다. 언론사의 사진 기자들은 도버 공군 기지에 있는 성조기 덮인 관들의 엄숙한 운구 예식에 출입이 금지되었는데, 정작 대통령과 부통령 모두 군인 장례식에는 참석하지 않았다. 심지어 전사자의 부모가 장례식이나 유해 환송에 대한 언론 취재를 원했을 때조차도 정부에서는 그런 보도를 방지하기 위해서 최대한의 노력을 기울였다. 심지어 펜타곤은 언론사가 부상당한 병사들로부터 사진 촬영에 대한 서면 동의서를 받아야 한다고 슬그머니 자체 규정을 변경함으로써, 이라크에서 부상당한 병력의 이미지를 효과적으로 금지하기까지 했다.

전시에 세금 감면이 이루어졌고, 전쟁 지원을 대신하는 집단적인 국가적 희생의 느낌이 전혀 없었으며, 미국 인구의 1퍼센트 미만만이 무기를 들고 싸우러 나간 상태였다. 그러다 보니 미국의 희생자는 정치적으로나 문자적으로나 대중의 시야에서 가려졌다. 그리고 우리의 국가적 전시 상태를 마치 정상인 것처럼 만들어 버리는 누적 효과 또한 발생했다.

《뉴욕 타임스》의 언론 비평가 데이비드 카의 말마따나, 우리는 "전쟁 중인데도 평화를 누리는" 국가가 된 것이다.

국가 전체가 병력을 전쟁에 내보냈음에도 아무렇지도 않아 하는 방법을 배우게 되면서, 고국을 떠나 전쟁을 하러 간 병력은 스스로를 바라보는 방법을 배우게 되었다. "마치 30년 전의 에이즈 유행과도 비슷합니다." 이라크 참전용사 폴 리코프Paul Rieckhoff는 2011년에 내게 이렇게 말했다. "그거야말로 우리 모두에게 크나큰 재난이었지만, 어느 누구도 그들이 우리 가운데 하나라고 생각하지는 않았어요. 심지어 그들이 우리와 '비슷하다'고도 생각하지 않았죠." 바그다드에서 돌아온 직후인 2004년에 리코프는 '미국 이라크-아프가니스탄 재향 군인회Iraq and Afghanistan Veteran of America'(IAVA)를 창설했는데, 이것이야말로 9·11 이후의 전쟁에서 최초이자 가장 큰 참전용사 단체였다. IAVA의 표어는 "우리는 여러분을 지켰다"인데, 다른 사람들은 그렇게 느끼지 않을 수 있음을 암시했다. 이 단체는 온라인상에 "재향 군인 동호회" 소셜미디어 사이트를 만들었는데, 이는 기본적으로 이라크와 아프가니스탄 참전용사만 가입할 수 있는 페이스북의 일종이었다. 2010년에 이 단체에서 "혼자"라는 제목으로 내놓은 공익 서비스 광고는 한 군인이 외로이 귀향했다가 다른 이라크와 아프가니스탄 참전용사를 만나게 된다는 '노먼 록웰 뒤집기'*

---

* 미국의 화가 노먼 록웰(1894-1978)은 40년 넘게 《새터데이 이브닝 포스트》의 표지화를 담당하면서 20세기 전반의 미국 문화를 보여 주는 풍속화를 여럿 남겼다. 제2차 세계대전 종전 직후에 나온 '귀향' 소재의 그림에서는 참전용사가 고향 집에 도착하자마자 부모형제는 물론이고 이웃 모두가 그를 바라보며 환영하는 것으로 묘사된다. 이 광경을 역전시킨 IAVA의 "혼자"에서는 참전용사가 텅 빈 공항을 나와 텅 빈 지하철을 타고 텅 빈 거리에 도달해 당혹스러워하며 멈춰 선다. 이때 민간인 복장의 또 다른 참전용사가 그에게 다가와 "고향에 돌아온 걸 환영해" 하고 악수를 나누자, 이제껏 그의 눈에만 보이지 않았던 거리의 수많은 인파와 소음이 드러나면서 그가 사회로 정상 복귀했음이 암시된다.

식의 당혹스러운 묘사로 광고업계의 오길비상賞을 수상했다.

"위장복"이란 제목의 또 다른 공익 서비스 광고에서는 텅 빈 거리가 나타나고, 갓 귀향한 참전용사가 자기 집 컴퓨터 앞에 앉아 있는 모습이 보인다. 곧이어 다음과 같은 내레이션이 깔린다. "어쩌면 당신은 혼자라는 느낌을 받을 수도 있습니다." 곧이어 텅 비어 있는 것 같았던 거리에서 일반인의 눈에는 보이지 않았던 다른 참전용사들의 위장된 모습이 드러난다. 이 시각 효과에 뒤이어 이 광고의 정서적 효과가 나타난다. 한때 고립되었던 군인이 다른 참전용사들과 접촉함으로써 눈에 띄게 안도하는 모습이다.

2011년의 퓨 리서치 센터 여론조사에 따르면, 9 · 11 참전용사 가운데 84퍼센트는 현역 복무자 및 그 가족이 겪는 문제를 대중이 이해하지 못한다고 생각했다. 또한 미국인 3분의 2 이상은 현역 복무자가 짊어지는 과도한 부담은 "단지 군 복무의 자연스러운 일부분에 불과하다"고 믿는 것으로 확인되었다. 이라크와 아프가니스탄 참전용사의 경우, 민간인 생활에 재적응하기가 힘들다고 대답한 경우가 다른 전쟁의 참전용사보다 두 배 가까이 더 많았다. 9 · 11 이후 이라크와 아프가니스탄 참전용사의 살아 있는 경험과 나머지 국민 사이의 거리는 단지 참전용사만이 아니라 우리 모두를 동요시켜야 마땅하다.

우리의 군사 경험이 민간 생활에서 점점 더 멀어지는 것처럼, 군대의 사용에 관한 결정 또한 정치적 토론으로부터 점점 더 멀어지고 있다.

곧이어 "당신이 이라크나 아프가니스탄 참전용사라면, 당신은 혼자가 아닙니다"라는 문구가 뜨면서 광고가 마무리된다.

"의회에는 우리의 적이 전혀 없습니다." 국방부의 한 고위 관리는 2011년에 내게 이렇게 말했다. "우리는 프로그램을 유지하기 위해서가 아니라, 오히려 줄이기 위해서 의회와 싸워야 할 실정입니다." 그리고 이 것이야말로 기본적으로 펜타곤이 패배하는 유일한 싸움이다. 정부의 관료주의를 나무란 제임스 F. 번즈 상원의원의 말을 표절한 로널드 레이건의 발언을 다시 써 보자면, 불멸하고 싶어 하는 사람이 있다면, 스스로를 펜타곤의 프로그램으로 변모시키는 방법을 궁리하면 된다. 어쩌면 그 사람의 날개에는 곰팡이가 필 수도 있지만, 그래도 그 사람은 결코 죽지 않을 것이다. 핵무기 시설, 반란 억제 국가 구축 설비, 아래에서 터지는 폭탄의 에너지를 분산시키는 V자형 차체를 장착한 200억 달러 상당의 '지뢰 방호 매복 방비'(MRAP) 차량 등등. 우리는 이런 것들을 만들었고, 책임지고, 나아가 그걸 사용할 방법을 찾고 있다. 최근의 한 싱크탱크 연구에 따르면, "육군은 최근에야 이 투자를 활용하기 위해 이라크에서 철수한 MRAP 차량을 가만히 묵혀 두는 대신, 병력 구조에 통합하려는 계획을 시작했다." 어쩌면 오작동하는 미사일 지하 발사대 위에 갖다 세워 놓을 수도 있을 듯하다. 굳이 소멸하거나 죽지 않는 프로그램의 형태로 10년 어치 전투의 소음을 요란하게 내며 여기저기 돌아다니면서 세계 최대의 조직에서 각자의 일을 해내라고 요구할 것도 없이, 우리가 현역 복무자에게 부과하는 임무는 가뜩이나 힘겨운 상황이다.

우리는 모두 미국이 뛰어난 군대를 보유하는 데에 관심을 갖고 있다. 그러나 자원을 얻기 위한 경쟁에서 군대를 면제시키는 것이 그 목표 달성에 도움이 되지는 못했다. 그 성장에 대한 제약이 없고, 그 정치적 영향에 대한 경쟁자가 없는 상태에서, 막대한 자금을 지원받고 막대한 권한을 부여받은 국가 안보 국가는 졸지에 리바이어던이 되고 말았다.

우리의 국가적 우선순위에서 국방의 인위적 우월성이 누군가에게는 항상 공짜로 얻은 횡재이겠지만, 나머지 미국인에게는 단지 민영화에 불과할 뿐이다. 이는 우리가 과거에나 지금에나 할 수 있었던 것을 훔쳐갈 뿐이다. 경제학 개론에서는 이른바 '총 대 버터'의 예를 들어서 국가적 우선순위에 관한 개괄적인 경쟁을 가르친다. 그런데 이제는 '버터 대 마가린'이 되고 말았다. '총'은 그냥 무사통과된 셈이다.

전반적으로 우리는 막대한 비용을 들여서 오히려 더 약해졌다.

국가 안보 국가로 전이되면서, 무력을 사용하려는 결정은 고통 없고 매끄러워졌으며, 거의 자동화되었다. 우리 미국의 정부 시스템에 의도적으로 설치된, 전쟁을 단념시키고자 유인하는 장치를 (특히 시민 병사, 그리고 대통령 대신 의회가 선전포고 권한을 가지는 것을) 우리는 우회하고 말았다. 이런 헌법적 상속을 오히려 국가적 보물로 간주해야 하지만, 우리는 그리 많은 토론조차도 없이 그것을 내던져 버렸다.

하지만 아주 끝난 것까지는 아니다. 우리는 다시 돌아갈 수 있다. 정책 결정이 중요하다. 우리의 제도가 중요하다. 정부의 구조가 중요하다. 이런 것들이 모든 일을 변화시킬 수 있기 때문이다. 우리는 지난 40년 동안 그런 일이 벌어지는 것을 지켜보았다. 우리를 '전쟁은 일상'이라는 경로로 접어들게 했을 당시에는 몇 가지 구체적인 결정들이 내려진 바 있었다. 만약 시기적절한 구체적 결정들이 우리를 지금의 자리에 데려왔다면, 그 구체적인 결정들을 제거할 수 있다. 우리는 거꾸로 되짚어 갈 수 있다. 최소한 다음과 같은 '과제' 목록을 가지고 시작할 수 있다.

○ 애초부터 전쟁에 나가는 것, 전쟁을 벌이는 것 자체가 온 나라에 고통스러운 일이어야 마땅하다. 앞으로는 전투를 위해 병력을 파견하는 그 순간부터 그 대가를 지불하도록 하자. 전쟁에는 돈이 든다. 그것도 아주 많은 돈이 든다. 우리가 새로운 전쟁을 시작할 때면, 그와 동시에 그 비용을 충당하기 위한 돈을 모아야 한다. 세금, 전쟁 국채, 그리고 여러분이 가진 것으로. "자유는 공짜가 아니다"라는 말은 자동차 범퍼 스티커로 끝나지 말아야 한다. 그게 바로 정책이 되어야 한다.

○ 비밀 군대는 없애도록 하자. 만약 우리가 파키스탄과 예멘과 소말리아에서 드론을 이용해 사람을 죽일 작정이라면, 차라리 공군에서 그런 드론을 조종하고 방아쇠를 당겨야 마땅하다. 그리고 우리는 그 사실에 관해서 알아야 마땅하다. 만약 CIA가 군사 임무를 수행할 작정이라면, 그 기관도 군대와 마찬가지로 해명 책임을 가져야 하며, 그들에게 명령을 내리는 정책 결정권자들 역시 마찬가지가 되어야 한다. 지휘계통은 국가의 비밀로 인해 결코 가려져서는 안 될 것이다. 특수부대가 무제한적으로 비밀 활동을 벌일 대상은 의회가 아니라 악당들이다.

○ 그냥 우리 국무부에, 또는 평화유지군에, 또는 FEMA에 맡겨두는 편이 최상인 일들을 우리 군대에게 하라고 요구하기를 그만 두자. 그리고 군대 지휘관들을 향해 정책에 관한 판단과 결정을 내리라고 기대하

기를 제발 그만 두자. 만약 대통령 후보가 이란에 대한 폭격을 실시할지 여부에 대해 "군 지휘관들의 의견에 따를" 것이라고 말한다면, 자리에서 일어나 손가락질하며 호통을 쳐서 그 후보가 얼마나 후진적인지를 깨닫게 하자. 그런 일은 그만둬야 한다. 그건 군대를 위한 호의도 아니고, 심지어 헌법에도 위배되는 일이다.

○ 우리의 주 방위군과 예비군은 다시 예전처럼 주 방위군과 예비군이 되어야 한다. 다시 말해 민간인 생활과 군인 생활을 한데 엮는 제도가 되어야 한다는 뜻이다. 주 방위군 병사의 생활은 대부분 평화시의 민간인 생활이 되어야 마땅하다. 우리가 이런 사람들을 전쟁터로 내보낸다면, 미국 전역의 민간 공동체에서 그 상실을 느껴야 마땅하다.

○ 전쟁의 민영화와 아울러 한때 군대의 기능이었던 것을 군대의 도급업체에 의존하는 상황은 모두 과거로 되돌려 놓아야 한다. 우리의 병력은 예전처럼 자기네가 먹을 감자를 스스로 깎고, 자기네가 사용할 보급품 트럭을 스스로 몰고, 자기네 막사를 스스로 짓고, 자기네 장군을 스스로 경호해야 한다. LOGCAP의 헛짓거리는 이걸로 충분하다. 민간 도급업체는 더 저렴하지도 않고, 필요불가결하지도 않다. 우리는 그들 없이도 오랫동안 제대로 기능해 왔다. 우리의 봉급을 받는 민간 도급업체가 강간이나 살인이나 사기 같은 불법 행위를 저질렀을 경우에는 당연히 기소되어야 하며, 더 이상은 도급을 주지도 말아야 한다.

○ 만약 매파 근거지의 B팀의 괴짜들 모두가 전적인 편집증에 몰두한다면, 그들은 서로를 쓰러트리고 말 것이다. 하지만 나머지 우리는 서로 뭉치도록 노력해야 한다. 우리는 이 세계가 위협적인 장소라는 그들의 지적을 인정할 수 있다. 우리는 미군이 주목할 만하고 가치 높은 무력이라는 사실을 인정할 수 있다. 하지만 이제 (한국, 베트남, 아프가니스탄, 이라크, 이란을 줄줄이 겪은 이후에) 우리는 미군을 배치하는 것이, 또는 어떤 지역에서 우리의 적국과 경쟁자가 될 수 있는 우리의 동맹국에 매년 수십억 달러어치의 무기를 판매하는 일이 그런 위협을 가시게 하는 데 항상 최선의 방법까지는 아님을 깨달아야 한다. 우리의 군대와 무기의 위용은 환상적이고 완벽하게 무게를 맞춘 망치이지만, 그렇다고 해서 모든 국제 문제가 항상 못이 된다는 뜻은 아니다.

○ 우리의 핵 기반시설은 우리나라의 현실적인 핵 임무를 위해 축소시키도록 하자. 우리가 핵무기를 가지고 무엇을 억제하려는 것인지 정확히 결정하고, 그러기 위해 필요한 정확한 금액을 지출하도록 하자. 지난 수십 년 동안 이 화학 실험을 지속하기 위해 많은 비용이 들어갔다. 너무나도 느린 폐기 과정의 속도를 높이고, 자칫 실제 미사일이 또다시 엉뚱한 곳으로 반출되기 전에 어서 우리의 핵 목록을 줄이도록 하자.

○ 마지막으로 행정부의 권한이라는 고르디우스의 매듭이 있다. 이를 풀기 위해서는 뭔가 날카로운 검이 필요하다. 전쟁 성공의 영광은 항상 대통령에게 따라붙기 때문에, 대통령은 항상 전쟁을 벌이려는 유혹

의 먹잇감이 되고 만다. 이것이야말로 권력의 속성이며, 따라서 전쟁 결정 권한을 행정부의 손아귀에서 빼앗아야 하는 더 큰 이유가 된다. 그 권한은 한 사람의 책임이 아니다. 이른바 "제왕적 대통령제"라는 헛소리는 이란-콘트라 스캔들에서 로널드 레이건의 모가지를 떨어트리지 않기 위해서 발명된 것에 불과하다. 이것은 리처드 체니의 경력 내내 상당한 위력을 발휘했지만, 사실은 대통령의 권한에 대한 이전의 시각으로부터 과격하게 이탈한 것에 불과하다. 따라서 이에 대해 그런 방식으로 가르치고 이해할 필요가 있다. 이것은 당파적인 주장이 아니다. 입법가라면 여야를 막론하고 행정부에 대한 제약이 상실되는 것에 대해 우려해야 할 이유가 있다. 공화당원과 민주당원 모두가 그런 헛짓거리를 멈추기로 작정한, 그리고 전쟁과 평화에 관한 입법부의 헌법적 특권을 주장하기로 작정한 사람에게 표를 행사해 의회에 보낼 선택지를 가지고 있다. 이는 차이를 만들어 낼 것이며, 우리가 균형을 잡고 정상으로 돌아가게 하는 데 도움을 줄 것이다.

지금까지 말한 실천 사항 가운데 어느 것도 불가능하지는 않다. 이는 우리에게 벅차지도 않다. 국가 안보에 관한 결정은 우리가 내려야 하는 것이다. 좋은 소식은 이것이 로켓 공학만큼 어렵지는 않다는 것이다. 우리로선 포그뱅크를 다시 발명할 필요도 없다. 단지 평화로운 국가로서의 미국에 관한 오래된 발상을 의도적으로 회복할 필요가 있을 뿐이다. 이것은 단순히 우리의 유산일 뿐만 아니라, 나아가 우리의 의무이기도 하다.

참고자료

아래에 열거한 참고자료는 어디까지나 일부분에 불과하다. 즉 내가 어디를 파고 들어갔는지를, 그리고 여러분이 혹시라도 더 많이 알고 싶다면 어디로 따라오면 되는지를 알려 주려는 것일 뿐이다. 이 책의 본문에는 인용문이 많이 등장하지만, 구체적인 출처를 밝히기 위해서 일일이 멈춰 서다 보면 너무 삐걱거렸을 것이다. 게다가 한 가지 사실을 두세 가지 출처에서 찾아낸 경우도 있었는데, 내용이 상충될 경우에는 내가 최종적으로 판단을 내렸다.

다만 대통령들의 인용문을 다룰 경우에 내가 고수한 원칙에 대해서는 말해 두고 넘어가겠다. 나는 가급적 대통령 본인의 발언에 의존하려고 노력했다. 옛날 양반들은 (즉 존슨, 닉슨, 레이건, 아버지 부시, 클린턴은) 이미 일기와 문서와 연설문과 녹음과 심지어 영상 자료까지도 열람할 수 있는 도서관을 하나씩 갖고 있다. 혹시 그 시기의 대통령의 구체적인 언급이나 발언을 추적하고 싶다면, 찾고 싶은 날짜와 핵심 단어를 알기만 해도 온라인으로 웬만큼 찾아낼 수 있을 것이다.

중요한 기자 회견이나 청문회에 관한 공식 녹취록을 얻을 수 없었을 때에는 《뉴욕 타임스》 같은 신문이 종종 독자에게 거의 온전한 보도를 (때로는 심지어 녹취록까지도) 바로 다음날 제공하곤 했다.

들어가는 말: 미국은 언제부터 표류하기 시작했을까?

매사추세츠주 햄프셔 카운티와 카불의 와지르 아크바르 칸은 내가 두 눈으로 직접 본 장소였다. 팔루자의 하수 처리장에 관해서는 이라크 재건 관련 특수 감찰반의 공식 정부 보고서에 자세히 나와 있다. 데이너 프리스트와 윌리엄 M. 아킨의 2010년 《워싱턴 포스트》 연재 기사 「극비 미국(Top Secret America)」은 9·11 이후에 모호하고도 매우 수익성 높은 정보 및 "안보" 산업에 우리가 상당한 돈을 허비한다는 사실에 관한 매우 생산적인 보도였다. 이 연재 기사는 온라인(washingtonpost.com)으로도 볼 수 있는데, 거기에는 내용을 뒷받침하는 문서 및 인터랙티브 자료도 상당수 들어 있다. 이 기사야말로 이미 받은 모든 상 이상의 가치가 있다.

1장 G. I. 조, 베트남 전쟁 그리고 미국식 싸움의 기술

토머스 제퍼슨, 제임스 매디슨, 알렉산더 해밀턴, 에이브러햄 링컨의 직접 인용문은 의회도서관에서 찾을 수 있는 이들의 편지, 연설, 저술에서 가져온 것이다. 그곳에 소장된 자료 중에는 토머스 제퍼슨 문

서(Thomas Jefferson Papers), 제임스 매디슨 문서(James Madison Papers), 에이브러햄 링컨 문서(Abraham Lincoln Papers), 『의회 연보(Annals of Congress)』, 그리고 『파란드 기록집(Farrand's Records)』 제2권에 수록된 『1787년 연방 제헌회의록(The Records of the Federal Convention of 1787)』이 포함되어 있다. 해밀턴의 연방주의자 문서 8번 역시 이 장의 주장에서 핵심 자료였다.

연간 병력 숫자에 관해서는 국립 기록보관소(National Archives)에 있는 『(제1차 세계대전) 미국 파견군 기록(Records of the American Expeditionary Forces (World War I))』과 미국 국방부에서 편찬 간행한 공식 통계를 이용했다. 아울러 미국 육군 군사사센터(US Army Center for Military History)의 『미국 군사사(American Military History)』 제2권 『세계화 시대의 미국 육군, 1917-2003(The United States Army in a Global Era, 1917-2003)』도 도움이 되었다.

크레이턴 에이브럼스 장군에 관한 내 이해에 결정적이었던 자료는 루이스 솔리(Lewis Sorley)의 자료, 그중에서도 특히 그의 저서인 『번개: 크레이턴 에이브럼스 장군과 그의 시대의 육군(Thunderbolt: General Cleighton Abrams and the Army of His Times)』이었다. 로버트 팀버그(Robert Timberg)의 『나이팅게일의 노래(The Nightingale's Song)』는 베트남 전쟁 동안에 갈라져 버린 민간인과 군인 사이의 균열에 대해서 중요한 통찰을 제공했다. 또한 닐 시언(Neal Sheehan)의 『환하게 빛나는 거짓말: 존 폴 반과 베트남에서의 미국(A Bright Shining Lie: John Paul Vann and America in Vietnam)』도 도움이 되었다.

린든 B. 존슨과 리처드 러셀 상원의원의 1965년 7월 26일자 대화 녹음은 버지니아 대학 밀러 센터(University of Virginia's Miller Center)의 대통령 녹음 프로그램(Presidential Recordings Program)에서 이용할 수 있다. 온라인으로 이용이 가능하며, 충분히 들을 만한 가치가 있고, 심지어 재미있기까지 하다.(바로 이 기록물 보관소에는 존슨이 백악관으로 바지를 주문하는 놀라운 내용의 테이프도 있다. 지금쯤은 누군가가 그걸 휴대전화 벨소리로 만들었어야 마땅하지 않았을까.) 또한 닉슨과 키신저가 에이브럼스에 관해서 대화를 나눈 1971년 4월 18일자 녹음도 이곳에서 확인할 수 있다.

상원 외교위원회가 백악관으로 가서 제럴드 포드 대통령을 방문했을 때의 세부 내용은 1975년 4월 14일자 대화록(Memorandum of Conversation)에 기록되어 있는데, 이 문서는 1992년에 기밀 해제되어서 제럴드 R. 포드 대통령 디지털 도서관(Gerald R. Ford Presidential Digital Library)에서 온라인으로 확인할 수 있다. 다른 세부사항은 『치료의 시간: 제럴드 R. 포드 자서전(A Time to Heal: The Autobiography of Gerald R. Ford)』에서 가져왔다.

2장 레이건이 숨겨둔 비장의 수

로널드 레이건의 삶과 정치를 이해하는 과정에서는 에드먼드 모리스(Edmund Morris)의 공인 전기 『더치: 로널드 레이건 회고록(Dutch: A Memoir of Ronald Reagan)』과 루 캐넌(Lou Cannon)의 『레이건 주지사: 권력으로의 대두(Governor Reagan: His Rise to Power)』, 『레이건(Reagan)』,

『레이건 대통령: 평생의 배역(President Reagan: The Role of a Lifetime)』 같은 여러 저서로부터 크게 도움을 받았다. 제2차 세계대전 당시 레이건의 경험에 관해서는 스티븐 본(Stephen Vaughn)의 『할리우드에서의 로널드 레이건: 영화와 정치(Ronald Reagan in Hollywood: Movies and Politics)』가 특히 도움이 되었다. 또한 레이건의 자서전 『한 미국인의 삶(An American Life)』*도 참고했다.

동시대의 《뉴욕 타임스》와 《타임》 보도 내용은 1976년 공화당의 대통령 후보 선출 과정에 대한 이야기에 멋진 색조를 더해주었다.

1970년대 말에 파나마 운하를 둘러싼 정치학에 관해서는 애덤 클라이머(Adam Clymer)의 『큰 도랑에 선 긋기: 파나마 운하 조약과 우파의 대두(Drawing the Line at the Big Ditch: The Panama Canal Treaties and the Rise of the Right)』로부터 도움을 얻었는데, 개인적으로 강력히 추천하고 싶은 책이다. 또한 윌리엄 F. 버클리(William F. Buckley)의 『내가 아는 레이건(The Reagan I Knew)』도 도움이 되었다. 레이건의 「미국을 회복시키기(To Restore America)」 연설은 레이건 대통령 재단 및 도서관 기록보관소(Reagan Presidential Foundation and Library Archives)에서 볼 수 있다. 『레이건이 직접 쓴 글들: 미국을 위한 혁명적 선견을 보여주는 로널드 레이건의 글들(Reagan, In His Own Hand: The Writings of Ronald Reagan That Reveal His Revolutionary Vision for America)』은 단순히 레이건의 라디오 방송 텍스트를 담고 있다는 이유에서뿐만이 아니라, 그의 생각도 담고 있

---

* 번역본은 『레이건 회고록: 구두장수 아들의 꿈』(로널드 레이건 지음, 고명식 옮김, 문학사상사, 1991).

다는 점에서 유용한 자료다.

레이건의 펌푸 시절 경험에 관해서는 다른 무엇보다도 〈후미사수 (Rear Gunner)〉와 〈공군이 되는 방법(Winning Your Wings)〉 같은 영화를 유튜브로 시청할 수 있다.

지미 카터 대통령의 「자신감의 위기(Crisis of Confidence)」 연설은 버지니아 대학 밀러 센터에서 확인할 수 있다.

「군인의 믿음(A Soldier's Faith)」의 인용 텍스트는 『1895년 5월 30일 현충일, 하버드 대학 졸업반 주최 모임에서의 올리버 웬델 홈스 연설(An Address by Oliver Wendell Holmes Delivered on Memorial Day, May 30, 1895, at a Meeting Called by the Graduating Class of Harvard University)』(Boston: Little, Brown and Company, 1895)에서 찾아볼 수 있다. 루이스 메너드 (Louis Menand)의 통찰력 있는 저서 『형이상학 클럽: 미국 사상 이야기 (The Metaphysical Club: A Story of Ideas in America)』*는 올리버 웬델 홈스 2세를 이해하는 동시에, 남북전쟁에서의 경험이 그에게 어떤 영향을 주었는지를 이해하는 데에 큰 도움이 되었다.

3장 과장된 안보 위기와 군사주의

존 트라볼타의 육군 모병 광고와 〈당신의 가능성을 모두 실현하라 (Be all that you can be)〉 광고는 모두 유튜브에서 볼 수 있다. 이 두 가지 광고를 나란히 놓고 보면 서로 영 어울리지 않지만, 그래도 흥미로운 비

---

* 번역본은 『메타피지컬 클럽』(루이스 메넌드 지음, 정주연 옮김, 민음사, 2006).

교가 된다. 로버트 K. 그리피스 2세(Robert K. Griffith Jr)의 『미국 육군의 모병제 군대로의 이행, 1968-1974(The U.S. Army's Transition to the All-Volunteer Force, 1968-1974)』, 버나드 로스트커(Bernard Rostker)의 『나는 당신을 원한다!: 모병제 군대의 진화(I Want You! The Evolution of the All-Volunteer Force)』, 베스 베일리(Beth Bailey)의 「시장의 육군: 모병제 군대 만들기(The Army in the Marketplace: Recruiting an All-Volunteer Force)」(Journal of American History 4, vol. 1, June 2007)는 모병 및 광고에 대한 서술에 훌륭한 색채를 더해 주었다.

에드먼드 모리스와 루 캐넌은 이번에도 역시나 레이건의 첫 번째 대통령 임기를 이해하는 데에 도움을 주었고, 스티븐 F. 헤이워드(Steven F. Hayward)의 『레이건 시대: 보수주의 반혁명, 1980-1989(The Age of Reagan: The Conservative Counterrevolution, 1980-1989)』도 마찬가지로 도움을 주었다. 리처드 리브스(Richard Reeves)에게도 도움을 많이 받았고, 특히 그의 저서 『레이건 대통령: 상상력의 승리(President Reagan: Triumph of Imagination)』가 그러했다. 그의 보도는 특히 마틴 트렙토, 데이비드 스톡먼, 알렉산더 헤이그에 관해서 상당히 많은 세부사항을 제공해 주었다. 데이비드 시로타(David Sirota)의 저서 『우리의 미래로 돌아가다: 우리의 문화, 우리의 정치, 우리의 모든 것을 비롯하여 오늘날 우리가 사는 세계를 설명해 주는 1980년대 이야기(Back to Our Future: How the 1980s Explain the World We Live in Now—Our Culture, Our Politics, Our Everything)』는 저 낯선 시대를 이해하고자 하는 모든 사람에게 훌륭한 참고자료다.

혹시 며칠 여유가 있다면, 존 포인덱스터의 형사 재판 당시 레이건의 증언 전체를 유튜브에서 볼 수도 있다. 니콜라스 곤차로프는 1954년 7월 15일에 미국 상원 국제안보법 및 기타 국내안보법 관련 행정부 조사 소위원회(United States SenateSubcommittee to Investigate the Administration of the Internal Security Act and Other Internal Security Laws)에서 레닌에 관해 증언한 바 있다.

B팀에 관한 정보와 분석은 『비교 분석에서의 정보계 실험. 소련의 전략적 목표: 대안적 시각. "B"팀의 보고서(Intelligence Community Experiment in Competitive Analysis. Soviet Strategic Objectives: An Alternative View. Report of Team "B")』(US Central Intelligence Agency, 1976)에 나온 그들 스스로의 설명을 참고했다. 또한 앤 헤싱 칸(Anne Hessing Cahn)의 『데탕트 죽이기(Killing Détente)』, 칸과 존 프라도(John Prado)가 공동 보도한 1993년 『미국 원자과학자 회보(Bulletin of Atomic Scientists)』의 기사 「B팀: 1조 달러짜리 실험(Team B: The Trillion Dollar Experiment)」, 그리고 전직 CIA 분석가 윌러드 C. 머사이어스(Willard C. Matthias)의 솔직한 저서 『미국의 전략적 실수: 정보 분석과 국가 안보, 1936-1991(America's Strategic Blunders: Intelligence Analysis and National Security, 1936-1991)』에서 정보를 얻었다.

1980년대에 간행된 『소련의 군사력(Soviet Military Power)』*의 여러 판본을 읽다 보면 때로는 무시무시하고 또 때로는 우스꽝스럽지만, 이때에는 대조적인 입장의 안내서를 참조할 필요가 있다. 바로 톰 저바시

---

* 번역본은 『소련의 군사력, 1984』(국토통일원 조사연구실, 1984).

(Tom Gervasi)의『소련의 군사력: 펜타곤의 선전 문서, 주석 및 수정판 (Soviet Military Power: The Pentagon's Propaganda Document, Annotated and Corrected)』이다.

4장 엉망진창 그레나다 침공 사건

그레나다에서의 매우 신속하고도 매우 엉망진창이었던 전투 작전에 대해서는 우리가 예상하는 것 이상으로 많은 저술이 나와 있다. 침공 계획과 실행 모두에 대한 군인의 시각에 관해서는 로버트 곰리 대위(Capt. Robert Gormly), 존 T. 카니 대령(Col. John T. Carney), 데니스 초커 해군 상사(CPO Dennis Chalker)의 회고록을 참고했다. 오어 켈리(Orr Kelly)의 언론 보도와 릭 앳킨슨(Rick Atkinson)의『긴 회색 줄: 육군사관학교 1966년도 졸업생의 미국 여행(The Long Gray Line: The American Journey of West Point's Class of 1966)』에 나온 풍부한 세부사항이 들어 있는 부분도 참고했다. 에드거 F. 레인스 2세(Edgar F. Raines Jr)의『배낭 전쟁(The Rucksack War)』은 일종의 공식 역사에 해당하는 저서로 사건 경과표가 상당히 훌륭하다. 레인스는「정부 부처간 과정 및 그레나다 간섭 결정 (The Interagency Process and the Decision to Intervene in Grenada)」이라는 글도 썼는데, 그 제목에 비해 훨씬 더 흥미진진한 내용이다.

게리 윌리엄스(Gary Williams)의『미국-그레나다 관계: 뒷마당의 혁명과 간섭(US-Grenada Relations: Revolution and Intervention in the Backyard)』은 더 넓은 맥락을 바라보는 데에 도움을 주었다. 레이건 행

정부의 국가안보 결정 지시인 '카리브해 동부 지역 안보 정책(Eastern Caribbean Regional Security Policy)'(NSC-NSDD-105) 역시 읽을 만한 가치가 있는데 온라인으로, 또는 로널드 레이건 도서관에서 찾아볼 수 있다.

그 당시의 국내 정치 무대는 주요 신문과 잡지에서 잘 보도했기에, 나 역시 그 보도를 유익하게 활용했다. 아울러 팁 오닐(Tip O'Neill)의 자서전 『하원의원(Man of the House)』*과 레이건의 자서전, 그리고 레이건의 백악관 시절 일기를 참조했다. 레이건의 일기는 레이건 대통령 재단 및 도서관의 기록보관소, 또는 그의 저서 『레이건 일기(The Reagan Diaries)』에서 찾아볼 수 있다.

골드워터가 백악관을 겨냥해 (특히 케이시를 겨냥해) 벌인 공격은 그 당시의 신문에 잘 기록되어 있다.

5장 백악관의 비밀주의, 이란-콘트라 스캔들

이란-콘트라 작전 동안에 (그리고 그 이후에) 로널드 레이건의 생각에 관해서는 일단 그의 백악관 시절 일기, 포인덱스터 재판 당시 증언, 백악관 내부 회의 기록, 동시대의 연설과 기자 회견 텍스트 등에 의존했다. 「하원 이란/콘트라 사건 조사 위원회 보고서(Report of the Congressional Committees Investigating the Iran/Contra Affair)」(여기에는 딕 체니 하원의원의 소수 의견서도 들어 있다)는 이 사건에 관한 세부사항을 상당히 많이 제

---

* 번역본은 『의회에 산다: 미국 하원의장 오닐의 생애와 정치비화』(팁 오닐 & 윌리엄 노박 공저, 의회정치연구소 옮김, 내외신서, 1989).

공하지만, 결정적인 자료는 로렌스 월시(Lawrence Walsh) 검사가 저술한 「이란/콘트라 문제 특검 최종 보고서(Final Report of the Independent Counsel for Iran/Contra Matters)」이다. 월시가 저술한 『방화벽: 이란-콘트라 음모와 은폐(Firewall: The Iran-Contra Conspiracy and Cover-up)』도 상당히 훌륭한 저서다.

1984년 6월 25일자 국가안보 계획단(National Security Planning Group) 회의록은 조지 워싱턴 대학(George Washington University)의 국가안보 기록보관소(National Security Archive) 웹사이트에서 확인할 수 있다. 국가 안보 기록보관소는 (심지어 속물적인 처녀자리조차도 기쁘게 만들 만큼 집요하고, 공격적이고, 공정하고, 정신 나간 체계화 기술을 보여 주는) 전반적으로 훌륭한 참고자료다.

레이건에 관해서는 앞에 언급한 저서 말고도 제인 메이어(Jane Mayer)와 도일 맥마너스(Doyle McManus)의 『압도적 승리: 대통령 망치기, 1984-1988(Landslide: The Unmaking of the President, 1984-1988)』와 로버트 팀버그의 『나이팅게일의 노래』가 훌륭한 참고자료가 되었다.

에드윈 미즈와 행정부 권한이라는 문제에 관해서는 찰리 새비지(Charlie Savage)의 기념비적인 저서 『탈취: 제왕적 대통령제와 미국 민주주의의 전복(Takeover: The Return of the Imperial Presidency and the Subversion of American Democracy)』이야말로 누구에게나 시간이 아깝지 않은 읽을거리일 것이다. 아울러 이 장에서 내가 발췌 인용한 법무장관 에드윈 미즈와 상원의원 대니얼 이노우에 간의 주목할 만한 대화를 있는 그대로 게재한 《뉴욕 타임스》에 각별히 감사드리는 바이다.

제1차 걸프전의 준비 과정에 관해서는 동시대의 기록과 일기, 그리고 핵심 인물들의 회고에 가급적 많이 의존했다. 조지 부시의 저서인 『안녕히, 조지 부시: 편지와 기타 저술로 본 나의 삶(All the Best, George Bush: My Life in Letters and Other Writings)』(브렌트 스코우크로프트와 공저)과 『변모된 세계(A World Transformed)』를 참고해서 이 장의 뼈대를 구성했다. 합참의장 콜린 파월, 국방장관 딕 체니, 노먼 슈워츠코프 장군은 각각 자서전을 내놓은 바 있다.* 카렌 드영(Karen DeYoung)의 전기 『군인: 콜린 파월의 삶(Soldier: The Life of Colin Powell)』은 이 장군의 생각을 이해하고자 원하는 모든 사람에게 도움이 된다. 그 당시에 워싱턴 DC에서 날아온 훌륭한 언론 보도가 상당히 많았지만, 전쟁 직전 워싱턴에서 내놓은 R. W. 애플(R. W. Apple)의 보도야말로 특히나 예리하고도 가차 없었다. 마이클 R. 고던(Michael R. Gordon)도 이미 군사 문제를 다루는 훌륭한 보도를 하고 있었다.

C-SPAN에는 론 델럼스의 고발 발표 당시 기자 회견 동영상이 있다. PBS의 시리즈 〈프론트라인(Frontline)〉에도 제1차 걸프전에 관해 유용한 참고자료 웹사이트가 있다.

---

* 번역본은 『콜린 파월 자서전』(콜린 파월 & 요셉 E. 퍼시코 공저, 류진 옮김, 샘터, 1997); 『영웅은 필요없다: H. 노먼 슈워츠코프 자서전』(H. 노먼 슈워츠코프 & 피터 페트르 공저, 송형석 옮김, 성훈출판사, 1993).

1995년 10월의 「국방 과학 위원회 보고서: 삶의 질에 관한 태스크 포스(Report of the Defense Science Board: Task Force on Quality of Life)」와 1996년 8월의 「국방 과학 위원회 보고서: 외주화와 민간화에 관한 태스크포스(Report of the Defense Science Board: Task Force on Outsourcing and Privatization)」는 1990년대의 국가 재정 상황과 펜타곤의 생각에 관한 유용한 지침을 제공해 주었다. 앤서니 비앙코(Anthony Bianco)와 스테파니 앤더슨 포레스트(Stephanie Anderson Forest)는 민간 군사 도급 업체의 대두에 관해 선견지명적이고도 영리한 보도를《비즈니스위크(BusinessWeek)》에 게재했다.

1997년 2월과 2000년 9월에 간행된 미국 회계감사원(United States General Accounting Office, GAO)의 LOGCAP 운영에 관한 보고서에는 발칸 반도에서의 민간병참지원의 이득과 비용 모두에 대한 세부사항이 나와 있었다.

딘코프의 성 밀매 문제에 관한 최고의 보도는《워싱턴 타임스(Washington Times)》계열《인사이트(Insight)》지의 켈리 패트리셔 오미라(Kelly Patricia O'Meara)의 기사, 그리고《살롱(Salon)》의 로버트 캡스(Robert Capps)의 기사를 들 수 있다. 2002년 11월의 휴먼라이츠워치(Human Rights Watch) 보고서 「배반당한 희망: 무력 충돌 이후 보스니아 헤르체고비나의 여성 및 소녀 밀매(Hopes Betrayed: Trafficking of Women and Girls to Post-Conflict Bosnia and Herzegovina for Forced Prostitution)」는 그 세계에 관한 섬뜩한 초상이다. 캐스린 볼코박(Kathryn Bolkovac)

의 보스니아 경험 회고록『내부고발자: 성 밀매, 군대 도급업체, 그리고 정의를 위한 한 여성의 싸움(The Whistleblower: Sex Trafficking, Military Contractors, and One Woman's Fight for Justice)』은 딘코프 내부의 문화를 보여주는 유용한 지침서다.

여기서도 나는 딕 체니와 콜린 파월의 회고록을 많이 참고했고, 카렌 드영의 파월 전기도 역시나 참고해서, 조지 허버트 워커 부시 행정부 당시 펜타곤의 예산 현실에 관한 이들의 생각을 이해할 수 있었다. 제임스 맨(James Mann)의『불카누스의 대두(Rise of the Vulcans)』를 통해서는 추가적인 세부사항을 얻을 수 있었다. 체니가 저술해 1993년 1월에 간행한「1990년대를 위한 방어 전략: 지역 방어 전략(Defense Strategy for the 1990s: The Regional Defense Strategy)」은 유용한 읽을거리이며, 클린턴 행정부에서 1996년 9월에 간행한「국가 수행 검토. 국방부 재편에 관한 보고서(National Performance Review. Report on Reinventing the Department of Defense)」역시 마찬가지다.

피터 W. 싱어(Peter W. Singer)의『기업 전사들: 민영화 군사 산업의 대두(Corporate Warriors: The Rise of the Privatized Military Industry)』*에는 MPRI와 기타 민간 군사 업체들에 관한 대단한 정보가 들어 있다. 데이비드 아이젠버그(David Isenberg)의『그림자 군대(Shadow Force)』도 마찬가지다.

발칸 반도의 무력 충돌과 클린턴 행정부의 반응을 이해하려면 사만

---

* 번역본은『전쟁대행 주식회사: 국제정치와 전쟁규칙이 바뀌고 있다!』(피터 W. 싱어 지음, 유강은 옮김, 지식의풍경, 2005).

다 파워(Samantha Power)의 『지옥에서 온 문제: 미국과 종족 학살의 시대 (A Problem from Hell: America and the Age of Genocide)』*를 추천하고 싶다. 아울러 미국 국무부와 상원 외교위원회의 보고서, 빌 클린턴의 자서전 『나의 삶(My Life)』,** 클린턴 행정부 관리들인 매들린 K. 올브라이트와 낸시 소더버그의 저술도 참고했다.

8장 오바마의 지독한 살인 기계와 빈 라덴 사살 작전

드론 전쟁이라든지, 또는 최근의 기타 비밀 및 민영 군사 작전에 관해서는 훌륭한 보도가 많이 나와 있다. 정부에서는 기본적으로 비밀로 놓아두고 싶어 했던 사실들이 빛을 보게 된 것은 제인 메이어, 제임스 라이즌(James Risen), 마크 마제티(Mark Mazzetti), 그레그 밀러(Greg Miller), 줄리 테이트(Julie Tate), 닉 터스(Nick Turse), 제러미 스카힐(Jeremy Scahill), 에릭 슈미트(Eric Schmitt)의 노력 덕택이다. 『롱 워 저널(The Long War Journal)』과 뉴 아메리카 재단(New America Foundation)은 파키스탄에서 벌어진 드론 공격을 낱낱이 추적하는 것을 임무로 삼고 있는데, 정말이지 칭찬해 마지않을 일이다.

2008년 존 맥케인의 이른바 "100만 년 발언" 인용문에 관해서는 데이비드 콘(David Corn)에게 감사드린다.

《아미 타임스(Army Times)》의 보도는 전반적으로 훌륭한 참고자료

---

* 번역본은 『미국과 대량 학살의 시대』(사만다 파워 지음, 김보영 옮김, 에코리브르, 2004).
** 번역본은 『빌 클린턴의 마이 라이프』(윌리엄 제퍼슨 클린턴 지음, 정영목 & 이순희 옮김, 물푸레, 2004).

358 전쟁 국가의 탄생

였으며, 특히 주 방위군과 예비군 관련 쟁점에 대해서는 더욱 그러했다.

9장 핵무기에 핀 8조 달러짜리 곰팡이

미국의 핵 프로그램에 관한 공식 정부 및 군대 보고서 가운데 다수, 그리고 공군 장성들의 의회 증언은 미국 핵무기의 최근 (그러나 아주 최근까지는 아닌) 역사를 서술하는 데 도움이 되었다. 2009년에 GAO에서 하원 소위원회에 제출한 보고서 「비축 무기 수명 연장 프로그램에 대한 NNSA와 DOD의 더 효율적인 관리 요망(NNSA and DOD Need to More Effectively Manage the Stockpile Life Extension Program)」에는 포그뱅크 문제가 설명되어 있다.

마이닛-박스데일 소동 주변의 사건들이며, 박스데일의 전반적인 즉응성에 관해서는 이때의 큰 낭패 이후 공군과 펜타곤의 의뢰로 작성된 공식 보고서를 주로 참고했다. 2007년 9월의 공군 전투사령부(Air Combat Command) 조사 이후 간행된 「제한적 핵 안전 확인 조사 보고서(Limited Nuclear Surety Inspection Report)」의 공개를 요청해 성사시킨 익명 블로거 "네이트 헤일"에게도 감사드린다. 조비 워릭(Joby Warrick)과 월터 핑커스(Walter Pincus)의 《워싱턴 포스트》 보도에서도 마이닛-박스데일 사건의 추가적인 세부사항을 찾아볼 수 있었다.

자야 티와리(Jaya Tiwari)와 클레브 J. 그레이(Cleve J. Gray)는 논문 「미국의 핵무기 사고들(U.S. Nuclear Weapons Accidents)」에서 핵 재난에 가까운 상황에 관한 매우 유용한 목록을 작성했다. 노스캐롤라이나주에서의 사건에 대해 각별히 관심이 있는 사람이라면 '부러진 화살: 노스캐롤라이나주 골즈버러, 자칫 이곳에 닥칠 뻔했던 재난 뒤의 진실'(Broken Arrow: Goldsboro, NC, The Truth Behind North Carolina's Brush with Disaster)이라는 웹사이트(www.ibiblio.org/bomb/index.html)를 뒤져 볼 만한 가치가 있을 것이다.

네이선 호지(Nathan Hodge)와 샤론 와인버거(Sharon Weinberger)의 저서 『핵무기 가족 여행: 원자 무기 세계 여행(Nuclear Family Vacation: Travels in the World of Atomic Weaponry)』과 내 친구 조지프 시린시온(Joseph Cirincione)의 저서 『폭탄 공포: 핵무기의 역사와 미래(Bomb Scare: The History and Future of Nuclear Weapons)』도 재미있게 읽을 만한 책이다.

나오는 말: 미국은 자신이 만들어낸 것에 책임을 져야 한다

비록 나는 자료로 사용하지 않았지만, 뭔가 다른 분석적 및 역사적 관점에서 이 책의 기본 논제를 살펴보는 데에 관심이 있는 독자라면 다음 저서들이 유용하다는 사실을 발견할 수도 있을 것이다. 제임스 팰로우즈(James Fallows)의 『국방(National Defense)』,* 앤드류 바세비치(Andrew Bacevich)의 『새로운 미국 군사주의(The New American Militarism)』, 『긴 전쟁(The Long War)』, 『권력의 한계(The Limits of Power)』, 제임스 캐럴(James Carroll)의 『전쟁의 집(House of War)』,** 유진 자레츠키(Eugene Jarecki)의

---

* 번역본은 『미국 국방의 현실과 비판』(제임스 팰로우즈 지음, 박진귀 외 옮김, 국방대학원 안보문제연구소, 1981).
** 번역본은 『전쟁의 집: 펜타곤과 미국 패권의 비극』(제임스 캐럴 지음, 전일휘 외 옮김, 동녘, 2009).

『미국의 전쟁 방식(The American Way of War)』.

감사의 말

나는 세상에서 가장 느려 터진 작가다. 나와 비교하자면 나무늘보는 눈에 보이지 않을 정도로 잽싼 편이다. 따라서 이 전체 과정을 위해 필요한 만큼 시간을 사용하도록 허락해 준 크라운 출판사와 매우 인내심 많은 레이첼 클레이먼에게 제일 먼저 감사드린다.

전문가적인 조사와 보조, 그러면서도 냉정함을 잃지 않고 아울러 사람 좋은 인내심을 보여 준 마크 즈워니처에게 감사드린다. 마크가 있어서 책을 쓸 수 있었고, 마크가 없었다면 책을 쓸 수 없었을 것이다. 적절하고 예리하게 사실 확인을 해 준 시에라 페튼질에게도 감사드린다.

혹시 내가 이 책의 속편을 쓰게 된다면, 부득이하게도 우스꽝스러울 수밖에 없는 핵무기 정책과 문화에 관한 내용이 될 것이다. 그리고 이 모두는 내 친구 셸리 루이스와 함께 초창기에 실시한 매우 재미있었던 조사 덕분이었다.

스털링 로드 저작권 에이전시의 로리 리스는 다부진 친구인 동시에 놀라우리만치 효율적인 재촉자이기도 했다. 아울러 언젠가 무려 몇 달 동안 블리커 스트리트 소재 사무실의 회의실에 사실상 기거하다시피 했던 나를 받아준 스털링 로드의 직원 여러분께도 감사드린다.

MSNBC의 내 상사 필 그리핀 내 총괄 제작자 빌 울프, 그리고 〈레이첼 매도 쇼〉의 직원 모두는 이 책 때문에 나의 시간과 두뇌 능력을 소비하는 것은 물론이고 심지어 스트레스를 해소하는 것까지도 관대한 수준 이상으로 나를 배려해 주었다. 정말 불가능해 보였던 병참 업무를 마치 마법처럼 처리해 준 로렌 스코우론스키와 줄리아 너터에게 특히 감사드린다.

나로선 도대체 어떻게 그럴 수 있는지 실마리조차도 잡을 수 없는 방식으로 이 책을 깔끔하게 만들어 준 크라운 출판사의 페니 사이먼에게 감사드린다.

무엇보다도 이 프로젝트와 이 아이디어에 대한 내 몰두가 우리의 삶에서 그토록 많은 공간을 차지했는데도 불구하고 너그러이 양해해 준 사랑하는 수전에게 가장 감사드린다. 가족의 도움이 없었다면 나는 이 책을 쓸 수 없었을 것이다.

아울러 내 세대의 참전용사들로부터 얻은 진정한 영감이 없었더라면, 나는 이 책을 쓰려는 생각조차 하지 못했을 것이다. 이라크와 아프가니스탄 참전용사는 미국 인구의 1퍼센트 미만에 불과하다. 하지만 미국이 21세기에도 충분히 적응하고, 주도하고, 성공할 역량을 가졌음에 분명하다고 내가 확신하게 되는 이유 가운데 상당 부분은 바로 그들의 존재이다.

찾아보기

전쟁 국가의 탄생

베트남 전쟁부터 아프가니스탄 전쟁까지, 고삐 풀린 미국의 전쟁사

1판 1쇄 인쇄 2019년 4월 16일

1판 1쇄 발행 2019년 4월 23일

지은이 레이첼 매도 | 옮긴이 박중서

편집 백진희 김혜원 | 표지 디자인 가필드

펴낸이 임병삼 | 펴낸곳 갈라파고스

등록 2002년 10월 29일 제2003-000147호

주소 03938 서울시 마포구 월드컵로 196 대명비첸시티오피스텔 801호

전화 02-3142-3797 | 전송 02-3142-2408

전자우편 galapagos@chol.com

ISBN 979-11-87038-42-9 (03300)

이 도서의 국립중앙도서관 출판예정도서목록(CIP)은 서지정보유통지원시스템 홈페이지(http://seoji.
nl.go.kr)와 국가자료종합목록시스템(http://www.nl.go.kr/kolisnet)에서 이용하실 수 있습니다. (CIP
제어번호 : CIP2019014094)

갈라파고스 자연과 인간, 인간과 인간의 공존을 희망하며, 함께 읽으면 좋은 책들을 만듭니다.